In Search of New Forms of Political Subject

新しい政治主体像を求めて

市民社会・ナショナリズム・グローバリズム

岡本仁宏
［編］

法政大学出版局

まえがき

〈二〇世紀末、冷戦後の世界において、多くの人びとが感じている世界秩序の安定感の喪失は、我々の政治理論・社会理論が動揺する世界秩序を把握する言葉や構想を持ちえていないことに対応している。本研究の全体的構想は、近代政治理論において継承された政治主体の基本用語の可能性と限界を追求し、我々の状況を把握し切り開く新しい言葉を構築することを目的としている。具体的には、第一に、「人間、国民、市民」（ヒューマニティ、ナショナリティ、シティズンシップ）という基幹的主体用語を中心に、これらの主体用語を、「市民社会、ナショナリズム、グローバリズム」という三つの政治思想との関連において取り上げる。第二に、政治理論のレリヴァンスに注意を払い、理論的革新とともに、今を生きる人びとの苦しみや惑いに答える政治理論の可能性を探求する。従来の理論の弥縫策的対応ではなく、新しい言葉とそのための理論的展望が必要である〉。

本書は、以上のような問題意識のもとに二〇〇八年から約五年をかけて行った共同研究の成果である。右のような問題意識は、この五年間にますます強くならざるを得なかった。

我々の共同研究の期間には、実に多様で劇的な政治的事件が起こった。いくつかを列挙してみよう。二〇〇八年には、リーマンショックによる金融資本主義への不信とオバマ政権の発足による転換への期待感の高揚、二〇〇九年には、北朝鮮によるミサイル発射実験によるナショナルな意識の増大や、政権交代による新しい政治への期待の高まり、二〇一〇年には、政権交代への「幻滅」の広がりと参議院選挙によるねじれ国会の再現、さらには尖閣諸島中国漁船衝突事件によるナショナリズムの高まりと、欧州「ソブリン危機」の開始によるEU統合への懐疑の増大、二〇一一年には、前年の中国GDPが日本を凌駕、東日本大震災の勃発による危機管理問題の浮上と原発事故によるエネルギー問題の深刻化と戦後科学技術体制への不信の増大、「中東の春」とソーシャルメディアの新しい政治空間の表現への期待、二〇一二年には、領土問題を巡るナショナリズムの再浮上、二〇一三年には、参議院選挙における憲法改正問題の争点化、エジプトなどでの「中東の春」から生まれた政権の崩壊や不安定化、等々。挙げる出来事には、全く事欠かない。緊張と危機、期待、幻滅、などという言葉が使い古されていく激動の時期であった。そして、もちろん、そのプロセスは、現在進行形で続いている。

本共同研究の前には、我々の多くが、「政治理論のパラダイム転換」を課題とする企画に参加した。この研究企画は、左記の認識を前提としていた。

1　二〇世紀末から世界は大きな変動期に入ったが、政治理論の世界も大きな転換期にさしかかっている。トクヴィルは『アメリカにおける民主主義』の序文に「それ自体がきわめて新しい社会には、新しい政治学が必要とされる」と書いたが、二一世紀初頭の今、このトクヴィルの指摘はもう一度繰り返される必要があるであろう。

2　主権的国民国家、権力政治、支配と被支配のメカニズム、利益政治、議会政治、政党政治等、既存の制度や理論的前提が、グローバルな規模で挑戦を受け、激動する社会と政治の現実に対してズレを示し始めた。特に、地球温暖化に代表される環境危機、テロリズムと反テロ戦争の悪循環、ネオ・リベラリズムに基づく金融資本主義のグローバルな支配、持てる者と持たざる者との地球規模の構造的格差等、現代世界は大きく変容している。

3　こうした世界の激動に対して現在の政治学と政治理論は、十分かつ適切な仕方で対応できる新たな認識枠組みと分析枠組みとを構築しえていない。本企画は、こうした状況を踏まえ、政治理論の諸種の基本概念やイデオロギーや制度構想の再検討を求める。

本研究会においては、この問題関心を受け継ぎ、前述の目的を掲げ、この五年間に、毎年研究合宿を持ち、多様なゲストをお呼びし、政治的課題と関わりのある社会見学ツアーをしつつ、議論を深めてきた。政治思想研究者として意識的な社会的現実との接点を確保する努力として、釜ヶ崎（日雇い労働者およびホームレス）、浜松（外国人労働者）、東北大震災被災地（仙台、七ヶ浜町、東松島町、石巻市、名取市等の被災地）への見学と聞き取り調査を行った。この議論・調査・研究の過程において、第一に、人間、国民、市民、すなわち、ヒューマニティ、ナショナリティ、シティズンシップという三つの基本的主体概念のもつ政治理論的な可能性と限界を多様な角度から突き詰めることを試みた。第二に、それらの言語の意味転換や新しい主体概念の創出によって、レリヴァンスのある政治理論の具体的事例を提出しようとしてきた。これら二つの具体的な課題については、前段については、かなりの程度実践することができたと考えている。しかしながら、後段の課題については、まだ途上であると言わざるを得ない。今後も我々としては、この課題を意識しつつさらに研究を続けていきたいと考えている。

最初に本書の構成を簡単に紹介しておきたい。

初めに、序章において、岡本が主体概念を巡る簡単な整理の試みを提示した。

周知のように、「主体」概念には、特にポストモダンの思想家たちから激しい批判が出されている。これらの批判は、すでに学界において確認されているように非常に重要かつ根本的な問題提起を含んでいる。しかし、政治主体の問題として考えれば、いくつかの層があり、それぞれの層を区別することが必要である。この層として、第一に、デカルト的な、近代的個としての主体をどのように捉えるか、という問題層、第二に、国民的主体、また労働者階級、さらに人間という、特定の概念が歴史的政治的な主体として特権化されるという問題層、第三に、特定の政治課題との関係での担い手、アクターなどを政治主体という場合の用語法における問題層が区別され得る。このような問題層の区別は、ポストモダンの批判すべてに対して慎重に確認する必要がある。特に、第一の層の批判によって、あらゆる人間の能動的で有責性を持つ意志主体の歴史的政治的な探求をないがしろにすることになるのであれば、それはニーチェによって批判された「畜群」的存在規定を受け入れることになるだろう。

編者としては、第三の問題層を手掛かりに、あらゆる歴史的政治的苦難のもとにある人々が政治主体として陶冶される可能性を持ち、さらに第二の問題層における批判を前提としつつも幅広い共感や歴史的政治的能動性を模索する可能性を否定すべきでないと考える。特定の政治的文脈における主体の形成は、政治に必然的に伴う公共性への関与を媒介として、理論化し言挙げされ、時空における意義の一般化の道を進み、第二の問題層に近づく。その過程は、常に第三の問題層との関係において問い直され続けざるを得ないとしても、である。

以下の我々の論考は、たとえ過去の諸概念を対象としていても、すべて何らかの形で、新しい政治主体の可能性を見出そうとする試みの一環である。以下、本書は、三部に分けて構成されている。

第Ⅰ部では、我々は「国民」との緊張感を表現した。

ナショナリズムの基盤となるnation、日本語で「国民」概念は、近代における政治主体を表現する最も重要な概念の一つであり、独立戦争の栄光と侵略戦争や「民族浄化」の恐怖に繋がれば、最も恐るべき概念ともなる。古賀敬太と千葉眞によるテキストは、普遍主義的なコスモポリタニズムへの強いシンパシーを示しつつも、同時に政治思想としてのナショナリズムの重要な現実的意義を認める。それゆえ、一方でコスモポリタニズムにいかに普遍主義的な理性に基づく倫理的要請以上の現実性を与えるか、他方でいかにナショナリズムによる忠誠心の独占と排他的展開に対する歯止めを与えるかを、追究する。

第Ⅱ部では、「市民」概念の再検討が行われる。市民概念が、古代以来の豊かな歴史的遺産からその積極的意義を継承しつつ、あまたの批判を受け止めつつも、現代における政治主体概念としてふさわしく、いかなる意味変容を遂げることができるかは、現代の政治主体論にとって、決定的な問題のひとつである。

そこで、前半では、市民についての古代ギリシャの遺産を、二つの側面から検討する。的射場敬一は、民主主義的市民出現の実体的歴史からその制度的・空間的基盤の構築過程を描き出す。荒木勝は、市民の存在様式に対するアリストテレスの主張を自由概念に焦点を当てて描き出す。

後半では、三つの素材と角度によって、市民概念の多様な可能性を検討する。

第一に、寺島俊穂は、日本の戦後市民運動論の遺産を、『思想の科学』の久野収、「声なき声の会」の小林トミという二人の営為から、市民のシビルとポリティカルとの関係、知と実践との関係とを探求する。第二に、山田竜作は、カール・マンハイム、松下圭一、アイリス・M・ヤングの三人の市民論を、大衆社会論の視角を媒介として検討する。第三に、木部尚志は、宗教的市民の政治的意味を、ハーバーマスの議論を批判的に検討することで探求する。少なくともこれら五本の論文からは、市民概念の新しい政治主体としての再構成の可能性は、未だ尽きてはいないことが示唆されている。

第Ⅲ部に入る前に、杉田敦の「現代における政治の危機」を剔抉した章をあえて独立して置いた。それは、政治主体概念の前提ともなる「政治」そのものの可能性領域の縮減が起こっているのではないか、という主張である。

アレントを引くまでもなく、「政治」という術の作動領域は、歴史的に変遷する。新しい政治主体の構成は、単なる「主体」の構成なのではなく、現代における政治の変容（あるいは政治そのものの縮減）に向き合い、それに対する応答を担う政治主体の構成である必要がある。「中間考察」として、政治主体論の担うべき課題を鮮明に映し出す問題提起がなされる。

第Ⅲ部では、これを踏まえ、菊池理夫のコミュニタリアニズム、丸山正次のエコロジー、という二つの政治思想的にまとまった立場からの主張を置き、さらに、山崎望による「グローバル・リスク社会」における政治主体論の構造的要件を整理した論文を置いた。それぞれの論文は直接に杉田の問題提起に応えているわけではない。直接応えるには、新しい政治の領域を切り取る政治概念とそれを担う政治主体が必要であろう。しかし、三つの論考は、それぞれが、意欲的な形でその課題に取り組んでいると言えるだろう。

振り返ってみれば、第Ⅰ部、第Ⅱ部の諸論考も、それぞれの形で新しい政治領域の構想を試みている、とも言い得る。新しい政治主体を論ずるとは、結局のところ、新しい政治を求めることであるのだから。

もちろん、我々は、我々の政治主体探求の試みが決定的な新しい政治主体を描いていると主張するほど、無分別ではない。例えば、深刻な意義を持つフェミニズムの問題提起を受けた政治主体の構想についてさえ、本書においては、山田論文がヤングの議論の検討から接近しているとはいえ、フェミニズム視点を全面に出した形での検討という点では不十分である。

とはいえ、我々の試みは、現世に生きる多様で奥深い苦しみを負っている多くの人々が、自分たちの状況を克服するために闘っているという事実に向き合おうとするものである。すなわち、我々の試みは、これらの闘いにおいて、人々が政治的主体として自己形成の展望を持つこと、さらにはその過程で必然的に付随する様々な相克と対立とを克服する政治的ヘゲモニーを持つことに、たとえ微力とはいえ寄与することを目指している。この試みは、現代において神の是認を受けた主体や歴史的客観性に裏付けられた主体を再構築しようとすることではない。現代社会についてしばしば言及される再帰性とは、人間的本質であれ神の存在に基づくメッセージであれ、あるいは歴史の必然であれ、外部的な存在論的根拠に基づく主体形成が不可能であるような社会、すなわちその意味で「本質的」に開かれた形でしか問いの答えがありえず、生きるという実践によってしか、つまり我々の生の代償を払うことによってしか暫定的な答えすら見いだせない状況に置かれているという認識である。しかし、この営みにおいて、我々は自己を正当化する安酒に酔うような道に迷い込むのではなく、あえて冷静なる知的営みの意味に賭けるべきであろう。本書がそのような知的な賭けの一つでありえれば、編者としてこれに過ぎる喜びはない。

最後に、先にも触れたように、我々の研究活動を支えてくださった左記のゲストおよびヒアリング対象者の方々等に感謝したい。

大澤真幸（二〇〇八年・京都大学〈当時〉）、岡部一明（二〇〇八年・愛知東邦大学〈当時〉）、遠藤比呂通（二〇〇九年・弁護士）、ありむら潜（二〇〇九年・釜ヶ崎のまち再生フォーラム）、大竹弘二（二〇〇九年・南山大学）、立岩真也（二〇一〇年・立命館大学）、石井良規（二〇一一年・NPO法人レスキューストックヤード）、天野晴華（二〇一一年・圓通院）（敬称略）。これらの方々から、ナショナリズム、貧困と社会的排除、戦争、所有・障がい者、被災と救援活動など、政治における重要なテーマを巡るエキサイティングなメッセージや情報を得ることができた。我々の力不足で十分にゲストの方々からの刺激的なメッセージを未だ研究に生かすことができていないにせよ、出会いは我々にとって大変有意義であったし今後長く我々の思想的努力に影響を与えることは間違いない。

さらに、関西学院大学研究推進社会連携機構の大野健一郎氏、山田美奈子さんをはじめ、研究分担者の各所属機関において、しばしば事務能力を欠く我々を叱咤激励しつつ着実に研究を支えてくださった事務スタッフと、困難な出版事情のなかで、本書の出版を引き受けてくださり、適切なアドバイスをいただいた法政大学出版局奥田のぞみさんに深く感謝したい。

本研究は、ｊｓｐｓ科研費、基盤研究Ｂ：２０３３００２９、研究成果公開促進費：２５５１３４の助成を受けたものである。記して感謝したい。

二〇一四年一月

著者を代表して　岡本仁宏

新しい政治主体像を求めて／目次

目次

序章　政治主体についての仮説的整理

岡本仁宏

1　危険な言葉としての「主体」をめぐる言説

「主体」を論ずることは、もちろん容易ではない。

「主体」という言葉には、ポスト・モダンの思想によって、多くの批判がなされてきた。このことは、例えば、ジャン＝リュック・ナンシー編著『主体の後に誰が来るのか？』[1]という書名に典型的に表れている。そこでは、一五人の論者が、この問いに対して応答している。問題提起をしたジャン＝リュック・ナンシーは、「設定した問い（主体の後に誰が来るのか）に妥当性を認めず、反対に、自分にとってはその問いを設定した理由を告発するのが重要だとする人々、あたかも何ごとも起らなかったかのように、思惟のあるスタイルへ、単純に人間主義的と言おう、そうしたスタイルへと回帰するのが重要だとする人々」には呼び掛けなかったとしている。つまり、「主体の後に来る」存在（誰？）を問うことができる、あるいは「主体」はすでに過去のものになっている、という主張に対する共有（実際にはそれほど共有されているか定かではないにせよ）が想定されている。この設定された「問い」自体は、「人間主義」と、「主体」の想定が同一視されているなど、明確とは言い難い。それにもかかわらず、このような思想が、当然の前提に近いものとして語られていることは、「主体」について議論する際に無視することはできない。

しかも、日本においては、問題はさらに複雑になる。この複雑さは、主体という言葉をめぐって翻訳問題(subject＝「主体」?)があること、さらに戦前の京都学派を中心とする議論から戦後の主体性論争など、「主体」概念をめぐって思想史的に注目されてきた複数の論争史があることを想起すれば、容易に理解されよう。(2)

「主体」は、このような言わば、取り上げるには危ない言葉である。

とはいえ、日々の会話というほどではないにせよ、日常語において、「主体」という言葉は結構頻繁に使われている。アマゾンでタイトルに主体という言葉を使っている書籍を検索すると、四四三件のヒットを得る。『ワークショップ：住民主体のまちづくりへの方法論』や『「介護保険制度」のあるべき姿：利用者主体のケアマネジメントをもとに』などというものもある。「アイデンティティ」や「自分探し」にも関連しているし、(3)「主体的」と「的」がついた場合には、「自発的」「自律的」と互換的にも使われる。

つまり、「主体」という言葉は、一方では、哲学的に強い思い入れと論争がある概念であり、他方では通常の社会生活で特に違和感なく使われる言葉である。このような言語世界における位置があることを、まず前提として確認しておきたい。もちろん、「主体」という言葉は哲学者の独占用語でもないし、彼らが「正しい」言葉の本質を知っているわけでもないことも明らかである。とはいえ、何気なく使われている言葉を無自覚に使うことは、偏見や常識にとどまる可能性を拡大する。

私たちが、「新しい政治主体」について考える場合、このような状況においてどういうスタンスを取ることが可能なのであろうか。もちろん、多様な位置取りが可能であることを前提として、一つの整理の試みを提供したい。

そして、最後に試論的に、新しい政治主体というものが存在するとすれば、それが引き受けるべき課題として何が挙げられるかについて提示したい。

2　言説の文脈の整理

錯綜した言説領域を全て取り上げることは、筆者の能力も、紙幅の限界も超える。本章では、主体を巡る言説における幾つかの「層」を確認することによって、議論の整理に貢献したい。

第一に、近代的な、デカルト的な、近代的個としての主体をどのように捉えるか、という問題。

第二に、国民的主体、また労働者階級、さらに人間という、特定の概念が歴史的政治的な主体として特権化されるという問題。

これらの問題は、一般に政治哲学、政治思想において、近代に対する批判、対象化の文脈で議論されてきた。これらの問題については、次節において触れることになる。

第三に、特定の政治課題との関係での担い手、アクターなどを政治主体という場合の問題がある。この意味での政治主体とは、

①特定の政治課題を、

②共通の課題として意識し、かつその解決・克服が重要であるという意識を共有し、

③その課題を解決・克服するために中心的ないしは重要な役割を引き受けると、

④自分たちが意識しているか、あるいは、

⑤第三者によってそのような役割を期待・想定される、そのような人間集団のことである、と特徴づけておきたい。この水準での政治主体は、一般の政治学の文脈では、アクター、担い手（トレーガー）、エイジェンシーと表現されることもある。

第三の場合の用語法も、一見、第一、第二の文脈とは関係ないように見られるかもしれないが、第一、第二の文脈における主体批判と関連している。例えば、フェミニズムの文脈で女性やシングルマザー、エスニシティの文脈でエスニックグループが、それぞれの社会的・政治的課題との関連での政治主体でありながらも、それぞれのアイデンティティを強化し「主体化」していくことの問題性が語られたりする。

とはいえ、この点は、近代的主体批判の文脈であるよりも、特定の属性のアイデンティティを固定的に強化することが、特に近代・現代社会における、社会的に多様かつ流動的な規定関係の存在するなかでは妥当性を持ちにくいということ、特に否定的なレッテルを張られ当事者に刻み込まれたスティグマの克服可能性との関係でも問題性があること、などの文脈によっている。

この意味では第一の問題とは、基本的に別の問題であると言えるし、また第二の問題とも、人間解放の歴史理論との相関という文脈において強く位置づけられているわけではない場合には、第三の主体の問題は、やはり別個の問題であるということができるだろう。少なくとも、この三つの「主体」概念は、区別することが必要であろう。

3　近代的な個としての「主体」

前節で言及した第一の層で問題となっているのは、いわゆる近代的個人、デカルト的個人の主体性である。この点については、すでに語りつくされている感がある。神という客観的存在を前提として、その秩序に位置づけられていた前近代の人間は、近代においては、その秩序に対する懐疑によって圧倒される。同時に、懐疑を経て確立された近代人は、認識の主体として世界を構築していく。しかし、この認識主体たる人間は、デカルト的な懐疑の果てに、思考という主観的行為によってのみ、その実在性を基礎づけられることになる。存在の秩序から切り離された人間は、ニーチェの主張したように、神のような存在となることを求められる。神の意図は分からないが、神は何かを望みその実現を目指している。同様に、神に比される近代人の意図は分からないが、何かを望みその実現を目指す存在なのである。この意図が目的としているものは、根本的に恣意的である。神のごとき人間は一人ひとり恣意的であってよいのは当然である。実存的、かつ決断的な主体であることが求められる。事実からの価値の分離という新カント派的なおなじみの構造と、それに付随する問題も想起される。

もちろん、生物学的な、つまりホッブズ的な自己保存、そして生の力の拡大（権力への意志）という共通の、「モノ」的な指向性は与えられる。とはいえ、本質的には自殺にまで至る人間の行動や目的の恣意性は根本的に克服されることはない（この自殺可能性を考慮に入れられない人々は「大衆」であり、「畜群」として表象されると言ってよいだろう）。人間の生の目的は、もはや旧来のアリストテレス・トマス的な存在の秩序によって位置を与えられることはない。

漂う人間はただ孤立するが、神と対話できるものは神と向き合う。それは、神の臣民であることの受容による主体化というメカニズムである。そして、ホッブズが先駆的に示したように、このメカニズムは、神の代わりの「地上の神」、つまり主権国家の臣民であることの受容による主体化＝国民主体化でも、相似的に機能する。もちろん、この主体化は、単なる服従でも、信徒共同体あるいは国民共同体への没入でもなく、「主体」的な服従であって、自然的存在感情のそのままの承認・確認ではない。これはナショナリズムが単なる共同体感情と異なる所以であって、福沢諭吉も求めたような「国民」形成は、独立した意志による「日々の国民投票」（ルナン）に基づく。(4)

このメカニズムが意識化されることは困難ではない。主体的に選びとられる神や主権国家が、選択・同意に基づいている以上、異なった（多元主義的な）選択の暗黙の承認が前提とされている。したがって、常にそれぞれの選択や同意の根拠の恣意性の意識化に至らざるを得ない。あらゆる「である」こと、つまり存在、の規定性を意識化し相対化し、自らの主体的意志によってそれらを位置づけようと「する」メカニズムこそ、近代的意志の核心にある。(5)

しかし、そのような主体は、いずれにせよ、永遠の「主体化」の運動としてしかありえない。(6)「自己指向型」の個人の自己は、self-made man のイメージであるが、みずから自分を作る自己という希望は、ボディビルディングとしてはある程度実現するとしても、精神においては、一層困難である。というのは自己を作るほど強力な自己意識は、その自己をどこまでも懐疑できる強力な自己でもあるからである。(7)不安を隠すように、強力な自己主張が出てくるか、あるいはその懐疑は自己の存在感情を掘り崩して奥深い鬱の闇に誘いこむか、定かではない。ただし、このような強烈な懐疑に裏付けられ構築された個的主体性を持つことを、ほとんどの日本人は求めてもいないし、近年おそらくは増えているとはいえ、(8)そのような個人に出会うこともまれである。それほど強烈なデカルト主義は、日本では奥深く根付いてはいない。むしろ、次から次へと新しく展開される批判言説の方が、流行を極める。

とはいえ、「鉄の檻」として、このような主体形成が外的かつ制度的に要請されてくれば、それから逃れることは容易ではない。要求される強靭な精神の構造を持たず、しかも強烈な生の自立を要求される状況は、一般的と言ってよい。(9)

ニーチェやフーコーの批判は、このような主体概念に対する様々な角度からの批判でもあるが、注目しておくべきことは、両者ともに、やはり自由な存在としての、自らの再「主体」化と言ってもよい指向性を持っていることである。例えば、ニーチェの求める「超人」が、一方で永劫回帰の中で、主体性を決定的に空虚化されるとはいえ、やはり圧倒的な自由な存在として立ち上げられることも明らかであろう。また、フーコーの次の言及を参照されたい。「私たち自身の批判的存在論に固有な哲学的エートスを、私たちが乗り越えることが出来る限界についての〈歴史的―実践的〉な実験である、したがって、自由な存在としての私たち自身の働きかけの作業である、と規定することにする」[10]。

近代主体批判を行う彼らの、「私」「私たち自身」は、やはり西洋的な、自由概念を軸にした形での「主体」？の再形成に結びついていく、と言ってよいであろう。もちろん、あえて、主体を、構造的な規定性の従属変数として、あるいは様々な諸力の結び目として、その意志性・責任性を希薄化する方向も明らかに存在しているし、主客図式からの脱却の方向も模索されている[11]。そのような個人のあり方を、「主体」という言葉で表現してよいのかどうか定かではないとはいえ、それを例えば「自己」「自我」、あるいは「主体02」と表そうが、単に「××」と表現しようが、問題はその内的・外的内容・構造、位置であろう[12]。この点での新しい、「主体の後に」来る「誰」かは、未だ定かではない。

とはいえ、かつての近代的主体概念が近代的な社会構造と相関的に構築されてきたのと同様に、新しい「主体」の姿がそれと相関的なポスト・モダン的な社会構造を浮かび上がらせるには至っていない。そのような、新しい社会構成を構想すること自体が、（ハイエク的な設計主義批判と共振し、新自由主義的イデオロギーと重なりつつ）ポスト・モダン的理性批判によって、否定されているように見える。残るものは、フーコー的な、自由を求める抵抗者の姿であろう。そうであれば、この抵抗者の像に相関するのは、結局、資本主義的な・管理主義的な超近代的な社会構造の存続という前提にならないだろうか[13]、という危惧も、また意識しておくべきことであろう。この水準の批判知は、ジジェクがいうように、あらゆる抵抗運動、あらゆる差異に対するある種の等値化に近づき、現代社会における資本主義という社会構成とその社会において発生する構造的な不公正の問題を相対的に軽視する傾向を免れない。我々は、このことに少なくとも自覚的である必要があるだろう[14]。

4　国民、労働者階級、人間

歴史的「普遍」的主体

先にもホッブズを援用して触れたように、近代的主体形成は、天上の神と孤独に向き合う不安な個人の形成でもあるが、現実には、「地上の神」に主体的に参与することによって、共同体的安定を与えられ大衆的基盤を得る。「国民」的主体形成をめぐる問題については、これもすでに多方面において論じられてきたし、我々も別稿においてすでに検討してきたところである[15]。また、労働者階級の、特に変革主体論については、マルクス主義言説におけるいわゆる即自的階級から対自的階級へといった主体形成論や、戦後の主体性論争における言説を見れば[16]、容易にその概要は理解できる。また「人間」という主体をめぐる批判は、ポスト・モダン言説においては特に激しい。

近代史において、文化や歴史的進歩を担う「国民」的「主体」の形成が、強い意味での歴史的政治的課題とされる。人類史において階級的分裂を最終的に終わらせる歴史的使命をもった労働者階級=プロレタリアートという「主体」の形成が、歴史的政治的課題とされる。近代において一般化された「普遍的」な「人間」の権利の実現が、歴史的政治的課題とされる。これらの文脈では、典型的に、「主体」に対するポスト・モダン的批判が強い説得力を持つ。

一つの「民族」が一つの国家=主権的政治単位を形成するという神話が真理として機能し、「国民」概念が大量の人々の生死を超える（つまり命を捧げるべきであり、かつそのために殺人者となるべき）名誉ある規定となった時、人々は一方では帝国の植民地分割戦争に動員され、他方では祖国防衛戦争に動員されることになった。もちろん、徴兵忌避者や移民の子ども、さらに国民神話を疑う者は容易に「非国民」として排除された。「普遍」的な「人類」史の解決をもたらす歴史的政治的「主体」であるプロレタリアートの任務を科学的な普遍知によって解き明かした前衛党は、それと相いれないあらゆる政治的対立や抑圧を政治的対立として認めず（あるいは従属的で一過的な誤謬に基づく対立としてのみ認め）、異議申し立て者を精神病者として強制収容所に送った。人類の解放を担う階級の主体形成のためには階級対立以外の従属的「矛盾」を表現するような主体、例えば女性や民族などは、主要矛盾の解決に伴って必然的に解決すると見なされ抑圧されたりもした。

また、特定の「人間」についての概念、例えば労働し理性を持ち異性と夫婦関係を持ち所有の主体となるような人間が正常であり「普遍」的権利を担う主体として強く措定され、他のあり方が異常として排除されれば、「狂人」や男色者などは、非人間、「人非人」、あるいはモノとして排除される。実際、ロスアンゼルスのハーヴェイ・ミルクのように、公然と殺されることになった。[17] また、MANが一般的に人間を表すように、女性は理性的なひとかどの人間ではないと見なされ、所有権からも政治的権利（つまり基本的な市民権）からも排除されてきた。

単に特定の権力者が自らの趣味に合わないから抑圧したのではなく、むしろその時代、その文化における支配的なイデオロギーが包括的「普遍」的言語によって価値体系を構築していたからこそ、このような強力で圧倒的なアイデンティティ形成と排除が成立したということができる。

これらの歴史的経験を前提とすれば、「国民」、「労働者階級」、「人間」という言葉が、否定的な機能を果たしてきたということを無視するわけにはいかない。のみならず、これらの言葉と同様の「新しい政治主体」を意味する言葉によって、同様の事態を招く政治的危険性を予期するのは、これもまた容易である。

これらの言葉の積極的な働き

とはいえ、国民主権、国民の権利、労働者階級の主体性、人間の権利＝人権、などの言葉が、歴史的に様々な積極的な政治的役割を果たしてきたことを認めることは、このことと全く矛盾しない。当然のことであるが、念のため確認しておきたい。

多くの植民地がいわゆる民族解放闘争によって植民地権力と戦いその政治的独立を勝ち取った時、国民概念は、希望と解放の焦点であった。幕末から明治の植民地化の危機の時代に、下からの自立的国民形成を訴えた福沢の思想は、その時代の思想的課題をよく表現している。

人類史的な労働者階級の未来を解放する力に対する信念とそれに導かれた団結に支えられて、非人間的な労働条件の克服のために多くの労働者の自己犠牲的で献身的な戦いがなされ、例えば労働基本権が法的権利として認められてきたことも、また明らかである。

アメリカの黒人の公民権運動に見られたように、人間としての普遍的権利を主張することが、現実に抑圧されてきた人々の状態を改善するためには大きな力となったことも明らかである。キングの演説の情熱的な主張に涙する人々は、神の前で平等な人間の普遍的権利を再確認したであろうし、その意味は失われていない。

これらは、自明のことである。とはいえ、特に人権概念などは、現在でも例えば国連において、ミレニアム開発目標の設定とその実践に見られるように、また国際人権条約が国内裁判規範として働く時の作用を見ても、そのポジティブな現状変革的な（理念としての）機能を失ってはいないことは確認しておく必要があるだろう。これに、中国の『〇八憲章』[18]は、まだ決して時代錯誤ではないということを付け加えてもいい。もちろん、人権条約の個々の条文の内容に見られるように、そこで想定されている特定の人権のあり方は特定の歴史的な権力関係の中で導かれてきているし、そのような特定の形、また「限界」を持っていることは明らかである。とはいえ、この言説の役割は十分な意味があると言わざるを得ない。現在進行形のこのイデオロギーをめぐる実践との関係を意識しないような人間の普遍的な価値に対する批判・否定の言説があるとすれば、それは空虚のそしりを免れない。

ヘゲモニー、あるいは普遍化イデオロギーの政治的役割

単にむき出しの、自分たちの特殊的な利益を主張しあう赤裸々な権力闘争（暴力的であれ金の力を使うのであれ）を行うのではなく、自分たちの主張がその社会の中で通用する正義規範に合致していることの確認は、十分な権力資源を持たない人々、抑圧されている人々にとっては非常に重要な政治的戦略であったし、現在もそうであり続けている。つまり、自分たちの状況の不当性を、普遍的な価値（その普遍性が哲学的に論証されているかは問わないとしても少なくとも普遍的に合意されるであろうと想定するという意味で、ロールズ的な正義）に訴えたり、その社会の伝統的な共有された価値（マイケル・ウォルツァー風にいえば「として解釈された」もの）に訴えたりすることによって、際立たせ、多数の人々からの倫理的な合意を調達しようとするわけである（グラムシやラクラウ的にはヘゲモニー戦略といえるだろう）。もちろん、ここで援用される普遍的価値が、究極の真理としての普遍的価値であるかどうかが問題なのではなく、少なくとも、多くの人々が「普遍的」であると認めるような説得力を持つ価値に訴えるわけである。

さらにいえば、それらの普遍的価値は、特定の歴史的主体に対する意味づけ、その主体を構築する哲学的・政治的・歴史的理論を伴っている。「民族自決」・解放に寄与する民族の神話、さらに史的唯物論におけるプロレタリアートの位置づけ、「未開」な人々に対する啓蒙主義やヒューマニズム、さらには文明化の理論は、政治理論としても歴史理論としても、もちろん広範囲な批判を受けつつも、大きな実践的役割を果たしてきたことは間違いない。

このような政治主体の意味づけを行う一般化能力は、当然に知識の力を必要とするから、常に、知識を持つもの

による持たないものに対する支配の問題が必然化される。この問題は、例えば前衛党の問題、官僚制の問題、一般化して寡頭制の鉄則の問題として取り上げられてきたし、それに対する応答としてグラムシの「有機的知識人」の概念の提起や民主主義的なエリートの交代システムやさらにスポイルズ・システムの運用など、明確に意識して取り組まれてきた。この問題の帰結は、本論の文脈では、問題ではない。ただ、この問題が意識されてきたことが重要である。

いずれにせよ、個別利益の一般化が、市民社会における政治闘争において必要であるということは明確である。そして、その一般化の程度・範囲は政治共同体に誰が入るのかによる。伝統的な前近代社会においては、暴動などによるのではなく、言説の政治領域に入ることができた社会階層が大きく限定されていたことは明らかである。他方、近代社会においては言説の政治領域の階層的拡大（「公衆」の確立と、いわゆる「大衆」の政治参入）によって、この一般化の程度・範囲の拡大の必要性が急速に向上したこと、そしてそれがナショナリズムの基盤となったことは、注意深く言及されるべきであろう。大衆的基盤をもったヘゲモニー概念や普遍化概念が必要とされてきたこと自体が、歴史的な特性なのであって、それは重要な歴史的達成なのである。

5　現世の不正と政治主体——第三の主体概念から

政治課題を引き受け社会変容を起こそうとする担い手

この現世における不正を見出すには、洗練された（ソフィスティケイトされた）知を必要としない。発展途上国で子どもを含めて多くの人々が今死につつあり、他方で先進国では飽食の人々が存在しているという単純な事実、先進資本主義国のなかでも一部の人間が過半の富を独占する構造的不平等があるという事実を知ることにそれほどの思想は必要がない。もちろん、我々の時代の政治的課題はこれだけではない。エスニシティや民族対立や排除の問題、覇権主義の問題、ジェンダーや性に関する差別、乳児や障害者、高齢者に対する虐待や構造的暴力の問題、コントロールできない原子の火をつけてしまったという問題もあるだろう。この問題のリストは、簡単には終わりにならない。我々の生きている世界は不正に満ちていると言ってよい。

これらの政治的課題を集団的に引き受け、意識化し、社会変容を起こそうとする担い手（エイジェント）が、先の整理における第三の政治「主体」概念である。もちろん、様々な水準、重要性（意義）をもった政治課題があり、それに対応した政治主体が形成される可能性がある。人類の解放を自らの解放と同一視できる労働者階級のような、決定的な歴史的政治的主体を構想することは不可能ではないかもしれないが、容易に構想できそうもないことは予感し得る。とはいえ、それは、あらゆる政治課題が等価であることを決して意味しない。

かつてウォルツァーが『正義の諸領域』をはじめとする一連の著作で主張したことは、リベラリズム・コミュニタリアン論争や正義論の原理的議論への関心に比べれば、圧倒的に日本では無視されているようである。つまり、様々な価値領域がそれぞれの財の歴史的社会的特性に応じた配分様式を要請するにせよ、それらを最も激しく浸食するのは、貨幣の、つまり市場価値によるそれらの価値領域の侵略であると彼が首尾一貫して主張していたことの重要性は、十分受けとめられていない[19]。また、先進資本主義社会のようにある程度の富が蓄積されている社会において、貧困者のみならず、富裕者を含めてその社会に生きる人々の生にとって、不平等が圧倒的な影響力を持っているということも実証されている[20]。

いずれにせよ、様々な政治的課題が存在しており、多くの人々がその課題を克服する「主体」として、他者から期待されたり、自ら意識していたり、行動していたりしている。そして、それらの政治的課題は、一人ひとりにとっては様々な意味を持つであろう。例えば、テレビで報じられている政治的課題よりも、個人的な課題（たとえ、全ての私的なものが公的な意味を持つことが「本質」的？理解であるとしても）、例えば「傘がない」ことが重要な課題の人もいるかもしれない。とはいえ、多くの人々の個人的とも思える深刻な課題（例えば自殺に導くような深刻な個人的課題）が、広範な人々に共有され得る政治的課題と連関していることは、デュルケームを引くまでもなく、明らかである。つまりは、相対的により一般的な政治課題は、一定の範囲で同定されえる。先にも述べたように、もちろん、全ての政治課題は、等価であるとはいえない。新しい様々な問題に対して、その意味を問いつつ、それに相応する政治主体の問題に取り組むことを提起したい。

様々な担い手たちの基盤としての政治の場の担い手：市民社会的政治主体

不平等を始めとする様々な社会的課題には、様々な政治主体の構成が可能であろう。それぞれの政治課題の追及は、時には激しく時には感情的に怒りや悲しみを伴って、時には理詰めによって、行われるであろう。また、時には自らの信念に基づいて、時には利害関心に基づいて、行われるであろう。さらに、時には会議などの話し合いの場で、また時には街頭でのデモなどの表現行為を通じて、行われるであろう。そして、時には貨幣の力を以って、また時には組織的非組織的な物理的強制力の行使によって、行われる。戦争が政治の継続であるとするならば、一国内のテロリズムや暴動もまた政治の継続であろう。当然ながら、あらゆる手段を用いて政治課題を達成しようとする取り組みが想定される。

これらの闘争が、また取引が、少なくとも政治の内容の重要な一部を構成する。しかし、多くの相対立する政治主体が立ち上る可能性を指摘しただけでは、少なくとも「新しい」政治主体を見出すことはできない。

当然ながら、このような政治主体の闘争と取引の場は、フラットな競争条件の競技場ではなく、正統的政治権力にせよ、組織的な暴力手段にせよ既存の政治資源の不平等な配分が前提とされた場である。経済的文化的資源の配分も同様の構造にある。トラシュマコスが喝破したように、強いものの利益が正義と見なされ、正当化され、さらにその構造が強固にされているという嘆き、単に経済的な価値のみならず倫理的な価値までも、「持っている人は更に与えられて豊かになるが、持っていない人は持っているものまでも取り上げられる」（マタイ一三章一二節）という嘆きは、世界に満ち溢れている。例えば、二〇一〇年の統計によれば、シエラレオネの平均寿命は、四七・四歳、日本は八二・九歳、おそらく最も重要な価値の一つであるに違いない人生の長さの大きな差すら、既存政治のなかで正当化され再生産されている。

もちろん、不平等とそれを支える既存の権力構造と、世界人権宣言に表現される自由や平等などの普遍的価値との間には大きな落差が存在する。しかも、富めるものと貧しいものとの圧倒的な格差が、情報通信技術の発展によってよりドラマティックに見えるようになってきている。この可視化は、一方で、例えば国際NGOなどグローバルな市民社会アクターの政治主体形成を促してはいるが、他方で、構造的抑圧に対するテロルを生み、世界の軍事化や不安定化をも促している。

冷戦後の普遍的な資本主義的政治・経済システムに対する『歴史の終焉』論的楽観はなりを潜め、アメリカやヨーロッパに対する中国やインドの相対的地位向上による権力バランスの変容に合致する『文明の衝突』的悲観に道を譲った。世界は、赤裸々ともいえる権力政治の実例に事欠かないのであって、そこに新しい政治主体を安易に期待できる状況があるとはいえない。先に述べたように様々な政治的課題に対応する主体が多様に形成されたとしても、この世界の構造的な秩序を前提とするのであれば、それらは繰り返し解体され、繰り返し幻想化される。「マルチチュード」であれ「市民」であれ、国際的に連帯するプロレタリアートであれ福祉国家を担うナショナリストであれ、あるいは未知なる希望的な変革主体であれ、現時点でこの状況を突破するような政治主体を想定することは到底できない。

そこで我々としては、第一に、これまで論じてきたように、政治主体に関するこの問題層があるということを確認するとともに、第二に、新しい政治主体の要件とでも言いうるものを提示することにしたい。すなわち、「政治そのものを維持するため」と言ってよい二つの課題を提示したい。私見では、少なくともこの二つの課題に対して意識的でなければ、新しい政治主体の構想の試みは、現代においては基本的な存在性を失うであろうし、新しい水準への政治のバージョンアップを図ることは到底できないであろうと思われる。

とくに目新しい課題ではない。むしろ最も古典的な市民社会論の基盤的な価値関心を表現したもの、すなわち、「暴力」と「貨幣」のコントロールという課題である。

人が生み出しながらしばしば翻弄されるこの二つの媒体については、これまでも哲学史や政治学史上多くの言及がなされてきた。ここでそれらの歴史をたどる紙幅はない。簡潔に、この課題を描き出せば足りるであろう。

本書第Ⅱ部の的射場論文においては、戦士としての市民が、暴力の支配する外部と対比された政治共同体内においては、暴力を制御することに成功したことが語られている。常に、外部の暴力と内部での平和と秩序、外部におけるホッブズ状態と内部におけるカント的平和、さらには対外道徳と対内道徳の区別（ウェーバー）、など、共同体内外を隔てる境界線に基づくシステム維持のメカニズム（N・ルーマン）が指摘されてきたとはいえ、常に何らかの形で協業関係が成立する社会内において暴力をコントロールする仕組みを作り上げることに、人類は一貫した努力を傾けてきた。

中世の暴力の偏在する社会の在り方から近代主権国家による物理的暴力の正統的独占に至る過程は、一方で暴力の正統的独占者としての近代国家の成立、他方で暴力が排除された市民社会の成立、の同時並行的過程として描くことができる。[21] ルソーにしてもロックにしても、抑制されずコントロールされない専制を単なる事実的な力の支配として、civil society の状態から概念的に排除した。そして、A・ファーガソンは、古典古代のように野蛮な闘争がなされる世界と異なる文明社会は、分業によって高度な技芸（art）に基づく高度な職技（craft）が行われる社会だとして、古典的な戦士の世界から職業をもって働き価値を生み出す人々の世界への転換を描いたのである。

さらに、この過程と重なる市民革命期においては、従来の身分的な職業戦士たる貴族と傭兵に対して、人民の武装によっていったんは「武装せる市民社会」が成立した。そして、革命の成功を媒介として、さらに人民が自ら持てる「武器を封印した」形で国家への正統的独占を析出させるのである。しかもこのリヴァイアサンは、バージニア権利章典（一七七六年）に見られるように、「出版言論の自由」を「自由の最大の防波堤」とし、「civil power に厳格に従い支配される」軍隊を持つことが許されるという、首に縄を付ける形でのみ暴力の独占を認められたのである。

非暴力的な内部の基本秩序の成立に比して、主権国家の外部にはホッブズ的世界が存続した。リヴァイアサンの巨大な暴力の力を解き放つ形で、植民地獲得戦争と二度にわたる世界戦争とがもたらされた。明らかに、現代における暴力の表現は、主権国家の間において圧倒的である。もちろん、このことは、現代における国内市民社会における非正統的暴力、いじめやドメスティックバイオレンス、虐待、あるいは民事介入暴力や対行政暴力、様々なハラスメント、介護施設内暴力など、挙げればきりのない非正統的暴力を軽視するわけではない。また、「構造的暴力」とも表現されるような、直接的暴力と位相をことにする暴力も存在するであろう。とはいえ、戦争という圧倒的な組織的かつ「正統的」暴力の抑制・克服こそが、現代市民社会の最も重要な課題であることは明らかである。

他方、貨幣の権力の問題も、その歴史はほぼ同一の時代にさかのぼる。リチャード・シーフォードの『貨幣と初期ギリシャ精神』[22]によれば、ギリシャにおける哲学の発生は、鋳造貨幣（コイン）が社会的に一般化した衝撃の影響を抜きにしては考えられないという。暴力のコントロールが市民の発生に密接に結びついていたのと同様、貨幣経済の一般化も市民の発生に構造的内在的に関連していた。政治共同体の神々への犠牲の供犠は、捧げられたものを共同体成員に配分することによって、政治共同体の共同性を確認し結束を強化する儀式であった。この犠牲が、肉をさした鉄串（オボル）に代替され、さらにそれが貨幣単位として通用するようになる。六オボロイが一ドラクマ（一摑み）に当たる。シーフォードによれば、初発には共同体的な配分による価値の保障が流通の基盤となったが、いったん流通手段として独自の地位を占めるようになると、祭儀的な強化は必要がなくなっていくという。さらに、貨幣の一般化という現象抜きにしては、抽象的な存在の概念化＝哲学的概念化も、さらにはいわゆる「個人」の析出も考えられないという。つまり、貨幣こそが、哲学も個人も、そして市民も生み出す鍵であった、というのである。

この主張の意味は大きい。我々は、貨幣を崇めると同時に、それを軽蔑し忌避し、人と人との関係の疎外の象徴、すなわちマルクスのいうフェティシズム（物神崇拝）の対象として把握してきた。しかし、貨幣こそが市民を発生させたというのである。

現代に目を向ければ、貨幣はその姿すら失い、電気信号によって表される記号として、グローバライズした資本市場を形成し、まさに時空を超越し光速で行きかう。もちろん、実態的な貨幣をはるかに超えて信用創造がなされ、投機の機会が拡大してきた。政治共同体による祭儀による信用創造によらなければ機能しなかった貨幣は、信用の破壊者として「カントリーリスク」を抱える政治共同体の姿を描き出す。「市場は政府を注視している」などの言葉が頻繁に語られ、非人格的なメカニズムである市場が擬人化されて巨大な支配力を行使する。もちろん、資源最適配分を生むという金融市場の存在意義に対する正当化は存在しているが、むしろ信用創造がリスクマネジメントという名の投機の機会の拡大とセットになって行われ、不安定性を拡大していることも明らかである。

そして、同時に、新自由主義とグローバリゼーションの組み合わせは、普遍的な豊かさをもたらすという予言の実現ではなく普遍的な貧富の格差を生み出しているようである。(23) R・ライシュが描き出したアメリカにおける中間層の衰退、つまり一握りの富者に富も所得も集中し、中間的な勤労者層の富や所得がやせ細っているという現象は、少なくとも先進国においては共通する傾向である。世界的な市場の形成によって先進国の労働者は、低賃金諸国の労働者との競争に投げ込まれている。

これに対して、再度ナショナルな境界線を強化しようという動向と、一層境界線を希薄化しようという動向とが競いあっている。この対立がグローバリゼーションの速度やブロック形成などの動向を作るであろう。しかし、おそらくは世界市場の拡大や境界線の相対的希薄化は必然的に進まざるを得ないであろう。であれば、国内的な中間層の拡大への方策を模索すると同時に、境界線の過度に急速な希薄化を抑えることが試みられるべきであるとしても、より基本的には、非常に困難であっても地域的・世界的なガバナンスの強化を目指す政治主体を構成する道しか残されていないのではないであろうか。そのような政治課題の設定があって初めて、多様な政治主体によって織りなされる政治の世界を、暴力的爆発でもなく赤裸々な金銭的支配からも相対的自立性を持つ領域として支えることが可能になるだろう。

国際的な組織的暴力としての戦争と、金融資本を中心としたグローバリゼーションによる国際的な貨幣の支配とを、ともに制御する政治主体を構成するという基本的課題を意識することは、暴力の支配に対しても、貨幣の支配に対しても対抗する原理を含む現代市民社会の自覚的役割であるべきであろう。このような課題の設定は、我々の政治主体の三つの整理からすれば、第三の、具体的な政治課題の克服のための担い手であると同時に、多くの個別政治課題の担い手に対する方向性をヘゲモニックに表現することによって、第二の歴史的主体に近づくことになるだろう。

6　政治主体の再審と構想へ

本章においては、政治主体の三つの層の区別を行うとともに、現代における二つの基本的政治課題を担う政治主体の形成の必要性を主張した。

政治主体についての探求の試みは、一般的な主体批判によって、否定されるべきではない。それは、我々が状況を変革し未来を拓くという自覚を持つことを否定することにつながる。

もちろん、そのような自覚を持つことには、様々な困難があるし、また困難を導きだすことになるであろう。とはいえ、幾多の困難は、歴史を遡ってみれば、常にそれぞれの世界において存在していたし予想もされていた。何らかの特権的外部にではなく常に世界の中に生きる人々にとって、時代や社会に翻弄されることを避けることはできないし、思わぬ帰結がもたらされることを避けることはできない。

とはいえ、よく見れば我々の周りで新しい政治主体の構想への営みはなされている。例えば、宇野重規は、丸山の主体像を整理しつつ、単線的な近代的主体を超える、「国民主体」、「自己相対化主体」、「結社形成的主体」という三つの主体像を提出した。[25] これらは、全て未だ過ぎ去った政治主体構想ではなかろう。また、新しい政治的・社会的課題も提出されている。もちろん、周知のように、グローバルな市民社会の構想は、すでに多くの研究を生んできた。[26] また、村上春樹は、二〇一一年に「あなた方や私たちが等しく「非現実的な夢想家」になることができたら」という希望のもとに、「共有できる物語」をもつ「我々全員の仕事」を提起し、特にものを書く人々に、「新しい倫理や規範と、新しい言葉とを連結」するという課題を提起した。[27] もちろん、これも、一つの政治主体の設定の試みであろう。

このような様々な政治課題の意味、意義を、検討しつつ、それに対応する様々な政治主体の可能性について、我々は検討することを共同研究の課題としてきた。もちろん、先に触れた、人間、市民、国民という三つの主体概念に配慮しつつ、本章で整理した、特に第三の政治主体の概念（つまり、今生きている多くの人々の具体的な社会的苦しみに対応する課題と主体の問題）を無視することなく研究を進めたい。

以上、稚拙な整理ではあるが、多様でしばしば根源的な主体批判の意味を受け止めつつも、それらの批判によってすべての政治主体を流し去り有効な政治空間のアクターの概念化への努力を放棄することなく、探求し続けることを提起しておきたい。

注

（1）ジャン゠リュック・ナンシー、松葉祥一訳「哲学的概念」『主体の後に誰が来るのか？』現代企画室、一九九六年。

（2）小林敏明『〈主体〉のゆくえ――日本近代思想史への一視角』講談社、二〇一〇年。酒井直樹『日本思想という問題――翻訳と主体』（岩波モダンクラシックス）岩波書店、二〇〇七年。

（3）前掲小林。

（4）例えば、拙稿「国民」古賀敬太編『政治概念の歴史的展開』第二巻、晃洋書房、二〇〇七年など参照。

（5）「ラディカル（根底的）な精神的貴族主義がラディカルな民主主義と内面的に結びつくこと」という丸山の「「である」ことと「する」こと」（『日本の思想』岩波書店、一九六一年）の中でのメッセージは有名である。ここには、両者の微妙なバランスを取ることのできる芸術作品のような近代人の肖像がある。しかし、この「結びつ」きについて、一方で、「する」ことの論理の不徹底、つまり無自覚的な「である」ことへの依拠が、暴き出され批判されるとともに、依拠される対象である存在が空虚化されてしまう。他方で、この無自覚的な「である」ことの内実が既存の偏見に基づく「人間」主義として普遍化され、それが強烈な「する」ことの活動性・行動性によって、啓蒙主義的帝国主義や共産主義として世界支配を帰結したという状況認識が、ポスト・モダンの批判の背景にあるわけである。

（6）この意味では、「啓蒙」という作業が永遠の批判としてあるのと同様に、「主体化」という作業自体は、「主体」批判、つまり

「人間」や「国民」「プロレタリアート」といった固定的「主体」批判とは別個に擁護される可能性も存在するかもしれない。つまり、「主体化」を、あえて言えば、「死にいたる病」とするのではなく、プラグマティズム的な開きと結びつける可能性もあり得るのではないか。

（7）「右の手のしていることを左の手に知らせるな」という自己の善行を絶対的な内面に留め、否、むしろ自己がするという意識を留めることすら拒否するというキリスト教の「公的領域への敵意」について、アレントは指摘している。この意味では、プロテスタント的な近代的自我の原型がキリスト教の教義のなかにはらまれていたことは明らかであろう。「善を愛している人は、けっして、独居生活をおくることはできない。しかも彼の生活は、他人とともにあり、他人のためにありながら、本質的に証言のないままにしておかなければならず、なによりもまず自分自身という同伴者を欠いている。彼は、独居しているのではなく、孤独なのである。彼は他人とともに生きながら、他人から隠れなければならず、自分のしていることを自分自身が安心して目撃することさえできない」（二〇七頁）。ハンナ・アレント、志水速雄訳『人間の条件』筑摩書房、一九九四年、一〇三―一一〇頁を参照。

（8）戦後の村落共同体や二次的な都市社会の共同体（会社・町内）の急速な破壊は前提的土壌ではあるが、急速な鬱病の発生件数の増大は、新自由主義的な社会構成の拡大と相関している。

（9）丸山の要請した「ラディカルな精神的貴族主義」を持つことができる主体の、大衆的な養成の可能性は、宇野重規のいう「結社形成的主体」によって担われるであろうか。「丸山眞男における三つの主体像」小林正弥編『丸山眞男論』東京大学出版会、二〇〇三年。もちろん、「永久革命」として「主体化」の運動として、その一つの戦略を提示したということができようが。

（10）ミシェル・フーコー、小林康夫・石田英敬・松浦寿輝編『フーコー・コレクション6　生政治・統治』筑摩書房、二〇〇六年、三八八頁。

（11）哲学者によるものは、もちろん枚挙にいとまがないが、NGOの著名な実践者によるこのような人間像の模索として、中田豊一『ボランティア未来論――私が気づけば社会が変わる』コモンズ、二〇〇〇年。ワークショップや自己啓発セミナーなどの方法によって、自分が気づかない自分に気がつかされた後、どのように自分を再形成するか、という問いと、自分にとって他者である人々に対してなぜボランティアを行うのか、という問いの果てに、彼は、仏教思想による自我の幻想性の言説に落ち着くことになる。「結局、表面の自己にしろ、真の自己にしろ、要するに自己存在は形成されたものにほかならない。その場合、誰から形成しているのではなく、経験的プロセスである形成作用そのものが、自己と自己意識を生みだしているのである。……しかし、ひとたび、そのようにして生みだされた「自己」は、一個の独立した存在であるかのようにふるまい、その存在を確かめつつ、そのテリトリーを広げようと画策してやまない。だれもがそれを守り、強固なものにしようと腐心している。そうすればそうするほど苦しむことになるのに、この枠の中に住むことがもっとも安全で、気楽だと錯覚している。もし、この枠がなくなれば、自分の所在がなくなり、すべては均質な無味乾燥な世界に変貌してしまうのではないかと恐れている。／だが、観よ。指針はそれだけである。……そう、観るだけ。何の努力もいらないし、恐れることはない。この自己という枠を脱出することも考えなくていいし、枠を壊す必要もない。よく観れば、そんな枠は元々なかったのだということがわかる。枠なき解放的次元では、観る主体と観られる客体との区別もなくなる。その区別も「形成されたもの」だったのだから。そうすると、ただ「観る」作業だけになる。／それは決して自己を幼児のレベルに引き下げることではなく、自己を無理に解体させるようなことでもない。そうではなくて、一ランク上の視野から自己を捉えなおすことなのだ。その次元では、自己こそ無理に構成されたものだったことに気づくであろう。……」（一七四頁。宮坂宥洪『般若心経の新世界』人文書院、一九九四年、の再引用部分から抜粋）。

なお、ボランティア論との関係では、岡本も、互酬性の水準を超えた自我の解体の水準が存在する点に言及したことがある。拙稿「市民社会、ボランティア、政府」立木茂雄編『ボランティアと市民社会――公共性は市民が紡ぎ出す』晃洋書房、一九九七年、九一―一一八頁。

なお、このようなボランティア論と主体性論との結びつきは全く偶然ではない。

一見、バラ色の人間の善意に依拠しているように揶揄されるボランティアは、またそのあり方に対する様々な議論において、「主体」の問題と、強く連関している。このことは、一方で、贈与論からチャリティ論につながる近代社会における市場の意味の把握と深く結びついているからであり、他方で、主体論として、いわゆる、自発性、社会貢献性、無償性というボランティアの三要素を少しばかり社会科学的・哲学的にまじめに（seriously）に取れば、すぐに明らかになるだろう。マルセル・モース、吉田禎吾・江川純一訳『贈与論』ちくま学芸文庫、二〇〇九年、および、この連関で、日本におけるボランティアをめぐる言説を網羅的歴史的に通観して、主体論にも深く言及したものとして、仁平典宏『「ボランティア」の誕生と終焉――〈贈与のパラドックス〉の知識社会学』名古屋大学出版会、二〇一一年、イギリス近代史におけるチャリティの社会構成上の構造的意味を提示した画期的な作品として、金澤周作『チャリティとイギリス近代』京都大学学術出版会、二〇〇八年などを参照。また、自発性への強調を統合への動員論として、丸山眞男からボランティアまで一緒くたにして批判したものとして、中野敏男『大塚久雄と丸山眞男――動員、主体、戦争責任』青土社、二〇〇一年。

（12）「主体の清算」をめぐる論点について、ジャック・デリダ「「正しく食べなくてはならない」あるいは主体の計算」前掲『主体の後に誰が来るのか？』一四六頁以下。また、「「もうひとつの自由主義」の可能性」を探ろうとする、富沢克「〈主体性〉を考えなおす――ポスト自由主義の政治理論のために」小野紀明他『モダーンとポスト・モダーン』木鐸社、一九九二年。関良徳「「ミシエル・フーコーと法哲学及び政治哲学」への序説――フランスの反ニーチェ主義とアメリカのフーコー」『一橋論叢』第一二〇巻第一号、一九九八年、六八―八三頁（後に、『フーコーの権力論と自由論――その政治哲学的構成』勁草書房、二〇〇一年、に所収）。同「ミシェル・フーコー倫理学（一）――「自己構成的主体」の概念についての試論」『一橋研究』第二一巻第四号、一九九七年、一〇七―一三一頁。カントの「啓蒙」と「人間主義」に対するフーコーの評価や位置づけの差異から「啓蒙」の意味を取り出す試みを行っている、杉田敦「啓蒙と批判――カント・フーコー・ハバーマスについての断章」『法學志林』第九三巻第三号、一九九六年などを参照。いずれも言わば、主体の「清算」的議論に対して距離を置いていると言ってよい。

(13) ジジェクは、あらゆる抵抗運動、あらゆる差異に対するある種の等値化に近づき、現代社会における資本主義という社会構成とその社会において発生する構造的な不公正の問題を相対的に軽視する傾向を批判している。「資本主義は再政治化されていない」、「ポストモダンにおける新たに多様な政治的主体の出現は、真の政治的行為という根源のレベルに達することがけっしてない」（強調はジジェク）「スラヴォイ・ジジェクⅠ」ジュディス・バトラー、エルネスト・ラクラウ、スラヴォイ・ジジェク、竹村和子・村山敏勝訳『偶発性・ヘゲモニー・普遍性』青土社、二〇〇二年所収、一三四頁など。

(14) あるいは、ローティの批判したように差異一般が強調されることが左翼的な政治勢力の崩壊をもたらす問題もあるだろう。Richard Rorty, *Achieving Our Country: Leftist Thought in Twentieth-Century America* (*Massey Lectures*), Harvard University Press, 1998（小澤照彦訳『アメリカ未完のプロジェクト――二〇世紀アメリカにおける左翼思想』晃洋書房、二〇〇〇年）; *Philosophy and Social Hope*, Penguin UK, 1999.

(15) 前掲拙稿のほかに、「市民社会論と民族：市民社会とナショナリズムとの関係の探求のために」『彦根論叢』第三八三号（小西中和教授退職記念号）滋賀大学経済経営研究所、二〇一〇年三月（http://www.biwako.shiga-u.ac.jp/eml/Ronso/383/okamoto.pdf）、「市民社会論と主権国家」『法と政治』（関西学院大学法政学会）第六一巻第一・二号、二〇一〇年（http://kgur.kwansei.ac.jp/dspace/bitstream/10236/5581/1/20100921-4-1.pdf）参照。

(16) 前掲小林『〈主体〉のゆくえ』参照。

(17) ランディ・シルツ、藤井留美訳『ゲイの市長と呼ばれた男――ハーヴェイ・ミルクとその時代』上下、草思社、一九九五年。

(18) 「〇八憲章＝中華連邦共和国憲法要綱」（http://blog.goo.ne.jp/sinpenzakki/e/597ba5ce0aa3d216cfc15f464f68cfd2）。

(19) 拙稿「M・ウォルツァー：政治哲学の意味」田口富久治・中谷義和編『現代の政治理論家たち――二一世紀への知的遺産』法律文化社、一九九七年、参照。

(20) リチャード・ウィルキンソン、ケイト・ピケット、酒井泰介訳『平等社会』東洋経済新報社、二〇一〇年（Richard Wilkinson,

Kate Pickett, *The Spirit Level: Why Equality is Better for Everyone*, Penguin, Open Market, 2010. ただし、翻訳と同一ではない）。

（21）以下の部分については、すでに論じたことがある。前掲拙稿「市民社会論と主権国家」。

（22）Richard Seaford, *Money and the Early Greek Mind: Homer, Philosophy, Tragedy*, Cambridge University Press, 2004.

（23）例えば、ＩＭＦのスタッフによる資本取引自由化が発展途上国に理論上想定される利益を与えないという分析として、荒巻健二「金融グローバリゼーションが途上国の成長と不安定性に及ぼす影響——ＩＭＦスタッフによる実証結果のサーベイ」『開発金融研究所報』第一八号、二〇〇四年二月。

（24）ロバート・Ｂ・ライシュ、雨宮寛・今井章子訳『余震（アフターショック）——そして中間層がいなくなる』東洋経済新報社、二〇一一年。

（25）前掲宇野。

（26）数多いが、例えば、Don Eberly, *The Rise of Global Civil Society: Building Communities and Nations from the Bottom Up*, Encounter Books, 2008.

（27）村上春樹「カタルーニャ国際賞授賞式記念講演」二〇一一年六月九日（http://www.asyura2.com/11/genpatu12/msg/568.html）。

第Ⅰ部　国民を超えて

第Ⅰ部では、我々は「国民」との緊張感を表現した。

少なくとも近代以後に政治主体を考える場合、まずその中心として掲げられるべきなのは、nation であろう。nation は、国民とも、国家とも、国とも、訳されうるが、政治主体として考えるべきは（ルソーの用語法に従えば）、主権国家の境界線によって区切られかつその主権に服するところの客体としての人民（subject＝臣民）、あるいは主権国家を形成する統治主体としての人民（the people）、そしてそのような人民を集団として構成する市民（citizen）、という三つの概念が重なるところとしての「国民」概念であろう。とくに、少なからぬ国々では people や citizen やそれぞれの翻訳語で表現される言葉（たとえば「人民」や「市民」）が、日本国憲法を始めとする法律体系の中で、意図的にすべて「国民」として表現されたことによって、日本語においては、一層、「国民」概念の存在感が大きい。そして、もちろん、「国民」概念にはナショナリズム（民族主義、国家主義、国民主義）が必然的に概念内在的に含まれることによって、政治概念としての存在性を強固にしている。しかも、ポストモダンが語られ、様々な近代的政治概念が「構築」されていることがこれら概念の内実の必然的要素としてすら言及される時代においても、それにもかかわらず、あるいはそれによって一層、鵺《ぬえ》のような存在として、その存在性を維持しているということは、確認されてよい。したがって、一層我々としては、第一に「国民」を超えることができるのかという問題を議論しなければならない。この試みが第Ⅰ部の諸論考によって考察されている[1]。

古賀啓太論文は、国民概念の限界をいかに超えるかについて、ヌスバウムの先駆的な研究を参照しつつ、特に compassion 概念に注目することによって考察している。千葉眞論文では、国民概念を支えるナショナリズム、愛国心などの文脈を批判的に検討しつつ、「パトリア主義」といういわば近代ナショナリズムによって吸収包括される以前から存在した一体性感情を擁護しつつ、その限界を超えようとする理論的試みを行っている。

どちらの論者も、一方で普遍的なコスモポリタニズムへの強い共感を持つが、同時に限界どころかその悪魔的側面についてすら語りつくされているかのごときナショナリズムが、それにもかかわらず強い牽引力と現実的な作動根拠を持つことを認めている。そのうえで、compassionやパトリアという人間の共同性の原基的な水準を剔抉することによって、ナショナリズムを相対化し、コスモポリタニズムにもつながりえる思想的基盤を見出そうとしている。

(1) 以上の文脈を含め、この点については、岡本はすでに政治学会の学会誌において「国民」概念の問題性について発表している。拙稿「「国民」を疑う」『年報政治学 二〇一一―I 政治における忠誠と倫理の理念化』(Vol. 62-1)、二〇一一年。

第1章　政治主体としての世界市民

M・ヌスバウムの compassion 論

古賀敬太

近代の政治思想は政治主体としての市民を構想する際、理性的で道徳的な人間を前提としてきた。情緒的、感情的要素は理性を曇らせるものとしてマイナスにしか評価されてこなかった。しかしこうした近代合理主義の遺産は、知・情・意をもった人間の人格の全体性をとらえそこなっていると同時に、感性が政治の営みにおいて果たす積極的要素を生かしきれず、政治の貧困化をもたらすものでもある。もちろん知性と切り離された感性は盲目であるが、感性と切り離された知性も人生のいとなみを枯渇させてしまう。それでは、一体ここで扱う「共感」、特に compassion は政治社会においてどのような役割を果たすのであろうか。

本章では、特にM・ヌスバウムを中心に compassion の思想的系譜について論じ、第二に compassion を正義論の文脈で議論し、第三に、compassion が政治的領域において果たすべき役割について論じ、第四に compassion は国境を越えて、グローバルな連帯を産み出すことが可能であるか、また同時に、グローバル化時代における政治主体としての「世界市民」がいかなるものであるかを考察することにする。

ところで、この論考ではあえて、compassion を同情と訳さなかった。それは、日本語の「同情」が、強い者が弱い者に対して示す優越的感情を無意識の内に含んでいると思うからである。

1　compassion の思想史的系譜

ヌスバウムの compassion の定義

ところで、compassion は、共感（sympathy）の一つの情念として描かれてきた。ヌスバウムは、「共感」を評価する著作としてアダム・スミスの『道徳感情論』とミルの『宗教の効用』を挙げ、以下のように述べている。

ミルやアダム・スミスのような自由主義思想家は、正しい政治の進路を描く上で、想像力（imagination）に対して非常に高い重要性を与えている。そして、「公平な第三者」を理由づける際に感情が果たす役割についてのスミスの解釈は、感情の政治的役割の中で最良のものであり続けている。(1)

またヌスバウムは、『正義のフロンティア』において、ルソーのエミールについて以下のように述べている。

ルソーの『エミール』は、進行中の不正義の原因の多くを邪悪な道徳教育に帰しており、また社会正義を支えるであろう compassion を基礎とする教育を提案している。『エミール』の第四巻は、この問題に関する熟考を深めるための出発点として、格好の材料を提供している。それは、アダム・スミスの『道徳感情論』とジョン・スチュワート・ミルの論文『宗教の効用』と並んで、正義と平等な尊厳へと向かう根源的な社会変化を考える情操を形成するという問題に関して、真に洞察力に富んだテキストの一つになっている。(2)

共感（sympathy）能力は、他者の喜びにも悲しみにも共感するものであるが、共感の中で最も強いものが人の不幸や悲しみに共感するcompassionである。スミスによれば、だれにでも、どんなに利己的な人にもcompassionがある。それは、「われわれが他の人々の悲惨を見たり、たいへんいきいきと心に描かれたりする時に感じる情動（emotion）」である。(3)「共感」とは、想像力を持って相手の立場に立って考え、相手の苦しみ、悲しみ、怒り、喜びを読みとることであるが、同時に「公平な観察者」の反省的役割によって相手の境遇や原因を考慮して、道徳的是認を与えるものである。その意味において、感性と理性の共働であり、決して盲目的な感情の発露ではない。

ヌスバウムは、compassionを「他人の不当な不幸を意識することによって引き起こされる苦痛な情緒（emotion）」(4)と定義する。pityという言葉に関しては、ルソーがこの言葉を用いた時に入っていなかった優越感が含まれるようになったとして、この言葉の使用を避けている。また「感情移入」（empathy）という言葉は、「他者の経験を評価せずに、それを想像的に再構成すること」とし、compassionと比べて不十分であると述べている。またヌスバウムは、compassionと共感（sympathy）の区別に関して、compassionが、「共感」よりも、被害を受けた人にも、感情を持つ人々の側にも、より強烈で、より多くの苦しみを示しており、「共感」よりも実践的な行動を産み出しやすいと指摘している。ちなみにスミスは、他人の苦痛を見て引き起こされる情念をpity, compassionと表現し、他者のpassionと共にする一般的傾向をsympathyと呼んでいる。

compassionの相対立する評価

ところで、ヌスバウムがcompassion論を本格的に展開するのが『思考の激変』（*Upheavals of Thought*）においてである。同書の第二部がcompassionにあてられており、第六章「Compassion: 悲劇的な苦境」、第七章「Compassion: 哲学的な議論」、第八章「Compassionと公共生活」により構成されている。

同書の中でヌスバウムは、compassion を非合理的なものとみなし、それが、「理性や思考と全く関係をもたない非認識的力である」という見解を退け、compassion と理性の関係を強調する。ヌスバウムは、compassion は単なる情念ではなく、理性と結びついた情念であることを力説する。彼女は、アダム・スミスに依拠して、理にかなった共感（reasonable sympathy）を説く。

苦境のためにかえって、自覚を失ったり、精神的な損害を被ったりして、自分の喪失の深刻さがわからなくなっているような人に対して、私たちは大いに compassion を持つ。ただ、「甘やかされて」いるだけで、本当はそれほど悪くないことにたらたら不平不満を言っていると思えば、私たちはそういう人に compassion を持つことをやめる。すると他人に compassion を持つ時、私たちはすでに「公平な観察者」(judicious spectator) の態度をとりはじめていて、できるかぎり人の不運を評価しているのである。(5)

次にヌスバウムは、compassion に批判的なプラトン、ストア派、スピノザ、カントの合理主義の伝統を批判している。この伝統こそが、compassion に負のイメージを刻印してきた流れであり、西洋思想史の主流を形成しているのである。例えばソクラテスにとって真に有徳な人とは外的な不幸が襲って来ても、それを悲嘆せず、心に平安を持ちうる人であった。したがって、そのような有徳な人に compassion を持つ必要はないどころか、そうすることはその人の尊厳を傷つけることになるのである。プラトンの以下の問答はそのことを如実に示している。

「したがってそういう人物は、友の身に何か起こったかのように、その友のために嘆いたりしないだろう。」「ええ、たしかに。」「さらに、われわれはこうも言うのだ。――そのような立派な人物こそはとりわけ、よく生きるために自分自身だけで事足りる人であって、他の誰よりも各段に、自分以外のものを必要とすることが最も少ないのである、と。」「おっしゃる通りです」と彼は言った。「だから息子なり兄弟なり、あるいは財産その他それに類する何かを失うということは、他の誰よりも彼にとっては、恐ろしいことではないのだ。」「たしかにそうです。」「だからまた、何かそのような不幸が彼をとらえたとき、嘆くことも一番少なく、あたうる限り平静にそれを耐えるわけだ。」（『国家』387DE）

こうした外的な不幸や困窮にかかわらず「自足し」、「平静」を保つ道徳的人間こそ、プラトン―ストア派―カント主義の伝統であった。それは、理性の統御力に無限の価値を見出す伝統である。ヌスバウムは、西洋思想史の中で compassion に好意的な伝統と批判的伝統の中で圧倒的に後者が主流であったとして、以下のように述べている。

反 compassion の伝統は、何世紀もの間、西洋哲学史の中で支配的な伝統であった。ストア的伝統の影響力は偉大であるので、いくつかの点では compassion の公的役割の雄弁な擁護者であるアダム・スミスでさえも、自制の徳を取り扱った彼の著作のストア的な部分において、すべての情緒的な優しさを厳しく非難することで終わっている。同様に『国富論』は、貧困が人間の尊厳を減じることはないという見解によって甚大な影響を受けている。更に国際的な道徳や法の領域において、ストア派のコスモポリタニズムの影響は、キケロを通して、グロティウスやカントに深く浸透しており、物質的な援助の義務に否定的な現代の見解を形成している。反 compassion の伝統が議論の連続性と統一性を示しているのに対して、親 compassion の伝統は小説家、政治理論家、心理学者、哲学者の間でまばらに存在しているにすぎない。(6)

アリストテレス解釈

こうした伝統に対して、ヌスバウムが独特のアリストテレス解釈に基づいて対置するのが「脆弱性」(vulnerability) を抱えた人間像であった。この「脆弱性」は compassion と不可分なものであるとヌスバウムは言う。compassion には典型的に、私たち自身が同様に脆弱であるという考えが含まれているのである。それは、苦しんでいる人と同情する人自身の可能性や脆弱性を結びつけているのである。こうして脆弱性の共同体ができることは、他者を助ける動機として、compassion の偉大な力の一つである。(7)

ルソーによれば、フランスの王や貴族が下層階級に対する compassion を欠いているのは、自分たちはいかなる人生の浮き沈みにも左右されるような存在ではないと思っているからである。自らもまた同じような「脆弱性」を有していることを知ることが苦しんでいる人に compassion を持つために不可欠なのである。ルソーは、この点を『エミール』の中で以下のように述べている。

人間は生まれながらに国王でも、貴族でも、宮廷人でも、財産家でもあるわけではない。みんな裸の貧しい人間として生まれてくる。みんな人生のみじめさ、悲しみ、不幸、欠乏、あらゆる種類の苦しみにさらされている。さらに死ぬように運命づけられている。これが本当に人間に与えられたことだ。どんな人間もまぬがれないことだ。(8)

ヌスバウムが、彼女の独自のアリストテレス解釈に基づいて人間の「脆弱性」を強調したのが、*The Fragility of*

Goodness: Luck and Ethics in Greek Tragedy and Philosophy, 1986であった。そして彼女は、主著『正義のフロンティア』において、人間の尊厳に関するストア派―カント―ロールズの合理主義の伝統に、アリストテレスの伝統を対置したのである。

カントは、人間の「尊厳」の根拠を動物的な欲求と対置させて、人間の理性的、道徳的能力に求めた。これに対してヌスバウムは、アリストテレスに依拠して、理性的であること（rationality）と動物性（animality）を一体とみなした。アリストテレスによれば人間は、「政治的動物」であり、「多様な生の活動を必要としている」ので、理論的・実践的理性だけが人間の尊厳を基礎づけるものではなかった。社交性（sociability）や身体の必要なども人間の「尊厳」の一側面を形成するのである。人間は生まれ、死んでいく一時的な存在であり、「脆弱性」（vulnerability）を抱えた存在なのである。(9) ヌスバウムは、人間の理性や道徳的能力を主張するキケロが、身体的ニーズに関わる財の再分配や物質的援助に消極的であることを批判している。(10)

このように、ストア派―カントの合理主義の伝統を批判しつつ、彼女は「身体性」の契機を考慮することによって、「人間の尊厳」に具体的なリアリティを付与したのである。彼女は、「肉体」と「精神」を対立させて、「肉体」を一段低くみなすギリシャ的二分法を免れていたといえよう。

こうした「身体性」と同時にアリストテレスの「尊厳」概念において問題となるのは、社会的「連帯性」の問題である。アリストテレスにとって、人間は「ポリス的動物」であり、ポリス的結びつきの中で「尊厳性」を獲得しうる存在であった。ポリスを持たない人間は、野獣に等しいのである。

人間がその本性においてポリス的動物であることは明らかである。そしてポリスを持たないものがあるとすれば、人間として劣性のものであるか、あるいは人間以上のものである。――――共同体に入りこめない者、あるいは自足していて他に何も求めることのない者がもしあるとしたら、それは国家社会のいかなる部分ともならないわけであって、したがって野獣か神である。(『政治学』1253a)

ヌスバウムはこうしたアリストテレスのポリス的動物の人間本性に着目し、社会が単なる個人の利益追求の結果として存在するのではなく、他者に対する共感や善意によっても成立していると主張する。人間は「他者と共に、他者のために」(with and toward others)、生活と目的を共有して生きていく存在なのである[11]。

このようにヌスバウムは、西欧合理主義の伝統や人間観を独自のアリストテレス解釈の視点から再検討し、「身体性」、「社会性」そして「他者性」の契機を強調することによって、新たな「人間の尊厳」概念に到達したのである。

2　正義論と compassion

ヌスバウムのロールズ批判

ヌスバウムによれば、社会契約論の伝統は、圧倒的に相互利益(mutaual advantage)を中心とするものであった。誰しも自分の利益が契約によって保証されなければ、自然状態に留まることを選ぶであろう。契約によって自らの権利や利益が保証されるからこそ他者の権利や利益を尊重するという「相互利益」の理論が登場するのである。確かに契約論の伝統は、契約の当事者に利他性や犠牲の愛といった感情や行為を求めないという点でリアリスティックである。他者のために自らを犠牲にして奉仕し、貧しい人々のために喜んで寄付する人々は少なからずいるかもしれない。しかし、そうした利他的な慈恵(benevolence)に依拠して基本的な社会構造を設計することは、砂上の楼閣を築くことになる。実際「共感」や compassion を高く評価したヒュームも、「相互利益」がなければ、そのような感情は実を結ぶことはないと考えた。この点に関して、ヌスバウムは、ヒュームについて以下のように評している。

ヒュームは、契約論者ではないけれども現代の契約主義の主要な源泉となっており、また社会契約の伝統の中では最も明敏な道徳心理学者の一人である。そして彼は、相互利益の観念に基づく黙約と法による大幅な支援がないかぎり、慈恵の情操が社会全体に広がることはないと信じている。(12)

ヌスバウムによれば、ロールズの『正義論』も基本的に「相互利益」の原理によって貫かれている。たしかに「無知のヴェール」によって、自らの地位、能力、所得、階級などの情報が隠されているので、契約の当事者に「公平性」のルールが担保されている。自分がいつ社会的弱者になり、富や所得を失うかもしれないという「脆弱性」の認識があるからこそ、貧しい人々に有利に財を再分配する「格差原理」が生まれることとなる。

ヌスバウムは、ロールズが『正義論』において展開した「相互利益」を批判する。「相互利益」においては、自己利益を犠牲にする利他的な契機は排除されている。しかしヌスバウムはロールズの『正義論』において、慈恵や compassion の果たす役割が完全に否定されているとは考えなかった。

無知のヴェールは、道徳的公平性を政治原理の基礎にしている。――更に良く秩序づけられた社会についての彼の説明において、政治概念を支持し、それを安定的なものにする感情（sentiments）の育成にかなりの注目がなされている。――彼は、『政治的自由主義』においても、政治心理学を展開し、その重要性を強調し、社会が安定するためには、感情の公的な育成が必要であることを論じている[13]。

ヌスバウムにとって例えば財の再分配を行う制度の確立だけでは不十分で、そのような制度を支え、安定したものにする感情（sentiments）の育成が大事であった。その意味において、ヌスバウムはロールズの感情の公的な育成という課題を更に深めていったといえることができるかもしれない[14]。

ヌスバウムの正義論においては、compassion, sympathy, 連帯が大きな役割を果たす。ヌスバウムは、正義に対する愛を持つと同様、人間らしい生活をすることができない他者に対して compassion を抱きながら、互いに協力する存在として人間を描いている。自己の利益を追求するだけではなく、「正義」のみならず「共感」によって結びあわされた社会が、ヌスバウムが理想とする社会であった。

人が自然状態を去るのは、他者と契約することが相互に利益になるからではなく、共通の目的と共通の生活なくして良く生きることが考えられないからである。慈恵と正義を抱きながら、他者と共に、また他者に向かって生きることは、公的な人格概念を共通に有していることの帰結である[15]。

基本的に「相互利益」に依拠しつつ、「慈恵」の道徳的感情を育成し、再分配の制度を安定的なものにしていくというロールズの戦略はそれなりに説得的である。ではなぜ、ヌスバウムは、ロールズの『正義論』を批判し、「相互利益」ではなく「慈恵」や compassion を強調するのであろうか。

第一点は、「相互利益」を特徴とする社会契約論の伝統は、契約の時点で、貧しい人々、女性、外国人、身体的・精神的障害者といった脆弱な人々を排除し、同等の力を持っている人々との契約を前提するからである。自分よりも能力的、経済的、身分的に劣った者と契約を結ぶことなど、不利益きわまりないことになる。『正義のフロンティア』においてヌスバウムは、国境の外側に住んでいる人々、動物、障害を持っている人々を正義論に含めることを構想しているのであり、社会契約論やロールズの正義論が取り扱えなかった領域を扱っている。「相互利益」の議論はここでは妥当性を持ちえないのである。ヌスバウムは、この点について次のように述べている。

本書がとりあげている未解決の三つの問題の解決には、人々のおおいなる共感（sympathy）と慈恵（benevolence）と、そうした情操（sentiments）の長期的な保持とが不可欠である。ロールズの場合と同様に、慈恵を安定したものとするためにも、また実に慈恵は何を要求するのかに関する十分に明らかな構想を表すためにも、制度の役割は大きい。だが人々が欲しない限り制度は成立せず、また人々が欲するのを止めれば制度は無くなるだろう。(16)

第二に、ヌスバウムの正義論は、次に述べるようにケイパビリティ論である。その正義論は、人々が生まれながらにして持っている権原を保障することを目的としているが、そこにおいて前提とされている人間像は、compassion を駆使して相互に連帯する人間像であり、単に自己利益を極大化しようとして行動する人間ではないのである。この点について以下に述べることにする。

ヌスバウムのケイパビリティ論

ストア派―カントの合理主義の伝統が欠落させた人間の契機――人間の感性の重視、身体性、連帯性――は、彼女のケイパビリティ論において、集約された形で表されている。ヌスバウムが示す一〇のケイパビリティは以下の通りである。

1　寿命
2　健康――栄養や住居
3　身体的保全
4　感覚、想像力（imagination）、思考
5　感情（emotion）――自分の周りの人に愛着を持てる、私たちを愛し、世話している人を愛せること
6　実践理性
7　連帯（affiliation）――他の人々と一緒に、そしてそれらの人々のために生きることができること、他の人々を受け入れ、関心を示すことができること、様々な形の社会的交わりに参加できること、他の人々の立場を想像（imagine）でき、その立場に compassion できること、正義と友情の双方に対するケイパビリティを持てること
8　自然との共生
9　遊び
10　環境のコントロール（言論出版の自由、政治参加の権利）

この一〇のリストにおいて、特に身体的な健康や身体的保全、そして連帯（affiliation）を挙げていることは注目すべきである。ここにおいて、人間の身体性、連帯性、compassion がトリアーデを形成するのである。他者に対し

てcompassionを持ち、連帯できるためには、「想像力」をみがく必要がある。

もし私たちが、正しい方法で、他者の苦しみに気づかせられるならば、私たちは彼や彼女の助けに行く。問題は多くの場合、それに気づかず、他者の苦境を理解するに十分教育されておらず、想像力の育成を通してこれらの苦しみを生き生きと描くことに慣れていないのである。(17)

3　compassionの政治的役割

ここでは、compassionの政治的役割を評価するヌスバウムとそれを否定するアーレントの議論を考察することにする。

ヌスバウム

ヌスバウムにとってcompassionは、人間の尊厳やケイパビリティを阻害する家庭的・社会的・政治的な構造的要因を変革し、人間性の実現を求める社会的変革をもたらす。この点においてヌスバウムは、以下のように述べている。

compassionは、公生活で多くの潜在的な役割を持っている。社会福祉計画、対外援助や世界的規模の正義に向けたその他の努力、そして弱い立場の人々のグループに対する抑圧や不平等をなくそうというさまざまな形態の社会改革、これらのための重要な土台を提供することができる。(18)

Compassionと社会的変革の関係においてヌスバウムは、スコットランド啓蒙ないしルソーの著作を「正義と人間の尊厳に向けての根源的な社会的変化（radical social change）をもたらす感情を形成する真に見識ある著作」と評価し、特に、ルソーの『エミール』を、「社会的正義を支持するcompassionに基づく教育を提起している」と評している。

ちなみにヌスバウムは、怒りの政治的機能にも注目している。彼女は、怒り、恐怖といった情念を完全に取り除こうとするストア派を批判し、適切な時、適切な対象に怒ることを説くアリストテレスを持ちだし、社会的不正義に怒る必要性を述べている。「理にかなった怒り」こそが、社会的正義を求める抗議運動の原動力であった。ストア派は、人間の尊厳と平等を説いたにもかかわらず、外的状況に関わらない内面的砦を強調したことによって、結果的に政治的・社会的改革へのエネルギーを喪失したのである。

ストア哲学者たち（彼らの思想のこの側面に影響を受けた一七世紀の思想家たち）は、通常、個人の道徳的な核を岩のように堅いもの、つまり世俗的な状況から損害を受けるはずのないものとして扱っている。それゆえ彼らは、人間の尊厳の尊重についての議論から、ともかく何らかの政治的結論を引き出す時、重大な困難を抱えることになる。尊厳は内側に非常にしっかりと確保されているので、奴隷制度も拷問も、尊厳に影響を与えるはずがない。だからストア派の哲学の著作は、価値に関する先鋭的な平等主義に始まって、奇妙な静寂主義へと到達する。(19)

スミスは、ストア派の影響を受けながらもcompassionに着目し、それが社会を変革する役割を果たすことを強調した。スミスは、人間の「脆弱性」を認識していたので、様々な改革を提示することができた。(20)彼はリバタリアンの先駆者として評価されているが、それは間違いである。ヌスバウムによれば、人間のケイパビリティを促進し、その障害を除去することがスミスの制度設計の中心的関心であった。したがってスミスは、貿易の自由や労働者の自由移動に対する制限が市民のケイパビリティを阻害しているとして、自由貿易を提唱し、独占を制限する法律を提案し、徒弟制度の廃止を主張した。また彼は奴隷貿易の廃止を主張し、自らそのために戦った。更に彼は、「共通の人間性と両立する最低賃金制度」を提唱した。国境を越えた人々の平等の価値に対するスミスの関心は、植民地支配——それは、植民地化された人々の政治的・経済的自律性を奪う——に対する関心の中にもみてとれる。

そしてとりわけスミスは『国富論』で公的な義務教育を政府に要請したが、それはスミスの時代においては、スコットランドでは行われていたが、イングランドでは無視されていたものである。彼は貧困問題にも取り組み、子供の死亡率が特に労働者階級の間で高いことを指摘した。

ところで、ヌスバウムは、『思考の激変』の「compassion と公共生活」において、compassion が民主主義社会のメディアや、政治指導者、経済思想、法律や裁判、教育において果たす役割に触れている。テレビなどのメディアは、国内の少数者や外国人に対するイメージ形成に影響を及ぼすので、特定のグループに対する嫌悪感や非人間的なイメージを煽らないようにすべきである。

また政治指導者の役割が compassion の形成において重要であると述べ、その代表的指導者としてリンカーンをあげている。リンカーンは、公共生活において compassion が果たした役割を知るにふさわしい人物であった。彼は奴隷に対する compassion を示し、奴隷制度に対する憤りを示したのみならず、加害者をも赦し、国民が一つになることを訴えたのである。リンカーンの詩的想像力は、「異なるものの中に一致を見出し、最も激しい分裂を越えて人間としての共通の利害と苦しみを生み出」(21)したのである。

またヌスバウムは、経済思想と compassion との関係について、「compassionate な創造力は、様々なグループの人々が遭遇する苦しみや損失のヒューマンな意味を示すことによって、経済計画にとって必要な情報を提供する」[22]と述べて、経済発展や計画の測定基準はＧＤＰ（それは分配の問題が出てこない）や富・所得ではなく、人間のケイパビリティをいかに発達させるかにあると述べている。ＧＤＰ、所得、資源だけのアプローチでは、寿命、幼児の死亡率、医療へのアクセス、公教育の有無、人種や性を理由とする差別の有無、政治的自由の有無などは見えてこない。経済発展はそれ自体が目的ではなく、人間のケイパビリティの発展を助けることに目的があるので、compassion がなければ十分に認識できないものである。

またヌスバウムは、法律や裁判の判決に対して compassion が果たす役割に関し、『思考の激変』の後に出版した『感情と法』において詳細に分析している。ヌスバウムは、法律の制定や判決に際する感情的要素の役割を分析しているが、compassion、それも是認される compassion を強調し、嫌悪や恥といった感情を法律や判決の要素に入れることを厳に戒めている。後者は、差別や過酷な刑罰に繋がる要素を持っているのに対し、前者は例えば加害者が犯行に至った様々な原因を考慮し、貧困や虐待やいじめなどの状態にあったことに compassion を持ち、刑の軽減を提唱するものである。ヌスバウムは、「compassion は、刑事事件の判決で役割を果たすことがありうる。当然のことながらこの時被告の人生を考え、特殊な過去、子供のころ性的虐待を受けたという過去の経歴が人格を不安定なものにしたかもしれないと私たちが思うならば、刑罰は加減する」と述べ、刑法における長い英米の伝統が判決の際に compassion が果たす役割を強調し、理に適った compassion の概念を構築してきたと述べている。[23]

アーレント

ヌスバウムが compassion が果たす公的な役割を積極的に評価し、民主主義社会における compassion の育成を推進したのに対し、アーレントは、compassion については批判的であった。彼女は、『革命について』の中で

compassionを最高の政治的情熱まで高めたフランス革命を、「compassionの情念があらゆる革命の最も善良な人々にとりつき、駆り立てた[24]」と批判した。アーレントにとって、「革命主義者を動機づける最も破壊的な情念」がcompassionであった。

アーレントによれば、上流階級の下層民へのcompassionは、貧困によって引き起こされる。「個人的なフラストレーションや社会的野望ではなく、ただ貧困の苦しみだけがcompassionを引き起こすことができる[25]」。またアーレントが「人民（le peuple）という言葉の定義がcompassionに由来し、不幸や不運と同義語となった[26]」と述べているように、人民とcompassionは密接不可分である。

compassionは、様々な社会階級を一つの国民に統一する力である。ルソーは、人間の連帯は、積極的な善よりは、他者の苦しみを共にする利己心のない能力によってもたらされると考えたが、アーレントにとってcompassionは無制限な革命、直接行動、テロルを正当化する最も危険な情念に他ならなかった。アーレントにとってcompassionが危険なのは、それが人々の「差異性」を奪い去り、個人を集団行動の中に埋没させるからである。そもそもアーレントにとってcompassionは、人と人との間の距離を取ることを不可能とし、反省的契機や対話を捨象させてしまうものである。

しかし、こうした反省的契機や討議を無視したcompassionに基づく直接行動は、アーレントのみならずヌスバウムも嫌悪するところであった。ヌスバウムには、理性の反省的契機によって、compassionに対する道徳的是認が行われるのであって、compassionが「差異性」を除去したり、テロルという暴力を生みだすことはあってはならなかったのである。しかし、アーレントのcompassionに対する警告は、傾聴に値するといえよう。

4　compassion とグローバルな連帯

ところで、他者に対する共感、特に compassion は、国境を越えて広がることが可能であろうか。マイケル・サンデルは、『大震災特別講義』の中で、3・11の大震災、津波、原発事故の三重苦にもかかわらず、地域共同体の助け合いが生きていることが実証されたことを評価している。同時に彼は、被災者に示された支援の輪に着目して、「人間の関心や共感の範囲は、地球規模に、グローバルに拡大しうるのか」、「私たちは、グローバルな市民としての意識を深め、さらに地球規模での責任を共有することができるのか。それとも人間の関心や共感は時間とともに薄れてしまい、当面の事態がすぎ去れば、個々の国やアイデンティティの持つ重みが再び力を持つのか[27]」と問い、アダム・スミスとJ・J・ルソーを引き合いにだす。ルソーは、「人道主義の精神は、世界全体に広げると薄まり、弱まってしまうようだ。私たちヨーロッパ人は日本でおきた災害に、ヨーロッパを襲った災害と同じだけの衝撃を受けるわけではない」と述べている。A・スミスは『道徳感情論』において、中国で地震が起こった場合、ヨーロッパ人は、強い哀悼や見舞の念を表明し、人間のはかなさを思い、災害がヨーロッパ貿易に及ぼす影響を考察する、しかしその後落着きを取り戻し、何事でもなかったように眠りにつくが、自分の小指をなくした場合、一晩中眠れないであろうと言う。サンデルは、こうした共感能力の限界を指摘しつつ、グローバル・コミュニティーの連帯感を形成するためには、「共感」では不十分で、絶えずグローバルな公共空間で対話を行っていく必要性を説いている。

サンデルが指摘する共感や compassion の限界にもかかわらず、グローバル化時代の今日、グローバル・コミュニティーの一員であるという意識は、年々強まっている。

第一に、スミスやルソーの時代と異なり、コミュニケーションのグローバル化が進み、テレビ、インターネットでリアル・タイムで映像が放映される。東北大震災の映像はユーチューブを通しても、そのすさまじい惨劇が伝えられた。全世界の人々が被災者に compassion し、自分に何ができるかを問い、実行に移したのである。

第二に、今日私たちが住む世界は、経済や金融のグローバル化や相互依存のみならず、環境、原発、エネルギー資源、食料、感染症といった共通の課題を抱える「運命共同体」であることが理解されてきている。原発事故は一国内の問題のみならず、世界的な問題である。自ずと公的な対話の空間が形成されざるをえない。

ヌスバウムは、ルソーやアダム・スミスが述べているように、共感や compassion が身近な所で強く、遠くに行けばいくほど弱くなることを認めている。彼女は、ストア派やキケロの同心円のモデルを継承し、多層的なアイデンティティを説く。そして血縁共同体、地縁共同体、国民共同体におけるアイデンティティや愛着を承認する。しかし、ヌスバウムの出発点は一番外側の円、つまり「世界市民」であり、円を外から内に対して描くことが肝心なのである。

ストア派の哲学者たちは、世界市民であるためには、ローカルな自己同一化を放棄する必要はないことを強調している。それは、生活の大いなる源泉になりうるのである。彼らはローカルな帰属を持たないものとしてではなく、一連の同心円によって囲まれたものとして自分たち自身を考えるよう、我々に提案する。最初の円は自己を囲んでおり、次の円は直接の家族を包含し、次には拡大家族、さらには順番に隣人たちやローカルな集団、同じ街の居住者、同郷人と続き、そしてわれわれは、このリストに、民族的、言語的、歴史的、職業的、ジェンダー的、性的アイデンティティに基づく集団をたやすくつけ加えることができる。これらすべての円の外には、もっと大きな円、すなわち人類全体がある。世界市民としての我々の課題は、「なんとかして円を

［外を基点にして］中心に向けて描き、全人類を同じ街の居住者に近い存在にすることであろう。われわれは、民族的なものであれ、ジェンダーに基づくものであれ、宗教的なものであれ、われわれの特殊な愛着や自己同一化を放棄する必要はない。……しかしまたわれわれは、すべての人々をわれわれの対話と関心の共同体のメンバーとみなし、われわれの政治的思慮を人々を結合するそのような共通性の上に基づかせ、われわれの人間性を規定する円に特別な注意と尊敬を払うように務めるべきなのである。[28]（傍線引用者）

このように、ヌスバウムは民族や国民としてのアイデンティティを否定しているわけではないが、それが「世界市民」としてのアイデンティティに裏打ちされていなければ、排他的になることを危惧せざるをえなかった。内の円から出発した場合、世界市民にまで到着する保障はまったくないのである。ヌスバウムにとって必要なことは、外の円から出発すると同時に、国境の外側にいる人々を内なる円に近づけ、「われわれが対話し関心を示す共同体のメンバー」とみなすことであった。つまりグローバル・アイデンティティの形成が必要であった。

ヌスバウムは、一九九七年に刊行した『人間性を耕す』において、「世界市民」となるためには、想像力や共感を教育によって陶冶していくことを力説した。グローバル・アイデンティティにおける社会学的条件はすでに述べたように形成されているので、残された課題は、教育による人間の変革なのである。彼女は言う。

マルクス・アウレニウスは、私たちが世界市民となるために、単に知識を集めるだけではなく、共感に満ちた想像力（sympathetic imagination）を私たち自身の中に耕さなければならないことを強調した。私たちはそうした想像力によってこそ、私たちとは異なる人々の動機や可能性を理解することができる。[29]

compassion の育成のためには、市民的教育が必要である。ヌスバウムは、「公教育はあらゆるレベルにおいて他者の経験を想像し、他者の苦しみに関与する能力を耕すべきである」と主張する[30]。より多くの、様々な人々に対して empathy（感情移入）を拡大するためには、古典文学や芸術を積極的に子供たちに教えることが必要である。Compassion を持った市民となるためには、文学や芸術は必要不可欠なのである。文学や芸術は、「シティズンシップにとって重要で得難い貢献を行う。それなくして、私たちが鈍感で感情的に死んだ市民となるのはまちがいないし、しばしば他者に対して全く反応しない内的世界を伴うような攻撃的な欲望のえじきとなるのである[31]」。ヌスバウムは、子供たちがある年代に達した時に、人間の「脆弱性」を教えることを勧める。そのためにはギリシャ悲劇が最もふさわしい。「彼らは、多くのタイプの人間の不幸（calamities）についての生き生きとしたイメージに向き合う。彼らは、病気、死、隷属、レイプ、戦争、裏切り、国を失うことなどを良く知るようになる。彼らが物語を通してこのような事柄に親しむことは心理学的に重要である[32]」。ヌスバウムは、そのための模範的な教師として『アンティゴネ』『オイディプス王』を書いたギリシャの悲劇作家ソフォクレス（BC 496–406）を挙げる。彼女は、将来市民となる若い世代の人々にとって、悲劇が特に重要であると断言する。彼らは悲劇を通して compassion を身につけていくのである。「悲劇は、実際にそうなるよりもはるか前に人間の生活で生じる悪しき事柄に触れさせ、自分が経験していない苦しみを味わっている他者に対する関心を生じさせ」、「苦しみの深さや意味を明らかにする[33]」。ギリシャ人は、主に演劇を通して compassion を養ったのである。そしてこの演劇は、観客の関心や共感を拡大する役割を果たしてきた。

ギリシャの演劇は、観客の心を動かして、ギリシャからトロイへ、男性の戦争の世界から家庭の女性の世界に感情移入することを可能にした。古代の悲劇を見た将来の市民たちは、その運命が自分たちのものとなるかもしれない指導的な市民、戦争の将軍たち、避難民、こじき、奴隷の苦しみに対する共感を持つように求められるだけではなく、決して自分たちのものになりえないような人々、つまりトロイ人、ペルシャ人、アフリカ人、妻、娘、母親のような人々の苦しみに対する共感を持つことを求められるのである。(34)

この「共感の拡大」は、国境を越えた人々のみならず、国境の内側にいる自分と異なった立場にある障がい者や社会的弱者や少数民族に対しても及ぶのである。

またヌスバウムは、国境を越えた人々を理解するために、多文化主義の教育を提唱する。

compassionate citizenship の教育は、また多文化主義的な教育でなければならない。生徒は、人間がケイパビリティの達成のために戦っている状況の多様性を理解しなければならない。そのことは自分とは異なる階級、人種、国民性、性的傾向に関する事実を学ぶだけではなく、想像力によってそれらの戦いに関与することを意味する。(35)

しかし多文化主義教育はすべての文化は等しく良いものであるという文化相対主義を支持するものではない。様々な文化は普遍的な善の観念によって吟味されるべきである。ヌスバウムにおける感情移入的な想像力は、適切な道徳的判断によってコントロールされて然るべきであった。例えば、ヌスバウムにとって、女性の人権を否定し、女性を隷属化するような文化は認めることはできなかった。

以上、私たちは、ヌスバウムがストア派―カントの合理主義の伝統に対して、アリストテレス解釈を通じて獲得した人間の「脆弱性」、身体性と連帯性、さらにアダム・スミスやルソーを通して発見した「共感」や compassion

の政治的役割を強調することによって、グローバル化時代における「世界市民」としての政治主体を発見したことを見てきた。しかし、ヌスバウムの「世界市民」としての立場に一番影響を及ぼしたのが、彼女が批判してきた当のストア派であった。彼女は、ストア派の人類への遺産に関して、以下のように述べている。

現代に至るまでのストア派の政治思想の最も有名な遺産は、「自然法」の概念と、それと関係した「世界市民」の考えである。ギリシャの政治思想は、自らのポリスの外側に住んでいる人間に対する尊敬と相互扶助の義務についての思想は展開しなかった。しかし、ストア派は、理性と道徳的能力の価値が私たちを一つの都市の構成員にすることを教えたのである。(36)

ストア派の影響を受けたヌスバウムのコスモポリタニズムは、二つのベクトルを持っている。それは、国境の向こう側にいる人々を「世界市民」として受け入れるベクトルと、国境の内側において疎外され、差別されてきた人々を人類共同体の一員として受け入れるベクトルである。古代ギリシャでは、奴隷や女性は二級市民の地位しか与えられなかったが、人間の尊厳と平等を説くストア派は少なくとも理論上は、こうした差別を撤廃し、女性も奴隷にも「世界市民」の立場を承認したのである。

ストア派の「自然法」への信念は、ヌスバウムにおいては万人が持つ普遍的な道徳として継承されている。ただそれは、形而上学的に展開されるものではなく、彼女のケイパビリティ論に示されているように「道徳的直観」によるものなのである。

総じてヌスバウムはストア派の自然法や「世界市民」概念を基本的に継承しつつも、アリストテレスやスコットランド啓蒙などの影響を受けて、ストア派の道徳的・理性的人間像を修正し、人間の「脆弱性」に裏打ちされた共感やcompassionによる国境を越えた連帯の道を開いたといえる。ストア派のコスモポリタニズムの構想は壮大であっても血が通っていず、具体的な人間の苦しみや悲しみが捨象された抽象世界であったが、ヌスバウムのコスモポリタニズムはそこに生き生きとした生のいぶきと連帯感情を吹き込んだのである。

注

（1）M. Nussbaum, *Women and Human Development: The Capabilities Approach*（これ以降、*WHD*と表記）, Cambridge University Press, 2001, p. 249（池本幸生・田口さつき・坪井ひろみ訳『女性と人間開発』岩波書店、二〇〇五年、二九五頁）.

（2）M. Nussbaum, *Frontiers of Justice*, Harvard University Press, 2006, pp. 410–1（これ以降、*FJ*と表記）（神島裕子訳『正義のフロンティア』法政大学出版局、二〇一二年、四六八頁）.

（3）A. Smith, *The Theory of Moral Sentiments*, edited by D. D. Raphael and A. L. Magfie, Liberty Fund, 1976, p. 224（アダム・スミス著、水田洋訳『道徳感情論　下』岩波文庫、二〇〇三年、一二三頁）.

（4）M. Nussbaum, *Upheavals of Thought*（以後、*UT*と表記）, Cambridge University Press, 2007, p. 301.

（5）M. Nussbaum, *Hiding from Humanity: Disgust, Shame, and the Law*（以降、*HH*と表記）, Princeton University Press, 2004, p. 50（河野哲也監訳『感情と法』慶應義塾大学出版会、二〇一〇年、六二頁）.

（6）M. Nussbaum, *UT*, p. 369. なお、ストア派の自足的な人間観についてもヌスバウムは以下のように述べている。「ギリシャとローマのストア派の哲学は、感情を私たちの人生からできるだけ排除して、こうして自足的な人間になれるように私たちに求めたが、（中略）彼らは、人間が自分がコントロールできるもの（自分の意志であり道徳的選択能力である）の外部にある価値を拒否さえすれば、脆弱的ではない（invulnerable）状態になれると、説得力ある主張を述べたのである」（*HH*, pp. 6–7, 邦訳、七頁）。なおスミスの情念の解釈においてヌスバウムは、スミスがストア派の影響を受けている一方、他方においてシャフツベリーやアリストテレスの影響を受けていると述べている。Note 33, p. 369を参照。

（7）M. Nussbaum, *HH*, p. 50（邦訳、六二―三頁）.

（8）J・J・ルソー、今野一雄訳『エミール　中』岩波文庫、二〇一一年、三五頁。

（9）M. Nussbaum, *FJ*, p. 160（邦訳、一八五頁）.

（10）M. Nussbaum, "Duties of Justice, Duties of Material Aid: Cicero's Problematic Legacy", in Angera Kallhoffedited, Martha Nussbaum, *Ethics and Political Philosophy*, 2001, Transaction Publisher, p. 5. なおキケロは、正義に関しては、国境を越えて実現すると考えたが、物質的援助に関しては身近な範囲を優先すべきであると考えた。

（11）M. Nussbaum, *FJ*, p. 158（邦訳、一八三頁）.

（12）M. Nussbaum, *FJ*, p. 409（邦訳、四六六頁）.

（13）M. Nussbaum, *FJ*, p. 409.

（14）M. Nussbaum, *FJ*, p. 90. ヌスバウムは、compassion だけからケイパビリティの諸原理を成立させようとしているのではなく、政治原理に沿う compassion の育成を通して、政治原理を安定したものにすると述べている（邦訳、一〇七頁）。

（15）M. Nussbaum, *FJ*, p. 158（邦訳、一八三頁）.

（16）M. Nussbaum, *FJ*, pp. 409-410（邦訳、四六七頁）.

（17）M. Nussbaum, *FJ*, p. 412（邦訳、四七〇頁）.

（18）M. Nussbaum, *HH*, p. 57（邦訳、六九頁）.

（19）M. Nussbaum, *Liberty of Conscience*, Basic Books, 2008, p. 53（河野哲也監訳『良心の自由――アメリカの宗教的平等の伝統』慶應義塾大学出版会、二〇一一年、八一頁）.

（20）M. Nussbaum, *Creating Capabilities*, Harvard University Press, 2011, p. 133.

（21）M. Nussbaum, *UT*, p. 438.

（22）M. Nussbaum, *UT*, p. 430.

（23）M. Nussbaum, *HH*, p. 49（邦訳、六一頁）. ヌスバウムにとって compassion を育成するための戦いは同時に人間の尊厳や他者への思いやりを阻害する「嫌悪感」、「恥辱」、「恐怖」そして「嫉妬心」を克服する戦いでもあった。Nussbaum, *HH*, pp. 1-18（邦訳、一一―二二頁）, *Political Emotions*, Harvard University Press, 2013, pp. 257-377.

（24）Hannah Arendt, *On Revolution*, Penguin Books, 1990, p. 71（邦訳『革命について』（志水速雄訳、筑摩書房、一九九七年）一〇七頁）.

（25）*Ibid.*, p. 73（邦訳、一一〇―一一一頁）.

（26）*Ibid.*, p. 75（邦訳、一一三頁）.

（27）マイケル・サンデル『マイケル・サンデル――大震災特別講義』ＮＨＫ出版、二〇一一年、五五頁。

（28）M. Nussbaum, with respondents; edited by Joshua Cohen, *For Love of Country: Debating the Limits of Patriotism*, Beacon Press, 1996, p. 9

（辰巳伸知・能川元一訳『国を愛すること』人文書院、二〇〇〇年、二七―二八頁）.

（29）M. Nussbaum, *Cultivating Humanity: A Classical Defense of Reform in Liberal Education*, Harvard University Press, 1997, p. 85.

（30）M. Nussbaum, *UT*, p. 426.

（31）M. Nussbaum, *UT*, p. 426.

（32）M. Nussbaum, *UT*, p. 428.

（33）M. Nussbaum, *UT*, p. 428.

（34）M. Nussbaum, *UT*, p. 429.

（35）M. Nussbaum, *UT*, p. 432.

（36）Malcolm Schofield, *The Stoic Idea of the City with a New Foreword by Martha C. Nussbaum*, The University of Chicago Press, 1999, XII.

第２章　集合的アイデンティティーに関する一試論

ナショナリズム、愛国心、コスモポリタニズム

千葉　眞

1　共同体主義としてのナショナリズム

共同体主義（communitarianism）ということであれば、ナショナリズムは、とりわけ一九世紀以降現代にいたる政治の世界で根強い影響力をふるってきたその一形態であることは明らかであろう。ナショナリズムは、近代における主権国家や国民の概念を基軸とした共同体主義の最たる事例——communitarianism par excellence——であり、現代の共同体主義の一箇の典型というふうにも言えるのではなかろうか。現今の共同体主義の議論は、アラスデア・マッキンタイアーにしても、マイケル・サンデルにしても、一九八〇年代以降、リベラリズム批判として出てきた面があり、市民社会内部の共同体やアソシエーションを重視してきた。しかし、共同体主義をもう少し広く二〇世紀および二一世紀初めの政治思想とイデオロギーという視点から捉えると、やはりナショナリズムを挙げないわけにはいかないように思われる。本章の課題は、共同体主義としてのナショナリズムの意味と問題について若干の検討を加えておくことである。この関連で同時に、やはり広く定義した場合、共同体主義の類型に属すると思われる

愛国心ないし愛国主義（patriotism）とコスモポリタニズム（世界市民主義／cosmopolitanism）についても、考察を加えておきたい。その際、筆者がかつて使用した「パトリア主義」（patria-ism）の視点を軸にして考えてみたいと思う。(1)

2　ナショナリズムの持続的影響力

ナショナリズムに関する誤った見通し

ナショナリズムは、専門家の認識においても、また各国の世論調査においても、その排他性、偏狭性、部族主義（tribalism）的傾向について否定的な見方が示されることが多い。また近代の「ウェストファリア体制の行き詰まり」、「主権的国民国家パラダイムの揺らぎ」が指摘され始めて三〇年以上も経過した現在、ナショナリズムの行く末について否定的に評価されることが多い。しかしながら、今日、数多くの集合的アイデンティティーが競合するなかで、一般論として国民的アイデンティティー（ナショナリティー）以上に人々の忠誠心を喚起するものは見あたらない。

ナショナリズムは、近代を一貫して持続的な影響力をふるってきた政治的イデオロギーである。その最盛期は一九世紀後半から二〇世紀中葉までといえようが、ポスト冷戦期の一九九〇年代以降も、またグローバル化が進展する二一世紀に入ってからも、「国民国家のイデオロギー」として、「エスノ・ナショナリズム」として、また「リベラル・ナショナリズム」として依然として少なからざる影響力を保持してきた。非合理な面を多々もっていると考えられ、「想像の共同体」（imagined community／ベネディクト・アンダーソン）に依拠するナショナリティーとナショナリズムが、二〇世紀の啓蒙主義者や合理主義者の大方の予想を裏切って、今なお生き延びているだけでなく、現代世界を動かす持続的な勢力であり続けている。こうした事実はどのように説明できるだろうか。ナショナリズムが今なお多くの民衆を魅きつけるものを保持しているとすれば、その魅力とはいったいどこにあるのだろうか。また、ナショナリズムの功罪ということが二〇世紀中葉以降一貫して議論されてきたが、二一世紀初頭の現在、その効用はどのあたりに見られるのだろうか。その問題性や欠陥をどのようなところに確認することができるだろうか。

今日の政治と政治理論の世界における多種多様なナショナリズムの自己主張や擁護論には、概して三つの潮流を発見することができる。第一の潮流は、一九八〇年代以降、とりわけ九〇年代のポスト冷戦期に顕著にみられるようになった民族的少数者による権利の要求、種々のエスニック集団によるアイデンティティーの承認の要求である。これは「エスノ・ナショナリズム」と呼ばれてきた。一九八〇年代以降、北米諸国および西欧諸国で議論されるようになった多文化主義も、この第一の潮流と無縁ではないであろう。第二の潮流としては、一九九〇年代以降の金融資本主義のグローバル化のうねりへの反動として、半ば不可避的にナショナリズムの興隆が、中東諸国、中南米諸国、アジア・アフリカ諸国のみならず、欧米諸国でも観察されるようになった。これは一つには、アンソニー・ギデンズやウルリッヒ・ベックの再帰的近代化論の前提でいえば、グローバル化への反作用としてのナショナリズムや地方主義の活性化として説明可能であろう。

第三の潮流は、西欧諸国を中心にした実際の政治において観察され、ことに政治理論の領域でみられた「リベラル・ナショナリズム」の議論である。その論者であるデヴィッド・ミラーやヤエル・タミールらの主張によれば、諸個人の自由と平等の保障、社会正義の実現、自決と義務の履行のためには、ナショナルなアイデンティティーの共有が不可欠である。このリベラル・ナショナリズムの主張は、国民国家の再構築という歴史的文脈で捉えるのが適切なのか、あるいはロールズ的な義務論的リベラリズムからの脱却をはかるリベラリズムの再定義の試みとして理解すべきなのか、あるいはまた従来の国民国家モデルにはもはや依拠しない新形態のナショナリズムとして認識すべきなのか、論者や解釈者によって立場は分かれるであろう。しかし、いずれの立場であれ、リベラル・ナショナリズムは、リベラルな価値とナショナルな価値との共存共栄を前提としていると言って間違ってはいないであろう。(2) リベラル・ナショナリズムの議論は、今日、実際の政治の世界においても、グローバル化の歪みへの反作用として説得性を増し、受容しやすいものとなってきている。

二〇世紀末におけるナショナリズムのこれら複数の潮流の出現は、二〇世紀中葉以降のナショナリズム批判のさまざまな系譜への鉄槌となった印象がある。つまり、当時、数多くの論者が、第二次世界大戦におけるナチズムやファシズムの跳梁への批判を前提としつつ、ナショナリズムの問題性について指摘し、その時代錯誤性を主張した。そして彼らの多くが、ナショナリズムはやがて消え去るであろうと予測し、またそれは好ましいのだと主張してきた。しかしながら、実際の政治の世界においては、ナショナリズムは依然として戦後の世界政治を牽引する主たる政治的イデオロギーとして君臨してきたのである。ここにおいて既述した従来の種々の解釈やアプローチに共有されていた認識上の誤謬や齟齬および見通しの誤りが、白日のもとにさらけ出される結果になったわけである。アンソニー・スミスはかつて、ナショナリズムの行く末に関する数多くの研究者やジャーナリストの誤った展望を、「過去二世紀の基本的潮流の一つに関する体系的な過小評価の誤まり(3)」と特徴づけたことがあった。三〇年も前にさかのぼるこうしたスミスの指摘が、結局のところ事態の実相を的確に表明したものであったことは明らかであり、それは今日的状況の説明としても説得力がある。

ナショナリズムの持続的影響力に関するこれらの誤った見通しや解釈を採用したグループには、数多くの自由主義者や社会主義者やマルクス主義者が入るだけでなく、今日のグローバル化やネオ・リベラリズムの数多くの擁護者も含まれる。彼らの多くは、超科学とハイテクの時代には非理性的なものはやがて理性的なものによって克服され統御されるであろうとの擬似ヘーゲル主義的前提を共有していた。マルクス主義者と社会主義者は、社会主義の登場によって、社会主義以前の段階の社会に特有な人種間およびエスニック集団間の矛盾対立が止揚されることになると確信していた。自由主義者もまた、科学的思考の拡充、産業化の発展、教育の普及によって、エスニシティー的・人種的帰属意識ならびにナショナリズムの意識が次第に消失していき、普遍主義が個別主義を克服することになろうと考えていた。これらの論者は、少数派のエスニック集団や人種集団は、より大きな普遍的な全体社会に遅かれ早かれ同化されていくであろうと考えていた。(4) さらに金融資本主義のグローバルな席巻にコミットしてきたネオ・リベラリズムは、今日、再帰的近代化の状況下で、ナショナリズムの反作用が想像を絶して強力なことを認識せざるを得ない状況に追い込まれつつある。二〇年以上も前にアイザイア・バーリンは、次のように述べたことがある。

今日われわれの時代にナショナリズムが復活したのでない。それは決して死滅していなかったのだ。人種主義もまた死滅してはいない。これらは、今日の世界で多数の社会システムを縦断しながら最も力強い運動となっている。(5)

バーリンのこの指摘は、現今のリベラル・ナショナリズムの議論の先駆をなした政治理論家の所見としてみても、含蓄のある言葉である。

ナショナリズムの多義性と定義の問題

ナショナリズムの現代的位相を理解するうえで一つ困難な障壁となっているのは、ナショナリズムが多様な仕方で定義され認識されているという問題、つまり、この概念の多義性の問題である。ナショナリズムは、その原初主義（primordialism）的な解釈によれば、言語、宗教、歴史、習俗、文化、人種、エスニシティー、領土に基礎を置いている限り、歴史上、いつの時代にもどの地域にも見出される政治意識ないしイデオロギーであると指摘されている。この見方は、ナショナリズムに関する歴史主義的理解であるが、これとその近代主義的理解との間には架橋できない溝がある。(6) 後者の見方によれば、ナショナリズムは、基本的には一六世紀のヨーロッパに起源をもつ近代の主権的国民国家の歩みと密接にかかわりながら展開され、一九世紀中葉から現代に至るまで大きな影響力を振ってきたと理解される。その意味でナショナリズムは、近代に固有の政治意識ないしイデオロギーであると認識されることになる。この後者の理解は、政治学的にはより説得力があるという利点があるのかもしれない。しかし、より困難な問題は、ナショナリズムの定義そのものである。それは多義的かつ複雑であり、ナショナリズムということが含意する意味内容が個々の解釈者たちの間で異なっている。この点にナショナリズム概念の分析上の困難さがある。ナショナリズムは、日本語でも民族主義、国民主義、国家主義という仕方で、さまざまに表記できる。

ナショナリズムの多義性は、それが多分に民族性ないしエスニシティー（言語や宗教、習俗や人種の共有を含む）という自然的属性ないし原初性に依拠する面と、他方、ナショナリティー（国民性）ないし国家性という主権的国民国家の保持する人為性ないし依法性を重視する面の双方があることから派生している。これらの二面性は、それぞれナショナリズムの所与性と擬制性、その歴史着床性と歴史構成性、そのエスニック性とシヴィック性という形で多様な仕方で説明されることになる。歴史的に前者の自然的属性を強調するナショナリズムには、ドイツのヨハン・G・フィヒテやヨハン・G・ヘルダーなどの言語と文化の共有を前提とする国民理解、および皇国日本の国体ナショナリズムなどが帰属するであろう。後者の人為性を前提とするナショナリズムには、アメリカ合衆国の建国ナショナリズムならびにエルネスト・ルナンの提唱した「日々の人民投票」としての国民理解も入るであろう。(7)これら二つの基本型からナショナリズムの理解や解釈は、多様かつ多方面に分岐していくわけである。

こうしたナショナリズムの多義性を念頭に置きつつも、本章では、ナショナリズムの理論家、アーネスト・ゲルナーの定義から出発したいと思う。

ナショナリズムとは、主として政治の単位と民族の単位とは一致すべきであるとの要求に基づく原則である。(8)

ゲルナーのこの定義は、多分に民族主義的な偏りをもっているが、近代の主権的国民国家の発展を踏まえた説得力のある一つの定義であることは間違いない。つまり、この定義の強みは、ナショナリズムのもつ民族性と国民性の両面、原初性と人為性の両面を十分に射程に入れている点にある。同時にゲルナーの議論の特質の一つは、ナショナリズムが国民を作り出したのであり、その反対ではないという分析にある。この点で彼の理解は、B・アンダーソンの「想像の共同体」としての国民論と前提を共有している。

ナショナリズムとその持続的影響力

それではナショナリズムの持続的影響力をどのように説明できるだろうか。その魅力ないし効用というものがあるとすれば、それはいったい何であろうか。

A．集団的帰属感を賦与するものとしてのナショナリティー

ナショナリズムの一つの特徴は、言語や文化や歴史の共有に根ざすその原初性のアピールならびにその共同体主義的帰属感である。その意味でナショナリズムの強みは、その実在性であり、その歴史着床性にあるという議論もうなずける。(9)しかし同時に、国民という概念は、ルナンが主張したように、「日々の人民投票」に裏打ちされた国

民的意思の日常的な自覚と更新に基本的に依拠している。それゆえに国民とは、B・アンダーソンが指摘したように、「想像の共同体」にほかならない。というのも、どんなに小規模な国民といえども、同胞のほとんどを実際に知っているわけではなく、また交流があるわけでもなく、ただ各人の想像力を媒介に結合しているにすぎないからだ。[10] ここにはナショナリズムの虚構性が透けて見えるわけである。しかしながら、ナショナリズムが、今なお世界各地で多数の民族やエスニック集団に対して情緒的な帰属感や忠誠心を呼び起こすだけの力を保持しているこの事実を、無視することはできないであろう。ここではA・スミスの以下の見解を想起しておきたい。

近代世界において人間の忠誠精神を勝ち得ようとするすべてのヴィジョンや信条のなかで、最も広範かつ持続的な影響力を発揮してきたのが、民族（ないし国民）の理想であった。[11]

スミスのこの指摘は衝撃的ですらある。しかし、誰が彼のこの指摘にこめられた真理性を否認することができるだろうか。既述したように、ナショナリズムないしナショナリティーには、具体的な集団的帰属感を諸個人に賦与する実際のアピール力ないし効用があったことは否定できない。つまり、ナショナリズムは、他のすべての政治思想やイデオロギーに比しても、政治的共同体の成員たち——国民および国民を構成する諸民族（co-nationals）——に集合的アイデンティティーと帰属感を賦与する点で、多くの人々にとって最も強力かつ魅力的だったのではないかと思われる。要するに、ナショナリティーは、政治的共同体の成員たちに、その集団への帰属性とアイデンティティーを賦与し、彼らはそれによってみずからの社会的存在に対する規範と価値とを引き出すのである。

ナショナリティーないしナショナリズムとは、諸個人に対して具体的に自分たちが帰属する政治的共同体を自覚させ、その帰属とそこから生じる政治的アイデンティティーの意味と価値とを賦与するものにほかならない。[12] とりわけ、ナショナリズムが根強い魅力と影響力をもってその成員たちに働きかけるのは、みずからの民族や人種が、周辺の別の民族や人種に征服されたり、従属を余儀なくされたりした共通の苦難や経験を保持した場合である。たとえば、一九一〇年の日韓併合以来、第二次世界大戦にいたるまでの韓国の政府と国民による日本の植民地支配と軍事的支配に対する抵抗と独立運動は、この種のナショナリズムによって支えられていた。第二次世界大戦の時期と戦後におけるアジア・アフリカ諸国によって展開された抵抗と民族自決の運動と闘いも、多くの場合、こうしたナショナリズムの所産であった。この場合、ナショナリズムは、圧制下に苦しむ国民に苦難の意味を教え、運命共同体として共通の苦難を忍耐して共に担い、独立と民族自決のために連帯することを教える。本章では、このナショナリズムの形態を「解放的ナショナリズム」と呼んでおきたい。

このようにナショナリズムは、苦難の共有と抵抗と独立のための連帯を通じて、国民形成に不可欠な連帯感と共通感覚とを賦与することができる。B・アンダーソンは、こうした苦難の共有を通じて国民が獲得していく連帯感や共通感覚を、「コミュニオンの感覚」という宗教的言語を通じて説明している(13)。私たちは、まさにこうした点にナショナリズムの保持する準宗教的ないし擬似宗教的な性格を確認することもできよう。エルンスト・カントロヴィッチは、「祖国のために死ぬこと」さえも促すことのできるナショナリズムの感情の誕生を、中世後期から近代草創期にわたって思想史的に考察することを通じて、宗教に準拠する――と同時に宗教に類似した――その性格を説得的に説明することができた(14)。死と再生のテーマは、宗教の最も深遠なテーマの一つだが、ナショナリズムもまた、民族の死と再生のテーマによって生きると言うことも可能である。

B．解放的ナショナリズム――その民主主義的性格

前述の解放的ナショナリズムの歴史的事例は、ナショナリズムの政治的潜在力を肯定的に示すものとして言及さ

れることが多い。つまり、非抑圧集団や民族が、周囲の勢力による帝国主義的および覇権主義的な侵犯に対してレジスタンスを試みたり、みずからの社会的および政治的実存の防衛を試みたりする場合に、そこにはナショナリズムの果たす民主主義的役割を確認することができる。ナショナリズムがこうした民主主義的機能を果たすケースは、かつて生起し得たし、いまだに生起し得るといえるだろう。近代を一貫して多くの民族独立運動や解放運動は、ナショナリズムの契機を濃厚に保持していた。この事実は、明らかに近代民主主義が西欧諸国の国民国家化や産業化への歴史的プロセスと軌を一にして生まれ出たことと無縁ではない。筆者はかつて、近代民主主義は西欧諸国において当初はデモクラシーとナショナルなものという「二頭立ての馬車」として出発したと述べたことがある。そしてほどなく、この馬車を牽引する資本主義的なものという三頭目の馬が加わった。こうして近代化は、「三頭立ての馬車」(トロイカ体制)によって牽引され、そのように方向づけられた道筋を突っ走ることになる。[15]

それはさておき、解放的ナショナリズムの歴史的事例としては、既述したように、日本帝国主義下の韓国のケースや第二次世界大戦を契機としてアジア・アフリカ諸国の民族的自決と独立のケースがあったが、その事例は枚挙にいとまがないほどである。こうした事例には、冷戦期のソヴィエト連邦の覇権主義への抵抗の試みとして、一九五六年のハンガリー動乱および一九六八年春のチェコスロヴァキアの抵抗運動があり、さらに近年では一九八九年東欧諸国における市民革命などを挙げることも可能であろう。

さらにまた、アメリカ合衆国における一九五〇年代から六〇年代にかけてのアフリカ系アメリカ人を中心とした公民権運動は、民族的少数派によるエスノ・ナショナリズム的な解放運動の一つの事例と見ることができる。公民権運動は、民族・人種・皮膚の色の相違を超えて、法の下での万人の自由と平等を勝ち取った――一九五四年のブラウン判決および一九六四年の公民権法制定――という意味で、民主主義的性格を強く帯びた事例であった。一九八〇年代以降、アメリカやカナダなどで大きな波紋を投げかけた多文化主義も、民族的少数者やエスニック集団や先住民のアイデンティティー擁護や人権尊重の要求を掲げるものであり、その限りで解放的ナショナリズム――そのエスノ・ナショナリズム版――のカテゴリーに入れることも不可能ではない。ナショナリズムの専門家たちは、この種の解放的ナショナリズムを、たとえば「真性ナショナリズム」、「原初的段階のナショナリズム」、「復興ナショナリズム」（Risorgimento nationalism）など、多様な仕方で呼んでいる。[16]

C．ナショナリズムの倫理的性格

ナショナリズムの持続的影響力ないし特質を説明するもう一つの正当化の論拠として、その反対者からは大きな疑問符が投げかけられるであろうが、ナショナリティーないしナショナリズムの保持する倫理的性格を指摘する議論が綿々となされてきた。こうした議論は、歴史的文脈と意味合いこそ異なれ、J・フィヒテ、J・ヘルダー、G・マッツィーニなどに共通していた。

これらの論者の指摘するところによれば、ナショナリズムは、自己利益の原理に基づく近代思想の多くの形態――個人主義、合理主義、自由主義、功利主義など――のなかにあって、みずからの帰属する社会集団や政治的共同体への奉仕を教え、自己犠牲を促し、愛国心を鼓舞する点で倫理的にすぐれた政治思想にほかならない。一般的にナショナリズムは、こうした倫理的な動機づけないしは自我の源泉として人々の情緒的かつ倫理的な力やコミットメントを引き出し、特定の愛他的な態度や行動を促すとされる。

現代ではたとえばD・ミラーが、リベラル・ナショナリズムの立場から同種の議論をしている。彼の主張にしたがえば、国民とは、自由と平等、相互的義務と犠牲、社会正義、自己決定、民主主義的審議（熟議）などを可能にする「倫理的共同体」にほかならない。[17] こうした市民的徳性が陶冶されるのは、同一のナショナリティーにおいて言語や文化や歴史が共有される場合であり、それらを通じて共通の集団としての性格や倫理やエートスが生み出される場合であると指摘されている。

D．ナショナリズムに替わる政治的アイデンティティーの不在

ナショナリズムの持続性を説明する試みとして最後に取り上げてみたいのは、今日、それに競合できるほど強力な政治的アイデンティティーがないという事実に訴える議論である。ナショナリズムおよびナショナリティーに対する一見この消極的な――あるいは消去法的な――擁護論は、最も説得的な説明であるのかもしれない。つまり、近代の主権的国民国家の揺らぎが観察され得るにせよ、国民共同体に代替できる有力な候補ないし選択肢――あるいは競争相手――が見あたらないということである。EU（ヨーロッパ連合）はたしかにリージョナルな国家連合（confederation）の雛型として、将来の世界の制度構想に大きなインパクトを与えたが、しかしそれは同時に世界連邦や世界連合を志向するものではなく、ヨーロッパというリージョンにおける諸国家の連合体を目指す動きにほかならない。そうしたなかでEUの実験は、政治共同体の将来の制度構想として貴重な先駆的な事例であり得たとしても、すぐに主権国家システムを代替するものとはなり得ない。

こうして当面――これはかなり長期にわたるだろうが――、ナショナリティーとナショナリズムに取って替わるような政治共同体の仕組みは、現れそうにないといえよう。人民主権の原理と人権保障の原理に基づいた諸国家間のシステムということを考えた時に、主権国家とナショナリズム以外に有力な競争相手は見あたらないというのが現状である。ナショナリティー以外の契機に基づいた新たな政治的単位や政治的秩序が、近い将来、現代の諸国家間システムを代替するとは想定しにくい(18)。もちろん、歴史上、主権国家が暴走し、隣接する諸国を侵略した事例はいくらでもある。また、ナショナリズムが排他性を帯びてファシズム化し、近隣諸国の民衆を弾圧したり危害を加えたりした事例も、少なくない。だが、これらの負の遺産を勘案しても、近い将来、これに代替する新たな政治的

単位や政治的アイデンティティーが出てくるとは、想像しがたいものがある。

ここで考えたいのは、近代草創期ヨーロッパにおけるいわゆる「ウェストファリア体制」とその主権的国民国家システムの出現の問題である。中世世界を支配した「キリスト教有機社会」(Corpus Christianum)の解体後、宗教戦争の悲惨と社会的分裂の収拾と修復のために応急措置的に担ぎ出されたのが、この主権的国民国家システムであった。その後、近代社会は、市民革命の時代と産業革命の時代を経て発展していったが、その近代化のプロセスにおいて前近代的な宗教・地縁・血縁を媒介とした伝統的共同体や組織は、次々に侵食され解体していった。近代社会は、不可避的にそのなかに人々や集団の分裂と断片化、競合と移動を生み出していった。そうしたなかで国民国家の形成と国民的意識の共有とが、こうした社会変動と分裂がアナーキーに転化していくことを何とか防止してきた唯一の制度装置であったことは否定できない。

こうして主権的国民国家システムは、近代化を推進してきた制度的基盤であっただけではない。現在においてもまた今後も、このシステムは、政治社会内部における多種多様な異質な集団――民族、エスニシティー、宗教、イデオロギーにおける異質な諸集団――の分裂を阻止し、これらの集団を法の下で平等に処遇し、またそれらの集団のニーズを満たしていく重要な機能を果たす可能性がある。そしてナショナリティーは、一定の地理的境界に画定された人々の忠誠心とエネルギーを集約する最も現実的で効果的な政治的単位であるといえよう。

3　愛国心とコスモポリタニズム

ナショナリズムの問題性と欠陥

第1節においては、ナショナリズムの持続的影響力と魅力とを肯定的な視点から検討してきた。現代的状況においてネーションとナショナリズムの持続的影響力は、当面、覆されることはなさそうである。だが、今日、ナショナリズムの再評価が一方において進められつつある反面、他方ではその問題性や欠陥を指摘する議論が後をたたない。さらに、主権的国民国家システムは揺らいでおり、国家内部の地方と国家を越えたリージョンの双方から揺さぶりをかけられている現実も変わらない。それではナショナリズムの問題性とはいったい何であるのか。

もちろん、ナショナリズムの問題性が露骨に現れたのは、一九三〇年代後期から四〇年代中葉にかけて日本の天皇制ファシズム、イタリアのムッソリーニ主導のファシズム、そしてドイツのナチズムが擡頭したこととの関連で、排他的かつ偏狭なナショナリズムが、軍国主義、世界覇権主義、人種主義として猛威を振るった悪夢のような第二次世界大戦においてであった。そうした事由から戦後の論壇では、ナショナリズムは、頭ごなしに危険な共同幻想であるとの決めつけが一部では見られるようになったのである。それでは現代的文脈においては、ナショナリズムないし国民国家の問題性ないし欠陥は、どのように理解されているだろうか。これはとくに二点において見られるといえよう。第一にエスノ・ナショナリズムが惹起した悲惨な民族浄化（ethnic cleansing）の悪夢であり、第二に国民国家とナショナリティーの枠組みのみでは適切に対処できない地球的問題群——核兵器などの大量破壊兵器の拡散、地球温暖化や資源枯渇などの環境問題、人口爆発や世界的貧困と飢餓など——の深刻化である。他にもあるだろうが、これらの三つの事由こそ、ナショナリズムないし国民国家の問題性と不十分性を際立たせている当のものである。

第一の民族浄化の問題だが、米ソ冷戦が黄昏《たそがれ》を迎えていた一九八〇年代後半以降、とくにポスト冷戦といわれる一九九〇年代に、国内の民族間の敵対と暴動が深刻化し、数万人規模から最大で百万人規模の犠牲者を出した集団殺戮（ジェノサイド）が見られるようになった。旧ユーゴスラヴィア、イスラエルとパレスチナやイラクやシリアなどの中東地域、カンボジアや東ティモールなどのアジア地域、さらにスーダン、エチオピア、リベリア、ルワンダ、コンゴ民主共和国、コンゴ共和国、ソマリアなどのアフリカ地域である。[19] 一九九〇年代と比べて、二〇〇〇年代には内戦や紛争は減少傾向に転じたが、それでもなお内戦や内乱は終熄する気配はみられない。チャールズ・テイリーのいわゆる「暴力の波動」（waves of violence）は、いまだに地球規模で続いていると見るべきであろう。民族浄化やエスノ・ナショナリズムの暴力の波動ないし増幅を説明する議論の一つとしては、しばしば宗教的暴力や政治的暴力にみられる "categorical violence"（自他を分断化する暴力／チャールズ・テイラー）の概念——善悪二元論、聖戦、スケープゴート化など——があり、有効かつ説得的な視座を提供している。[20] 二つの世界大戦を経て、民族自決運動がさらなる高まりを見せ、列強諸国の植民地支配の軛からの解放と自立を目指す動きが世界中で見られるようになった。しかし、それから数十年ないし半世紀後の現代世界はといえば、国民を形成する諸民族の間に紛争や対立が多発し、民族浄化や集団殺戮が生起する惨状を呈した国々も少なくなかった。アジア・アフリカ諸国を一時代鼓舞した民族自決主義に基づく国民国家形成の試みは万能だったわけではなく、結果的にはさまざまな矛盾や挫折に逢着した。[21]

エスノ・ナショナリズムも、また多文化主義や多民族主義も、既述したように、それ自体、民主主義的ポテンシャルを保持している。しかし、それが自集団の絶対化に陥る時、排他性と偏狭性を強め、民族浄化の悪夢が現実になってしまう。この関連で一九九〇年代以降の「承認の政治」（politics of recognition）の議論は、重要である。それは、多文化主義や多民族主義が偏狭ないわゆる「アイデンティティーの政治」に頽落する危険性を克服する方途を模索してきた政治理論の一潮流である。他の民族や文化のアイデンティティーや権利要求の承認は、排他的なナショナリズムの発生を抑止し、ナショナリズムが偏狭な個別主義や部族主義に転化するのを回避する手立てとなる。[22]

世界各地で民族浄化の悪夢が現実になった一九九〇年代に、日本では自虐史観からの脱却を掲げて、いわゆる「自由主義史観」を唱える一群の保守的な論者による主張がみられた。もちろん、日本の自由主義史観の提唱は、それ自体、エスノ・ナショナリズムの形態をとっていたわけではないし、また正面きってナショナリズムの運動体を自認していたわけでもなかった。しかしこの自由主義史観の提唱者たちは、国民国家に許容されているナショナリティーの意識ないしナショナリズムの自覚が、現代日本から抜け落ちてしまったという問題意識を保持していた。たしかに、十五年戦争期のナショナリズムの高揚への反作用もあり、戦後日本の国民意識におけるナショナリズムの感覚の後退が見られたことは確かであろう。しかし、このことは、現代日本におけるナショナリズムの消滅を意味していたわけではない。むしろ意識するにせよ、無意識であるにせよ、今なお日本社会にはナショナリズムが根強い影響力を振るっていると見る方が事実に近い。

その意味でハンス・キュンクが著した『グローバルな責任』（一九九三年）における「日本主義」（Japanism）の批判は参考になる。この著作においてキュンクは、二一世紀の世界の将来性をもたないイデオロギーに日本主義をも含めている。それではキュンクの批判する日本主義とはどのようなイデオロギーであるのか。彼は日本主義を、「効率の最優先」、「原則なき融通性」、「責任なき権威主義的リーダーシップ」、「道徳的ヴィジョンなき政治と経済」などと説明した。これらの日本主義的態度と実践は、世界の人々の共感を得ないだけでなく、日本社会の道徳的基盤を切り崩してしまうと、彼は警告したのである。(23) キュンクの指摘は二〇年も前のものであり、そこに列挙されている日本主義の悪徳のリストに関しては、読者の多くは当然異論があるだろうし、また今の日本は違うと反論したくなるかもしれない。しかし、戦後日本には、それを自覚しようとすまいと、日本主義であれ何であれ、一定のナショナリズムの強い磁場が働いており、「株式会社日本」の旗印を掲げて経済的覇権主義を一途に追求してきた国家と国民があった事実は、むしろキュンクのような海外の識者にはより鮮明に見えていたといえるのではなかろうか。ナショナリズムは、いずれの場合でも、自民族や自国民にとって、客観的な視座から相対化したり対自化したりすることの困難なイデオロギーおよび集合的感情にほかならない。

前述のナショナリズムの第二の問題性であるが、これは今日ではより明白であろう。言い古されたことなので繰り返す必要はないが、地球社会は、環境問題、豊かな国々と貧しい国々との間の権力と富の所有における構造的格差、核兵器や原発問題、人口爆発と食糧危機など、単一の国家や国民だけでは対処も解決も不可能な地球的問題群をかかえている。好むと好まざるとにかかわらず、私たちは国境を越えて地球的規模でこれらの問題群と取り組まざるを得ず、コスモポリス（世界統治体）の制度的枠組みは未発達ながらも、コスモポリテース（世界市民）として考え行動するニーズが次第に高まってきた時代に生きている。一九九二年のリオデジャネイロで開催された最初の地球サミットは、環境問題を通じてその事実を明らかにしたし、その後の世界各地でみられた集団殺戮、大規模な飢餓、国際テロリズム、対テロ戦争、グローバルな金融資本主義の跳梁と急激な失速は、地球社会が一箇の運命共同体であることを、世界の人々の脳裏に焼きつけることになった(24)。こうして主権的国民国家システムに基づく国際秩序が、決して自足的で永続的なものでないことを、世界の人々は認識するようになった。

こうしたナショナリズムや国民国家の自明性の消失は、二一世紀の将来にむけた集合的アイデンティティーの問題の再考と再定義を要請していることが、今や明らかになったといえよう。こうした問題設定に基づき、愛国心ないし愛国主義とコスモポリタニズム（世界市民主義）について順次考えていきたいと思う。

愛国心とコスモポリタニズム

二一世紀初頭の現在、人々の集合的アイデンティティーを構成するものとしての愛国心とコスモポリタニズムの重要性に関して、異論を差しはさむことは困難であろう。今日、これら二つの概念は、世界の人々の集合的アイデンティティーを構成するものとして、事実上どのような役割を果たしているか、また今後果たし得るのだろうか。愛国心とコスモポリタニズムは、相互にどのような関係にあるのだろうか。両者は水と油のような対立関係にあるのか、あるいは相互に調停可能な部分を保持しているのか。これらの問いは、現在、すこぶる重要な問題となってきている。

本章のこうした問題設定にとって興味ぶかいのは、マーサ・ヌスバウムが数多くの著名な識者との対論を試みた愛国心とコスモポリタニズムに関するエッセイ集『国を愛するということ』（一九九六年）である。[25] いささか過去の書物といった印象があるかもしれないが、愛国心とコスモポリタニズムの確執について豊かな示唆を与える多くのエッセイが収められており、本章の議論にも有意味である。冒頭のエッセイにおいてヌスバウムは、愛国的な誇りを吹聴する動きがアメリカ合衆国において目立つようになるなかで、愛国心の過度の強調が道徳的に危険であるだけでなく、正義と平等という価値ある理想の実現のためにも否定的な役割を果たす可能性が十分にある、と警鐘を鳴らしている。むしろ、現在の世界の状況により適合的な理想があるとすれば、それは、コスモポリタン（世界市民）――つまり、人類という世界的規模の共同体に忠誠を誓う人間――として生きるという古くからある理想だ、と彼女は主張する。[26] ヌスバウムのこうしたコスモポリタニズムの主張の背景には、際立った仕方で愛国心を強調し始めた一九九〇年代以降の宗教的原理主義の言説が幅を効かせてきたアメリカと世界の現実があり、また当時、政治理論の一部において「国民としての誇りの情念」や「国民的アイデンティティーの感覚」を力説する言説（リチャード・ローティを含む）が強まっていった現実があったことは留意すべきであろう。同時に、彼女の議論はいわゆる道徳的コスモポリタニズムの主張であって、世界国家や政界政府の創設を主張する政治的コスモポリタニズムではないという事実も、留意しておきたい。

古典学者であるヌスバウムは、キニク派のディオゲネスや彼に範を求めたセネカなどのストア派の哲学者たちに依拠しながら、私たち各人は実際に「二つの共同体」――私たちが生まれ落ちた「ローカルな共同体」とより大きな世界規模の「人間的な討議と志の共同体」――に生きていると述べている。[27] さらにストア派の哲学者たちに依拠しつつ、ヌスバウムは、世界市民であることでローカルな帰属やアイデンティティーを放棄する必要がないことを強調する。彼女は同心円のイメージでこれを説明している。

最初の円は自己を囲んでおり、次の円は直接の家族を包含し、次には拡大家族、さらに順番に、隣人たちやローカルな集団、同じ街の居住者、同郷人と続き、そしてわれわれは、このリストに、民族的、言語的、歴史的、職業的、ジェンダー的、性的アイデンティティーに基づく集団をたやすく付け加えることができる。これらのすべての円の外には、もっとも大きな円、すなわち人類全体がある。(28)

人類とローカルな同胞たちとの間に障壁を立ててはならず、出自や教育、歴史や文化、民族や人種、宗教やジェンダーなど、いかなる特殊な価値による差別を「人間性」(humanitas) に認めるべきではない。そして「人間性」の根本的要素である理性と道徳的能力には何よりも忠誠を誓い、尊敬を払うべきである、とヌスバウムは主張する。(29)そして彼女は、こうしたコスモポリタニズムの観点からアメリカの学校教育について検討し、国民的市民権よりも世界市民権を学校教育の中心に据えることを提案している。(30)

さて前述のエッセイで、ヌスバウムは愛国心とコスモポリタニズムの根強い緊張については示唆しているが、必ずしも両者がまったく調停不可能であるとは述べていないと思われる。前述の同心円の比喩は、そのことを示しているのではなかろうか。ところが、本書の応答者たちのエッセイにおいて、そのあたりのニュアンスは吹き飛んでしまっているように思われる。これは一つには、ヌスバウムが、論争を意図して、あたかもコスモポリタニズムと愛国心を二者択一的なものとして提示したかのような印象を与える文章をいくつか残したことにも理由があったであろう。さらに前述の同心円の比喩を使用した際、内側の小さな帰属から人類愛という世界規模のコミットメントというヴェクトルではなく、逆に普遍的な人類愛から個別的かつローカルなアイデンティティーへというヴェクトルを優先させたことも、理由の一つであったかもしれない。しかしそれにしても、ヌスバウムのコスモポリタニズムの主張を批判する論者たちの姿勢には、きわめて手厳しいものがある。それらは、コスモポリタニズムとは血の通っていない無味乾燥な幻想、味気ない退屈で空虚なもの、悪の専制主義を生み出してしまう危険な幻想など、多種多様な論難――非難に近い――に彩られている。

同書に寄せられた多くのエッセイに共通する特徴は、愛国心とコスモポリタニズムの間の緊張を承認しながらも、何とか両者のポジティヴな要素を同時に活かそうと試みている点である。クウェイム・A・アッピアの「コスモポリタン的愛国者」の議論は、その一例である。ベンジャミン・バーバーもまた、「愛国心には愛国心の病理があるが、コスモポリタニズムにはコスモポリタニズムの病理がある」と主張する。それと同時に、愛国心の要求と「正義と権利」の価値とを同時に採り入れたアメリカ憲法の意義を、ヌスバウムが過小評価している、とバーバーは指摘する。(31)

リチャード・フォークも、国民的意識とコスモポリタン的意識との間の分極的かつ二者択一的な見方を退け、現代の世界政治の政治的環境の特異性として、二つの極をともに問題含みのものとして受け止める必要性を強調している。フォークの議論で重要なのは、現代の倫理的に欠陥のあるグローバリズム――ネオ・リベラリズムに基づく経済的格差の拡がりや投機資本の暴力――に対する厳しい批判である。フォークは、そうした問題のある今日のグローバリズムへの代替構想に結びつく「信頼できるコスモポリタニズム」を提示する必要を訴えている。(32)

マイケル・ウォルツァーも、チャールズ・テイラーも、コスモポリタニズムと愛国心を二者択一的に捉えるアプローチに異議を唱えている。たとえばテイラーは、ヌスバウムの啓発的な問題提起に敬意を表しつつも、「私たちはコスモポリタニズムだけでなく愛国心をも必要としている」と述べ、さらに「コスモポリタンであると同時に愛国者であるという以外に選択の余地がない」と述べている[33]。

同書の議論の特徴の一つは、やはりこれはアメリカ中心の議論ということもあり、愛国心への楽観的な信頼のような感覚が多くのエッセイの基調となっていたことである。もちろん、二〇〇一年以後のアフガニスタンやイラクに対する「対テロ戦争」はこのエッセイ集の刊行から五年先のことであったとはいえ、同書には全般的に愛国心の功罪の罪の側面についての議論が少ないといった印象がある。それに対してコスモポリタニズムの功罪については、罪の側面を強調する議論が主流であった。たしかに二〇〇〇年代に入ってからはピーター・シンガーやトマス・ポッゲなど、コスモポリタニズムの厚い理論（a thick-version theory）が出始めてきた[34]。しかし、現在においても、コスモポリタニズムは依然として現実から乖離した抽象概念として捉えられる傾向にあることは否定できないように思われる。

しかしながら、コスモポリタニズムの功罪という意味では、このエッセイ集ではヌスバウム以外には余り取り上げられることのなかったコスモポリタニズムの功ないし効用の方も、より十全に議論される必要がある。もちろん、コスモポリタニズムにおける現実性の欠如という議論は説得力のあるものであり、それは世界規模の制度的裏づけ――法制も含む――がいまだに不十分なところから派生している。しかし、このことは、コスモポリタニズムの論点が不適切かつ不必要であることを意味するものでは決してない。というのも、現代世界における核兵器問題や環境危機や世界の貧困といった地球的問題群と十全に取り組むためには、それこそ「想像の共同体」としてのコスモポリス――たとえば世界市民連合体――からの発想と政策構想が不可欠になってきたと思われるからである。I・カントは、世界政治に関して「目的の王国」の一員として実践理性の立場から構想することの必然性を、すでに一八世紀末には指摘していた。地球市民社会ないしコスモポリスの前提と発想は、現代と将来の世界に必要な「社会的想像」（C・テイラー）として不可欠なものとなってきたと思われる[35]。世界政治の目的の王国として地球市民社会、コスモポリス、世界市民連合体を想像し、そこから規範理論を構築し、そのロードマップを作製することは、連邦主義とコスモポリタニズムの政治理論の向き合うべき課題だといえるだろう。しかし、その際、コスモポリスは、リヴァイアサン世界国家――巨大な支配権力を独占する集権型世界政府――であってはならないことを銘記する必要がある。それはむしろ、ローカルな差異や多様性を重視する多元的分権型・リリパット型・水平型の世界秩序構想としてのコスモポリス以外にはあり得ないであろう。[36] というのも、こうした連邦主義とコスモポリタニズムの政治理論は、主権国家システムの保持する「主権」の概念を脱構築し、主権の「相対化」ないし「共有」を志向するからである。[37] このことは、後述するように、将来の世界秩序構想が前提とする人々の重層的アイデンティティーの観点からも、当然、要請されるヴィジョンないし制度構想である。

4　パトリア主義について

ナショナリズムと愛国心

第二次世界大戦後の日本の歴史的文脈においてナショナリズムは、その軍部主導の侵略戦争の記憶がまだ生き続けているなかで、否定的なイメージをもたれて今日に至っている。しかしもちろん、このことは、前述のキュンクの議論において確認したように、事実上、戦後の日本国民が全般的にナショナリズムの感情を強く保持してきたことを否定するものではない。こうしたナショナリズムの意識は、再軍備や憲法改定論など戦後の保守陣営の主張や立場に観察できただけでない。類似した意識は、戦後日本の経済復興の奇跡においても確認できたことだし、また戦後の平和主義や護憲平和運動のなかにも一種のナショナリズム的思い入れが存在していた。しかし、戦後日本の国民一般にとってナショナリズムは、明らかに手垢にまみれた否定的なイメージがつきまとっていたと言えるであろう。

それではナショナリズムとは区別される愛国心ないし愛国主義はどうであろうか。欧米諸国を含む世界の多くの国々では、たとえナショナリズムへの消極的ないし否定的評価が定着している国々ですら、愛国心については積極的に評価しようという動きがみられる。ナショナリズムがとくに偏狭な民族主義や国民国家のイデオロギーと同一視される傾向にあるのに対して、愛国心の方は、好ましい国民感情であるという見方が採られることが多い。こうした背景には、愛国心が、しばしば共和主義的伝統において市民の自由への献身と祖国を防衛するというポジティヴな市民感情として理解されてきた欧米諸国の歴史的文脈がある。つまり、愛国心とナショナリズムは、一九世紀の国民国家の発展の途上で同義的に扱われる傾向にあったものの、元来、二つの異なった概念として認識されてきた。というのも、愛国心は、一面、ナショナリズムとは異なる歴史的系譜を保持する国民感情として、古来、共和主義的伝統において、とくに「自由の政治体への献身」を意味する言葉として定着してきたのである。これは、愛国心の共和主義的類型とでも呼ぶことのできる歴史的文脈である(38)。

しかし、現代日本の場合、愛国心に関しても、ナショナリズムと同様に、国民は一般的に否定的なイメージで捉えていると思われる。愛国心も、ナショナリズムと同じように、歴史的罪過のイメージにおいて捉えられ、手垢にまみれた概念であるといえよう。しかも、戦後日本の知的環境および政治的環境においては、ナショナリズムと愛国心とはほぼ同義的に使用される傾向にあった。このことは、日本には市民的自由の伝統が希薄であったことと無関係ではない。さらにその歴史的背景としては、愛国心や愛国主義の感情が、ナショナリズムと同様に、侵略戦争以外の何ものでもなかった十五年戦争を聖戦として擁護し推進する軍国主義的イデオロギーのなかに吸収され利用されていった戦時中の手痛い国民的体験があった。愛国心への醒めた国民感情は、こうした戦争体験を抜きにしては理解しがたい消息である。

しかし今日の世界を見渡した時、ナイーヴな愛国心にアピールしたり、愛国心を煽るような言説が効果を発揮したりする国々が際立つなかで、愛国心の非神話化をとうの昔に成し遂げた戦後日本社会には評価してよい点もあると思われる。今日、愛国心はナショナリズムの言説と密接不可分の関係にあり、その融合には自民族・自国民中心主義の性格がつきまとい、それを批判し相対化する視点はつねに堅持される必要があるだろう。[39] 日本人はこのように、戦前戦中の超国家主義（ultra-nationalism）において国民の愛国心が利用された悪夢のような経験をもっている。こうしてわが国では愛国心は侵略戦争という歴史的罪過にまみれた概念として受けとられることが多い。そこには醒めた国民感情があり、愛国心もナショナリズムのオールタナティヴにはなれないという意識がどこかにある。

パトリア主義：集合的アイデンティティーの重層性の基礎となるもの

さて本章の議論を最後に簡単にまとめておきたい。初めに筆者はナショナリズムの持続的影響力について検討し、その要因についていくつかの事柄を考察した。一つには、主権的国民国家システムの揺らぎにもかかわらず、それを世界規模で代替する政治的単位はいまだに現れていず、将来かなり長期にわたってこのシステムは存続するという見通しを指摘した。その意味で国民国家のイデオロギーであるナショナリズムも影響力を保持するであろうと述べた。しかしながら筆者は、ナショナリズムの pros and cons ないしは功罪ということを問題にせざるを得ない逼迫した状況があることを指摘した。罪の方でいえば、民族浄化をもたらし得るエスノ・ナショナリズムの排他性および偏狭性を問題にした。さらに第二の問題点としては、核兵器問題や環境問題などを中心に地球的問題群が派生しており、これらと対処するための政治的枠組みとして主権国家システムのみでは不適切であることを指摘した。

この関連でコスモポリタニズムの功罪の問題が出てくる。筆者は、ヌスバウムほか著『国を愛するということ』を取り上げ、ヌスバウムのコスモポリタニズムの議論への応答者たちの論難が思いのほか手厳しいことに注意を喚起した。しかし、コスモポリタニズムの制度的装置が未成熟である現実、国連改革が叫ばれるだけで改善の萌しが見えない現実、負のグローバル化やアメリカを中心にしたハイテク軍事主義的かつ新帝国主義的な覇権主義の現実を考慮した場合、コスモポリタニズムの制度構想を説得的に提示することが困難であることについても指摘したけれども、既述したように、今日の世界における地球的問題群の噴出とそれらの深刻化は、「社会的想像」としてのコスモポリスおよびコスモポリタニズムの前提と発想を要請しており、まさにここにこそ、その積極的ポテンシャルおよび効用を確認できるのではないか、と筆者は論じた。

こうした状況において今日の集合的アイデンティティーをどのように捉えたらよいだろうか。この問いへの回答は、各人各様それぞれであろう。強いて筆者の考えていることを述べるとすれば、次のようになろう。今日の世界における人々の集合的アイデンティティーは、重層的かつ複合的なアイデンティティーとして以外には想定できないであろう。つまり、各人は、みずからの属する家族や親類、友人や仲間、ローカルな隣人たち、地方、自分がその成員である個別の集団や組織（職業・文化・芸術・宗教・娯楽・趣味・スポーツなど）、国、リージョン、地球社会という具合に、各人が「同心円」を形成している多種多様な場や空間において、重層的に生活している。その場合、集団や空間への帰属と愛着は、それぞれに重要であり意義をもち、各人が暮らしていくうえで不可欠な重層的アイデンティティーを形成している。その際、愛郷心とでも呼ぶべき「パトリア主義」(patria-ism) が、こうした同心円的かつ重層的アイデンティティーを形成していくうえでの基本となるべきものではなかろうか。

筆者はかつて、パトリア主義を定義するにあたって、国民や国家を基軸とするナショナリズムとは異なる人々との絆の原理であると説明したことがある。(40) パトリア主義は、閉鎖的で排他的な集団主義や愛国主義や信条とは異なる。パトリア主義はむしろ、各人の自由と複数性に基づく人々との連帯の絆として理解できるのではなかろうか。その際、パトリア主義は、人々との絆を相互に生かし合う本来の連帯を形成するものとして、二つの与件を満たすことを要請している。その第一は、「世界への愛」(amor mundi)——その「世界」が友人たちや隣人たちのローカルな世界であれ、人類社会としての世界であれ——である。その第二は、排他性への自戒ないし自己批判である。この意味でパトリア主義は、一種の規範概念であり、一種の実践理性の要請するものと呼ぶことも可能である。それは、各人がたまたま帰属する集団や組織、共同体やアソシエーション、地方や国、リージョン、世界へのコミットメントを含意している。パトリア主義は、前述の同心円の比喩でいえば、内から外へと、個別から普遍へと、具体から全体へと広がりゆく各人の具体的コミットメントの連鎖を意味している。近代日本史の文脈では、石橋湛山らの「小日本主義」や内村鑑三の「小国主義」などが、その普遍的志向性といい、厳しい自己批判と自己相対化の精神といい、パトリア主義の事例として考えられるのではなかろうか。

たとえば、パトリア主義の一事例という観点から内村鑑三の「愛国心」について考えてみよう。これは、本章の概念枠組みでいえば、いわゆる愛国主義と理解するよりは、パトリア主義として認識した方が適切に思えるからである。内村は有名な「イエスと日本——二つのJ」というエッセイで、自分の信条は「二つの中心をもつ楕円である」とし、次のように述べたことがある。

私は二つのJを愛する。そのほかを愛しない。一つはイエス(Jesus)、一つは日本(Japan)である。……イエスは私を世界人として人類の友たらしめる。日本は私を愛国者たらしめ、それによってしっかりとこの地球に結合せしめる。[41]

内村は日清戦争の時にはこれを「義戦」として擁護したが、後にそれが「欲戦」であったことを知り、みずから塵灰のなかに深く悔いた。そして日露戦争の時には「小生は日露開戦に同意することを以て日本国の滅亡に同意することと確信」すると述べ、「非戦」を唱えたことはよく知られている。[42] 内村の愛国心は愛郷心的なものと国民的独立の尊重を骨子とし、排他的かつ狭隘なナショナリズムや愛国主義と一線を画していたと思われる。

内村は、日本を特別な国として偏愛する態度を「愛国的妄想」として退けた。愛国心が時の為政者に利用され、唱道する人間をも自己欺瞞に陥らせる危険に彼は警鐘を鳴らしたのだった。自国本位の愛国心は、自分のエゴと権力欲を拡大したものだからだ。彼はこの関連で「愛国は悪人の最後の隠れ家だ」というジョンソン博士の言葉、「利己心を拡大したもの、これを愛国心と言う」とのハーバート・スペンサーの警告に同意する。内村によれば、真の愛国心は「世界平和」や「人類愛」や「宇宙の大道」といった普遍的価値に開かれたものでなければならない。[43] ここにはイザヤ、エレミヤなどの旧約聖書の預言者精神が息づいており、国を愛するがゆえにこそ国の不正や虚偽や悪業を徹底的に批判するという思想が貫かれている。そこには自己や自己の属する集団や国家の言動への厳しい自己批判と自己相対化が見られる。

内村の考え方を箇条書きにしてみると、次のようになるだろう。①愛国心は自国の独立、文化と伝統、礼節を尊重する。②他国を蔑視する利己的な狭い愛国心は真の愛国心ではない。③真の愛国心は他国の権利と発展を希望し、国際主義や恒久平和といった普遍性をもった諸価値を擁護する。④真の愛国心は国が誤った方向に向かう時にはノーと言う。内村のこのような愛国心をどのように理解したらよいだろうか。これは、同心円的に拡がっていく普遍性を志向する愛郷心にほかならない。このような愛郷心は、同時に一種の開かれたパトリア主義として理解できないだろうか。というのも、それは個別から普遍に開かれ、自己中心主義を不断に吟味し相対化する愛郷心だからである。

このようなパトリア主義は、たとえば地方の住民であり、日本人であり、東アジア人であり、世界人でもあるといった具合に、複合的かつ重層的なアイデンティティーの保持を運命づけられた現代人に適合する面をもっているのではなかろうか。パトリア主義とは、各人がたまたま帰属する集団や組織、共同体やアソシエーション、地方や国、リージョン、世界へのコミットメントを示すものだからである。そして普遍志向の愛郷心としてのパトリア主義は、ナショナリズム、愛国主義、コスモポリタニズムの保持するポジティヴな要素とも共鳴している。もしこの想定が誤りでなければ、パトリア主義は、これらのイデオロギーや集団意識の逸脱を防止するもの、それらの精神を純化するもの、現代人の集合的アイデンティティーの重層性の基礎になくてはならぬものと言えないだろうか。

このように開かれたパトリア主義は、現代に生きる多くの人々にとって受容可能で自然な感情であり、今日の世界市民の複合的かつ重層的な集合的アイデンティティーの原基となり、そのように作動する可能性を否定できないであろう。

注

（1）この「パトリア主義」については、千葉眞『デモクラシー』岩波書店、二〇〇〇年、一〇八―一〇九頁を参照。

（2）E.g., Yael Tamir, *Liberal Nationalism*, Princeton: Princeton University Press, 1993（押村高・森分大輔・高橋愛子・森達也訳『リベラルなナショナリズムとは』夏目書房、二〇〇六年）. David Miller, *On Nationality*, Oxford and New York: Oxford University Press, 1995（富沢克・長谷川一年・施光恒・竹島博之訳『ナショナリティについて』風行社、二〇〇七年）. さらに以下を参照。富沢克「ナショナリズム」古賀敬太編『政治概念の歴史的展開』第三巻、晃洋書房、二〇〇九年、八三―一〇四頁。施光恒「リベラル・デモクラシーとナショナリティ」施光恒・黒宮一太編『ナショナリズムの政治学』ナカニシヤ出版、二〇〇九年、六六―八六頁。

（3）Anthony D. Smith, *The Ethnic Revival*, Cambridge: Cambridge University Press, 1981, p. 1.

（4）Cf., Rita Jalai and Seymour Martin Lipset, "Racial and Ethnic Conflicts: A Global Perspective," *Political Science Quarterly*, Vol. 107, No. 4 (Winter 1992–93), p. 585.

（5）Nathan Gardels, "Two Concepts of Nationalism: An Interview with Isaiah Berlin," *The New York Review of Books*, Vol. 38, No. 19 (November 21, 1991), p. 19.

（6）ナショナリズムに関する歴史主義と近代主義との齟齬については、たとえば下記の著作を参照。また、同書は戦後論壇を賑わせた日本人論を文化ナショナリズムの観点から分析している。Kosaku Yoshino, *Cultural Nationalism in Contemporary Japan*, London and New York: Routledge, 1992. 吉野耕作『文化ナショナリズムの社会学』名古屋大学出版会、一九九七年。

（7）たとえば以下を参照。岡本仁宏「国民」古賀敬太編『政治概念の歴史的展開』第二巻、晃洋書房、二〇〇七年、三五―四一頁。姜尚中『ナショナリズム』岩波書店、二〇〇一年。

（8）原文は以下の通りである。“Nationalism is primarily a principle which holds that the political and national unit should be congruent.” Ernest Gellner, *Nations and Nationalism*, Ithaca: Cornell University Press, 1983, p. 1（加藤節監訳『民族とナショナリズム』岩波書店、二〇〇〇年、一頁）.

（9）E.g., Miller, *On Nationality*, pp. 10–11, 182–183.

（10）Cf., Benedict Anderson, *Imagined Communities: Reflections on the Origin and Spread of Nationalism*, New York: Verso, 1983, p. 6.

（11）Anthony D. Smith, *Nationalism in the Twentieth Century*, New York: New York University Press, 1979, p. 1.

（12）Cf., Eugene Lemberg, *Nationalismus*, Teil II, Hamburg: Rowohlt, 1964, S. 52. Peter Alter, *Nationalism*, trans. Stuart McKinnon-Evans, London: Edward Arnold, 1989, p. 8. Janna Thompson, *Justice and World Order: A Philosophical Analysis*, London New York: Routledge, 1992, pp. 147–148. 千葉眞『ラディカル・デモクラシーの地平』新評論、二〇〇八年、二一四―二一五頁。

（13）Anderson, *Imagined Communities*, pp. 6–11.

（14）Cf., Ernst Kantrowitcz, *The King's Two Bodies*, Princeton: Princeton University Press, 1957.

（15）千葉眞『デモクラシー』二八―二九頁。

（16）Alter, *Nationalism*, pp. pp. 28–91. Cf., Ghia Nodia, “Nationalism and Democracy,” *The Journal of Democracy*, Vol. 3, No. 4（October 1992）, pp. 7–8, 23–24.

（17）Miller, *On Nationality*, pp. 11, 49–84.

（18）Anthony D. Smith, *Nations and Nationalism in a Global Era*, Cambridge: Polity Press, 1996, pp. 154–155.

（19）E.g., I. William Zartman, *Collapsed States*, Boulder: Lynne Rienner Publishers, 1995. Mary Kaldor, *New and Old Wars: Organized Violence in a Global Era*, Stanford: Stanford University Press, 1999, 2001. 月村太郎『ユーゴ内戦――政治リーダーと民族主義』東京大学出版会、二〇〇六年。武内進一『現代アフリカの紛争と国家』明石書店、二〇〇九年。

（20）Charles Tilly, *The Politics of Collective Violence*, Cambridge: Cambridge University Press, 2003, pp. 226–229. Cf., Charles Taylor, “Notes on the Sources of Violence,” in *Beyond Violence: Religious Sources of Social Transformation in Judaism, Christianity, and Islam*, ed. James L.

Heeft, New York: Fordham University Press, 2004, pp. 15-42. 高田宏史『世俗と宗教のあいだ——チャールズ・テイラーの政治理論』風行社、二〇一一年、一九一—二〇〇頁。千葉眞「政治と暴力について——一つの理論的考察」日本政治学会編『政治学年報——政治における暴力二〇〇九—II』二〇〇九年一二月、一一—三〇頁。

(21) たとえば以下を参照。押村高『国家のパラドクス——ナショナルなものの再考』法政大学出版局、二〇一三年、四—五頁。押村は次のように指摘している。「国家を「民族自決の手段」とみる立場から「諸民族の共存の手段」とみる立場へと、発想の転換がはかられたといえる」。同書、五頁。

(22) 千葉眞『デモクラシー』八四—八五頁。

(23) Hans Küng, *Global Responsibility: In Search of a New World Ethic*, New York: The Continuum Publishing Company, 1993, pp. 10-11.

(24) もっとも、否定的な意味でも地球社会が運命共同体であることを如実に示した二〇世紀の顕著な出来事は、第二次世界大戦の最終局面におけるヒロシマとナガサキへの原爆投下（核兵器の出現）であったともいえよう。その後、地球社会は、好むと好まざるとにかかわらず、核の恐怖を共有せざるを得なくなったからである。千葉眞「核兵器出現後の政治」『世界』第六七〇号、二〇〇〇年一月、二四三—二五七頁。

(25) 原著と訳書は次の通りである。Martha C. Nussbaum with Respondents, *For Love of Country: Debating the Limits of Patriotism*, ed. Joshua Cohen, Boston: Beacon Press, 1996（辰巳伸知・熊川元一訳『国を愛するということ——愛国主義の限界をめぐる論争』人文書院、二〇〇〇年）.

(26) 同前訳書、二〇頁。

(27) 同前、二四—二五頁。

(28) 同前、二七—二八頁。

(29) 同前、二五頁。

(30) 同前、三〇—三六頁。

(31) 同前、六三—六四頁。

(32) 同前、一〇五—一〇六頁。

(33) 同前、二〇二—二〇三頁。以下をも参照。古賀敬太「コスモポリタニズム」古賀敬太編『政治概念の歴史的展開』第三巻、一五六—一五七頁。

(34) E.g., Peter Singer, *One World: The Ethics of Globalization*, New Haven: Yale University Press, 2002（山内友三郎・樫則章監訳『グロー

バリゼーションの倫理学』昭和堂、二〇〇五年). Thomas Pogge, *World Poverty and Human Rights*, second edition, Cambridge: Polity Press, 2008(立岩真也監訳『なぜ遠くの貧しい人への義務があるのか——世界的貧困と人権』生活書院、二〇一〇年). 以下をも参照。古賀敬太「コスモポリタニズム」一五九—一六三頁。押村高『国際政治思想——生存・秩序・正義』勁草書房、二〇一〇年、一八九—二二〇頁。

(35) E.g., Charles Taylor, *A Secular Age*, Cambridge, MA and London: Harvard University Press, 2007, pp. 159–211. Charles Taylor, *Modern Social Imaginaries*, Durham: Duke University Press, 2004(上野成利訳『近代——想像された社会の系譜』岩波書店、二〇一一年). また想像上の地球コミュニティからの発想と判断を重視する論点として、以下を参照。小林正弥「地球的コミュニタリアニズムに向けて」広井良典・小林正弥編『コミュニティ』勁草書房、二〇一〇年、四九—五七頁。

(36) E.g., Stephen Toulmin, *Cosmopolis: The Hidden Agenda of Modernity*, New York: The Free Press, 1990. 最上敏樹『国連システムを超えて』岩波書店、一九九五年。伊藤恭彦『貧困の放置は罪なのか——グローバルな正義とコスモポリタニズム』人文書院、二〇一〇年、二三四—二三八頁。以下をも参照。千葉眞『アーレントと現代』岩波書店、一九九六年、八六—八九、一八七—二〇七頁。

(37) 国家主権の概念の見直し、再検討、または系譜学については、以下の近著を参照。押村高『国家のパラドクス』五七—一〇五頁。篠田英朗『「国家主権」という思想——国際立憲主義への軌跡』勁草書房、二〇一二年。また、このテーマについて「境界線の政治学から」アプローチした斬新な著作として、以下をも参照。杉田敦『境界線の政治学』岩波書店、二〇〇五年。

(38) この点については、たとえば次の啓発的な研究を参照。Maurizio Viroli, *For Love of Country: An Essay on Patriotism and Nationalism*, Oxford: Clarendon Press, 1995.

(39) 岡本仁宏「パトリオティズム(愛国心)」古賀敬太編『政治概念の歴史的展開』第三巻、一二八—一三〇頁。

(40) 千葉眞『デモクラシー』一〇八頁。

(41) 内村鑑三「二つのJ("Two J's")」『内村鑑三全集・第三〇巻』岩波書店、一九八二年、五三—五四頁。

(42) 内村鑑三「退社に際し涙香兄に贈りし覚書」『内村鑑三全集・第一一巻』岩波書店、一九八一年、四三一頁。

(43) 内村鑑三「愛国的妄想」『内村鑑三全集・第五巻』岩波書店、一九八一年、五頁。内村鑑三「我等と彼等」『内村鑑三全集・第二三巻』岩波書店、一九八二年、二五〇頁。

第Ⅱ部　市民の位相

第Ⅱ部では、市民概念を巡る論考を集めた。

国民概念に収斂された臣民、市民、人民概念のうち、西洋政治思想史においては、古代における政治の概念の発生とともに強固な意味を持ち始め、そして幾多の変遷を遂げつつも、国民概念のオルタナティブとしての可能性の点で最も注目されるのが、「市民」概念である。すなわち、国民概念と現時点において対決しうるおそらく最も古典的かつアクチュアルな主体概念が市民である。市民概念を巡ってはこの二〇年ほどの間には、一方では、グローバリゼーションを一つの背景として、他方では非営利社会セクターの新しい展開を背景として、強い関心が再生してきている。もちろん、日本においては、一方では、市民性なき国民とでもいえるような政治的主体・客体像に対して、近代啓蒙主義的なスタンスから多くの批判的考察が行われてきたことも、他方では、土着主義的ナショナリズムからは外来思想として、あるいはマルクス主義的左翼からはブルジョワジーと同一の階級性をもつとして批判されてきたことも、周知のところである。とはいえ、この市民概念をめぐる議論は、当然に、日本における社会科学伝統における固有の歴史的遺産として考慮されるべきである。

第Ⅱ部では、前半で、市民概念の原基を求めて、古代ギリシャの検討が行われる。

的射場敬一論文が、古代アテネにおける市民たちの政治空間を歴史的に描き出し、市民の原基的な存在様式を描き出し、当時の民主主義的制度との関係において市民の原像を提示して市民論における原点を我々に思い起こさせる。激しい闘争のもとで、具体的な空間的・制度的装置を創成する営みは、まぶしく、かつ、我々に民主主義の再構築の意味を問い掛けている。

次に、荒木勝論文が、アリストテレスにおいて自由が主体形成において枢要な位置を占めることを、自由概念の重層的な意味の検討を通じて論証する。特に、バーカーやポパー、さらには藤原保信を典型とするアリストテレス理解を、存在論的な水準の再解釈を施すことによって、覆そうとする。自由な人間にとって本質的に外的な絶対知としてではなく、「多くの経験と対話と分析の上で、すこしずつ積み上がってくる認識が本質認識にいたる」ことが強調されることで、自由な政治主体の存在論的基盤が見出される。

第Ⅱ部後半では、三つの素材によって、市民を多様な視点から検討を行う。

まず、寺島俊穂論文は、我々が継承すべき民主的政治主体像を、日本の戦後民主主義を担う主体を切り開いてきた久野収と小林トミの思想と行動を読み解くことから描き出そうとする。日々の生活実践の内に民主主義的政治参与が有機的に組み込まれる市民的政治の再評価は、大文字の政治や職業政治家の政治に対する閉塞感が漂うこの時代に、再度、普通の市民の本質的な生の意味や実践と結びついた政治の再構築を訴える力がある。

山田竜作論文では、マンハイム、松下圭一、アイリス・ヤングという国も世代も異なる三人の思想を手掛かりに、大衆社会の中でともすれば蝕まれかねない政治主体の「市民性」の意味とその形成の方法を描き出そうと試みる。そこで描かれる大衆社会状況における市民の苦闘の理論的探求は、決して過去の物語ではないアクチュアリティを持つ。

他方、木部尚志論文では、いわば近代的市民の析出期においては最も重要な役割を果たしつつも、その後の展開の中で従属的な、あるいは（特に日本の状況においては一層）否定的と言ってよいほどの属性となりかねぬ市民の宗教的属性を取り上げている。彼は、ロールズに対するハーバーマスの宗教（的市民）の政治的正当化論への関与についての批判と提起への、明晰な再批判を行う。その結果現れるのは、宗教的市民の政治的言説の位置づけすら定かならぬ民主主義理論の非決定状況である。それは民主主義の理論的脆弱性とも言えるであろうけれども、同時にその理論的な開放性とフロンティアを示すと言ってもよいであろう。

このように多様な視角から市民概念がアプローチされることになる。市民は、非市民からの激しい批判を受けつつも、その概念伝統から多くを継承しつつ新しい政治主体としての可能性を切り開くことができるのであろうか。

第3章　市民たちの空間

アテナイ・デモクラシーの歴史的・制度的考察

的射場敬一

1　「政治的であるということ《ポリティカル》」とポリス

アレントによれば、「政治《ポリティクス》」という言葉の起源は、ギリシア語の「ポリス」(polis) である。[1] ポリスというのは、紀元前八世紀頃からギリシア各地に出現する都市国家のことである。彼女によれば、政治とは「自由な人間たちが、強制も暴力も互いの支配もなく、平等者中の平等者として、相互に交流することができるということ」であり、「互いに語り合い説得し合って自分たちのすべての問題を処理することができるということ」[2]である。そのような営みとしての政治は、「公共の政治空間」[3]すなわち「市民たちが集まる空間」を必要とする。したがって、「民衆《デーモス》」が政治主体として登場し活躍するようになること（＝アテナイ・デモクラシー）と、そうした民衆《デーモス》が集う公共空間の成立とは軌を一にしており、アレントのいう政治は、民主政アテナイにおいて初めて実現するのである。かかる文脈で、彼女は言う、「政治的であるということは、ポリスで生活するということであり、ポリスで生活するということは、すべてが力と暴力によらず言葉と説得によって決定されるという意味であった」[4]、と。

アテナイにおけるポリスの形成は、紀元前八世紀中葉ではないかとされている。アッティカ地方の墓所の分布調査(5)によれば、初期鉄器時代から各地に拡がっていった小集落が、紀元前七世紀を過ぎると祭祀遺跡を除いて急激に減少している。それは、アッティカ各地に居住していた住民が、大挙してアテナイに移り住んだ（集住《シュノイキスモス》）からではないかと推定されている。

だが、こうした集住《シュノイキスモス》からアテナイ・デモクラシーが成立するまでには、二百数十年という年月が流れている。本章の目的は、この二百数十年のあいだに何が生じたかを論じることである。まず次節では、アテナイ・デモクラシーの中心的理念のひとつである「平等」が、どのような社会的・風土的要因によって醸成されたのかを論じる。続いて、アテナイへの集住《シュノイキスモス》からデモクラシー成立までのあいだのポリスの政治制度（貴族政ポリス）について、公共機関とその役割を通じて論じる。最後に、貴族政ポリスから民主政ポリスへの転換の鍵となった三人の人物、ソロン、ペイシストラトス、そしてクレイテネスについて論じ、暴力なき公共空間、すなわち「市民たちの空間」がどのような闘争と制度設計によって成立したのかを明らかにする。

2　デモクラシーの風土的条件——天水農業と農民戦士

政治共同体としての国家の第一の役割が、秩序を形成・維持することにあるとするならば、平和や安全を担うための暴力装置は不可欠である。それゆえ、当該社会において誰がそうした暴力装置、特に軍事力を担うのかという問題は、その政治体制のあり方を大きく左右する。一人の支配者が自前で軍事力を調達する場合、民衆は、古代オリエントの専制国家においてのように、支配者に隷属する臣民とならざるをえない。民衆は、身分的な支配隷属関係におかれ、支配者としての国王や貴族に服属あるいは隷属し、政治から疎外され、政治の客体に過ぎなくなる。

古今東西ほとんどの政治的秩序は、少数の支配者による暴力の独占によって担保されていたと言っても過言ではないだろう。

これに対しアテナイ・ポリスでは、農民が自費で（自弁で）武装を整え戦争に赴いていた。この武装自弁の伝統こそが、やがて民衆が政治の主体となり、言論によってものごとを決していく政治空間が形成されるための土台となった。そして以下に見るように、この伝統は、ギリシアの風土的条件に多くを負っている。

社会的に見たときのポリスの特徴は、桜井万里子氏によれば、「その構成員のあいだに経済的・社会的階層分化はあるものの、人格的な支配従属関係は相互のあいだに原則として存在しない[6]」ところにある。この構成員間の人格的平等は、ポリス形成以前の村共同体においてすでに確立していた。それを可能にしたのが耕作地の私的所有である。村共同体では、村の有力者たる貴族だけでなく農民も、クレーロスと呼ばれた分割地[7]を所有していた。それは、小麦などの穀物やオリーブやぶどうなどの果樹を栽培する一〇エーカー（四ヘクタール）ほどの耕作地であり、周囲には境界を示す石が置かれ、果樹園には垣根や溝がめぐらされていた[8]。そしてこれらの私有地をもつ古代ギリシアの農民が経済的に自立することを可能にしたのが、ギリシアの風土である。

エジプトやメソポタミアなどの古代オリエント世界の帝国では、大規模な土木事業によって作られた運河から水を耕地に引き入れることによってはじめて可能となる灌漑農業が行われていた。この土木事業こそが専制的な権力を必要とし、また可能にしたのである。しかし、山が湾に迫り、その隙間にかろうじて盆地や平野が広がるギリシアでは、農業に用いるための水は降雨に頼るしかなかった。歴史家ヘロドトスにエジプト人が語ったという話は、古代オリエント世界とギリシアとの対比を明らかにしていて興味深い。

「その灌漑はエジプトのように河によらず、雨を俟つということを知ったエジプト人」が言うには、「ギリシア人はいつかきっと大変な当てはずれをして恐ろしい飢饉に襲われるであろう」。なぜならギリシア人は、「天帝ゼウスから賜る以外には水を得る当てがないから[9]」、と。

しかし、エジプト人のかかる杞憂とは逆に、ギリシア農民の経済的自立を支えていたのは、まさにこの天水に頼る農業の形であった。小麦や大麦やぶどう、そして、ギリシア特産の換金作物であったオリーブを育てるのは冬季に降る雨であり、この雨水を溜めて湧き出る泉が、灌漑や飲料用の水の源となった。村落は泉の周囲に発達した。ギリシアの農民は、乾燥したオリエント世界の農民とは異なり、農業を営むのに灌漑のための運河を必要とせず、したがってそのための強大な王権も必要としなかった。農業の生産性を向上させるのに必要だったのは、家族単位でおこなわれる労働の質を高めることであり、泉から水をひく水路を整備し、耕地の畝の深さを適切にすることであり、そして、天候をにらみながら種蒔きの時期を決め、剪定に気を使うなど、植物の成長に対する配慮を忘れないことであった[10]。分割地という私有地を有していたギリシアの農民は、古代オリエント世界のような「灌漑農業」ではなく、まさしく「天水農業」であったがゆえに、農業経営に工夫を凝らすことで経済的に自立し、共同体内での個としての独立を確保していた。それゆえ、ポリス形成前の村共同体においてすでに人格的平等が存在していたのである。

このような分割地所有農民からなる村共同体にとって避けることのできなかった大きな課題は、「安全」であった。「安全」を担保するのは、隣接共同体の攻撃から、あるいはもっと強力な外敵から、かれらの生活と生産の場を守る戦いであった。武装自弁の伝統が生きていたギリシアにおいては、村共同体の有力者たる貴族だけがその任を果たすのではなかった。経済的に自立していた分割地所有農民は、農民戦士として、貴族と共に戦闘に参加し、防衛の一翼を担っていたのである。

軍勢は王の言葉を聞いて一層緊密に隊伍を固めたが、それはあたかも一人の男が、風の力を防ぐべく、隙間なく石を組んで高い館の壁を築くよう、そのさまにも似て兜と臍金を打った楯とがぽたりと接し、楯と楯、兜と兜、人と人とが凭れ合う。馬毛の飾りを戴いた兜は、首を垂れるたびに、前立の角が触れ合ったが、それほどにも軍勢は隙間もなく密に立ち並んでいた。(11)（『イリアス』）

ホメロスの英雄叙事詩は、題材を紀元前一二世紀以前のミケーネ時代にとっているものの、舞台は明らかにポリス形成前後のギリシアである。『イリアス』には、アキレスやヘクトルなどの英雄同士の対決や武勇自慢の描写があふれているが、その背後には武装した歩兵集団の戦いが見てとれる。重装歩兵による集団戦が、騎士による個人戦を圧倒するようになると、貴族は戦場までは馬に乗って行くものの、戦いの場では馬から降り、農民戦士と肩を並べて戦うようになったという。(12)こうした中から貴族も農民も、戦士として「平等」であるという意識が生まれてくるのは当然であろう。

古代ギリシア世界において、ギリシア人をしてポリスの形成へと促した要因のひとつは、ウェーバーによれば、「慢性的な戦争状態」(13)であった。「安全」こそが、切実な課題であった。ポリスという言葉のもともとの意味が「城砦」であったということが示唆しているように、(14)ポリスは、何よりもまず「防衛団体」(15)であり、生活の場や人々を守る戦士共同体であった。つまり、村共同体の人々が安全のために一定区域の共有地に自主的に移住（集住《シュノイキスモス》）し、そこに市民の居住地や広場《アゴラ》や公共建築物を作り、その周りを城壁で取り囲むことによって形成した「都市国家」(city state)こそが、ポリスなのである。そこからポリスという言葉は、城壁に囲まれた町や都市を意味するようになった。(16)他のポリスと同様に、アテナイ・ポリスも、共同体成員の安全のための「防衛団体」として形成されたのだが、その防衛の役割は、貴族と農民戦士が同等に果たしたのである。ポリスという共同体の防衛について「平等」に責任を負う市民たちは、以後貴族との政治闘争を通じて政治的権利を獲得していく。民主政アテナイにおける「平等な発言権《イセゴリア》」(17)を有する政治主体としての市民の誕生は、かかる文脈の中に存在する。

3　貴族政ポリスにおける政治機構

竈を祀るギリシア人：プリュタネイオンと市民の統合

帝政ローマ時代の著述家プルタルコスは、アテナイ・ポリスの建国を、民主政期のアテナイにおいて国家的な英雄として崇拝されていた伝説上の王テセウスに帰している。プルタルコスによると、テセウスは「アッティカに住んでいた人々を一つの町に集住《シュノイキスモス》させ、それまでは散在していて全部に共通の利益のために呼び集めることが困難であるばかりでなく時には互いに不和となって戦うこともあった人々を一つの国家の一つの民衆《デーモス》とした」のである。そして、村共同体をポリスに統合するために、それまではそれぞれの村にあった「公会堂《プリュタネイオン》や議事堂《ブーレテリオン》や役所を廃止し、すべてに共通の公会堂と議事堂」(18)を作ったとされる。太田秀通氏が「公会堂」と訳されているポリスのプリュタネイオンには、竈《かまど》の女神ヘスティアの祭壇が設けられ、常に聖なる火(19)がともされていた。

それぞれの村にあった議事堂《ブーレテリオン》を廃して、ポリスの議事堂《ブーレテリオン》を作ったというのは了解できるが、なぜそこにプリュタネイオンが出てくるのだろうか、そして、プリュタネイオンの統合が、なぜ新たな共同体の形成につながるのだろうか。そのことを解く鍵は、プリュタネイオンに設けられている竈《かまど》の女神ヘスティアの祭壇にある。

竈《ヘスティア》は、オリュンポス十二神の一柱(20)である女神ヘスティアの象徴である。ギリシア神話に曰く、女神ヘスティアは、弟のポセイドンと甥のアポロンの求婚を拒絶して永遠の処女の誓いを立てていた。天帝ゼウスは、それに報いてヘスティアに「すべての人間の家、神々の神殿において祀られる特権」(21)を与えた、という。したがって、竈《ヘスティア》が祀られた大広間は、家の中心であり、神々に犠牲が捧げられる場であった。そこは正餐の場であると同時に、神聖な空間でもあった。[22] この竈の祭祀は、古代ギリシアにおける家族を「宗教的結合の力[23]」によって固く結び合せていたのである。

同じく村の中心にあったプリュタネイオンは、村共同体の行政の執行機関であると同時に、竈《ヘスティア》が祀られる場所でもあった。プリュタネイオンは、村共同体の「共通の竈」(the common hearth) の在り処《ありか》として、共同体構成員の結節点をなしていた。[24] 古代ギリシアにおいて村共同体はそれ自体で祭祀団体であり、その団結を象徴するものが竈の女神ヘスティアであった。それに加えて、村の有力者たちは、女神ヘスティアが祀られたプリュタネイオンの大広間で共に食事することで、「食卓共同体」を成立させていたのである。

ポリスは、ウェーバーによれば、各部族が「宗教的に兄弟の契りを結ぶこと[25]」によって形成された「兄弟盟約として構成された団体[26]」であった。それゆえに集住《シュノイキスモス》によるポリスの設立においては、「諸団体が従来それぞれの正餐のために用いてきたいくつかのプリュタネイオンを廃止し、その代わりに都市の単一のプリュタネイオンを設置するという手続き」が不可欠だったのである。同時にそれは、新たな「食卓共同体」の成立をも意味した。ポリスの中心に作られたプリュタネイオンにおける正餐は、「兄弟盟約の結果としての都市市民の諸ジッペ［氏族］の食卓共同体を象徴[27]」しており、それはとりもなおさず、新たにポリスの市民団が形成されたことを表していたのである。

それゆえにこそと言うべきであろうが、このプリュタネイオンは、王《バシレウス》に代わってポリスの権力を行使した筆頭アルコンの執務官庁となった。ポリス形成前後の王政を、慣用にならって「ホメロス的王政[28]」と呼ぶとすれば、王《バシレウス》たちの権力闘争と、王《バシレウス》、貴族、民衆のあいだの複雑な政治闘争の中から、それらの調停者の役割を果たし、ポリスの一体性を保持するための公的権力として設置されたのが、アルコン職である。アリストテレスは次のように説明している。

役人は名門や富裕者の間から任ぜられ、最初は終身、後には一〇年間勤める定めであった。役人のうち最も重く、かつ最も古いものは「王《バシレウス》」とポレマルコスとアルコンであった。これらのうち最も古いのは王《バシレウス》の役で（これは祖先伝来の制度であった）、次に王《バシレウス》たちのうちに軍事に耐えぬ柔弱な者が出た結果ポレマルコスの役が加わった。(29)（『アテナイ人の国制』）

ここで「役人」と言われているのは、今でいうところの官僚のことではもちろんない。彼らは、ホメロス的王政のもとでの王《バシレウス》の権限を、ポリスにおいて分有した執政官である。ホメロス的王政では王《バシレウス》は世襲であったが、ポリスが形成された後、王政から次第に貴族政へと転換していく中で、王《バシレウス》の役割を貴族たちが輪番で務めるようになっていく。「王《バシレウス》」という名のアルコンや他のアルコンの任期は、終身から次第に一〇年任期へ、やがて一年任期と短縮されていき、いわば「民主化」の過程をたどっている。もちろん後の民主政期アテナイでのように市民が誰でも抽籤によってアルコンになれた訳ではなく、アルコンという執政官の職に任ぜられたのは「名門や富裕者」すなわち貴族のみであった。

「王《バシレウス》たちのうちに軍事に耐えぬ柔弱な者が出た結果ポレマルコスの役が加わった」という記述の内には、かつて王《バシレウス》が保持していた戦争の指揮権が貴族に奪われたことが暗に示されている。この変化の背後には、王《バシレウス》と貴族のあいだの激しい闘争があったに違いなく、その過程で、王《バシレウス》は貴族層に埋没し、その権限を次第にもぎとられていったことを読み取ることができるであろう。(30)結果的に、王《バシレウス》が一手に握っていた権限は、行政の最高責任者としての三人のアルコンに振り分けられた。最も古いのが「王《バシレウス》」という名のアルコンで神事を担当し、次にポレマルコスという名のアルコンが軍事を担い、そして三人のアルコンの内で一番新しい、文字通りアルコンと呼ばれたアルコンが、筆頭アルコン（執政官）として政治の実権を握るようになった。この筆頭アルコンの執務官庁こそが、先述したプリュタネイオンなのである。

貴族政ポリスにおいて確認できる公共建築物は、アルコンの執務官庁（プリュタネイオン、ブコレイオン、エピリュケイオン）であるが、それらは旧広場《アゴラ》に隣接していたと推測されている。(31) 紀元二世紀後半にギリシア全土を精力的に取材し、詳細な『ギリシア案内記』を書いたパウサニアスによれば、「ディオスクウロイの聖所を越えた上手にアグラウロスの神殿《テメノス》がある。……近くにプリュタネイオンが所在し、庁舎内にはソロンの成文法が収蔵されているほか、神々の像としては平和の女神エイレーヌと竈の女神ヘスティアの像が安置されてい」た。(32) このパウサニアスの記述と近年の考古学の研究を参照すると、プリュタネイオンを始めとする貴族政ポリスの執務官庁と旧広場《アゴラ》は、アグラウロスの神殿の近く、つまり、アクロポリスの丘の北東の麓、現在、観光名所として賑わっているプラカ地区の一角に存在していたと思われる。(33)

したがって、集住《シュノイキスモス》によってポリスが形成されてから、後に見るソロンの改革、そして、ペイシストラトスの僭主政を経てクレイステネスの改革に至る、二百数十年間の政治の中心地は、この旧広場《アゴラ》とプリュタネイオンなどの官庁街、そして次に述べるアレイオス・パゴスの丘にあったということができるだろう。

民会とアレイオス・パゴス会議

先述のように、ホメロスの『イリアス』や『オデュッセイア』に描かれている王政、いわゆる「ホメロス的王政」は、ポリス形成前後の政治的風景を伝えていると言われている。ポリス形成前夜の、つまり、初期鉄器時代のギリシアにおける王《バシレウス》は、部族の長の中で最も尊敬されている者であり、(34) あくまでも共同体成員のなかの有力者の一人、「同等者のなかの第一人者（*primus inter pares*）」(35) にすぎなかった。

このホメロス的王政には王権を制約する公的機関が二つある。一つは、有力者たる名門貴族からなる「評議会《ブーレー》」、もう一つは、農民戦士からなる自由人総会すなわち「民会《アゴレー》」である。共同体のあらゆる重要事は評議会に諮らなければならず、非常事態にあっては民会にも諮問する必要があった。[36] 以下に示すホメロスの『イリアス』の第二歌は、まさにそうした評議会と民会の場面を描いている。

トロイア戦争とは、スパルタ王メネラオスの后となったヘレネーが、トロイアの王子パリスと駆け落ちしたことから生じたギリシアとトロイアとの戦いである。『イリアス』が描くのは、ギリシア軍によるトロイア城攻囲が一〇年目になってもまだ勝利の目処が立たないでいた、最後の一年の出来事である。ギリシア軍の中には厭戦気分が漂っており、ギリシア軍の総帥アガメムノンも戦いを続けるか否か迷っていた。そんな時アガメムノンの夢に神の使者が現われ、「今こそそなたは道ひろきトロイアの町を陥すことができるであろう」と告げたのである。

そこでアガメムノンは、全軍の態勢を立て直し、士気を高めるために全軍集会すなわち民会を開催しようとするが、「全軍の集会に先立ち、錚々たる元老たちの評定を、ピュロス生まれのネストルの船の傍らで催した」[37]。それが、有力貴族たちによる評議会である。次いで民会が招集された。民会招集の場面を、ホメロスは、「夥しい数の兵士の群が、船から陣屋から隊伍を組んで、見下ろせば遙かに続く浜辺の前を、集合の場をめざして進」[38]んだ、と述べている。

この民会の場で、テルシテスという名の一兵卒が、戦争を続けようとするギリシア軍総帥アガメムノンを真正面から批判する。これに対して、「間髪いれず勇将オデュッセウスが彼に近づいてぐっと睨まえ、激しい言葉で叱りつけていうには、「テルシテスよ、お前はいかにも口は達者のものだが、言葉遣いを弁えぬ奴だ。口を慎み、王侯に向かって単身喧嘩を売ろうなどという気を起こすなよ」[39]」。こういってオデュッセウスは、テルシテスの背中を笏杖で殴りつけ、彼の発言を押さえ込んだのである。

かかる『イリアス』の叙述から読み取ることができるのは、一つには、ホメロス的王政においてもすでに全軍集会としての民会が機能しており、有力者だけでなく一兵卒にも発言する自由があったということである。確かに一兵卒テルシテスはオデュッセウスから殴られて発言を封じられてはいるが、そのことで生命まで落としているわけではないことが、その何よりの証左であろう。だが、他方では、オデュッセウスがテルシテスに「言葉遣いを弁えぬ奴だ。口を慎み、王侯に向かって単身喧嘩を売ろうなどという気を起こすなよ」と言い、また、他の一般兵士には、「おとなしく坐って目上の者のいうことを聴け。戦う力もなく身を守る術を知らぬ柔弱者めが、お前などは合戦の場であれ評定の席であれ、ものの数にも入らぬ奴じゃ[40]」と叱りつけて、発言を抑えつけているのもまた事実である。

　ホメロス的王政に続く貴族政ポリスにおいても、自由民の集会としての民会が開催されていただろうということは、この『イリアス』の事例から容易に想像がつく。民会が定期的か不定的期かを問わず開催されていたという実績なくしては、後に述べるクレイステネスの改革によって民会議場が整備され、民会が定期的に開催されるようになり、それが民主政アテナイの中核をなす政治制度になることなどありえないからである。しかしながら、貴族政ポリスにおける民会の国政における位置づけは、民主政におけるそれと比べるとずっと低いものであったと思われる。なぜならホメロス的王政においても、貴族政ポリスにおいても、民会や評議会のための公共建築物は存在していないからである。少なくともアリストテレスの『アテナイ人の国制』からは、その存在を伺いしることはできない。それはとりもなおさず、民衆が政治主体としてそれほどの地位を占めていなかったことの証であろう。フォレストは、「大衆的集会はときどき開かれたであろうが、それは、大衆の支持がなければ災害に結果するかもしれないような重大な決定（たとえば宣戦布告）に対する賛否を示すため」であって、民衆は自ら「統治するためではなく、彼ら自身と当局の士気を昂揚するために、団結を誇示するために会合した[41]」と指摘している。

　貴族政ポリスにおいては、貴族がポリスの官職を独占していた。民衆の政治への関与は、貴族が提出した議案に形式的な承認を与えるにすぎない民会への出席のみに留《とど》められていた。統治の実権を握っていたのは、前述のようにアルコンたちであったが、裁判権は、アレイオス・パゴス会議が握っていた。アレイオス・パゴス会議というのは、アレイオス・パゴスの丘にその会議場があったので、そこから付けられた名称である。

貴族政ポリス以前の、ホメロスやヘシオドスの時代においては、法とは古《いにしえ》よりの社会的規範を具現化したものであり、何世紀もの伝統と慣習によって規定されているものであった。そこでは、法の執行者は王《バシレウス》（＝地方貴族）であった。つまり、法の根拠となる伝統と慣習についての知識は王《バシレウス》と王《バシレウス》の代理人が独占しており、民衆は自身の状態が法に照らすとどのようなものであるのかを知らなかったので、不正の犠牲者になりやすかった(42)。

農民詩人ヘシオドスは、『仕事と日』の中で、「されば賄賂を貪る王《バシレウス》よ、かかることのなきよう心して、裁決を正し、裁きを曲げることは、今後は一切忘れなさるがよい(43)」と激しい怒りを表明している。ヘシオドスによって「賄賂を貪る王《バシレウス》」と非難されている地方貴族が担っていた裁判権は、ポリスの形成とともに、アテナイにおいては、アレイオス・パゴス会議に移った。ロイド・ジョーンズは、このことをして、「ゼウスの娘アテーネーにより正当な権利を付与されたアレイオス・パゴスの法を通じて正義がもたらされる(44)」ようになったと述べている。

アレイオス・パゴス会議は、アリストテレスの『アテナイ人の国制』によると、「法律の擁護者で役人が法に従い治めるように監視」し、「国政の最も大きな、また最も重要な部分を掌握し、秩序を乱す者にはことごとく懲罰を加え、罰金を科する権能をもっていた(45)」のである。そして、「不法な目に遭った者は、どの法が犯されているかを示してアレイオス・パゴスの会議に弾劾を提起し得た(46)」のである。

アルコンが、時代を経るごとに終身から一〇年に、一〇年から一年にと「民主化」の過程を辿っているのに対して、アレイオス・パゴス会議は、ホメロス的王政の色彩を最も色濃く残すものでもあった。というのは、会議のメンバーは、「アルコンたちの間から任ぜられ」、その任期は終身であった(47)からである。任期一年のアルコンと終身のアレイオス・パゴス会議のメンバーとでは、その政治的重みに多寡が生じてくるのは当然であろう。それゆえ、アレイオス・パゴス会議は、法の番人であっただけでなく統治にも大きな影響力をもち、貴族政ポリスの中核をなしていたのである。

4　改革者たち

ソロンの裏切り

前節では、貴族政ポリスにおける政治体制とそこにおける公共機関を見てきた。今節では、貴族政ポリスにおける二人の政治改革者と一人の僭主について論じ、彼らによる改革と権力闘争を通じてポリスが次第に民主政へと変遷していく様を描く。

アテナイの政治が貴族から民衆によって担われるようになる最初の転換点をなしたのが、紀元前五九四年のソロン（Solon, 640–560 BC）による改革である。立法者ソロンの登場を促したのは、貴族と民衆の対立の激化であった。当時民衆は、「借財には誰でも身体を抵当[48]」にしており、借金返済が滞った場合には自由民である市民でさえ貴族によって債務奴隷に落とされていた。したがって、プルタルコスによれば、「当時貧民と富者の間の不均衡はいわば絶頂に達し、市は全く危険な状態に陥っていた[49]」のである。

なぜソロンが調停者にして立法者として招聘されたのか、そして、そもそも貴族であったソロンが民衆に権力を譲渡するような立法をなぜ行ったのかについては、藤田弘夫の都市と民衆反乱についての考察が示唆的である。藤田氏によれば、「地方での反乱が国家権力を崩壊させることは、よほどのことがない限りなかった[50]」のに対して、「首都の反乱はごく小規模なものであっても、容易に国家権力を瓦解させた[51]」のである。「都市の民衆の反乱による国家権力の転覆」は、実にあっけなく行われるとして、最近の事例をいくつか挙げている。「イスラム復古を掲げたテヘラン市民は中東でもっとも政治的に安定しているといわれていたバーレビ帝国を崩壊させ」、「長期政権を誇ったフィリッピンのマルコス政権もマラカニアン宮殿の広場を埋め尽くした大群衆に押し倒されてしまった」。そしてまた、「一連の東欧革命では、東ベルリンやライプチヒのデモによって東ドイツのホーネッカー政権が、プラハのデモによってヤケッシュ政権が、ブカレストの暴動でチャウシェスク政権が、それぞれ瓦解した(52)」のである。

アテナイでも同様に「民衆は貴族に反抗して」立ち上がり、「抗争は激しく行われ、人々は互いに久しく反目を続け(53)」ていた。都市であったがゆえに、アテナイにおいても「窮地におよんで都市の民衆の作り出す権力は、国家にとって、いつ突き刺さるとも知れない〈喉もとの剣(54)〉」であったであろうことは想像に難くない。であれば、かかる状況の解決のために、「彼らは合意の上で調停者として、またアルコンとしてソロンを選び、彼に国事を委ねた(55)」のは、ある意味当然のことであろう。

アルコンとして選任されたソロンがまず行ったのは、「重荷おろし《セイサクテイア》」である。まず第一に「身体を抵当に取って金を貸すことを禁止して民衆を現在のみならず将来も自由であるように」し、そして、第二に「いろいろの法律を定め公私の負債の切棄て(56)」を行った。つまり、主な債務者であった下層農民の借金を棒引きしただけでなく、彼らが借金のせいで奴隷身分に転落することを防止したのである。それは同時に、市民と奴隷のあいだに明確な身分差別を設けることにもつながった。

ウェーバーは、別の観点からソロンの改革を考察している。彼によれば、ソロンの改革は、「国家の防衛力という政治的関心」にもとづいて「債務におちいった農民と妥協しようという努力(57)」のあらわれなのである。安藤弘氏によれば、紀元前七世紀の半ば頃から、「重装歩兵の装備と戦術は、それまでまざりあっていたホメロス風の旧い個人戦的な装備と戦術をふるい落として、しだいに重装歩兵固有のものへと純化」してきていた。そして、「密集隊の規模も大きくなって本格的なものへと発展[58]していた。つまり、密集方陣が戦術として一般化したことで、重装歩兵の比重が軍においてますます大きくなったのである。そうである以上、重装歩兵の中核をなす農民の債務奴隷化を無視できるはずがない。農民が債務奴隷に陥ると、それはそのまま国防力の低下につながるからである。よって、ウェーバーは、次のように言う。「土地および人身を担保にした債務の免除」によって徹底的に農民に譲歩し、そして、「国外に売却されたアッティカの債務奴隷の買い戻し」を行ったソロンの改革の政治的意味は、アテナイが「国家の軍事力の基礎となる重装歩兵軍を維持する[59]」という明白な意志表明であった、と。

「重荷おろし」と並ぶソロンの大きな改革が、「財産制《ティモクラティア》」である。これは、市民をその財産によって四つの階級、「富裕級」「騎士級」「農民級」「労務者級」に分けるものだが、階級は年収の額に応じており、上から順に、五〇〇、三〇〇、二〇〇石であった[60]。このうち第一級を占めたのは有力貴族、第二級は中小貴族、第三級は中層農民、第四級は下層農民と商工業者であった。年収と所有地の面積とはほぼ比例したと考えられるので、貴族と中層農民の所有地の面積にそれほどの差がないことに驚かされる。つまり、有力貴族といっても、このソロンの財産規定からは農民層の二、三倍の土地しか所有していなかったと推測できるのである。そして、農民層が貴族を数において圧倒している以上、彼らに対して貴族が妥協し、譲歩せざるを得なかったのも頷ける[61]。

ソロンの財産制は、第三級の中層農民に国政参与の道を拓いた。そのことの意義は、ソロンが想定していた以上に画期的であった。なぜなら、それは貴族政の終わりの始まりを意味したからである。貴族政では、政治の要職につく権利をもつのは高貴な生まれの者（血筋）だけであるが、この改革によって、生まれではなく財産によって要職につける可能性が開かれたのである。

第四級の労務者級の市民とは、武装を自弁できるだけの財力のない無産市民のことである。ソロンは、彼らに対しては国政参与への道は排除する一方、「民会と法廷に参与させた[62]」。その意味するところは重い。というのも、これは、全階層の市民に法廷に参加する権利を認めたということを意味するからである。前述のように、そもそも裁判権は、ポリス形成前には地方貴族としての王《バシレウス》が独占し、ポリス形成後には貴族が構成するアレイオス・パゴス会議に属していた。いずれにしても裁判権は貴族の占有物であった。これに対してソロンは、労務者級も含むすべての市民が陪審員になることを認め、民衆が陪審員となる民衆法廷を作ったのである。これは、明らかに民主化への第一歩であった。

アリストテレスも『政治学』の中で同様の指摘をしている。曰く、ソロンは、アレイオス・パゴス会議やアルコン制などの貴族政の制度は廃止せずそのまま残したが、しかし、「法廷をすべての市民でもって構成したことで民主制を敷いた(63)」、と。そして、ソロンの「民主化」政策の目玉の一つが、この民衆「法廷への審理の回付(64)」であり、これは「役人による処罰に対して不服のものが」、「労働者級の市民までも参加できた民衆裁判の法廷に上告し得た制度(65)」であった。それゆえこの制度によって「大衆は最も勢力を得たといわれる。なぜならば民衆は投票権を握ったとき国制の主となるからである(66)」。民主政に反対し、その導入の責任をソロンの裁判制度改革に負わせた後代の人々は、「籤引きで構成された陪審員の法廷にあらゆることの権威をもたせることによって、彼は他の部門を骨抜きにし」た、と非難した。すなわち、「この司法の力が強大になったとき、人びとはあたかも僭主に対するがごとくに民衆の機嫌をとって、国制を現在の民主制に改変してしまった(67)」、と。

だが、ソロンの改革を経ても、アテナイでの政治の主な担い手は、依然として貴族によって占められたアルコンであり、アレイオス・パゴス会議であった。ソロンは「各部族から百人ずつ、都合四百人からなる評議会(68)」を作ったというが、民会や評議会は未だその姿を明瞭に現していなかった。それゆえソロンが目指したのは、体制変革ではなく司法改革であり、「善き法による統治《エウノミア》」の実現であったと言ってよいだろう(69)。

ペイシストラトスの蜂起

ソロンの改革による「重荷おろし」は、債権者であった貴族に経済上の大打撃を与えた。貴族は、それを「ソロンの裏切り」行為と考えた。「貴族の多数は負債の切棄てによって彼に敵意を懐いて」おり、「彼が再び旧制にかえすか、僅かの変革に止めるものと思っていた」貴族にとって、ソロンが農民にまで国政参与を認めたことは、明らかに改革の行き過ぎであり、民衆に譲歩し過ぎであった。なぜなら、それは、貴族政の原理的な否定に通じるものであったからである。他方、「彼が一切を再配分すると思っていた[70]」下層農民にとっては、負債の切棄てだけでは不十分であった。既存の負債の帳消しの恩恵に与ったとしても、生活の安定が確実でない限り、再び債務に苦しむ状況にあることには変わりはなかったからである。したがって、下層農民は、改革の不徹底に対して不満の声を増大させていた[71]。

ソロンはかかる状況の中で、「いずれにも反対し、己の欲する側に与して僭主となることもできたにかかわらず、祖国を救い、また最良立法を行なって双方から憎まれる道を選」び、「商業と見物とを兼ねてエジプトへの旅[72]」に出かけ、一〇年のあいだアテナイを離れていた。このソロンの不在の時にアテナイ国内での権力闘争は活発になり、地域を根拠にした三つの党派が争うようになった。アリストテレスによると、その一つは「海岸の人々」のそれでアルクメオンの子メガクレスがこれを率い、この派は特に中庸の政体を求めていた。次は「平野の人々」の党で寡頭政治を求め、リュクルゴスが彼らを率いていた。第三は「山地の人々」のそれで、ペイシストラトスがその頭に立ち、彼は最も民主的であると見えた[73]」。

ヘロドトスによれば、もともとの抗争は、「海岸の人々」の党派と「平野の人々」の党派のあいだにあった[74]。「海岸の人々」というのは、アッティカのヒュメットス山以東の半島部に住んでいた人々のことで、この地方には「中庸の財産ある農民が多く」、また「アテナイ市の職人たちも」この派に加わっていた[75]。「平野の人々」での「平野」

というのは、「アテナイの西部、ケビソス河に沿うアッティカ第一の平野で富裕な地主貴族の地盤」[76]であった。したがって、この党派が、貴族の利害を重視する「寡頭政治」を求めるのは当然のことであった。

この両者の争いに、ペイシストラトスが、「第三党」として「同士を集めて自ら山地党の党首と称し」[77]て、割って入ってきたのである。「山地」というのは、「アッティカ東北部の山地で貧窮な小農や牧人らの住んだところ」[78]であった。いずれの党派の領袖も名門貴族に属していたが、党派間の争いには貴族と民衆の対立が織り込まれていた。つまり、支持基盤を穏健な中農層にもつ中間派と富裕な地主貴族を支持基盤とする寡頭派の争いに、下層農民を支持基盤とするペイシストラトス一派が食い込んできたという図式である。そして、ペイシストラトスは芝居がかったやり口で民衆の心をつかみ、一気に権力を掌握するのである。

最も民主的との聞こえがあり、メガラ人との戦いに大いに名声を挙げたペイシストラトスは自ら身体を傷つけ、反対派によりこんな目にあったと称して民衆を説き伏せ、アリスティオンの動議により自分に身体の護衛を与えさせた。そこで「棍棒持ち」と呼ばれた輩を得、これをもって民衆に抗して立ち、〔ソロンの〕法律制定ののち、三二年目のコメアスのアルコンの年にアクロポリスを占領した。[79]（『アテナイ人の国制』）

ペイシストラトス（Peisistratos, c. 600–c. 527 BC）は、父ヒポクラテスが伝説のピュロス王ネストルの末裔、母はソロンの母方の従姉妹という名門の家柄であり、[80]彼自身ソロンと親しいつきあいをしていた。先に見たソロンの改革は、ポリスの民主化というにはほど遠いものの、それまで政治から疎外されていた民衆を政治の場に引き出し、政治に馴染ませてきていた。アルコン職や評議会議員になる道は閉ざされていたので、民衆にとっての政治の舞台は広場《アゴラ》であり民会であった。ペイシストラトスは、まさに広場《アゴラ》や民会にいる民衆を味方につけ、政権奪取に利用したのである。

つまり、こうである。ペイシストラトスは、「自分で自分の体と驢馬を傷つけて」広場《アゴラ》に車でのりつけ、「敵方が田舎へ行こうとした自分を襲って殺そうとしたが、その手を逃れてきたところだ」[81]と民衆に訴えた。ヘロドトスもアリストテレスもプルタルコスも、これはペイシストラトスによる自作自演だと書いているので、おそらくそうなのであろう。いずれにしてもペイシストラトスは、「自分の政策の故に政敵の待伏せに遭ったと称して民衆を扇動」するために広場《アゴラ》に赴き、それが功を奏して「多勢がそれに応じて憤り、叫び出」[82]すような事態を生起させた。これにより、ペイシストラトスは、自らに有利な決議を得るために民会を招集させることに成功したのだ。

その民会で、ペイシストラトスは、敵対する党派から自分の身を守るために護衛団をつけるよう訴えた。「以前メガラに対する作戦指導に勇名を馳せ、ニサイアの占領をはじめ幾多の殊勲」[83]を挙げたことを根拠に、自分はそれに値すると主張した。この訴えを受けて、「アリスティオンがペイシストラトスに護衛のために五〇人の棍棒持ちが与えられるべきことを提議」[84]した。ソロンはこれに反対し意見を述べたが、「貧しい人たちがペイシストラトスに急激に好意を示して騒ぎ立て、富裕者たちはおじ気付いて逃げ出し」ているのを眺めて、自分は「事態を理解しない者よりも賢明だし、理解しながら僭主政に反対するのを怖れている者より勇敢だ」と吐き捨てるように述べて、民会から立ち去ったという。アテナイの民会は、「まんまとペイシストラトスの術中に陥って、市民の中から選抜して護衛をつけることを認めた」のである。民会は、この後、「棍棒持ちの数についてはペイシストラトスに対して細かい注文をつけないで、彼の好きなだけを公然と集めて養っているのを認めていた」ので、ペイシストラトスは、この棍棒持ちという「軍隊」を使って「アクロポリスを占領」し、「アテナイの支配者となった」[85]のである。

ソロンは、ペイシストラトスが蜂起し「アクロポリスを占領」した後でも、「武具を戸口の前に取り出して、自分はできる限り祖国のために働いてきた、しかし他の人々も自分と同じように行なうことを望む」[86]と述べたが、大勢に変化は生じなかった。この「武具を戸口の前に取り出」すという行為は、ソロン自身が定めた市民権剝奪法に照応している。ソロンの時代にもアテナイではしばしば党派間の争いが起きていたが、「市民の中には無関心から成行きに委せるのを好む者」がいた。ソロンは、そうした輩《やから》に我慢ならなかったのか、彼らを規制する独特の法を定めている。それが「国内に党争のあるとき両派のいずれかに与して武器をとることのない者は市民たる名誉を喪失し国政に与り得ぬ(87)」とした法律である。この法律は、市民同士が武器を取って戦い合った血なまぐさい時代の雰囲気を想起させるものであり、またそこには名誉を重んじる貴族のメンタリティも見て取れる。先のソロンの言動やこの法律は、言うなればソロンにおける「貴族的」側面を最も色濃く反映したものであろう。

これに対してペイシストラトスは、ソロンが敷いた「民主化」路線の中で行動している。確かに最終的には軍事クーデタによって政権を奪取しているが、そこに至る過程はきわめて「民主的」である。ペイシストラトスは、広場で民衆の感情に訴え、扇動し、そして、民会を開催させ、そこに集まったアテナイ市民を説得することで、自らを護衛するための暴力装置を「正当に」獲得しているのである。それは、貴族の子飼いのような私兵ではなく公的な軍隊であった。

ペイシストラトスの僭主政は、基本的にソロンの国政をほとんどそのまま踏襲したものであった。それは、アリストテレスが「穏和に、また僭主的というよりむしろ合法的に国政を司《つかさど》った(88)」と述べているように、「平和を促し静謐を維持(89)」したものであり、市民のあいだで評判が良かった。彼自身は、改革の名に値するような改革をほとんど行うことがなかったが、それでもなお以後の歴史の展開には大きな役割を果たした。というのも、ペイシストラトス時代に中農層が育成保護されたことで、彼らを主体とする村落自治がアッティカ各地に根を下ろし、民主政の誕生を準備したからである。このことは、実質的にはソロンの改革の一歩先をゆくものであった。ギリシア史研究の世界的権威ポール・カートリッジは、「ペイシストラトスの父子の最大の功績は」、「決して無意味ではないレベルまで、より広い階層の住民による日常的な政治参加を推進したこと[90]」にあると述べている。つまり、ソロンによって形式的には完全な市民となり、国政参与の権利を授けられていた中農層は、この自治の経験を通じて政治的に覚醒したのである。

僭主とは、非合法的な手段に訴えて政権を獲得した者、もしくは、ある社会において慣習的に合法的と認められている枠をこえて自己の政治権力を行使した者のことである。その権力を支持したのは民衆であった。クロード・モセによれば、このような僭主政は、アテナイだけに見られた政治現象ではなく、紀元前七世紀から六世紀にギリシア各地のポリスで出現していた。そして、僭主政は、「古い貴族社会の破壊に貢献し、民主政期の「平等の権利《イソノミア》」[91]」を有するポリスの成立を準備した。

クレイステネスの革命

ソロンの改革の前後から民衆が政治変動を左右する主体として登場してきたことは、ペイシストラトスの権力奪取の過程を見ても明らかであろう。同じことは、クレイステネスの登場に際しても見られた。

親子二代、五〇年にも及ぶペイシストラトス家の僭主政は、デルフォイの神託に従ったスパルタ王クレオメネス一世とそれに呼応したアテナイ民衆の働きによって倒された。紀元前五一〇年のことである。その後、有力貴族を中心とした党派抗争が続くが、それはソロンの改革後の状況と似ていた。すなわち、穏和な中間派を支持母体とするアルクメイオン家のクレイステネス（Cleisthenes, 565–500 BC）と地主貴族をその支持基盤とする寡頭派のイサゴラスの対立である。この二つの党派の争いは、まず寡頭派のイサゴラスに軍配があがった。彼が紀元前五〇八年から五〇七年のアルコンに任命されたのである。彼の政策は、ソロンやペイシストラトスの時代に市民権を得た人々の権利を剝奪し、政治を少数の貴族の手に委ねる寡頭政治を実現しようとするものであった[92]。

劣勢になったクレイステネスは、民衆を味方につけることで挽回を図った。だが、そもそもクレイステネスの生家のアルクメイオン家は、民衆派のペイシストラトスと争っていた穏健派の「海岸の人々」の党の領袖であり、僭主政に反対して国外退去を余儀なくされていたクレイステネスその人も決して民衆派ではなかった。しかし、寡頭派のイサゴラスに対抗するために、「以前には歯牙にもかけなかった」民衆を、クレイステネスは「この時になって完全に自派に引き入れることに成功」(93)し、それにより形勢は逆転した。

窮地に陥ったイサゴラスは、「ペイシストラトス一族を攻撃した時以来、親密な間柄になっていたスパルタ」(94)の王クレオメネス一世に救援を求めた。イサゴラスの求めに応じたスパルタ王クレオメネス一世は、アテナイに対し、アルクメイオン一族が「穢れ人」(95)であることを理由として、一族を国外に退去させるよう要求した。クレイステネスはすぐに国を去った。にもかかわらずスパルタ王クレオメネス一世は、「少数の手兵を携えてアテナイにきて、イサゴラスから通告されていたアテナイの七百家族を、穢れたものとして放逐した」だけでなく、「評議会《ブーレ》を廃止しようと試み、イサゴラス派の三百人に政権を委ねよう」(96)とした。つまり、スパルタの息のかかった寡頭政権をアテナイに樹立しようと企てたのである。

アテナイ民衆にとって、スパルタによる武力介入にどのように対応するかは、アテナイが寡頭政を採るのか民主政を採るのかの大きな分かれ道であった。同時にそれは、アテナイがスパルタに従属するか否かの分かれ道でもあった。ペイシストラトス一族による僭主政を打倒するのにスパルタ王の支援を頼み、さらに民衆派との党派抗争においても再度スパルタの援助と干渉を受けたならば、アテナイがスパルタの影響下に置かれることは火を見るより明らかである。

スパルタ王クレオメネス一世の「評議会《ブーレ》を廃止しようと試み、イサゴラス派の三百人に政権を委ねよう」とする企ては、明らかに行き過ぎであった(97)。評議会はその解散に抵抗し、これに呼応する形で民衆も反旗を翻したのである。スパルタ軍に押されたペイシストラトス一族がそうしたように、アテナイの民衆に押されたスパルタ軍とイサゴラスの一派はアクロポリスの丘に逃げ込んだ。「アテナイ人たちは結束し、彼らを二日間にわたって包囲攻撃した」が、「三日目には休戦が成立し、彼らのうちスパルタ人のみは国外に撤退した」[98]。アテナイの民衆は、「クレイステネス以下の亡命者を呼び返した」。この事変によって、「国政が民衆の手に帰して以来、クレイテネスは民衆の領袖であり、また民衆の指導者[99]」となったのである。この民衆の蜂起は、アテナイ・デモクラシーへと向かう最も決定的な転回点だった、と言うことができるだろう。ブルクハルトは、ポリスという都市国家の意義は、「それまでは「農場経営者」であった者が、誰もかれも一緒に生活することになると「政治家」に[100]」なったと指摘しているが、このアテナイ民衆の蜂起は、彼らがまさしく「政治家」であることを見事に証明しているのである。というのも彼らは、自らと自らの共同体の運命を自身の手によって切り拓こうとしたからである。換言するならば、アテナイの民衆《デーモス》は、アルコンのイサゴラスおよび彼を支援するスパルタ王とその軍隊に抵抗することで、政治の舞台に主人公として踊りでた。そして、それに制度的な形姿を与えたのが、民衆《デーモス》によって国外から召還されたクレイステネスであった。

民衆派のリーダーとなったクレイステネスは、即座に改革に着手する。彼はまず、貴族政の土台となっていた血縁にもとづく四部族制を廃止した。その代わりに地域的な行政単位をもとにして人工的に編成した一〇部族制を導入することによって、部族共同体の新たな枠組みを確立した[101]。それは、一三九のデーモス（区）を市域・内陸・沿岸の三地域に分け、三地域をさらに一〇に細分して組を作り、そして三地域のそれぞれの組を一つずつ合わせて一つの部族とするものである。これは、かねてよりアテナイの宿痾となっていた、土地と血縁関係に根ざす三つの党派（市域を中心とする貴族主体の「平野の人々」の党派、沿岸部を根拠地とする富裕農民と職人主体の「海岸の人々」の党派、そして内陸の高地を根城とする貧しい農民や牧人が主体の「山地の人々」の党派）の抗争に終止符を打つことを狙いとするものであった。[102] これら三地域出身の人々をまとめて一つの部族を人為的に形成することで、ポリス内部の社会的対立を解消し、市民団の一体性に基盤を置く政治体制を創出[103]しようとしたのである。

また、このクレイステネスの改革は、ウェーバーによれば、在留外国人《メトオイコイ》や被解放民などの財産ある人々を新市民として「全面的に共同体に組み入れ」、これによってあわせて国家の門閥的な編成を破壊しようとした」ものでもあった。新たな行政区の編成と、それに基づく非血縁的な団体形成は、貴族政の根幹をなしていた「門閥団体を故意に寸断」し、まったく「新しい純粋に地域的な国家区分」をもたらしたのである。都市在住者を含むすべての市民は、「みずからの地域的な区《デーモス》を持ち、このデーモスにすべての人は国法上、永続的かつ世襲的に所属」し、「民衆裁判権の招集ならびに陶片追放[104]」もそこで行われたのである。

クレイステネスが行った部族制の再編成は、ソロンが着手し、ペイシストラトスが推し進めた貴族政の破壊を、最も根本的に成し遂げたものであり、同時に民主政の土台を新たに構築したものと言ってよいであろう。それゆえ、アテナイの歴史のなかで、このクレイステネスの改革ほど「人々の生活に大きな変化をもたらしたものは、ほかに例がない[105]」と言われるのである。

5　市民たちの空間

民衆の政治参加つまり「政治的平等《イソノミア》」を実現するために、公的な政治空間もまた整備されていく。アテナイの町や広場《アゴラ》を見下ろすプニュックスの丘に露天の民会議場が造られたのは、クレイステネスの改革が始まってから僅か四年後の紀元前五〇四年のことである。民会議場の収容人数は、およそ五〇〇〇人であった。[106] 民会は、その日に出席した数千人もの市民からなる屋外の大衆集会であったが、各プリュタネイア（一年の一〇分の一の期間、三五日から三六日）に四回ずつ、すなわち最低でも年四〇回は開催され、戦争や平和、条約、財政、立法、公共事業など統治活動の全領域にわたって最終的な決定権を持っていた。民会には一八歳以上の成年男子市民が出席することができ、提出された議題の表決は、通常は一日の討議で行われ、出席者の単純過半数によってなされた[107]。

民会の出席者全員が「平等の発言権《イセゴリア》」を有しており、この「平等の発言権《イセゴリア》」は、ギリシアの著作家たちによって、しばしば「民主政」の同義語として用いられた。アテナイ市民は、今や互いに統治し統治される存在となった。ペルシア戦争の「歴史」を書いたヘロドトスは、アテナイが強大になったことの理由の一つを、この「平等の発言権《イセゴリア》」に求めている。アテナイは、ペイシストラトス家の僭主政下にあった時には、「近隣のどの国をも戦力で凌ぐことができなかった」のに対して、「独裁者から解放されるや、断然他を圧して最強国となった」。それは、独裁者の下では、「故意に卑怯な振る舞いをしていた」のに、「自由になってからは、各人がそれぞれ自分自身のために働く意欲を燃や[108]」すようになったからである、と。

民会のための議案を作成したのは、評議会《ブーレー》である。評議会を開催するための評議会議場《ブーレウテリオン》が、広場《アゴラ》の西隣に建設されたのは、紀元前五〇〇年頃のことである[109]。評議会は、各部族が抽籤によって選んだ五〇人の評議員である五〇〇人（五〇人で一〇部族）で構成されていたため、五〇〇人評議会と称されている[110]。この五〇〇人評議会は毎日開催され、アテナイの政治を運営する上で大きな役割を果たした[111]。この五〇〇人評議会をスムーズに運営するための工夫だと思われるが、各部族の代表五〇人が輪番で務める議長団職も創設されている。アテナイは一〇部族で構成されていたので、一年を一〇等分した一プリュタネイアが、議長団の任期であった。

このことから、この議長団はプリュタネイスと呼ばれたが、プリュタネイスこそアテナイ・デモクラシーを実質的に支えた「都市の心臓部[112]」であった。また、「プリュタネイスには一人の議長があり、抽籤により選ばれ、一昼夜議長を勤め」た。「彼は国家の金と公文書を蔵する諸神殿の鍵や国璽を保管し、また彼ならびにプリュタネイス中の彼の命ずる三分の一は円形堂《トロス》に留まらねばならな」[113]かった。つまり、議長とこの議長団の三分一にあたる一七名は、ポリスの緊急時に備えて昼夜を問わず常駐していたのである。彼らが寝泊まりし食事を供されていた建物が、五〇〇人評議会議場の隣にある円形堂《トロス》である。この円形堂が建てられたのは、ペルシア戦争後の紀元前四七〇年のことである。

　整理すると、五〇人よりなる議長団が、五〇〇人評議会のための草案を作り、そして、五〇〇人評議会で決まった議案が収容人員五〇〇〇人の民会議場で開催される民会に提出されたのである。「評議会は最終決定権を有しな」かったが、しかし、「評議会は民会のためにあらかじめ評議し、民会は評議会によりあらかじめ評議されプリユタネイスが議題に上せたことでなければ決議することを許さ」[114]れなかった。議案の提案権が、評議会にあることで、大衆集会としての民会がデマゴーグに扇動されて暴走することを抑止すると同時に、アテナイの最終決定権を有する民会は逆に、評議会が提案した議案を拒否する権限を有していたことになる。衆愚政と称されることもあるアテナイ・デモクラシーであるが、単なるアマチュア政治に堕しない制度的な工夫がこらされていたのである。

　五〇〇人評議会と民会は、議長団《プリュタネイス》によって招集された[115]。この議長団はローマの元老院になぞらえて「元老」とも呼ばれるが、しかし、その実体は各部族で抽籤で選ばれた一般市民であり、貴族で構成されていたローマの元老院とはまったく異なっていた。

　ペルシア戦争の終結後、貴族政ポリスの象徴であり、貴族政の牙城であったアレイオス・パゴス会議が、民衆の指導者であったソポニデスの子エピアルテスらによって攻撃され始める。紀元前四六二年、遂にというべきかエピアルテスとペリクレスは、「この会議から、それを国制の維持者たらしめていたところの付加的機能をことごとく剝ぎ取り、その一部は五〇〇人〔の評議会〕に、一部は民会と裁判所とに与えた」。これはまさしくエピアルテスとペリクレスによる「政変」[116]であったが、紀元前五〇八年のクレイステネスの改革に始まる民主政の土台作りは、五〇年近くを要してようやく完成を見たと言ってよいだろう。

アクロポリスの麓にある新広場《アゴラ》から眺めると、左の方から順にアクロポリス、アレイオス・パゴス、そしてプニュックスという三つの丘が並んでいる。アクロポリスの丘は、ミケーネ文明時代には宮殿が存在したところであり、王政を象徴している。王政が滅びた後は、都市国家アテナイの象徴として女神アテナを祀ったパルテノン神殿が建てられた。アクロポリスの丘から少し下った中腹にアレイオス・パゴスの丘があり、そこは王《バシレウス》にとって代わって政治の実権を握った貴族の牙城であったアレイオス・パゴス会議場が建てられていた。そして、そしてさらに右側に移動し斜面を登っていくとプニュックスの丘がある。そこは、クレイステネスの改革の後に民会議場として整備され、ポリスの最高意思決定機関となった。王政、貴族政、民主政という国制の変遷とともに、国制の心臓部ともいうべき機関の場所も東から西へと移っていったことを看て取ることができるだろう。

同様なことが、中央官庁と広場《アゴラ》についても言える。貴族政ポリスの官庁は、貴族政ポリスの筆頭執政官であり政治の実務を取り仕切っていたアルコンの執務官庁であったプリュタネイオンである。それに隣接して、祭事を取り仕切っていた「王《バシレウス》」が執務していたブコレイオンがあり、さらに軍隊を統率したポレマルコスが働いていたエピリュケイオンがあった。これら貴族政ポリスの中央官庁は、アクロポリスの北東の麓、旧広場《アゴラ》に隣接して存在していたと考えられている。(117) 新広場《アゴラ》は、アクロポリスの北西の麓に存在する。その新広場《アゴラ》の西側に評議会議場や議長団の詰所となっていた円形堂、公共文書館などの公共建造物があった。それらは、いずれも紀元前五〇八年のクレイステネスの改革の後、あるいはペルシア戦争後に建設されたものである。ポリスが、貴族政から民主政へと転換するなかで、ポリスの中核をなす広場《アゴラ》とそれに付随する中央官庁も、東から西へと移動している。新しい酒は新しい革袋を要求したのであろう。

プリュタネイオンは、旧広場《アゴラ》から動かなかったが、依然としてポリスの統合を象徴する竈《ヘスティア》の火が燃え続けていた。竈の神ヘスティアがある大広間では、凱旋将軍やオリンピア競技の勝者などの名誉市民や外国使節団に食事が供され、いわば「迎賓館」として機能し続けた[118]。

ポリスは常設の官僚装置や常備軍を備えていたわけではなかったので、市民団がまさに国家そのものであった。市民団の中核をなした農民は、裁判や財政、外交といった複雑な公共の仕事に責任を負っていた。アテナイの男子市民のかなりの割合が私たちの知る以上に、そして私たちの想像をはるかに超えて、何らかの直接的な統治体験をもっていた。民会の議長職は輪番制で一日限りのものであって、常に抽選によって決められていた。一年間、市場監督官になることもできたし、一年ないし二年間、評議会議員を務めることもできた。また民衆法廷の陪審員には繰り返しなれたし、民会では好きなだけ発言し、投票権を行使することができた。こうした国政への直接的な参与に加えて、アテナイと周辺地域を細分化していた一〇〇余りの行政区《デーモス》でも自治行政への参加が求められた。

城門であるディピュロン門からアクロポリスのパルテノン神殿にまで通じるパンアテナイ通りが広場《アゴラ》を横断し、アテナイの外港ピレウスに至る道もまた広場《アゴラ》から出ている。都市工学的には、広場《アゴラ》はまさにアテナイの中心地であった。法律が公示され、祭典が行われ、出征兵士の名簿が部族ごとに発表されるのも広場《アゴラ》であった。広場《アゴラ》は、それ自体がいわば共同体全体のための公共の施設であり、市場が開かれ、憩いの場であると同時に、情報やうわさ話の渦巻くところでもあった。アテナイ市民たちを「政治的に《ポリティカル》」したのは、民会や評議会での公的な討論だけではない。統治しかつ統治されることに慣れ親しんだ市民たちのあいだでの、広場《アゴラ》という誰にでも開かれた自由な空間における、日常的な会話や談論が、彼らを「政治主体」として鍛えあげていったのである。それゆえ、この広場《アゴラ》こそが、民主政ポリスの政治的な中心地であり、その中核をなすものであったと言ってもよいだろう。

「ポリスで生活するということは、すべてが力と暴力によらず言葉と説得によって決定されるという意味であった」とアレントは指摘しているが、これまで見てきたように、そうした政治体制は、再三再四の血みどろの力と暴力のぶつかり合いによって生まれたものである。貴族と民衆とのあいだの、そして貴族同士の抗争を抑止し、力と暴力の争いを自由で平等な言葉と説得の争いに転換させ得たのは、まずもってアテナイ人の制度設計の才によるものと言える。クレイステネスの一〇部族制の導入に代表される巧みな政治制度のみならず、民会や広場《アゴラ》に代表される公共的建造物もまた、アテナイ人がいかにして生まれや財力ではなく、言論のみを用いて市民たちが国家の諸問題に責任を負うかを熟慮した結果であろう。第2節で論じたように、その素地はギリシアの風土に由来する民衆の独立独歩の性格にあったにせよ、ソロンに始まる改革者たちと民衆の闘争と思惟なしには、今日もデモクラシーの学校であり続けるアテナイ・デモクラシーが花開くことはなかったのも、また事実であろう。

注

（1）ハンナ・アレント、ジェローム・コーン編、高橋勇夫訳『政治の約束』筑摩書房、二〇〇八年、一四六頁。
（2）同前、一四九頁。
（3）同前、一九八頁。
（4）Hannah Arendt, *The Human Condition*, Chicago: The University of Chicago, 1974, p. 26（志水速雄訳『人間の条件』筑摩書房（ちくま学芸文庫）、一九九四年、四七頁）.
（5）Cf., Ian Morris, *Burial and Ancient Society: The Rise of the Greek City-state*, Cambridge University Press, 1987, pp. 97–109.
（6）桜井万里子・本村凌二『世界の歴史5　ギリシアとローマ』中央公論社（中公文庫）、二〇一〇年、五〇頁。
（7）クレーロスという言葉は、籤《くじ》という意味であり、つまり、籤によって土地を分けたので、その分割地にクローレスという名前がついたのである（伊藤俊太郎編著『人類文化史2　都市と古代文明の成立』講談社、一九七四年、二五二頁参照）。
（8）Cf., Victor Davis Hanson, *Wars of the Ancient Greeks*, Washington: Smithsonian Books, 1999, pp. 47–48（遠藤利国訳『図説　古代ギリシアの戦い』東洋書林、二〇〇三年、五六頁）.
（9）ヘロドトス、松平千秋訳『歴史　上』岩波書店（岩波文庫）、一九七一年、巻二の一三、一六九頁。
（10）太田秀通『ミケーネ社会崩壊期の研究』岩波書店、一九六八年、四一四頁参照。

(11) ホメロス、松平千秋訳『イリアス　下』岩波書店（岩波文庫）、一九九二年、一二四―一二五頁。
(12) Cf., Victor Davis Hanson, *Wars of the Ancient Greeks*, p. 35（前掲邦訳、四一頁参照）.
(13) マックス・ウェーバー、上原専禄・増田四郎監修、渡辺金一・弓削達訳『古代社会経済史』東洋経済新報社、一九五九年、二〇〇頁。
(14) 村川堅太郎『村川堅太郎古代史論集I　古代ギリシアの国家』岩波書店、一九八六年、二頁、四頁参照。
(15) マックス・ウェーバー、黒正巌・青山秀夫訳『一般社会経済史要論　下巻』岩波書店、一九五五年、一八二頁。
(16) Cf., Sarah B. Pomeroy, Stanley M. Burstein, Walter Donlan, Jennifer Tolbert Roberts, *Ancient Greece: A Political, Social, and Cultural History*, New York: Oxford University Press, 1999, p. 84.
(17) ヘロドトス『歴史　中』岩波書店（岩波文庫）、一九七二年、巻五の七八、一六五頁参照。イセゴリアの政治的意味については、フィンリーの解釈が参考になる（M・I・フィンリー、柴田平三郎訳『民主主義――古代と現代』講談社（講談社学術文庫）、二〇〇七年、四〇頁参照）。
(18) プルタルコス、太田秀通訳「テセウス」『プルタルコス英雄伝　上』筑摩書房（ちくま学芸文庫）、一九八七年、三二頁。この集住《シュノイキスモス》については、もっと簡略した形であるが、トゥキュディデスも記述している（藤縄謙三訳『歴史一』京都大学学術出版会、西洋古典叢書、二〇〇〇年、一六四頁参照）。
(19) ヘロドトスの『歴史』によれば、「このイオニア人のうちにプリュタネイオンから移住の第一歩を踏み出し、イオニア人中最も高貴な血統を誇る一団」（前掲ヘロドトス『歴史　上』巻一の一四六、一一五頁）があったという。つまり、植民地に出かける人たちは、自分たちが所属していた都市のプリュタネイオンの竈の火をもらって出かけたのである。訳者の松平千秋氏の注釈によれば、ギリシアのポリスから移民が出る時には、母市であるそのポリスのプリュタネイオンにある「聖火を受けて出発する」のが「慣わし」であり、「アテナイの聖火をもって移住した一団は、いわばアテナイ公認の移民という訳で、その素姓を誇った」（前掲書、四〇六頁）というのである。
(20) ディオニュソス神を、オリンポス一二神に入れる場合には、ヘスティアがその地位から滑り落ちる。
(21) Maria Mavromataki, *Greek Mythology and Religion*, Athens: Haitalis, 1997, p. 98.
(22) Cf., Sue Blundell, Women in Ancient Greece, Harvard University Press, 1995, p. 32.
(23) ブルクハルト、新井靖一訳『ギリシア文化史　1』筑摩書房（ちくま学芸文庫）、一九九八年、一二四頁。
(24) Victor Ehrenberg, *From Solon to Socrates: Greek History and Civilization during the 6th and 5th centuries BC*, New York: Routege, 1968,

rep. 1986, pp. 15–16.

(25) マックス・ウェーバー『一般社会経済史要論　下巻』一八三頁。

(26) マックス・ウェーバー、世良晃志郎訳『都市の類型学』創文社、一九六四年、八一頁。

(27) 同前、八三頁。

(28) クロード・モセ、福島保夫訳『ギリシアの政治思想』白水社、一九七二年、一〇―一一頁参照。

(29) アリストテレス、村川堅太郎訳『アテナイ人の国制』岩波書店（岩波文庫）、一九八〇年、第三章、一八頁。

(30) 太田秀通『テセウス伝説の謎――ポリス国家の形成をめぐって』岩波書店、一九八二年、一九六頁。

(31) アクロポリスの北東の麓で発掘されて私たちも見ることができる広場《アゴラ》が建設されたのは、アテナイの古典時代を用意したクレイステネスの改革の前後、つまり、紀元前五〇八年前後のことである。したがって、貴族政ポリスの時代の広場《アゴラ》は、それと区別して、ここでは旧広場《アゴラ》と述べることにする。

(32) パウサニアス、馬場恵二訳『ギリシア案内記　上』岩波書店（岩波文庫）、一九九一年、八四頁。

(33) Noel Robertson, “The City Center of Archaic Athens”, *Hesperia*, Vol. 67, No. 3, pp. 283–302.

(34) クロード・モセ『ギリシアの政治思想』一〇頁参照。

(35) John V. A. Fine, *The Ancient Greeks: A Critical History*, Cambridge: The Belknap Press of Harvard University Press, 1983, p. 181.

(36) 前掲太田秀通『テセウス伝説の謎』四三頁参照。

(37) ホメロス、松平千秋訳『イリアス　上』岩波書店（岩波文庫）、一九九二年、四五頁。

(38) 同前、四七頁。

(39) 同前、五四頁。

(40) 同前、五二頁。

(41) W・G・フォレスト、太田秀通訳『ギリシア民主政治の出現』平凡社、一九七一年、六三頁。

(42) C・M・バウラ、水野一・土屋賢二訳『ギリシア人の経験』みすず書房、一九七八年、一〇二頁。

(43) ヘーシオドス、松平千秋訳『仕事と日』岩波書店（岩波文庫）、一九八六年、四三頁。

(44) ロイド・ジョーンズ、眞方忠道・眞方陽子訳『ゼウスの正義――古代ギリシア精神史』岩波書店、一九八三年、一四九頁。

(45) アリストテレス『アテナイ人の国制』第三章、一九―二〇頁。

(46) 同前、第三章、二〇頁。

(47) アリストテレス『アテナイ人の国制』第三章、二〇頁。
(48) 同前、第四章、二一頁。
(49) プルタルコス、村川堅太郎訳「ソロン」『プルタルコス英雄伝　上』一一八頁。
(50) 藤田弘夫『都市の論理――権力はなぜ都市を必要とするか』中央公論社（中公新書）、一九九三年、一四八頁。
(51) 同前、一五〇頁。
(52) 同前、一四九頁。
(53) アリストテレス『アテナイ人の国制』第五章、二一頁。
(54) 藤田弘夫『都市の論理』一四六頁。
(55) アリストテレス『アテナイ人の国制』第五章、二一頁。
(56) 同前、第五章、二二頁。
(57) マックス・ウェーバー『古代社会経済史』二一五頁。
(58) 安藤弘『古代ギリシァの市民戦士』三省堂、一九八三年、二七七頁。
(59) マックス・ウェーバー『古代社会経済史』二一七頁。
(60) アリストテレス『アテナイ人の国制』第七章、二四頁。
(61) 清水昭次「貴族政の発展と僭主政の出現」『岩波講座　世界歴史1　古代1　古代オリエント世界　地中海世界Ⅰ』岩波書店、一九六九年、四七二頁参照。
(62) アリストテレス『アテナイ人の国制』第七章、二四頁。
(63) Aristotle（edited and translated by Ernest Barker), *The Politics of Aristotle*, Oxford, 1946, reprint 1977, p. 88（牛田徳子訳『政治学』京都大学学術出版会、二〇〇一年、一〇五頁).
(64) アリストテレス『アテナイ人の国制』第九章、二七頁。
(65) 同前、村川堅太郎氏による訳注、一四九頁。
(66) 同前、第九章、二七頁。
(67) Aristotle , *op. cit.*, p. 88（邦訳、一〇六頁).
(68) アリストテレス『アテナイ人の国制』第八章、二六頁。
(69) Cf., John V.A. Fine, *The Ancient Greeks: A Critical History*, *op. cit.*, p. 198. Kurt A. Raaflaub, Josiah Ober, Robert W.Wallace（with chaput-

ers by Paul Cartledge & Cynthia Farrar), *Origins of Democracy in Ancient Greece*, Berkeley: University of California Press, 2007, p. 144.

(70) アリストテレス『アテナイ人の国制』第一一章、二八頁。

(71) 岩田拓郎「アテナイとスパルタの国制」『岩波講座　世界歴史1　古代1　古代オリエント世界　地中海世界I』岩波書店、一九六九年、四七二、五三〇頁。

(72) アリストテレス『アテナイ人の国制』第一一章、二八頁。

(73) 同前、第一三章、三二頁。

(74) ヘロドトス『歴史　上』巻一の五九、四七頁参照。

(75) アリストテレス『アテナイ人の国制』訳注、一六〇頁。

(76) 同前、訳注、一六一頁。

(77) ヘロドトス『歴史　上』巻一の五九、四七頁。訳を「高地」から「山地」に変更。

(78) アリストテレス『アテナイ人の国制』訳注、一六一頁。

(79) 同前、第一四章、三三頁。

(80) 松原國師『西洋古典学事典』京都大学学術出版会、二〇一〇年、一〇八八―一〇八九頁参照。

(81) ヘロドトス『歴史　上』巻一の五九、四七頁。

(82) プルタルコス「ソロン」『プルタルコス英雄伝　上』一四四頁。

(83) ヘロドトス『歴史　上』巻一の五九、四七頁。

(84) プルタルコス「ソロン」『プルタルコス英雄伝　上』一四四頁。

(85) ヘロドトス『歴史　上』巻一の五九、四七頁。

(86) アリストテレス『アテナイ人の国制』第一四章、三四頁。

(87) 同前、第八章、二六頁。

(88) 同前、第一六章、三六頁。

(89) 同前、第一六章、三七頁。

(90) ポール・カートリッジ、新井雅代訳『古代ギリシア　11の都市が語る歴史』白水社、二〇一一年、九三頁。

(91) クロード・モセ『ギリシアの政治思想』一四頁。

(92) Cf., Sarah B. Pomeroy, Stanley M. Burstein, Walter Donlan, Jennifer Tolbert Roberts, *Ancient Greece*, p. 175.

(93) ヘロドトス『歴史　中』巻五の六九、一五九頁。
(94) 同前、巻五の七〇、一六〇頁。
(95) 「穢れ人」というアルクメオン家に対するいいがかりについて、ヘロドトスは、次のように紹介している。「アテナイ人でオリュンピア競技に優勝した、キュロンという男があった。思い上がりの末に独裁を夢見て、同年輩者たちと語らい、アクロポリスの占拠を企てたが、占領に失敗し（アテナの）神像にすがって命乞いをしようとした。当時アテナイの行政に当たっていた、地方行政区の長官たちは、これらの反乱者たちに生命だけは救けるという保証を与えて、避難所から退去させたのであったが、結局この者たちは処刑されて、アルクメオン家の一族がその責任を問われることになったのである」（ヘロドトス『歴史　中』巻五の七一、一六〇―一六一頁）。
(96) ヘロドトス『歴史　中』巻五の七二、一六一頁参照。
(97) Cf., N. G. L. Hammond, *The Classical Age of Greece*, London: Phoenix Giant, 1975, p. 59. 評議会を、ハモンドはアレイオス・パゴス会議だとしている。その評議会を解散させ、イサゴラスと三〇〇人の支持者での寡頭政権を樹立することで、アテナイをスパルタの衛星国にしようとしたスパルタ王の企みに対して、アテナイの民衆が暴動を起こすことで反旗を翻したのである。
(98) ヘロドトス『歴史　中』巻五の七二、一六一頁。
(99) アリストテレス『アテナイ人の国制』第二〇章、四三頁。
(100) ブルクハルト『ギリシア文化史　1』一五三頁。
(101) 澤田典子『アテネ民主政――命をかけた八人の政治家』講談社、二〇一〇年、一五頁参照。
(102) 前沢伸行「ポリスとはなにか」弓削達編『地中海世界』有斐閣（有斐閣新書）、一九七九年、三九頁参照。
(103) 同前、三六頁参照。
(104) マックス・ウェーバー『古代社会経済史』二二六頁。
(105) ピエール・ブリュレ、青柳正規監修、高野優訳『都市国家アテネ――ペリクレスと繁栄の時代』創元社、一九九七年、五八頁。
(106) Cf., *Hills of Philopappos-Pnyx-Nymphs*, Athens: Publication of the Association of Friends of the Acroplis, 2004, p. 19.
(107) M・I・フィンリー『民主主義　古代と現代』四〇頁参照。
(108) ヘロドトス『歴史　中』巻五の七八、一六五頁。
(109) Cf., *Hills of Philopappos-Pnyx-Nymphs*, *op. cit.*, p. 14..
(110) アリストテレス『アテナイ人の国制』第四三章、七六頁参照。

(111) ピエール・ブリュレ『都市国家アテネ』六〇頁。
(112) Mabel Lang, *The Athenian Citizen: Democracy in the Athenian Agora*, Athens: American School of Classical Studies at Athens, 2004, p. 13.
(113) アリストテレス『アテナイ人の国制』第四四章、七七―七八頁。
(114) 同前、第四五章、七九頁。
(115) 同前、第四三章、七六頁。
(116) 橋場弦『丘のうえの民主政――古代アテネの実験』東京大学出版会、一九九七年、五〇頁。
(117) Cf., Noel Robertson, "The City Center of Archaic Athens", pp. 283-302.
(118) 周藤芳幸・村田奈々子『ギリシアを知る事典』東京堂出版、二〇〇〇年、一二九頁参照。

第4章　政治主体の形成における「自由」の考察
アリストテレス自由論を手掛かりに

荒木　勝

1　藤原保信氏の問題提起

人間 man が何らかの政治主体、たとえば市民 citizen として、また国民 nation として登場する時、「自由」（リバティ liberty あるいはフリーダム freedom）への希求が、人間の政治主体としての自己形成の要求の基軸的部分を構成するのはなぜであろうか。またそれは人間が政治主体として提出する要求の中でいかなる位置を占めるのであろうか。さらに「自由」という要求は人間の社会形成にとっていかなる意味を持つのであろうか(1)。

こうした問いかけは、政治学という学問が成立して以来、中心的テーマであったといっていいだろう。まさしく近代リベラリズムという政治思想は、この問題を主題的に取り上げてきたし、その故に今日まで高く評価されてきたのであろう。しかしながら、近年、そのリベラリズムへの批判は多方面から提出され、「自由」という価値が再審査の対象となってきた。我が国において、そうしたリベラリズム批判の潮流の最初の旗手が我が国の政治思想研究に大きな影響を与えてきた藤原保信氏であった(2)。

その意味において、以下では、藤原氏のリベラリズム批判の在り方の吟味から問題の所在の検討を始めることにしたい。

さらに、この藤原氏のリベラリズム批判の拠り所となっている氏自身のアリストテレス理解に焦点を当て、アリストテレスにおける自由論の位相を論じることにしよう(3)。

最後に、以上の考察から、「自由」という価値が人間の主体形成にとっていかなる意味をもつのか、という問題を、筆者自身のアリストテレス自由論を展開するなかで論じてみることにする。

さて、我々は藤原氏のリベラリズム批判における問題提起を以下のように整理することができる。

①　自由主義の再検討。
「価値の究極的選択を個人の感情や主観にゆだねている。これは人間存在とその道徳的行為についての根本的誤解に基く(4)」。

②　環境政治学の提起。
機械論的自然観から新しい有機体的、生命中心的自然観への転換、「個が個としての自立性をもちながら、全体との有機的連関のうちにある存在のありかた(5)」を探求する必要がある。

③　コミュニタリアニズムへの注目と問題意識。
「人間は本来的に自己解釈的で物語り的存在である。……むしろ人間は、最初から何らかの言語共同体のうちに存在しているのであり、それゆえにかかる言語共同体こそ「何が価値があり、善であり、為すに値するか」を決定しうる地平を提供しうる(6)」。

こうして藤原氏の視角を以下の文章で確認することができる。一言でいえば、新たな存在論的基礎をもった政治学の構築ということであろう。

> 私見によれば、かつて自由な個人と社会を創出するうえにおいて重要な役割を果たした経験論こそ、今日重大な限界に逢着しているように思われる。実体や本質についての問いを回避し、特殊な個体を唯一の実在としながら、普遍的なるものを意識の創造物とし、外的普遍へと放逐する経験論は、存在の世界をアナーキーな状態に放置せざるをえないように思われる。人類が今日陥っている自然破壊や存在喪失、生の意味喪失という事態はこのことと無縁ではないように思われる。……
>
> 誤解なきために付け加えておくならば、このことはもちろん自由主義を否定することを意味しない。むしろラッセルやポパーとは逆に、経験論とノミナリズム、その前提をなす近代の形而上学（存在論）――あるいは形而上学否定という形而上学――が自由主義に哲学的基礎を与え、それを補強するどころか、逆に自由主義を掘り崩す危険にあるということ、したがって自由主義が生き延びるためには、いな自由主義を通じて人類が今日直面している諸問題を解決するためには、自由主義は別の形而上学的基礎に立たなければならないというのが筆者の基本的な主張である。[7]

こうして藤原氏は、近代リベラリズムの哲学的基礎をなしたイギリス経験論の再検討へと向かうのであるが、その際、氏自らの立脚点を、近年欧米に登場してきた新しいアリストテレス哲学、とりわけコミュニタリアンのアリストテレス理解の新展開に求めている。

藤原氏は、アリストテレス哲学の積極的側面として、以下の論点を挙げている。

積極的側面

ゾーン・ポリティコンとしての人間

共通善

実践知の提起（技術的合理性への批判、正義論を踏まえた蓋然性の知）。

実体、本質、形相、目的論的世界秩序の客観的存在の主張。人間存在はこの宇宙的存在秩序に包摂されること。

しかしながら、藤原氏は、アリストテレス政治哲学には以下のような消極的側面がなお残存している、という。

消極的側面

作為の否定。個人の自由に限界を付すこと。[8] 観想知の優位。

善の超越的存在論的ヒエラルキー・序列、[9] 最高善、快の序列の主張。

さらに「自由」という価値に対して、藤原氏は以下のように、近代自由主義とアリストテレスとを対比し、その文脈においてアリストテレスの限界を指摘している。

アリストテレス　・「自由」は、思慮に基づく合理的な行為選択。

・思慮は善を志向し、個別的善は存在論的ヒエラルキーの中に客観的に位置づけられる。

・「自由」はポリスの秩序へ志向する。

ホッブス
・善は個々人の欲求によって決定される。
・「自由」は外的障害の欠如である。
・思慮は手段の合理的選択にかかわる。

ロック
・「自由」とは、善の欠如のゆえに生じる不安の回避である。
・「自由」は選択し意志するところにしたがって行為したり、しなかったり　することができることである。
・善とは、個人の自己保存に役立つものである。

こうして藤原氏はこれまでの通説的理解を踏まえて、自由論における以下の図式的理解を継承して提示している。すなわち、アリストテレスの古代的自由から近代的自由へ、自然から作為へ、ポリスの共同体秩序志向の自由から、個人の個人的欲求の追求の自由へ、という図式である。

しかしながら、藤原氏は、今日における近代的自由には大きな問題が含まれているとし、その上で、それを善と正の分離、共通善の否定の中に見て、個人的な善の自由な展開が引き起こすカオスを指摘する。その端的象徴が自然の手段化であり膨大な自然破壊である、とする。

それゆえ、いま求められるのは、新たな「自由」の模索、すなわち個的な自由と共通善の同時追求、自然と人間の調和を基礎づける存在論に立脚した自由論の展開である、という。

しかしながら、藤原氏の作品には、新たな問題提起はあっても、氏自らの、独自の自由論の展開は果たされなかった、ということができる。

というのは、藤原氏が依拠した新しいアリストテレス政治哲学の展開も、ある種のディレンマを抱えていると理解されているからである。すなわち作為の否定という論理や、存在の客観的秩序の中に位置づけられた個人的善の志向においては、なお個人の「自由」は存在の余地が与えられていない、ということになるからである。

したがって課題は、この藤原氏の問題提起に対して、近代リベラリズムを批判する立脚点とされるアリストテレス政治哲学自体の再検討が避けられない、ということになるであろう。すなわち、問題の中心は、アリストテレス政治哲学には、近代リベラリズムを超える新しい自由論展開の可能性は存在しないのだろうか、という点である。言いかえれば、藤原氏のアリストテレス政治学理解の再検討を、アリストテレス存在論の再解釈を含めて遂行することが求められているのである。本稿は、筆者なりのアリストテレス像を提示することによって、藤原氏が逢着したアリストテレスのディレンマなるものの実像を解き明かし、アリストテレス政治哲学の今日的意義を再提起するものである。

2　アリストテレスにおける自由エレウテリアー eleutheria の位置

さて、アリストテレスの自由論を彼の人間存在論の中で検討する前に、アリストテレスの政治学レヴェルの自由論の位置を確かめておこう。

アリストテレスのテキストにおける「自由エレウテリアー eleutheria」への言及は、とくに『政治学』『ニコマコス倫理学』『形而上学』に集中している。今その用例の検討の中から以下の三つのレヴェル（①国家の成員としての資格、②倫理的態度としてのエートス、③民主制のエートス）が区別される。関連語として「自由な、自由人、エレウテリオス eleutherios、エレウテロス eleutheros」の用例を検討しよう。とくに『政治学』に登場する「自由」

への言及については、『政治学』自体の立体的構成に注意しなければならない。そしてそうした次元に対応するアリストテレスの他の作品との対応にも注意を払うべきであろう[10]。

今それを図式化すれば以下のようである。

国家原理論、『政治学』第一巻、第三巻……正義論、霊魂論、観想知、自然（フュシス）論、『自然学』第二巻に対応。

現実的国家論、『政治学』第三巻、第四巻……正義論、『ニコマコス倫理学』第五巻と対応。

国家変動論、『政治学』第五巻、第六巻

理想的国家論、『政治学』第二巻、第七巻、第八巻……観想知、実践知、『形而上学』第一巻と対応。

こうして『政治学』に限定して考察した場合にあっても、アリストテレスの自由論は三つの次元で展開していることが理解されるであろう。

① 国家の成員としての資格、自由民としての市民の権利・『政治学』第一巻、第三巻。
国家の統治様式としての自由、自由人の統治と奴隷主的統治

② 倫理的態度としてのエートスとしての自由、人間の一般的な精神的態度の次元として。『政治学』第四巻。『ニコマコス倫理学』第三巻（随意 hekousia, 選択 proairesis, 卓越的力量 arete は我々自身に拠るところの自由に依存するという見地。

③ 民主制のエートスとしての自由。『政治学』第六巻。

僭主制への抵抗の精神的エートスとしての自由。『政治学』第五巻。

しかしながらアリストテレスにおいては、そうした自由論とは別次元の自由論が存在している。

④　存在探求への自由、存在・善把握への知的自由、『政治学』第七巻、第八巻、『形而上学』第一巻、第七巻、第一二巻。

⑤　①、②、③と④を媒介するものとしての、理想的国家とそこに住まう最善の人の徳を観想する自由人の営み

『政治学』第一巻第一一章一二五八b一〇、『政治学』第二巻第一章一二六〇b二七―二九、『政治学』第四巻第一章一二八八b二五―三〇、『政治学』第七巻第二章一三二四a二〇、『政治学』第七巻第三章一三二五b一四―二一、『政治学』第八巻第二章一三三七b一二―二〇、『政治学』第八巻第三章一三三八a三〇、『政治学』第八巻第五章一三四〇b一〇。

そこで以下、まず第一に国家の成員としての、市民の志向としての「自由」を検討してみよう。

3　アリストテレス国家制度論における市民の「自由」

まず以下の規定を紹介しよう。

①　国家の成員規定としての「自由」

『政治学』第三巻第六章一二一九a二一に次のように言われている。

「国家は自由人のコイノーニアー（共同的結合体）である。」

ここで我々は、近代以降の国家像を読み込んではならない。アリストテレスの世界においては、国家は、なによりも、奴隷身分ではない、自由人の共同的な結合体として把握されていた。自由に移動でき、自由に一定の財産を所有し、自らの意志によって自己防衛ができる人間が、自由人とされ、この自由人の結合体が国家であった。しかし他方で、アリストテレスにおいては、国家は市民のコイノーニアーであるという視点も存在している。

「国家は多数の市民達の集合体である。(11)」（『政治学』第三巻第一章）

より一般的に次のように言われている。自由人の中で、とくに国家ポリスに対する参政権を有した存在が市民ポリーテースである。それゆえ、国家は、自由人のコイノーニアーというよりは市民のコイノーニアーという方がより正確な規定であるというべきであろう。

「これこそが、国家と呼ばれるもの、すなわち市民的政治的な共同的結合体である。(12)」（『政治学』第一巻第一章）

自由人である市民のコイノーニアーが国家であったから、アリストテレスにおいては、「自由」という言葉は市民たるもののある種の制度的資格づけとして登場しているのである。

しかしながら、この市民＝自由人という規定は、奴隷的身分との対比において、人間の理性能力の有無を論じる文脈において、ある種の人間本性論的視点からも規定されている。

すなわち、自由人たる市民は、現実の生活において的確な理性的判断力の持ち主として措定され、それに対して奴隷は、理性を部分的に持つが、適切な理性的判断能力を持たない者として措定される。

というのは、一方で、その知性の力によって洞察することができる人は、自然本性的に統治者であり、自然本性的に奴隷主であるが、他方で、（洞察されたことを）肉体をつかって労役として行うことができる者は、自然本性的に被治者であり、また自然本性的に奴隷である。[13]（『政治学』第一巻第二章）

したがって、奴隷が、もし日常的業務の遂行において優れた達成を果たせば、奴隷から自由人への身分上の上昇も不可能ではない、とされる。逆にまた自由人であっても自由人に相応しい理性行使が欠落するならば、自由人は奴隷的な人間性を有する者とされる。その点でアリストテレスの奴隷論は、政治学的にも倫理学的にも拡張的使用を行っていることに注意すべきであろう。

奴隷達をどのような方法で使用すべきか、またすべての奴隷達に対して、自由を報酬としておくのが一層良いのは何故か、については後に述べることにしよう。（『政治学』第七巻一三三〇ａ三三）

しかし、全体として上記の諸点では「自由」は、市民の制度的資格づけ、あるいは身分の問題として言及されていることを確認することができる。

②　国家体制選択の基準としての「自由」

『政治学』第三巻の、以下の「自由」は、「自由」が国家体制選択の価値基準の一つとみなされている箇所である。

なぜなら富は少数の者しか持てないが、自由はすべての者がこれに与るのである。この富と自由こそ、双方（寡頭制論者と民主制論者）が相争う論拠である。（『政治学』第三巻第八章一二八〇a五）

また『ニコマコス倫理学』第五巻に同様の記述が見られる。

さらに「価値に応じた」という見地から見ても、この点は明らかであろう。というのは、配分における正は、何らかの価値に相応しいものでなくてはならないことは、万人が一致するからである。しかしその価値は万人において同じではなく、民主制論者にあっては自由が、寡頭制論者にあっては富が、あるいはその一部の人にあっては良き生まれが、貴族制論者にあっては、徳が、価値あるものとされる。（『ニコマコス倫理学』第五巻第三章一一三一a二四―二九）

ここでは、「自由」は、自由人としての身分上の地位のみならず、民主制が保証する、民会での自由な意見表明と民会での主権的な決定、民衆裁判での判決への自由な参加権を意味している。

③　統治方法の相違

「自由」はまた統治方法の特徴を表す言葉として用いられている。『政治学』第一巻に次のように言及されている。

政治的市民的統治（ポリーティケー・アルケー）は、自由人達による、また互いに平等な人々による統治である。（『政治学』第一巻第七章一二五五b一八―二〇）

この点は、『政治学』第三巻において、奴隷主的統治との対比の文脈で言及される。

善き市民は、統治されることと統治することの双方の知識をもち、その能力があるのでなければならない。自由人の統治を、その両面を知ることが市民の卓越的力量にほかならない。（『政治学』第三巻第四章一二七七b一五―一七）

この自由人による統治方法として、自由な言論による説得、法治、統治の交代制等が検討される。以上の言及からすれば、「自由」はここではポリスの公的空間に占める資格、それに伴う自由人の政治的参加権、自由人の政治参加等の統治様式であるから、バンジャマン・コンスタンのように、古代的自由は、公的な場への参加の権利、資格とそれに伴う権利、能力と理解してもいいであろう。Z・A・ペルティンスキー、J・グレイの編集からなる『自由論の系譜』のアリストテレス論もこうした理解のレヴェルに止まっているといっていい。しかしアリストテレスの「自由」理解はその水準に限定されない。

4　エートス論としての自由

エートス論として展開される自由論は主に、民主制と僭主制に関わる政治体制ポリーテイアー論を取り挙げる文脈で言及される。以下、民主制との関わりと僭主制との関わりとに分けて論じることにしよう。

（1）『政治学』第五巻、第六巻の民主制の特質論を論じる箇所で、「自由」について以下のように言及される。

（A）自由とは、なんであれ自分の欲することをすることと考えている。したがってこのような民主制では、各人は自分の欲するままに、エウリピデスの言葉によれば「きまぐれに欲しいものを追い求めて」生きることとなる。（『政治学』第五巻第九章一三一〇a三〇）

ここでは、「自由」とは、ある種の生活様式のパターンとして言及される。エートスという言葉が、一定の慣習化された倫理的・規範的態度であるとすれば、ここでは「自由」は、エートス論の視点から問題化されているといっていいであろう。

（B）民主制という国家体制の基本原則は自由である。……自由の一つの要素は、統治を交替で行うことである。……もうひとつの要素は、各人が欲するように生きること、である。なぜなら、欲するがままに生きることがない、ということは奴隷的な生を営んでいる者の特徴である以上、欲するがままに生きることは自由の業

であるから、と彼らは言う。(『政治学』第六巻第二章一三一七a四〇―b一七)

ここでは明らかに、アリストテレスは、「自由」を政治制度論的視角からではなく、エートス論の水準で言及している。いうまでもなく、アリストテレスはこの「欲するがままに生きる自由」理解に批判的である。引用Aの続きにおいて「これは誤っている。国家体制に従って生きるということは、奴隷的生を生きることではなく、自己安泰を保つこと(soteria)であるから」と述べている。

(2)『政治学』の僭主制論との関連で以下のように論じられる。

僭主制は悪い人間を好む。というのは、僭主は追従を受けることを好むが、自由な誇りを持っている者なら誰一人としてこれをなそうとする者はいないから。……また威厳のある者や自由人を喜ばないのも僭主の特徴である。(『政治学』第五巻第一一章一三一四a二―六)

ここではアリストテレスは「自由」を積極的に評価している。僭主制が、僭主の一方的利益を力づくで追求することを目的とする国家体制であることから、この僭主制を批判する自由は、共通善=正義を求める勇気という卓越的力量の発揮、すなわちある種の優れたエートスを意味しているである。

したがって、アリストテレスにおいては、エートス論のレヴェルでの「自由」は、民主制下で展開する「欲するがままに生きる」自由と、僭主制的人間である追従を拒否する、誇り高い自由という二つのエートスに区別されている。

しかも重要なことは、この「自由」はあらかじめ特定の方向を指定されているわけではないことである。「自由」が志向する方向は、民主制でもありうるし、僭主制反対でもありうるし、その他、なんらかの「正」を目指して発揮される、とされる。そこからアリストテレスは、「正」の変動性、不安定性という議論を導く。アリストテレスの「自由」は共和制（混合政体）のみを志向しているとはいえないのである。たとえば『ニコマコス倫理学』第五巻に以下のような言及がある。

> 当事者が等しい者達でないならば、かれらは等しい物を取得すべきではないし、それゆえもし等しい人々が等しくない物を取得し、他方で等しくない人々が等しい物を取得し配分されるならば、そこに紛争と苦情が生じるであろう。さらにこのことは価値相応という観点からも明らかであろう。すなわち配分における「正」はなんらかの価値に応じたものであることは万人が同意するであろう。その価値は万人において同じではなく、民主制論者にあっては自由が、寡頭制論者にあっては富が、あるいは生まれのよさが、貴族制論者にあっては卓越的力量が価値あるものとされるのである。（『ニコマコス倫理学』第五巻第三章一一三一a二一—三〇）

それぞれの国家体制において、それぞれの「正」が存在する。この「正」の実現に向けて実践しようとする心的傾きがアリストテレスの「正義」であった。今ここでアリストテレスの正義についての規定を紹介しておこう。

> 正義（ディカイオシュネー）とは、正しい人が自己の選択に即して（プロアイレシス）正を行う所以のもの。
> （『ニコマコス倫理学』第五巻一一三四a一）

この点からすれば、アリストテレスの「自由」は、とりあえず、個人の選択意志（プロアイレシス）を意味しているると言っていいであろう。民主制に固有の、制度的な市民的資格への欲求や、「欲望の赴くままに生きる」自由な生活様式を選択するか、は個人の選択意志に委ねられている。それゆえこの点に限定していえば、アリストテレスの自由論は、部分的には、ホッブス、ロック的な個人的欲求の選択能力、と重なる。

しかし、アリストテレスの「自由」は、ただ単に、自由な選択意志とそれが志向する多元性を指示することだけに限定されるのであろうか。

確かに、これまで議論の対象にしてきた「自由」が『政治学』のレヴェルでは現実的国家論の次元に関わる問題であり、そこでは、現実的なレヴェルでの国家像が現実的な選択肢の一つとして言及され、現実の多様多元的な「自由」に関わる議論が全面に登場しているといっていいであろう。

それでは真の無条件的な理想的国家論に関する議論における、「自由」次元は存在しないのであろうか。またそれが指し示す方向は、観想知によって、形而上学的高みから汲み取られた秩序観に支えられたものであるのだろうか。もしそうだとすれば、ここにはバーカーやポパーも指摘するアリストテレスの倫理的全体主義が語られることになろう。藤原氏が危惧するのもこの点に関わる。ここに人間存在論の中でのアリストテレス自由論の検討が避けてとおれない課題として登場する。

こうしてアリストテレスの政治学と形而上学との相関が問題として浮上するが、その前に、ここで理想的国家論に登場するアリストテレス自由論の位相を確認してみよう。

5　理想的国家論における自由論

自由な学の規定

『政治学』第二巻、第七巻、第八巻が主として理想的国家を論じた章であることはすでに述べたが、そこで言及される自由論は、政治制度論的な自由論でもなければ、エートス論的自由論でもない。とくに『政治学』第八巻で言及される「自由」は、理想的国家体制を担うべき人間の教育という視点から言及されていることに注目すべきであろう。

自由人に相応しい知識についても、その若干のものにある程度まで関与することは、非自由人的なものではない。厳密さをもとめてあまりにも打ち込みすぎることは、先に述べた害悪をもたらすであろう。また何のために（to tinos heneken）行い、何のために学ぶかが大きな相違をもたらす。自分のため（to hautou charin）か、友のためか、それとも卓越的力量（arete）のために為すならば、それは非自由人的なものではない。（『政治学』第八巻第二章一三三七b一五―二二）

この文脈で言及される、「自由人に相応しい知識」として、閑暇を豊かにする学としての愛知や優れた音楽や友愛の実践に役立つ知識が想定されている。たとえば以下の箇所を見てみよう。

各人はそれぞれの立場とみずからの条件に応じて快（ヘドネー）を考えているが、最善の人にとって、それは最善の快であり、最善の善美から生じた快であるとみなされるのである。したがって明らかに、ある種のものは、閑暇のときの過ごし方（ディアゴーゲー・スコレー）を目的として学ばれ、教えられなければならない。しかもそうした教育や学習は、それ自体のためになされるのに対し、忙事を目標にした教育、学習は、必要事のものとしてかつそれ自体以外のほかのもののためになされるのでなければならない。先人が音楽を教育科目にいれたのはまさしくその故である。(14)

ここでは、アリストテレスは、自由人に相応しい学として、閑暇の時に、自己目的的に学ぶ学問を想定しているのであり、音楽も含めて、それらの学を全体として観想知として措定している。

またここで言及される「それ自身のためにする（to hauto charin）学」という学の規定は、『形而上学』第一巻の自由人の学を想起させる。

それゆえ明らかに、われわれは、この智慧を、他の何らかの効用のために求めるのでなく、また他人のためでもなく、かえって自分自身のために（ho hautou heneka）在るひとを自由な人間（anthropos eleutheros）と呼んでいるように、この知識を、またこの知識のみを諸学のなかの自由な学と呼んでいる。事実これのみがそれ自身のためにある学だから。（『形而上学』第一巻第二章九八二b二四―二八）

こうして日々の忙事のための実践知ではなく、閑暇でなされる観想知こそが自由人に相応しい学とされ、この知識こそが自由な学（エレウテラー・エピステーメー）とされる。

しかしながらここで一つの問題が生じる。さきに我々は、自由を、国家制度における市民の資格としての自由人に帰属するものと理解してきたし、さらに、高邁な自由への欲求や、欲望の赴くままに生きる自由に言及してきた。これらの自由は、いわば、人間生活の日々の実践に関わる選択意志の問題であったはずである。しかし今ここで言及される、観想知に関わる知性もまた自由な知と称されている。もしそうであれば、アリストテレスにおいて実践知としての自由と観想知としての自由とは、いかなる関係にあるのだろうか。

またさらに以下のような問題も生じるであろう。観想知の対象が、アリストテレスの指摘するように、優れて神的な存在、永遠的な存在に関わるものであるとするならば、そこに自由な意志の介在する可能性はないのだろうか、という問題である。これは先に指摘した、藤原氏がたどりついた難問に関わる問題でもあったはずである。観想知の対象が、最高善の神や神によって動かされる宇宙的秩序であるとすれば、善の客観的秩序が措定されることによって、人間個人の自由な選択の可能性は封じられるということになり、アリストテレスの自由な学は、実際には、人間の秩序をあらかじめ規定された秩序とする全体主義的な思考様式のうちにとどまったもの、とする理解が引き出されることになるであろう。ここからアリストテレスにおける作為の否定という見解も引きだされるであろう。

観想と実践の究極的一致[15]

ここでまず最初にアリストテレスにおける観想テオーリアーという語の使用方法を検討してみることにしよう。周知のように、アリストテレスは『ニコマコス倫理学』第一〇巻で、真の幸福は観想的生活にあり、それはもっぱら知性によって神的な存在を観想することにあると主張している。

> 知性の活動は、まさに観想的（テオーレティーケー）なるがゆえに、真剣さにおいてまさっており、……自足的、閑暇的・人間に可能な限り無疲労的な・その他およそ至福なる人に配されるあらゆる条件がこの活動に具備されていることが明らかであり、当然の帰結として人間の究極的な幸福とは、まさしくこの活動でなくてはならない[16]。

また「神的なるものについて想念を持つ、……こうしたものの、その固有の卓越性に即した活動が、究極的な幸福でなくてはならない。それが観想的な活動である[17]」。

しかしながら、『政治学』第七巻第二章の最善の国家体制を論じる箇所においては、観想知の対象が最善の国家に置かれている。

もう一つの問題は、……いかなる国家体制が最善であるか、また国家のいかなる状態が最善とみなされるべきか、という問題である。しかしこの問題を取り扱うことは、政治学的な思考（ディアノイア）と観想（テオーリアー）に属する仕事である[18]。

さらに注目すべきは、この箇所の直後のテーマが、観想的生と実践的生と、どちらが望ましい生かという問題提起となっていることである。

そして第七巻第三章の最後でアリストテレスは、観想知と実践知とを対立させる、これまでの二分法的な思考を批判して、外部の他者との関係を持たない、自己完結的でそれ自身のための観想や思考がはるかに実践的である、というのである。

しかし実践的生（プラクティコス・ビオス）は、人々が考えるように、必ず外部の他者との関係において成り立つとはかぎらない。また思考にしても実践から結果してくることのためにある思考のみが実践的であるわけではない。自己完結的で、それ自身のための観想や思考がはるかに実践的である。なぜなら、目的（テロス）はよく為すこと（エウプラクシア）に他ならず、したがってある意味で実践（プラクシス）でもあるから。

また建築家が思考によって指図する実践は、彼らにとって外的ではあるけれども、我々は、かれらがとくにすぐれた意味で実践すると言うのである。さらにまた、孤立した状態にみずからを置き、かつそのような状態で生きることを選んだ国家でさえも、必ずしも無為でいるわけではない。なぜならその部分に応じて実践することが起こり得るからである。というのは国家の諸部分には互いに関係しあう多くの共同体があるからである。そしてこうしたことは、なんびとであれ、個々の人間にもおなじように起こる。なぜなら、そうでなければ、神自身やこの宇宙全体は良きあり方のうちにあらぬことになろうから。神や宇宙にはみずからの固有な実践の他には、いかなる外的な実践もないからである(19)。

この箇所でアリストテレスは実践的生活と観想的生活との究極的一致を説いているが、その際彼は、その根拠として三つの観点を導入している。第一には、目的それ自体の実践性である。第二に、一連の観想的思考の系列の連鎖を全体として捉える視点である。第三に、個的な主体の内部的部分の関係性とその間での相互の働きかけの視点である。

第一の視点に関して、アリストテレスは、いかなる観想も無目的で行われることはないとし、観想行為自体、観想の目的たる何らかの存在の善性の追求が伴うことになる、と言う。この点はあとでアリストテレスの存在論にかんするところでさらに言及する。

第二に、アリストテレスは、建築家の行為を例に挙げ、建築家の思考がそれ自体としては他者への働きかけを含まないとしても、建築過程全体を見れば、建築家の思考が指し示す建築デザインは、家を建てるという実践の根源アルケーとなっていることを指摘する。

第三に、アリストテレスは、外への働きかけを持たない独立した国家や神や宇宙を例証として、これらの存在者が自己内部に持つ部分の相互の働きかけ、相互の関係性によって、いわば内的な実践性が存在している、と指摘する。そして個々の人間にも同じようなことが生じている、という。おそらくそれは個々の人間においては、魂と肉体の相互依存関係、霊魂部分の理性的部分と感覚的部分の相互依存関係を指すのであろう。神においては、『形而上学』第一二巻第七章で言及される、最高善たる神の自己自身への思惟がそれに相当するであろう(20)。また宇宙については、やはり『形而上学』第一二巻第一〇章で言及される、宇宙の相互依存性、共同的整序の指摘がそれに当たるであろう(21)。

いずれにしても、アリストテレスはここで、従来の実践と観想の二分法を止揚し、観想自体の目的的性格、善志向的性格の指摘と、観想的思考の社会的関連性、および個的な存在者自体の内部に存在する部分間の相互依存関係性の指摘によって、実践と観想の究極的一致を説いているのである。

こうした視点からアリストテレスの自由論を捉え返すならば、実践的生活に関わる自由と観想的生活に関わる自由とは、ある点で相互に深く関連するということにならざるを得ないであろう。とりわけ最善の国家に関する観想は、最善の国家に住まう人間が最善の市民＝最善の人間たることを前提とするゆえに、現実の実践生活に、この最善の国家設立に向けた実践を促す志向性を生んでいくであろう。また現実の実践生活の中で自由を求める思考は、それが最善の国家的、市民的自由を求める志向において、最善の生への観想的思考を生み出していくであろう。そしてたとえこの思考が現実生活において実現しないとしても、個人の内に個人の精神と肉体の相互関係、知性と感覚、能動理性と受動理性との相互関係によって、すなわち自己自身における内部対話によって、ある種の実践が生み出されていくであろう。宇宙と小宇宙としての人間において、アリトテレスの視点は、それぞれの内部における部分間の相互関係性を指摘することによって、人間と宇宙の相互関係性、人間個人の内部の種々の知的、感性的働きの相互関係性によって、それぞれの秩序が動的に展開していくことを見据えていると言ってよいであろう。そうした世界にあっては、客観的な存在の秩序が無前提に個々人を拘束することはない、と言わざるを得ないであろう。トマス・アキナスの言葉を使えば、ここには自存的関係性の世界が展開しているのである。

6　人間存在論における自由

さて、以上のように、アリストテレスにおいては観想と実践は究極的には一致すべきものとされたが、その前提には、観想の対象が目的性を持つもの、というアリストテレス固有ともいうべき存在論が横たわっている。今この点について検討しよう。

しかしながら、それを問う前に、我々はアリストテレスにおける存在論の特異な性質を理解しておくべきであろう。観想知による客観的な存在の把握という事柄自体が何を意味しているか、をまず確認すべきである。それは、近代的な存在論、認識論に固有な主観、客観の二分法、感性と悟性の、自然と作為の二分法という視角からは把握できない次元を含んでいると思われるのである。

まず第一に、存在把握に関わる用語の問題が横たわっている。これまで実体 substance という訳語で理解されてきたウーシアー ousia の意味するところを確認しておこう。とりあえず本稿ではこれを実有と訳す。

(1) 実有

実有（ウーシアー ousia —— einai「在る」の女性現在分詞形からの造語、財産、存在——はアリストテレスにおいて、多様に語られる。

（A）「実有（ウーシアー）は、多くの仕方で語られるのではないとしても、少なくとも主として四つの意味で語られる。すなわち「何であるか、というもの（to ti en einai）」と、「普遍的なもの（to katolou）」と、類（genos）がそれぞれの物の実有（ウーシアー）と考えられている。さらに第四に、それぞれの基体（hupokeimenon）であると考えられている」（『形而上学』第七巻第三章一〇二八b三三—三六）。しかし基体もまた多様に語られている。質料として、また型式（morpfe）として、またその両者からなるもの、として語られる。

他方で、『形而上学』第七巻第二章において、個的自然的物体（soma）が実有と考えられている。

（B）「個々の感覚的な諸実有（ousiai ton aistheton ton kath' hekasta）には定義もなく論証もない」（一〇三九b二八）。したがって、個体的な存在物に対する厳密な完全な認識は不可能である。

（C）「実有（ウーシアー）と形相（eidos）は現実態（energeia）である。そしてこうした言（ロゴス）に即してみれば、現実態は可能態よりも実有性において、より先であることは明らかなことである」（『形而上学』第九巻第六章一〇五〇b２二—三）。

トマス・アキナスにおいて、この問題はしばしばエッセ esse とエッセンティア essenntia の関係に即して言及される。すなわちエッセとエッセンティアは現実態と可能態の関係にある、とされるが、それはいわば実有が言ロゴスによって把握される事態を謂っているのである。

（D）働き（ergon）は終局・目的（telos）であり、現実態（エネルゲイア）は働きである。それゆえ現実態という言葉も働きという点に即して語られ、完全現実態（エンテレケイア）の方に傾いているのである。（『形而

上学』第九巻第八章一〇五〇a二一—二三）

一般に人はあらゆるものについてその定義を求めるべきではなく、ただ類比関係（analogon）を見渡すことでたれり、とすべきである。（『形而上学』第九巻第八章一〇四八a三六—三七）

それゆえアリストテレスにおいては、人間の理性（ロゴスとヌース）によっては、実有は完全には把握できない。なぜなら人間の理性（ロゴス）による論証は必然的な物事に関わるのみとされるからである。

（2）本質

「本質」という言葉もアリストテレスにおいて多義的である。先に見たウーシアー（実有）が本質（エッセンティア）と訳される場合もあり、「それは何であり続けたか（ト・ティ・エーン・エイナイ）」も本質と訳される。

A　「在るものは何であったか、というもの（ト・ティ・エーン・エイナイ（to ti en einai）」は人間の言（ロゴス）の問いかけの言葉であり、「本質」は個的、共同的問いかけ（既成語の使用）の一定の帰結の語である。ラテン語の esse から展開した essentia ＝本質は、存在に比重が懸かった言葉であり、これに相当する言葉はアリストテレスにはない。

B　定義としての「本質」も多様に語られている。

この定義（horismos）という言葉も、「本質＝何であるか、というもの（to ti en einai）」がそうであるように、多くの意味がある。けだし「何であるか（to ti estin）」ということも、ある意味においては実有（ウーシアー）およびこれこれの個体（tode ti）を指し、ある他の意味においては、カテゴリー的に語られる形態、たとえば「どれほどあるか」とか「どのようにあるか」とか、その他、そのようなものを指している。（『形而上学』第七巻一〇三〇a一六―二〇）

C　究極的な本質認識獲得への無限の接近

アリストテレスの認識論においては人間による対象の本質認識の過程は、各人の対象物への感覚的把握から出発して、対象物の真の存在性の把握に無限に接近する過程でもある。

感性的なもののあるものが実有であることは一般に認められていることである。それゆえ、まず第一にそれらのものの上に考察を向けなければならない。なぜならより一層知られ得るもの（gnorimoteron）に進み行くことは好都合なことであるから。事実学問（mathesis）はすべてこのように、本性上（phusei）知られうることの少ないものを通じて、よく知られうるものに進み行くものである。実践においては各人にとって善なるものから出発し、一般的に善なるものを各人にとって善なるものとなすべきであるように、各人自身にとってよりよく知られうるものから出発し、本性上知られうるものを各人自身にとって知られうるものとなすことが学問の仕事である。各人にとって知られ、かつ第一の（近接の）ものであるものはしばしば知られうることの極めて少ないものであり、また存在性（to on）をもつことの少ない、あるいは全然ないものである。しかも人々はやはりただ各人自身にとって知られうる以外にはほとんど知られうることのないものから出発し、前述のようにそのものを通じて進み行くことによって、一般的に知られうるものを認識することに努めなければならない。

（『形而上学』第七巻第3章一〇二九a三三―b一二）

（3）認識と存在

「本質＝何であるか（to tin en einai）」は限界用語であり、言（ロゴス）による実有への切断面を意味する語である。と同時に言（ロゴス）でもある。形相・質料把握も同様に二側面（実有性とロゴス性）を持っている。アリストテレスは「限界」について次のように述べている。

　限界（peras）は、……個々の物の実有（ウーシアー）であり、個々の物の本質＝「何であるか、というもの」である。というのは、これ（本質）は物の認識の限界であるから。他方、これが認識の限界ならば、それはまた事物（pragma）の限界でもある。（『形而上学』第五巻第一七章一〇二二a八―一〇）

　本質＝「何であるか」は、ある面では人間の対象物への問いかけ、認識行為であり、他面では、認識される物の存在の根拠である。「実有（ウーシアー）」については、結合体（sunolon）と言（logos）とは異なっているが（私が言っているのは、前者における実有は質料と結びついている言（ロゴス）であり、後者の実有は、端的にいうと言そのものである）」。（『形而上学』第七巻一五章一〇三九b二〇―二二）

（4）存在と認識の統合

言（ロゴス）の統合機能、ヌース（直知）の作用について、アリストテレスは次のように述べている。

A　本質＝「何であるか」＝第一の、究極的な実有にたいする定義

第一の、端的な定義（horismos）と本質＝「何であるか、というもの」は、実有に属するものである。（『形而上学』第七巻第四章一〇三〇b四―六）

こうして人間は、おおくの定義の積み重ねを通じて、真の、端的な定義に至らんとする理性（ロゴス）の働きによって、真の端的な定義を得ようとし、実有を射ぬこうとする。そして射ぬかれた実有把握、本質把握は、それ自体実有性を帯びるものとなる。

B　個別的存在物の個別的存在性への知覚―直知のはたらき

それ以上分割できない個的実有の個体的存在性を直知する知性の働きをアリストテレスは次のように指摘している。

個別的なものから一般的なものが認識される。――われわれは、それゆえこうしたもろもろの個別的なものを認識する知覚（aisthesis）を持たねばならないが、このような知覚を行うのが、すなわち直知（nous ヌース）の働きにほかならない。（『ニコマコス倫理学』第六巻一一四三b四―五）

以上、存在＝実有を把握せんとする、人間の理性（ヌースとロゴス）の、主体的な個的、共同的把握、その上でのさらなる個的共同的把握の連続が、多くの本質＝何であるか、をもたらし、さらにこの多くの本質把握を通じて、真の、端的な存在把握に至ろうとする。しかし同時にその把握は対象と認識主体たる個人の応答の場で現実化する。

それゆえ、実体把握も、本質把握も、対象と対象を把握しようとする主体との相互関係の中で成立するのであり、そこで成立した認識枠組みは一面客観的要素を保有しつつ、他面、主観的側面を帯びているということになる。

こうした知的作業では、主観と客観の二元主義的理解は存在しないであろう。

さて、こうした本質認識のあり方は、また存在と善にたいする理解、存在と目的に対する理解とも関わっている。アリストテレスにおいては観想の対象である存在はまた善でもあった。まずアリストテレスのこの問題にたいする基本規定を見てみよう。

「善は、存在物（to on）に対して、同じだけの仕方で（イサコース）語られる」（『ニコマコス倫理学』第一巻第六章一〇九六a2二三—四）。それに続いて、アリストテレスは、存在と善との比較表を掲げている。

	存在	善
1	ト・ティ、存在者	神、知性（ヌース）
2	質	卓越性
3	量	適量
4	関係	有用
5	時間	好機
6	場所	適所

この表はなにを物語っているのであろうか。

我々は、万物の存在一般を知りたいと思うのでなく我々にとっての、万物の最高善、またその根拠としての最高善としての神やヌースを知りたいと思う。時間一般を知りたいのではなく、我々にとっての意味のある量、適量を知りたいと思う。量一般を知りたいと思うのでなく、我々にとっての意味ある時間、好機を知りたいと思う。確かに「人間は生まれつき知ることを欲する」が、この「知る」行為は、知りたいと思う人間の特定の善き対象理解と結びついているのである。人間の知性にまとわりつく特定の志向性をアリストテレスはここで言及しているのである。時間という存在性も、我々にとって意味ある時間性把握を通して理解される。対象の認識は、希求する特定の対象を認識を通して実現するのである。アリストテレスの善規定によれば、善とは、「万物が希求するもの」とされるのであるから、その意味において、善と存在は同じだけの仕方で語られる。人間はある意味で知りたい対象を知るのであるが、他方でまた存在しないものは、希求する対象になりえない。その意味において、善的対象と存在の確実性を保障された対象とは同一物である。

他方、存在者の運動の側面から見ても、善と存在は相互に置換される。アリストテレスにおいては、万物はその自然本性や形相に従って運動し、運動している限りにおいてそのものは存在しているということができる。この運動の目的が、そのものにとっての善とされる。その意味においても、アリストテレス的認識の枠組みによれば、善と存在は相互に置きかえることができる。人間に置きかえれば、善を志向している限りにおいて人間は生きている＝存在しているのである。

さて、こうしてアリストテレスの存在論は善論と相即不離の形で結びついているが、この善論において、善志向の様式が、善の担い手の自然本性に規定されて、それぞれ固有の在り方を展開する。とりわけ人間は他の生物と異なり、その善志向において、意志と理性が深く関与する、とされる。

とりわけ『ニコマコス倫理学』の第三巻第一章、第二章では、人間の行為の随意性（ヘクーシオン）や選択的意志（プロアイレシス）の強調がなされ、願望（ブーレーシス）が言及される。ここにおいて我々はアリストテレスの自由意志論の骨格を見ることができる。

まず第一に、善き人間になるか、悪しき人間になるか、有徳な人間になるか否かは、当人の意志に関わる事柄であることを、アリストテレスは明確に言及している。

我々が卓越的力量（アレテー）を有するか否かは、我々自身に依拠する事柄である。……善き人間であり、悪しき人間であることは我々自身に懸っている。……人間の劣悪ということは随意的な事柄である。(22)

そしてこの「我々自身に依拠する事柄」が、アリストテレスによれば、願望と選択意志ということになる。

かくして目的とは、願わしきもの（ブーレートン）を意味する。だが、目的への手立ては、我々はこれを思量して（ブーレウトン）、選択意志（プロアイレトーン）する。それゆえ、こうした手立てについての我々の行為は、選択意志（プロアイレシス）に基づくものであり、随意的なものである。(23)

アリストテレスにおいては選択意志だけが、人間における自由意志の担い手として登場するわけではない。人間に内在する根源的な意志としての願望（ブーレーシス）もまた自由意志としての役割を果たしている。

願望はより多く目的に関わるが、選択意志は目的への諸々の手立てに関わる。たとえば、我々は健康であることを願望し、それによって健康であり得るところのものを選択意志するのであって、また我々は幸福であることを願望するし、またそんなふうに言うのであるが、幸福であることを選択するというわけにはいかない[24]。

健康とか、幸福といった価値は、大抵の人間がこれを願望するという意味において、ある意味で人間にとって自然本性的な欲求といってもいいであろうが、しかしながら幸福や健康は、ときにはこれを願望しないということもありうる価値であるということもできる。その意味において、幸福や健康への願望は人間にとっての、広義の意味での選択を伴った、根源的意志と言うべき側面を持っている。それゆえ願望が目的を志向し、選択意志がこの目的の実現に向けての手立てを選択意志する、ということができる。

直知（ヌース）は、欲求なしには〔自己―引用者〕を動かさないように思われる。というのは願望＝根源的意志は欲求であるから。論理力に従って〔自己―引用者〕を動かす時も、願望に基づいて動かされる[25]。

それでは、この根源的意志としての願望は、いかなる認識に基づいて目的を定立するのであろうか。幸福とはなにか、健康とは何かについて、あらかじめ綿密な認識を持ったうえで目的を選択するのであろうか。先に見たように、アリストテレスにおいては、幸福であれ、健康であれ、それらの本質認識については、人間社会は極めて多義的な認識しか得られない、という見地を示していた。多くの経験と対話と分析の上で、少しずつ積み上がってくる認識が本質認識にいたるというのがアリストテレスの立場であったはずである。別の言葉でいれば、直観的知性としての直知ヌースと論理的推理的な合理的理性との絶えざる対話が、ある程度の本質認識をもたらす、ということであろう。

幸福や健康や、その類いの目的認識も、まずは漠然とした直知の作用によってもたらされる。当該社会の、それぞれの政治制度の下に生きる個々の人間は、そこから出発して、より具体的で、より体系的な幸福観や健康観を共同的に構築していく。ここには神的観想の高みから、日々の忙事に明け暮れる大衆に幸福や健康のイデアを諭すという高踏的傾向や全体主義的教導はみられない。しかし他方でアリストテレスの世界は、経験主義的な価値相対主義の世界でもない。個々の人間の自然本性から発する直知ヌースが、自然と社会の実有を洞察し、こうして洞察された実有に人々の共同認識が究極的には収れんするするという希望が語られているのである。そこには、藤原氏が危惧した全体主義的思考の可能性は限りなく小さいといっていいであろう。

7　アリストテレス自由論の現代的位置

以上述べてきたことをまとめてみると、おおよそ次のように言うことができる。

アリストテレスの自由論は、国家制度における自由な市民の資格要件に関する議論から始まり、エートス論としての自由論や、さらに自由な学としての形而上学まで含む広範な内容を持つものであった。そしてこの自由論の根幹に据えられた、観想知としての「自由」は、まさに自由な学問探求を可能にする哲学的言語を内包するものであった。

究極的、第一義的存在理解への希求、（本質は存在を希求する）、そうした知への自由、それがアリストテレスの形而上学的自由論の根幹ではないだろうか。さらに、『政治学』第七巻、第八巻と『形而上学』の連携のもとに展開された、実現の極めて困難な理想的国家の探求の道を提示するアリストテレス政治学は、人間の主観のそとに存在した客観的秩序の、受動的な模倣の学問ではなかったというべきであろう。宇宙と人間との相互の関係性、相互依存性によって、宇宙の秩序そのものとその把握も動的展開を遂げていくと考えられているのである。その意味においてアレントとアリストテレスは一脈の同質的な思想家というべきであろう。すなわち、アレントとアリストテレスにとって、新しいことを始めることが、人間にとって本質的な事柄であり、未知のものへの問いかけこそが、「自由」の根源的あり方であった、ということができる。いやむしろ、アリストテレスこそが、カント的な二元論に引きずられて歴史から超然とした注視者、共通感覚の存在と実存的、アゴン的実践知の二元論に引き裂かれたアレントよりも、より動的な自由論者というべきではないだろうか。藤原氏のアリストテレスへの危惧はいわば杞憂にすぎなかったのではなかろうか。むしろ我々は、アリストテレスは、いわゆる全体主義的な本質論者ではなく自由な存在希求論者というべきであろう。

テキスト
アリストテレス『政治学』『ニコマコス倫理学』『形而上学』『修辞学』の Oxford Classical Text.
注釈
The Politics of Aristotle. W. L. Newman（1887–1902）
Aristotle Politics. Clarendon Aristotle Series（Oxford 1995–97）
Aristoteles Politik Akedemie Verlag（1991–2005）
翻訳
山本光雄訳（岩波書店、一九六九年）
牛田徳子訳（京都大学学術出版会、二〇〇一年）
荒木勝訳（『岡山大学法学会』二〇〇一―二〇〇三年）
なお、本論文の訳は、右の訳書を参照しつつ、変更を加えた。

注
（1）これらの問題の全体的な鳥瞰には、*Conceptions of Liberty in Political Philosophy*, ed., by Zbigniew Pelczynski and John Gray, London,

1984（飯島昇蔵訳者代表、千葉眞監訳『自由論の系譜』行人社、一九八七年）参照。また最近の作品として、半澤孝麿『ヨーロッパ思想史のなかの自由』創文社、二〇〇六年、がある。

（2）藤原保信『藤原保信著作集（以下、『著作集』と表記）』第九巻『自由主義の再検討』新評論、二〇〇五年を代表的作品として挙げることができる。

（3）とくに藤原氏の『自然観の構造と環境倫理学』御茶の水書房、一九九一年を参照。

（4）藤原保信『著作集』第九巻、一二九頁。

（5）藤原保信『著作集』第八巻、二〇〇六年、三四四頁。

（6）藤原保信『著作集』第九巻、一三〇頁。

（7）同前、二五七頁。

（8）同前、二九九頁。

（9）同前、三〇四頁。

（10）本稿のアリストテレス『政治学』の全体像については、拙著『アリストテレス政治哲学の重層性』創文社、二〇一一年（以下『重層性』と略記する）を参照のこと。

（11）Aristoteles, *Politica*. 1274b41.

（12）Aristoteles, *Politica*. 1252a6–7.

（13）Aristoteles, *Politica*. 1252a31–34.

（14）Aristoteles, *Politica*. 1338a8–15.

（15）この問題の考察は、『重層性』第五章を参照。

（16）Aristoteles, *Ethica Nicomachea*. 1177b19–24.

（17）Aristoteles, *Ethica Nicomachea*. 1177a13–18.

（18）Aristoteles, *Politica*. 1324a17–20.

（19）Aristoteles, *Politica*. 1325b14–30.

（20）この点はトマス・アキナスの『神学大全』の第一部第二九問の三位一体論に登場する、自存するものとしての関係性 relatio ut subsistens を参照のこと。

（21）Aristoteles, *Metaphysica*. 1075a11–22.

（22）Aristoteles, *Ethica Nicomachea*. 1113b6–14.
（23）Aristoteles, *Ethica Nicomachea*. 1113b3–5.
（24）Aristoteles, *Ethica Nicomachea*. 1111b26–29.
（25）Aristoteles, *De Anima*. 433a22–25.

第5章　民主的政治主体の形成
久野収と小林トミの思想と行動

寺島俊穂

1　政治主体としての市民

市民として政治に関わるというとき、個人としてという意味と権利・義務の主体としてという意味が込められている。また、現代では市民という言葉がよく使われるようになったのは、現代世界の変化と大きく関わっているように思われる。つまり、経済や文化の分野における相互依存や相互連関が強まり、人びとのあいだの距離感が短縮していくグローバル化という現象のなかで、人間を国民という枠に収められなくなるとともに、現代世界の変化に対応して個人としてさまざまな選択を迫られる場面が多くなってきたからである。

一方で、日本は個人主義や市民的伝統の弱い国だと言える。日本に自治の伝統がなかったわけではないが、個人をベースにした民主的自治の伝統は乏しく、市民革命の経験もない。日本社会は集団主義的な圧力が強く、個人としての強い自我をもった人間は生きにくい社会である。これは民主主義を社会に根づかせていくうえで障害になっていた。だからこそ、逆説的なことだが、敗戦を機に国民主権に基づく民主国家の建設を目指すことになった際に、個人を主体とする民主主義の強靭な思想が形成され、展開していったのである。とくに重要なのは、一九六〇年の日米安保条約改定を契機としてふつうの市民が市民運動をとおして直接、政治に関わることが模索されていったことである。そこには、人間が市民として自己形成していくためのヒントがあると思われるからである。

市民という言葉

市民という言葉は、現在ではよく使われる言葉の一つだが、憲法では使われておらず、岡本仁宏が指摘しているように、法律においても市民という概念は「市民農園」「市民緑地」「市民生活」など熟語では用いられていたが、一九九八年に制定・施行された特定非営利活動促進法（NPO法）においてはじめて単体で登場した概念であり、国民と比べれば、圧倒的に使用例は少ない用語である。(1) しかし、市民という言葉は、日常語としては citizen の翻訳語として明治時代から使われており、都市の住民、都市民という意味であれば、行政単位としての市の住民という意味で用いられ、また経済的な意味でのブルジョワという意味では一般に流布していた。

政治的な原義では、市民とは、政治的共同体である都市の構成員として、自由と平等を享受し、政治的共同体に対する権利を行使し義務を果たす者という意味であり、古代ギリシアを端緒とし、公的な営みとしての政治に参加すると同時に政治的義務も果たす存在であり、何よりも政治的に規定されたわけである。ヨーロッパ近代において市民は、市民革命の担い手として階級概念として再措定され、経済的な意味合いをもつようになった。日本においては政治的市民として用いられる時代が不在なまま、マルクス主義的社会科学の影響下で経済的な意味で使われていたのであるが、一九六〇年代以降の市民運動の広がりのなかで、市民運動の担い手や参加者という意味で市民という用語が使われ始めた。一九九〇年代以降は市民活動が注目され始めるとともに、市民概念が日常言語でも地方行政においても定着してきたと言える。この場合、市民運動や市民活動の担い手となる市民とは、義務感というよりは権利意識をもった個人であり、政治的な意味合いをもつとともに、市民社会の一員として理解される。このように市民という概念自体、非常に多義的な内容をもつことは否定できないが、逆にそのような多義性があるからこそ、国民国家が変容を迫られ、旧来の枠組みでは対応できない時代にあって新しい可能性をもった概念として再登場してきたのである。

国民から市民へ

国民国家の形成期・発展期には、人間は国民として一体となって行動する必要があり、市民よりも国民という概念が要請されたと言えよう。国民という概念が必要だったのは、国民経済を形成し、国家社会を有機的に結合させていくことによって、国際社会のなかで集団的主体として他国と拮抗していかねばならなかったからである。国内市場をつくる必要とともに貿易によって世界市場に参加するという側面もあったが、近代国家は戦争国家であり、国家同士が継続的に戦闘することが合法化されている国際社会のなかで人間を国民として戦争に動員できる仕組みをつくる必要があったからである。いざという時に武器をとる、国家に忠実な公民の形成が重視されたのである。

その意味での国民という概念は、単数的存在である。英語で the people という語は「人民」や「国民」を意味するが、もともと複数の存在であった people（人びと）を単数化し、一つの意志をもった存在として表したものである。一つの意志をもつ集合的主体をつくるのは、敵をつくることと自分たちが正しいと信じ実現すべき大義をもつことによって可能になる。人民とは、支配階級を敵としてまとまった下層の人びとであり、ルソーのいう、つねに正しく、公共に利益を目指す一般意志の体現者であった。アレントが『革命について』（一九六三年）のなかで述べているように、フランス革命の過程で人民（le peuple）の意味内容は、「人民の労苦を自分自身は経験しなかったがそれを目撃した人びとによって定められた。この言葉は、はじめて、統治に参加していない人びと以上のことを意味し、市民ではなく下層人民を意味した。この言葉の定義そのものが同情から生まれ、不運や不幸の同義語となった」(2)のである。また、ルソーは「国民を、一個人のように、一つの意志によって動かされる一つの肉体と考えていた」(3)のであり、フランス革命の人びとにとってルソーの理論が魅力的だったのは、「彼が多数者を一人の人間に置き換える非常に率直な手段」(4)である一般意志という概念を発見していたからである。

このように、人民や国民という概念は、もともと多数者である人間を単数的存在にするために考案された概念であり、集団的な主体である。それが分裂せず、一体となって動くために一つの意志が必要とされたのであり、そのような主体を形成するために国民教育、共通言語、共通の歴史が必要とされたのである。主権という概念も、絶対主義から近代国家が継承した概念ではあるが、対外主権である国家主権にせよ、対内主権である国民主権にせよ、一つの意志が実効的に発動するわけであり、その意志は国家の領域内では最高の意志であり、侵すべからざる至高性を具えている。

したがって、英語で peoples と言えば「諸国民」とか「諸民族」と訳されるように、単数的存在である a people の複数形としての意味をもち、複数者であった people を単数化し、さらに複数化することも可能になるのであり、そこにあるのは、あらゆる多様性をもった人間の一元化、一者化のメカニズムである(5)。しかし、人間は個人として生まれ、個人として死んでいくのであり、民族、国民、国家は生命体ではないので、複数者を一者化する諸概念には擬制がつきまとっていた。グローバル化が進むにつれ、地球的な規模で経済的・文化的な融合が進み、国家の枠のなかに人間を閉じ込めておくことは不可能になり、また現代世界においても戦争や暴力紛争が起きている紛争圏は依然として残っているものの、先進産業諸国のあいだでは戦争が非現実的なものとなっていくにつれて、民族や国民という集合的主体ではなく、個人としての市民を基底に置いて政治や社会のあり方を模索していく必要が強く感じられるようになってきたのだと言える。

民主的主体とは何か

一人ひとりの人間が市民として生きていくというのは、民主主義を生活のなかで根づかせていくという問題と深く関係している。近代日本は天皇を頂点とする天皇主権の国家として構築されたので、共和主義はタブーであり、democracy が民本主義と訳されたように、民主主義も徹底し難い環境にあった。少なくとも制度のうえでの民主主義は、第二次世界大戦後の連合国総司令部による民主化によってもたらされることになった。日本社会に民主主義が根づいていなかったからこそ、民主的主体形成の必要が強く意識されるようになり、非民主的政治文化とは対極にある民主的主体の理念は、戦後日本を代表する政治学者の丸山眞男によって敗戦直後に構想されていたのである。

丸山眞男は、民主主義は制度の問題であるだけではなく、理念の問題や運動の問題でもあると考え、社会のなかに民主主義を根づかせることに一貫して関心を持ち続けた思想家であった。一高時代の治安維持法での特高警察による拘束、二度の軍隊体験などをとおして日本社会の権威主義や非民主性を身をもって知っていただけに、理念と現実との緊張のなかで現実を理論的に分析する論考も書いているが、その基底にあるのは民主的主体についての次のような理念的な措定であった。

丸山は、遺稿「折たく柴の記」（一九四三〜四八年執筆、『自己内対話』所収）のなかでみずからの民主主義思想の原型となる思想を書き記している。①一人ひとりが独立した人間になること――「間違っていると思うことには、まっすぐにノーということ」、②「他人を独立の人格として尊重すること」――他者を他在として見る、というのがそれである。[6] ①は自律を意味し、正、不正の判断をすることも含んでいる。②は他者感覚を表し、他者を尊重し、他者の立場に立って考えることを意味している。丸山が示唆しているように、正義感覚と他者感覚は民主的人格の基軸をなすものであり、市民として身につけていくべき資質だと言えよう。

もちろん、自由や平等がそうであるように、正義感覚や他者感覚というのも相対的なものであり、完璧なものではありえない。これらを理念とすることによって、少しずつでも近づいていくということが重要なのである。人間は市民として生まれるのではなく、市民になっていくのであり、民主的政治主体の形成も自己形成をとおしてなされる。しかも、主体形成の道はなだらかに続く道ではなく、なんらかの重要な契機（モメント）があると考えられる。つまり、自分が置かれた状況のなかで起こった出来事への対応をとおして主体が形成されていくのだと思われる。[7]

そのような観点から、以下において、政治に関わり続けた二人の市民的人間である久野収と小林トミを取り上げ、それぞれにおける思想形成のモメントと形成された思想内容との関連を明らかにしていきたい。

2　久野収と抵抗の主体形成

市民的抵抗の実践

久野収（一九一〇―九九）は、戦前から一貫して市民的抵抗を実践した哲学者であり、市民として生き、市民として考え、民主主義を体現した人物でもあった。久野において民主的政治主体はさまざまな抵抗運動への参加から培われていったのであり、観念の構築物ではなかった。抵抗をバネに自己形成をしていくというのは久野に限ったことではないが、久野の場合、治安維持法下の戦前から市民的抵抗運動に加わり、みずから運動を組織し、戦中も非協力を貫き、戦後は息の長い市民運動家となった点が際立っていた。

久野が最初に関わった出来事が一九三三年の瀧川事件（京大事件）であり、京都大学文学部哲学科の学生のときのことである。田辺元《はじめ》に憧れて京大哲学科に入学し、自由な学風を謳歌していた久野は、大学三年のときに瀧川事件に遭遇する。京大法学部の刑法学者瀧川幸辰《ゆきとき》は、犯罪を社会悪だとし、罪刑法定主義を唱えていたが、そのような思想のために政府や右翼から弾圧を受け、一九三三年五月に文部大臣鳩山一郎が瀧川を強制免官しようとした。これに対し、法学部教授団が総辞職で対抗しようとし、法学部を中心に経済学部、文学部の学生二〇〇〇人も法学部教授団を支持して立ち上がったのが、瀧川事件である。久野は、その運動に加わり、文学部学生に働きかけて法学部教授団を支持させる役割を担った。[8] 結局、教授六人と一部の助教授、講師が辞職し、あとの人たちは辞表を撤回し、支援運動の中心となっていた学生は検挙され、運動は収束するのだが、久野はその過程で、筋を曲げなかった教授や運動の担い手に深い共感を覚えるのである。

久野は、大学卒業後大学院に進学するかたわら、『世界文化』や『土曜日』の発刊に協力し、人民戦線的な運動を行なう。久野がのちに、このような活動は市民運動だったと回想しているように、これらは、反ファシズムの文化運動を担う目的で自発的な結社により発行された雑誌であった。[9] この活動に積極的に関わった久野は、治安維持法違反容疑で一九三七年一一月に特高警察に検挙され、地下の非合法組織や消費組合運動の活動家との関係を詰問され、一回だけ拷問も受けたが、「シラを切り通した」という。[10] 久野は、未決囚として二年にわたり獄中生活を送り、裁判では懲役二年、執行猶予五年の判決を受け、出所後は保護観察の下に置かれた。この体験について久野は、「留置所や刑務所にぶち込まれ、ノミやシラミや南京虫にたかられ、拷問まで受けて苦しんでいる。ところが〝塀〟の外側のシャバは〈勝ってくるぞと勇ましく〉の〝露営の歌〟の大合唱に沸き返り、南京陥落の大チョウチン行列の大歓声が大きく聞こえてくる。この落差……。昭和一二（一九三七）年の暮れでしたが、有罪の連中は刑務所送り、軽罪の連中は釈放されて、留置所に残っているのはぼく一人。これじゃ、あかん。釈放されて命永らえたら、運動に身を入れようと思うのも当然の成り行きだったですよ」[11] と語っている。久野は、この落差の経験から、民衆に幻想を抱くことなく、一人ひとりの人間が自立した意思をもたない限り、ナショナリズムの熱病に感染しないですむことはできないことを思い知ったのである。

　このような体験をもとに久野は、日本社会の同調主義の根強さを思い知り、社会の同調志向に染まらないためには個人としての自覚が重要だと考えるようになった。また、個人同士が横につながり、連帯しないと抵抗できないことも自覚した。実際に、久野は、戦後も一貫して政治に関わり続けるが、大組織の指導者として上から旗を振るのではなく小集団を基盤に市民として関わろうとした。一九四九年から五〇年代にかけての「平和問題談話会」や一九六〇年代の「思想の科学研究会」での活動は、たしかに知識人としての活動ではあったが個人原理に基づくものであり、広く市民大衆と横に連帯していこうという姿勢で一貫していた。久野が日本の大衆運動の欠点とみなすのは、個人個人の意識から出発していない点である[12]。しかし逆に、個人は、個人としての自覚に目覚めれば目覚めるほど、孤立感に襲われることになる。同じような考えや価値観をもつ人間が横につながっていかねば、十分ではない。自発的結社が必要なのは、そのためである。久野は、「目覚めた個人が、どう自発的集団を組み、各問題の解決に歩み出すか。この横の連帯的集団形成の中から、近代社会、近代人は誕生し、成長したと言える[13]」と考え、市民運動に乗り出していくのである。

　しかも久野の場合、不正義に対して憤り、正しいことをなそうという意思によって主体が形成されていったことに注目する必要がある。戦前のファシズム下での抵抗、冷戦を固定化する片面講和に対する反対の意思表示、日米安保改定の強行採決など国家レベルでの政治状況に対する抵抗から始まっており、不正義に対する抵抗の実践というかたちをとっていた。正義感覚を基底にして孤立しないで横につながっていくことにより、政治のあり方を変えていくことを志向していた。もっとも、戦前の抵抗の実践は厳しい情勢のなかで行なわれたことであり、状況を変えることは難しかったが、民主体制の下では「国民の不断の努力によって」状況を変えていくことはできるはずである。民主主義は制度だけの問題ではなく、理念や運動の問題だとすれば、それは日々、実践のなかで形づくられていくものである。久野の市民主義の思想は、市民的実践を基軸にしており、久野において生活と思想は一致していたのである。

市民主義とは何か

戦後日本の分岐点となるのは、一九六〇年の日米安保条約改定であり、日本の平和主義、民主主義が試される出来事であった。もちろん、米国を中心とする自由主義陣営に軍事的に加担するのは日本国憲法の基本原理である平和主義に背反するという理由もあったが、安保改定という国論を二分する問題について同年五月一九日に衆議院で強行採決し、参議院で審議せず自然成立させるという議会制民主主義を無視した国会運営に対して人びとの怒りが向けられたのである。安保闘争には、この二つの側面があり、市民大衆を巻き込んだ大きな抵抗のうねりが形成されていくのは、民主主義を踏みにじる政権党の行為によるところが大きい。

久野が会長を務めていた「思想の科学研究会」では、新安保条約の強行採決は「討議のルールを破り、かつ、国民の請願権を無視した不当なもの」であり、国会承認以前に「現在の国会が解散されて衆議院における採決を無効にし、国民に対してと同時に自己の行為とその結果に対して責任をもつ新らしい政府が生れることを要求する」という声明を発表している。(14) この声明が発表された『思想の科学』には、この声明文案が決定に至るまでの議事録の要旨も載せられており、(15) 抵抗する側もできる限り民主的なプロセスを示さねばならないという思いが表れている。というのは、「声明理由」にあるように、この声明は、「理性的討論をつくすことを拒否し、一部の力によって決着をつけようとする態度」に向けられており、「このような事態を黙過することは、さまざまな思想の多元的交流の中からみのりある成果をえようというわれわれの会の運動精神と原理的に矛盾し、会の存立意義を失なわせるもの」だからである。(16)

久野が「市民」という言葉を意識的に使うようになるのは、六〇年安保に積極的に関わるなかにおいてである。

久野は、「市民主義の成立」（一九六〇年）のなかで市民を「〝職業〟を通じて生活をたてている〝人間〟」と定義したうえで、職業と生活との分離がないと「市民的人間は生れてこない」と述べている。[17] 日本の農村では職業と生活が一体化していたから市民意識が生まれづらかったのと同様に、教師も四六時中教師であったら市民とはなりえないということである。職業から自由になる時間があってこそ、地域や関心のある事柄に持続的に関わり続けることができるのである。と同時に久野は、職業組織は職業的市民の意識を育成するうえで重要だと認識している。「黒いジェット機は気象観測に従事しているとはとうてい考えられないという[18]」専門学会の声明を読んで、強い感動を覚えたと述べているように、職業人の専門的知識から政府のごまかしを批判することが重要で、久野自身も研究者の団体の一員として批判的言説を展開したのである。

しかし、市民が日常的に生活を送っているのは地域であり、そこでの問題はかならずしも政治に直結するものばかりではない。久野は、市民の生活の場である地域におけるグルーピングの重要性を示唆している。[19] 久野の認識で重要なのは、さまざまな小集団が活動していて、それらの小集団が横に連帯していき、そこには政党の原理や職域での地位や労組の主張を持ち込んではならず、自立した人間が「市民会議」を組織していくという構想も含まれていた。[20]「市民会議」こそ、「めいめいの認識、めいめいの判断、めいめいの実感、めいめいの動機が一層ふかめられ、公的な認識、公的な判断、共通的実感、公的な動機に転化する場所[21]」であり、大組織の主張を組み直すエネルギーの源である。そのような自発的な組織を基底にして民主主義は生活に根を下ろしていくのであり、自分の生活のなかに自発的に公的な事柄に関わる部分をたとえ少しでももち、政治のあり方を変えていくと同時に自分の生き方も変えていくというのが、久野のいう市民主義にほかならない。

生き方の問題として

久野において特筆すべきところは、みずからの思想を実践し続けたということである。六〇年安保のときは五〇歳であったが、リーダーとしてではなく学生のなかに混じってデモに参加した。久野は、「当時の大学インテリとしては例外的に大学生たちの街頭ジグザグデモに来る日も来る日も打ち込んで[22]」いたという。中年の久野にはたいへんつらかったが、「肩を組み合って、デモを一緒にやると」、「さまざまな大学生と心が通い合い、主流派全学連のデモ隊と、ことのほか交流が深まり」、ジグザグデモのなかでは学生たちは久野を動きの少ない内側の隊列に回してくれたという[23]。このような実践活動への参加をとおして市民主義の確信を強めていったように、久野がどうしても認めることができなかったのは、生活に裏打ちされていない思想である。

そのことは、久野が「転向」の問題を取り上げ、ファシズム下の日本の転向が「思想をただ着たり脱いだりできるような衣裳として暮らしている[24]」ことの現れだったと見抜いていることからも明らかである。戦時下の日本において転向が例外なく左翼から右翼、すなわちマルクス主義からナショナリズムへの転向であり、その逆が見当たらないのは、思想が身についていないからであり、転向は「先祖返り」にすぎないからである。近代日本においてそれだけナショナル・エゴイズムが強かったということであり、「家族、会社、学校、国家という集団のエゴイズム、それへの帰属意識の深さ、すなわち集団エゴイズムへの忠誠感情の深さこそ、近代日本をこれだけにしたてあげた原理で、重なりあうエゴイズムを最終的に統一する大エゴイズムこそ、明治以来の国家主義であり、天皇信仰はその頂点への忠誠の表現であった[25]」という。久野は、近代日本において自由主義やマルクス主義は、国家主義に圧倒され、それらの思想を本当に生活原理として生き抜いた人は少数だったことを問題にするのである。

では、どのようにしたら一貫した思想を根づかせていくことができるのか。久野が、羽仁五郎、三木清、古在《こざい》由重といった、翼賛体制と戦争の重圧の下で思想の自主性を守ろうとした思想家たちに見て取るのは、「思想のタクティック」とも言うべき、現実に屈服しない生き方である。久野がいう「思想のタクティック」というのは「生活の技術」であり、思想を現実の生活の上で生かそうとすれば、「戦争と同じくらい戦略も組まなければいけないし、戦術も必要になる。自分がこの思想を選んで進んでいく以上、一生涯にわたってどのような生活をしていくかという問題も出てくる。いつ学校をやめなければならなくなるか、そのときどうするかという問題につぎからつぎへと対策と技術をもっていなければならない(26)」。非転向者はそういった技術を抵抗の過程で身につけていったのであり、「自分の思想を守るためには生涯にわたって日の当たる場合がないかもわからない状態に耐えていかねばならぬという原則と、その思想を実現する技術みたいなもの(27)」が著しく欠落していると転向に追い込まれるのである。それゆえ、「自分はどこまで集団の規則に従うか、どこから先はあくまで譲れない一線として自分の進退を律するかという技術も必要になってくる(28)」のである。

とはいえ、問題はどのようにしたら「あくまで譲れない一線」としての原理・原則を固く維持できるかである。物質主義的な生活に慣れてしまうと、そのような生活のほうがみずからの思想を守ることよりも大事になってしまい、思想のほうを捨ててしまうということが起こるのではないか、という。久野は、次のような身近な例を出して説明している。たとえば、小学校や中学校の教師にも自動車通勤者が相当増えているが、たしかに自動車通勤は便利だとしても、「自動車が生活の一部になってしまえば、かりにその生活を失うという危険に面すると、その教師は思想のほうを捨てて自動車を持ちつづけるほうに転向するんじゃないか」というように、平素から生活を律する思想の実行がない場合、現状に簡単に順応してしまうのではないかということである(29)。

では、抵抗の主体を形成するには何が重要になってくるのか。久野の思想から言えるのは名利を捨てて生きるということであり、簡素な生活のなかに愉しみを見いだすことである。久野はエピクロスを見習うべきだというが、それは、エピクロスのいう「快楽とはあの大混乱のアテナイの中で一日一ドラクラム、いまの金で五〇〇円ぐらいの生活をして、仲間と一緒に学校兼難民収容所兼身の上相談所であるエピクロスの園を開き、奴隷や女性の差別を撤廃する暮らしであった」[30]という意味においてである。ギリシアのエピクロス派が一〇〇〇年近くも地中海沿岸の各地でずっとグループをつくりつづけ、「環境の保全や防災、避難の方法を友人や〝隣人仲間〟（ネイバーフッド）で考え直し、拡大する新しい方向」を歩んだように、「ネイバーフッドの中で、生活の中に政治を取り込む部分をはっきり用意し、解決の方法をみんなで考え、政治権力に強力に要求するのも楽しみとなる生活を築けないか。たとえ現実に実現していなくとも、思考、想像実験をして楽しむ習慣をつけると、そこから政治や文化に対する主権者市民としての意識が各人各様の生活に即して出てくる」のではないか、と主張している。[31]

久野がサルトルの死を悼んで語っているのは、権力や名誉におもねることなく、一貫して抵抗者の立場に身を置いて、少しも悲壮感をもたず生き抜いたことである。サルトルは、「大学教授資格試験合格者の義務年限をリセ（高等中学校）の教師として過ごしたほか、一切の官途、公職につかず、賞というものはジャガイモ一袋――ルイ・ボナパルトやヒトラーが民衆に配った〝ごほうび〟――からノーベル賞までご免だといって、ノーベル文学賞を辞退した」[32]のである。最晩年、つつましい生活の中で、未来において実現されていく希望に自分を託して生きたサルトルこそ、久野が理想とする原型的市民であり、われわれは、サルトルとは比べものにならないほど小さい存在だとしても、一人ひとりが、実践をとおして、サルトルのような全体的人間へと自己変革していかねばならないということである。[33]

3　小林トミと市民運動の精神

市民運動を始める前

久野収よりひと世代あとに生まれたが、同じように市民として政治に関わり続けた市民運動家の一人に小林トミ

（一九三〇―二〇〇三）がいる。小林は、一九六〇年に「声なき声の会」を始めた者として知られるが、画家であり、久野のような知識人ではなかった。小林にとっては、安保改定が政治に向かう契機になったのだが、彼女が関わろうとしたのは反戦平和であり、それはどのような経験に基づくものだろうか。小林は、久野が理想とする小集団を基盤にして大状況の政治につながる回路を求めて半生を歩んだわけであり、反戦平和を軸に市民運動に取り組んだ点でも久野と共通している。

小林の場合は、戦争中は少女期であったので抵抗すべくもなかったが、戦争中の体験が平和意識を形成した最大の契機であった。小林自身、「私の戦争体験のなかで、一番、強く記憶にのこっているのは、三月一〇日の東京大空襲である。東京の下町が焼夷弾で真っ赤に燃えつづけていて、本当におそろしかった。私は高等女学校二年生で、学校のことが心配で歩いて家を出発した。小松川橋まで歩く途中、バケツや風呂敷包みを持って放心状態で、顔は煙で黒ずんでいる人がいっぱいで、この世の終わりではないかと思った。橋を渡ると、ずっと何もなくなり焼け跡から煙がでている。右手をみると学校とその周辺だけがのこっていた。入り口に当分休校と書いてある。体操の先生が焼夷弾を消すために最後まで町内を守ってなくなられ、私の隣りに坐っていた志賀さんもなくなり、身近に〔いた〕大勢の人たちがなくなり、大きな被害をうけた[34]」と述べているように、空襲、疎開、敗戦、占領のなかで「命は大切にしなければと思い、これからは戦争を二度とおこさないようにしなければと思うようになった[35]」という決意が彼女の反戦平和運動の原点になっている。

もっとも、このような思いは同時代を生きた人びとがある程度共有していたと思われるが、小林の場合、戦争体験を出発点として戦後民主主義の息吹を大切に保持していったのだと言える。小林は一九五四年に東京芸術大学卒業後、専攻科で学ぶかたわら、岡本太郎らが中心になっている「現代芸術講座の会」に入り、活動した。子どもたちに絵を教えるかたわら、その後「思想の科学研究会」に出席し、そのなかのサークル「主観の会」の世話人になった。こうした歩みのなかで「思想の科学研究会」の久野らとも交流があり、こういった小集団での学習活動をとおして市民感覚を研ぎ澄ませるとともに、政治参加への意志を固めていったのである。

そして一九六〇年五月一九日に新安保条約が強行採決され、当時三〇歳で中学校の教師をしていた小林は「日本は戦争にまきこまれ、平和憲法は改正されるのではないか。それに岸首相の〈声なき声の支持を信じる〉との発言をきき、反対の意思表示をしなければと思い、主観〔の会〕の仲間と一緒にどこにも入るところのない人を誘おうと相談した。横断幕に〈総選挙をやれ、誰デモ入れる声なき声の会〉と書き、一九六〇年六月四日、集まった二人で安保批判の会について歩きだした。舗道から大勢の人が一緒に歩きだしたので感動した。長い列になり、新橋〔駅近く〕の土橋《どばし》で解散するとき三〇〇人ぐらいの列になった」[36]。これが「声なき声の会」のはじまりであったが、このようなデモを小林が考案したのは、五月二六日の学者、文化人のデモのとき白い上着を着たコックさんが歩道から入って来たのを見て、「今までの日本のデモで歩道から入ってくることはなかった。これからは歩道にいる人たちも参加できるようなデモを考えなければ……」と言った久野収のことばがヒントになっていた[37]。六〇年安保でのデモは、日本社会党、日本共産党、全学連、総評といった巨大組織に率いられたものが中心であり、「思想の科学研究会」など小さな団体もデモを行なっていたが、小林は組織の構成員中心のデモではなく誰にでも参加しやすいかたちのデモを考え、実行した。小林自身はそれまで一度もデモに行ったことはなかったので、なおさらふつうの市民が誰でも入りやすいデモを望み、考案し実行することができたのである。労働者、サラリーマン、研究者、学生だけではなく、経営者も加わっていたことは特筆すべきことであろう。すなわち、労働組合にも政党にも属していない、あるいは属せない多様な人びとが自発的に参加できる形態をとった。そこには動員型ではなく参加型の市民政治の芽生えがあったし、小林はまったく見ず知らずの人たちと連帯して行動できたということに大きな感動を覚えたのである。

「声なき声の会」の活動

こうして集まった人びとのゆるやかな会として「声なき声の会」が生まれ、一九六〇年七月一五日に『声なき声のたより』創刊号ができ、送料ともで二〇円で三〇〇〇部発行された。それから四〇年以上にわたって第九八号まで小林が中心になって発行され続けた。小林が死んでからも発行されたが、小林は死ぬまで「声なき声の会」の中心的存在であった。

六月四日の最初のデモに参加した人びとが、デモを終えてから相談し、「声なき声の会」が生まれた。連絡用の葉書代はカンパで集め、連絡先は「思想の科学」事務局長の判沢弘が引き受け、仕事の分担は政治学者の高畠通敏が中心になって行なうことになった。七月には事務局は高畠通敏の自宅に移され、機関誌として『声なき声のたより』を出すことを決め、会員制はとらず、会費もなしで、購読料で運営し、喫茶店で毎週土曜日に集まることを決めた(38)。「有志の自発性によって行われる運動だから、どこからも資金援助を受けない。したがって、カンパに頼らなければならない。創刊号は一部五円。発送料が九円。計一四円の実費がかかる。ロスを見込み、一部二〇円にする。中心メンバーが高畠さんの家に集まり、宛名書きをして切手をはる(39)」。こうして会の活動がスタートしたように、一九六〇〜七〇年代に生まれた市民運動の特徴としては、どこからも財政的援助を受けないことと事務局を会員の自宅に置くことがあげられ、「声なき声の会」はその典型であった。つまり、お金をかけずに活動し、自分で交通費や食費を負担する「手弁当」とか、賛同者からの寄付を意味するカンパという言葉にそのような性格が現れている。会長を置かず世話人を置くのは対等性の現れであり、誰でもいつでも参加できる形態をとるのは自発性や多様性の現れであった。

「声なき声の会」は安保闘争のなかから生まれた会であり、安保闘争が終われば目標を失い、活動が停滞していくのも避けられないことなのかもしれないが、その後もずっと活動を続けられたのは、反戦平和という活動理念があったからである。そのことによって、「戦争はいやだ」という素朴な庶民感情に訴えることができ、ふつうの市民が日常生活の一部として政治に関わることを可能にしたのだと言える。『声なき声のたより』は投稿雑誌であり、多事争論的にさまざまな意見を載せ、無名の市民の意見を広く取り上げようとしていた。投稿雑誌という点にも自発性を重視した会の性格が現れている。「声なき声の会」につどった人びとは、戦争に関わる事柄や民主主義を踏みにじる行為に対して、たとえ一人になってでも反対の声を上げるという精神に貫かれていたと言えよう。そのような、孤立を恐れない精神をもちつつも、対等な立場で横に連帯していくという運動のかたちを形づくっていった。

会の活動としては、『声なき声のたより』の発行のほかには、毎週一回例会を開くとともに、毎年六月一五日（樺美智子が抗議デモのなかで死んだ日）に六〇年安保を記念する集会を開いてきた。例会では、講師を呼んでの学習会や活動の相談が行なわれた。運動は、政治的な事件や出来事をきっかけにそれへの対応として起こっていく。民主主義に関する行動としては、一九六〇年一〇月一二日に日比谷公会堂で社会党委員長浅沼稲次郎が立会演説会の最中に右翼の青年に刺殺された事件に際しては抗議行動をするとともに、その背後にある構造について『声なき声のたより』で問題にした。(40) 一九六一年五月には「政治的暴力防止法案」（「政防法」と略記する。自民党と民社党の共同提案）が国会で審議されると明確に同法案反対の論陣を張るとともに、「声なき声の会」を基盤にした「政防法をせきとめる会」では抗議デモを行なった。「政防法」に反対したのは、何回か研究会を開いて検討した結果、この法案は大衆運動の「〈ゆきすぎの防止〉に名を借りて、正当なデモ行進、大衆運動がいくらでもとりしまれるように仕組まれている」(41)からである。小林がのちに述懐しているように、三〇数名で行なったデモだったが、「政防法」が「デモをして一週間ぐらいで廃案になった」ことから運動の有効性を実感したという。(42) そして、そのような経験が一九六五年に結成される「べ平連」につながっていったのである。

べ平連は「ベトナムに平和を！市民連合」の略称であり、一九六五年二月七日に開始された米軍による北爆（北ベトナムへの空爆）が契機となってつくられた市民運動体であった。最初は、小集団の連合体として構想され、鶴見俊輔、久野収ら政治に関わってきた知識人だけではなく、それまで市民運動に関わっていなかった小田実がリーダーに担ぎ出され、開高健、久保圭之介、小中陽太郎、川村孝則ら文化人、知識人が加わり、国民的な規模での市民運動を目指した。四月二四日にベトナム戦争反対の集会とデモを行なうために東京の清水谷公園に集まったのが最初であったが、その際「ベトナムに平和を！市民・文化団体連合」と称したように、[43]「声なき声の会」をモデルにして地域や職域で形成された市民グループの連合体として出発しようとし、同日、「声なき声の会」は「誰デモ入れる市民の行進・ヴェトナムに平和を」という旗を作って、ほかのグループとともに集会とデモに参加した。[44]しかし、若者の個人参加が多いことから翌年には「ベトナムに平和を！市民連合」に改称されたように、ベ平連の運動は市民をベースにした運動ではあったが、「声なき声の会」とは違って、①ベトナム戦争の終結という一つの目的に目標を絞り、②全国的な運動を目指し、③国際的な連帯をも目指していた。③の一例として、日米共同行動を呼びかけ、五月二二日にデモを行なっているが、このときアメリカの軍事行動に反対する共同宣言を出しており、小林も共同宣言署名人の一人として加わっている。[45]②の点については、テレビでの徹夜の討論番組（一九六五年八月一四〜一五日）や日米共同市民会議（一九六六年八月一一〜一四日）の企画実行など、イベントによって人びとの注目を集めようとしていたが、そのなかで小林は「有名人ばかり集まって、地道に運動をしている人たちが小さくなっている雰囲気がある」[46]と感じた。①については、これが最も大きな違いだと言えるが、ベ平連にはベトナム戦争を阻止するという直接目標があったから、それだけ有効な戦略が求められ、②とも関連するが、全国レベルで運動を展開し、戦車を止めたり、脱走兵を匿ったり、逃がしたりする直接行動も必要になったのに対し、「声なき声の会」のほうはあくまで生活者の立場から反戦平和を訴えていくスタンスをとっていたと言えよう。

ともあれ、「声なき声の会」は、六〇年代後半から七〇年代はじめにかけてベトナム戦争ばかりを問題にしたわけではないが、ベトナム反戦運動とともに歩んでいったと言える。ベトナム戦争の泥沼化に伴い、米軍を撤退に追い込むためには直接行動が必要だという考えが一九六六年ごろから主張されるようになった。一九六七年には非合法の直接行動を行なうべきだという意見が強まり、座り込みなども行なわれた。この頃から若者の過激な行動も目立つようになり、デモのなかで「声なき声の会」の旗を先頭に機動隊の壁を突破する直接行動をという声も出た。小林は「私たち声なき声の会は、六〇年安保から今日まで、多くの市民というか、ふつうの人たちと行動してきました。デモに来たこともない人にも一緒に歩ける場をずっと確保したいと思って続けてきたわけで、いわゆる合法的なデモをする。また行動によって支えられてきたのです。いままでも、そうしてきたし、これからも、こうした行動の中で、やはり合法的なデモのときにこの旗を使ってほしい。あの機動隊の壁を突破するならば、この旗は使わないでほしい」[47]と言って制止したが、大勢の人から非難され、抑えることのできない大きな流れのなかで孤立を深めた。このようにあくまで合法的に、冷静に抗議をするというのが小林のとった態度であり、過激派の影響も受け急進化する運動のなかで小林とほかのメンバーとのあいだに溝ができていった。小林は「孤立をおそれない。言うべきことは言わなければならない。少なくとも、その場の大きな波にのっていくのはいやだ」[48]という考えから、また自分のことを心配する母親のことを気遣って大きな変化についていけない自分の立場を自覚していた。[49]

一九七〇年には日米安保条約も自動延長され、一九七三年にはベトナム戦争も終わり、ベ平連は解散することになったが、「声なき声の会」の活動は続いていった。反戦平和の市民運動として曲がり角に来ていたことは確かであり、何度も会の方針についての話し合いがなされた。六〇年安保のことも知らない世代も次第に増えてきて、世代間のギャップも大きくなっていった。こうして会の活動は停滞し、常連の人たちもさまざま理由で抜けていったり、疲弊していったりした。一九八二年に転機が訪れる。会の事務的な仕事を引き受けていた立教大学の高畠通敏や五十嵐暁郎《あきお》らが、会の活動が停滞していることを理由に看板を降ろそうと提案した。それに対し小林は、「私は長い間、これが市民運動だなんて思ってやってきたのではない。二度と戦争を起こしてはいけないので、今、自分はこれをしなければと思ってやってきたわけです。学者ではないから、これが市民運動などといって教えみちびくような考えをもつこともないわけです。ただ、今のような政治状況の中で声なき声の会が幕を閉じることはよくない。右傾化の中、声なき声の会のような運動は必要だと思います[50]」と発言したという。長時間の話し合いの末、続けたい人がいる限り、続けようということになった。こうして、参加者は、安保という経験は共有していなくとも、「戦争はいやだ」という思いを共有することによって、世代間の意識や体験の違いを超えて活動を持続していくことに価値を見いだしたのである。

市民精神の輝き

小林が書きためていた「声なき声の会」の活動の記録を小林の死後、編集して『「声なき声」をきけ――反戦市民運動の原点』（二〇〇三年）として出版したジャーナリストの岩垂弘は、その「解説」のなかで小林の活動は次の三つの点で傑出していたと述べている。「まず、その活動が他から命令されたり指示されたものでなくあくまでも自発性に基づいたものであった点。第二は口舌の徒でなく、必ず行動を伴ったものであった点、第三は長く継続する活動であった点だ[51]」。つまり、小林は「あくまで個人の責任」において自発的に参加し、「人間としての日常生活を大事にし」、「日常生活の一部として反戦平和運動を続けてきた」と言えよう[52]。

小林はつねに「声なき声の会」の中心にいたし、小林の穏やかで人間を信頼する性格が会のあり方にも大きな影響を与えた。ねばり強く死ぬまで反戦平和にこだわったことが、日本における反戦市民運動のモデルを形成した。多くの人が「声なき声の会」にいたときの経験を大切にして生きていったのであり、その意味で、たとえ物足りないと感じられても、貴重な体験であったようだ。ある古いメンバーは、一九七五年に『声なき声のたより』に寄せた手紙のなかで「〈声なき声〉には対等の意識が静かに定着している。お互いに侵さず侵されず個の確立がゆるぎない。だから、統一行動という原則もないが、人を離さない、捨てない温かいぬくもりが冷えることがない。そのぬくもりは一四年という時間がつくった安易さだけのものでもない。ここに集まる人の心優しさが結び合い醸し出されたものである。私にとって居心地のよい〈声なき声〉は、学舎である。いわば教養学部でもある。離れ去ったかに見える若者たちにも同じことではないだろうか。学者も労働者も老若男女、差別することもなく対等に討論出来る〈声なき声〉は人間としてのいろいろの匂いがただよって消えない」[53]と表現している。

小林は四二年あまりにわたって反戦運動を持続したのだが、その持続性はどこから生まれてきたのだろうか。小林は、六〇年安保当時は中学校の講師をしていたが、その後、定時制高校や通信制高校で美術・工芸の非常勤講師を務め、それ以外の時期はアトリエ教室をして生計を立てた。こういった社会の主流から外れたところにいたからこそ、名利を求めず、ふつうの市民の立場で「声なき声」を発し続けることができたのだと思われる。小林は『声なき声のたより』の表紙のカットをずっと描き続けた。生活者として、日常生活のなかに政治を引っ張り込み、身の丈に合った仕方で政治に関わり続けた。そういう日常のなかで楽しみや喜びを見いだしていった。彼女は、久野の言うような意味で、闘いのなかでも悲壮感も感じず喜びを見いだしていた。戦争に巻き込まれてはならないという彼女の価値観が彼女の政治行動を支え、どのような不利な状況になっても逃げずに不正に対して立ち向かっていくことを可能にしたのである。

4　市民形成の磁場

これまで、久野収と小林トミの思想と行動をとおして政治的主体としての市民形成を自己形成の過程で捉えてきたが、以上の考察から言えるのは、社会を変えるには自己を変えることができなくてはならないし、人間は置かれた状況のなかでできる限り正しい判断をしていかねばならないということである。逆説的なことだが、日本では集団主義、同調主義が強いからなおさら、丸山眞男に見られるように、民主主義が個人の確立をとおしてのみ実現されると考えられたのである。しかし、個人は社会と無関係に存在するわけではなく、自己形成は周囲の世界との相互作用のなかでなされるのであるから、最後に主体形成の条件として二人の思想から学べることを明らかにするとともに、さらなる検討を加えておきたい。

民主的主体形成の場

ひとつには、民主的主体形成の場はどこにあるのかということである。基本的には教育と社会生活において民主的な自我形成がなされ、地域や学校が「民主主義の学校」だと言われるが、職場や家族はどうなのだろうか。これら二つが従来想定されてこなかったのは、家族の場合は家父長的な原理に支配されてきたという歴史があるからであり、職場の場合は経営体であれば、効率本位に動かされ、行政機構であっても上下関係があり、規則や先例によって動いていくと想定されるからである。もちろん、組合は民主主義のひとつの磁場であることはたしかだが、利害関心によって行動が決まる傾向があり、構成員資格も限定されているから、市民形成とは違うように思われる。

しかし、これらの媒体も民主的主体形成において重要な役割を果たすと考えることもできる。というのも、久野が言うように、民主主義もひとつの生活原理であり、実際に生きる場に根づき、実践されていかねばならないからである。ここでいう生活の場とは地域や職場であり、そこでの決定のあり方、組織の運営の仕方、関係のあり方が対等で自由でなければならないし、民主主義において重要なのは、対立と交代であり、「相手と対立し、交代しながら学ぶ、そういう態度が民主主義[54]」にほかならないからである。久野が態度と表現しているように、生活様式や態度として民主主義を捉え、民主主義の思想を実践していくことが民主的主体の形成につながる道である。

家族や職場は基本的な生活圏であり、そこでの関係性や決定のあり方、合意形成の態様が構成員の態度形成、人格形成に大きな影響を与えることは確かである。その意味で、家族こそデモクラシーの基盤となると言うこともできる。最も基底的な社会である家族において対等で同志的に生きていない限り、民主的な態度は身につかないであろうし、家族のなかでの対話やコミュニケーションによって判断力や対話能力が育成されるのであり、同志的な連帯に基づく家族は政治権力に対する抵抗の基盤ともなりうるのである。職場は、営利本位で動かされる場合、民主主義とはほど遠いと言えなくもないが、水平的な組織として形成され、協力関係が重視される場合は、民主主義とも無縁ではないし、産業民主主義や労働者評議会という例もあるように、民主化の可能性がないわけではない。しかし、基本的には市場原理で動かされる限りは、民主的主体形成の場とならないことは否めない事実である。

これに対し、市民社会において開かれた態度を形成できるのは、市民社会では限られた人びととだけではなく、誰とでも接しなければならないし、あらゆる多様性をもった人びととの出会いがあるからである。地域での自治活動や市民活動をとおして民主的な態度を形成していくことができるのであり、市民生活を生活の重要な部分として位置づけていく必要がある。この場合、民主的政治主体とは、自発性、責任感、判断力を具えた人間類型であり、平等主義的で非暴力的な社会を望ましいと考え、他者と協力して生きていくことに価値を置く市民社会の構成員としての市民だと言えよう。

孤立と連帯とのあいだ

丸山眞男が強調したように、個人個人が独立した人間であるということが民主的政治主体の第一の条件だとしたら、第二の条件は他者を尊重し、他者と連帯して行動できるということだと言える。これら二つの条件はときには衝突し合うのが特徴である。独立した人格を追求していけば、孤立が避けられない状況が生じる。「連帯を求めて孤立を恐れず」ということになるのかもしれないが、逆に、個人と集団とのあいだを行き来することに積極的な意味を見いだしていく必要があるとも言える。

すでに述べたように、久野によると、日本の場合、転向が例外なく左翼から右翼への転向だったのは、思想が身についていないからであり、外来の衣服を脱いで自然的共同体に戻るからである。しかし、果たしてこれは事実であろうか。たしかに、知識人にこのようなかたちの転向が多かったことは事実だとしても、戦争体験を契機にナショナリストから平和主義者に変わったケースも多く見られるからである。個人原理が確立されるかどうかはそれぞれの自己形成によるのであり、集団主義の文化が強い日本においても不可能なことではない。その意味で興味深いのは、小林のしなやかな市民精神が「戦争はいやだ」という素朴な感情に基づいていて、戦争体験を思い返し、自己の思想の原点をつねに振り返りつつ市民運動を続けたことである。小林が抱いた思いは、多くの民衆に共通の感情であり、国境を越えて共有できる普遍性を具えている。久野の場合もそうだが、小林においても市民精神はナショナリズムとは鋭く対立する意識形態であり、集団的エゴイズムであるナショナルな感情に呑み込まれないためには日常的な体験のなかで研ぎ澄まされた感性を基底にしなければならない。

小林は、自分が関わった市民運動が急進化していくなかで孤立していったことがあるが、生活者として身の丈にあったことしかしないという強い信念があったからこそ、孤立をおそれずに発言できたのだと思われる。ベ平連が市民的不服従を含む直接行動に傾斜していくなかで小林があくまで「合法デモ」に固執したのは、市民運動への彼女の一貫した立場であり、自分の生活の中に政治を引き込む、彼女なりの姿勢の一貫性が現れていると言えよう。政治を有効性の次元で考えるのではなく、自分たちの日常と両立させながら大きな政治状況と関わっていく、その過程において思いがけない協力者が現れ、人間への信頼をずっと保持していく、そのようにして四〇年以上にわたって同じグループで活動し続けることが可能になったのだと思われる。

久野が言うように、自分の主義主張を曲げてまで連帯することはできないという「譲れない一線」をもつことは重要だが、実際には孤立したり、連帯したり、個人と集団とのあいだを行き来しながら民主的政治主体が形成されるのではないだろうか。もちろん、現実には連帯し、協力するなかで妥協することもあるだろうが、対立し、交代する過程で身についていく態度があるのではないかということである。完全に自由な状態が想定できないように、まったく何からも自由な主体というものを想定できないことも確かである。しかし、友情、連帯、協力に価値を置く心性は対等な関係のなかで育まれ、民主的な政治主体は対等で非暴力的な文化のなかで形成されるものである。したがって、一方で、社会のさまざまな層に遍在する権力に抵抗し(55)、社会のなかにある権力関係、すなわち不平等な構造を変革していかねばならないが、他方で、その抵抗運動や不服従運動においても権力関係が形づくられていく現実があることは否定できない。そうである以上、他者との対等で開かれた関係を重視した久野の市民主義と小グループを基盤に反戦平和運動に関わり続けた小林の市民的実践の意義は大きい。

理念と現実とのあいだ

たしかに、協力や連帯は市民として生きていくうえで重要なことではあるが、戦争中、国家の方針に協力しない者は、非国民として苦しめられ、今でも組織の方針に従順でない者は非協力者として集団的圧力にさらされているのが現実である。そのような現実のなかでどのようにしたら主体的に生きていくことができるかについて、久野と小林の思想と行動をとおして言えることは、のけ者となるのを覚悟してでも個人として生きることが民主的政治主体としての市民形成には重要だということである。二人は、組織の一員としてではなくまずもって個人として生きていくという強い意志があったから、生涯を通じて社会の風潮におもねることなく、市民的抵抗者として一貫した行動をとりえたのである。逆に言えば、国家や民族、ひいては大組織から疎外されていたから、個人の立場に立たざるをえなかったのであり、(56)自ら選んだ道とはいえ、個人としての心性を鍛えていくことができたのだと思われる。

その際何が重要かと言えば、国家や民族を超える理念とどうコミットしていくかということである。久野は、「歴史的理性批判」（一九六九年）という論文のなかで近代的な理性を「市場支配的理性」として批判し、普遍的・客観的理性とのつながりをどこかで担保することが重要だと主張している。戦前は、フランクフルト社会研究所のマックス・ホルクハイマーの批判的理論から多くを学んだように、久野には、近代の理性が歴史のすすむべき方向についての判断を失っている、というマクロで批判的な視点があった。(57)久野は、この論文のなかで「歴史的理性の手段化過程は、理性の方向決定力を喪失させて、何か他の既成目的の位置にたたせるだけではなく、やがてこの手段的理性が呪物的性格をおびて、それ自身、崇拝の対象となって、盲目化するのである」(58)と述べ、理性の手段化、道具化からプラトン、アリストテレスにあった普遍的理念の回復の必要を主張している。久野によれば、理性の近代化を貫いているのは、ロゴス（世界的、客観的理性）からラチオ（主観的、形式的理性）への変質であり、啓蒙的理性の歴史のなかで失われていったのは理性がもつべき「全体的洞察」の機能である。つまり、「普遍的理念の空洞化」が起こり、人間の尊厳、自由、正義、平等、幸福、寛容、平和といった概念は理性の裏づけを失い、宣伝文句として用いられ、ことば自体が手段化し、空疎になり、「客観的真実性」に結びついていないという認識である。(59)したがって、民主的政治主体としての市民を形成するには、これらの概念の理念的な意味を取り戻し、理念との緊張関係のなかで行為する心性を形成しなければならない。言い換えれば、民主的政治主体の形成には、古代ギリシアにあったような対話的理性や全体洞察的理性の次元を回復していくことが必要なのである。

その場合、主体とは、認識主体である以前に、実践主体、すなわち行為主体と考えられていたことを想起しておく必要がある。たとえば、英語で subjective と言えば、「主観的」という意味であるように、理性が近代において辿ったのは、主体性を放棄して、主観性になる道であった。(60) そこから抜け出し、主体性を回復するには、理性の実践的で全体洞察的機能を取り戻す長い道のりが必要であろう。しかも、上から社会をトータルに組み替えるのではなく、下から社会を変える道を切り拓いていくべきであろう。そのためには、一人ひとりがみずから獲得した理念をどんなにささやかであっても生活の場で実践し実現していくべきであり、久野の市民的抵抗は、このような哲学的認識の実践でもあった。

小林の場合、政治との関わり方は生活に即したものであった。しかし、逆にだからこそ、反戦平和への強い意思を持ち続けることができたのだと言える。小林は、「戦争はいやだ」、だから、戦争が起きそうになったら、戦争を止めるために出て行かねばならないという気持ちをずっと持ち続けた。小林が「戦後一五年間、実際的な活動はしなかったけど、その気持を持って生活していました(61)」と語っているように、そのような思いはつねに反復されながら、強固になっていった。つまり、信念となっていったのである。だから、「ほんの少しの勇気」で「声なき声の会」の運動に踏み出すことができ(62)、運動のなかで、さまざまな職業や年代の同じ思いをもつ人びととの交流をとおして彼女の信念は強められていったのである。

小林が、「運動の波がひいたあとも、毎週のように集まり、〝声なき声のたより〟をつくり、いろいろな活動をしてきた(63)」と述懐しているように、四〇年以上にわたって「声なき声の会」を持続できたのは、無言の人びとの声を届けたいという思いからだけではなく、身の丈にあった運動の仕方をしたからでもある。(64) 重要なのは、一つのことに持続して取り組むということであり、政治を生活の一部に取り込むことである。そして、小林が「何回もデモをしているうちに、私もできるんだなという積極的な気持もわいてきたのです。一つ一つやっているうちに、それが生きることに結びつき、私の生甲斐のようなっていったのです(65)」というように、一つのことに取り込んでいくうちに、活動すること自体が面白くなっていくという生き方である。

小林は、画家でありながらも、それとは別に一人の市民として反戦と民主主義のための市民運動にも打ち込んでいった。これらは簡単には実現しない理念だから、生涯をかけて取り組んだのである。ほかの人たちが運動から去っていっても、実現すべき理想をもち続け、最後は自分一人でも、という覚悟をもって困難に立ち向かっていった。小林の生き方が示しているのは、運動は一人でも始めることができ、一人になっても続けることができ、職業生活とは別に、しかしそれと同じくらい大切なものとして関わることができるという、市民精神の確かさである。決して職業政治家や指導者になろうとするのではなく、対等な市民として生きていくなかで、小林の行動は反響板を見いだしていった。

久野も小林も、「反戦平和」という普遍的理念を自らの立脚点として、市民的抵抗や市民運動に関わった。実現目標としては平和を、実践形態としては民主主義を軸にして市民運動に関わり続けたと言ってもよい。非武装平和と市民的自治の実現が目標に据えられていたが、それらを空疎な言葉にしないための日々の実践があった。重要なのは、実践のなかで思考し、運動の方向づけを誤ってはならないという自戒があったということである。実践をとおして思想を形成していくという姿勢(66)において二人は共通していた。

久野が、市民運動に指導者としてではなく一人の市民として関わったのは、市民運動は、上からのリーダーシップ（指導）ではなく、下からのイニシアティヴ（発意）で盛り上がる運動でなければならない、と考えていたからである。(67)この点は、小林も同じである。小林が、「市民運動の中で、指導部がちゃんとしていて、その指令のまま行動するようになったら、その人たちはやる気を失うと思うし、どんなちっぽけなものでも自分たちで考えて行動するとき、内面からやる気がおきてくるし、そうでないかぎり、運動はエネルギーを失うと思うのです(68)」と述べているのは、長年の経験から出てきたことばである。小林の場合は、慎ましやかに生活者としての反戦や政治腐敗追及の活動を貫いた。横のつながりを大切にし、民主的な人間関係、自治的市民社会の形成を実践していった点でも二人は共通していた。

このような二人の思想と行動から言えるのは、民主的な主体性とは、個人個人が、動機は異なっていても、普遍的理念を共有する運動や活動のなかで育まれ、現実を理念に近づけていく不断の努力のなかで強められていくということである。現代の政治状況を批判的かつ根底的に問いなおし、未来に実現すべき普遍的理念とのつながりを自覚して生きていくことが、市民として自己形成していく道であるに違いない。

注

（1）岡本仁宏「「国民」を疑う」『政治における忠誠と倫理の理念化』（年報政治学二〇一一―I）木鐸社、二〇一一年、二七―二九頁参照。

（2）Hannah Arendt, *On Revolution*, New York: The Viking Press, 1963, pp. 69–70（志水速雄訳『革命について』ちくま学芸文庫、筑摩書房、一九九五年、一一三頁）.

（3）*Ibid.*, p. 71（邦訳、一一五頁）.

（4）*Ibid.*, p. 72（邦訳、一一六頁）. なお、「多数者」の原語は a multitude である。

（5）国民という言葉は、日本語では「国民の一人ひとりとして」というように、あるいは「非国民」というように、単数の意味でも用いられるが、これらの場合でも国民あるいは非国民というカテゴリーに入る一人の人間としてという意味であり、国民が複数の人びとから成る人間集団を原義としていることに変わりはない。

（6）丸山眞男「デモクラシーの精神的構造」（一九四五年一一月四日付）、『自己内対話――3冊のノートから』みすず書房、一九九八年、一〇―一一頁参照。

（7）人間は人として生まれるのであって、市民として生まれるのではない。アリストテレスが示唆しているように、人間は生まれながらに「善き市民」なのではなく、市民性を身につけ「善き市民」になっていくのである。「善き市民とは教育の所産である」という認識は、市民的共和主義の伝統の一部である（Derek Heater, *What Is Citizenship?* Cambridge: Polity Press, 1999, p. 46〔田中俊郎・関根政美訳『市民権とは何か』岩波書店、二〇〇二年、八一頁〕）が、市民形成は何も教育だけによってなされるのではなく、R・J・プランジャーが指摘しているように、市民参加の実践によってなされるのである（R.J. Pranger, *The Eclipse of Citizenship:*

Power and Participation in Contemporary Politics, New York: Holt, Rinehart and Winston, 1968, p. 48〔佐藤瑠威ほか訳『現代政治における権力と参加』勁草書房、一九七二年、七九頁〕参照)。

(8) 久野収「市民として哲学者として」(一九九五年)、久野収『久野収集Ⅴ　時流に抗して』佐高信編、岩波書店、一九九八年、一九―二一頁参照。

(9) 久野が編集に携わった『世界文化』は、一九三五年二月から三七年一〇月まで三四号刊行された月刊誌であり、発刊に関わった『土曜日』は一九三六年七月から三七年一一月まで四四号刊行された隔週発行のタブロイド版の新聞である。いずれも反ファシズム文化運動の一翼を担ったが、『世界文化』はフランス、スペイン、その他の人民戦線運動を紹介、解説していたのに対し、『土曜日』のほうが最終的には八〇〇〇部に及んだ発行部数からいっても、大衆自身の創造的文化を打ち建てようとしたその性格からいってても、はるかに影響力が大きかった(久野収「文化新聞『土曜日』の復刻によせて」三一書房編『復刻　土曜日』三一書房、一九七四年、一―七頁参照)。

(10) 「市民として哲学者として」六六頁参照。

(11) 同前、一六五頁。

(12) 久野は、「結局、日本の集団運動というのは、個人の自覚とか意識をベースに出発していない。その点を痛感しますね。これじゃ、指導部が変われば〝下〟の態度もくるくる変わることになるのです」と述べている(同前、一七七頁)。

(13) 同前、一九六頁。

(14) 思想の科学研究会「声明と討論」『思想の科学』第一九号(一九六〇年七月)二頁。

(15) 同前、四―八頁。

(16) 同前、三頁参照。

(17) 久野収「市民主義の成立」(一九六〇年)、久野収『久野収集Ⅱ　市民主義者として』佐高信編、岩波書店、一九九八年、六六頁。

(18) 同前、七〇頁。

(19) 久野は、「市民の生活領域における政治活動の組織は、政治活動だけを目的としてはいけないと思う。目の前の生活上の利益をまもり、ふやすグルーピング、生活をゆたかにするグルーピングが、第二次的な目的として国政的活動を」パートタイマー的に行なえばよいと主張している(同前、七七頁)。

(20) 同前、七七―七八頁参照。

(21) 同前、七八頁。

(22)「市民として哲学者として」一八八頁。
(23)同前、一八八頁参照。
(24)久野収「転向の内在的意味について」(一九七五年)、久野収『久野収集Ⅱ　市民主義者として』一八七頁。
(25)同前、一六八頁。
(26)同前、一八三頁。
(27)同前、一八四頁。
(28)同前、一八四―一八五頁。
(29)同前、一八六頁参照。
(30)同前、一八二頁。
(31)久野収「新しい生き方を求めて」(一九九五年)、久野収『久野収集Ⅴ　時流に抗して』二七四頁参照。
(32)久野収「サルトルを悼む」久野収『人間の自己創造』日本評論社、一九八〇年、二五九頁。サルトルがノーベル文学賞を辞退したのは、一九六四年のことである。
(33)同前、二五八―二六一頁参照。
(34)小林トミ「二度と戦争をおこさないために」『国際労働運動』第三〇巻第八号(二〇〇〇年八・九月)、二四頁。
(35)同前、二五頁。
(36)同前、二六頁。
(37)小林トミ著、岩垂弘編『「声なき声」をきけ――反戦市民運動の原点』同時代社、二〇〇三年、九頁参照。
(38)同前、二六頁参照。
(39)同前、二九頁。
(40)「声なき声の会」では、浅沼社会党委員長殺害を受けて、各政党に緊急の質問状を送付した。自由民主党には「今後右翼とのつながりを断つといいますが、自民党ないし、党代議士が右翼と関係を保っている事実が摘発されたとき、どう対処しますか」ということなどをきいているが、回答を拒否された(『声なき声のたより』第六号(一九六〇年一一月二〇日)、『復刻版　声なき声のたより　第一巻　一九六〇―一九七〇』思想の科学社、一九九六年、四九頁参照)。
(41)「市民のみなさん「政治的暴力防止法案」に反対しよう」『声なき声のたより』第一〇号(一九六一年五月二〇日)、『復刻版　声なき声のたより　第一巻　一九六〇―一九七〇』八五頁。この記事は、無署名だが、会での検討をふまえて高畠通敏が書いたものである（『「声なき声」をきけ――反戦市民運動の原点』五七頁参照）。

(42) 小林トミ「〝私〟にとっての政治――〝声なき声の会〟の十八年」（インタビュー）、『思想の科学』第六次通号八九号（一九七八年四月）六七頁参照。

(43) ただし、京都でも京都べ平連によって同じ日にデモが行われたが、そこでは最初から「市民連合」という名称が使われていた（鶴見俊輔「ひとつのはじまり――あるいは、べ平連以前」ベトナムに平和を！市民連合編『資料・べ平連運動　上巻』河出書房新社、一九七四年、Ⅻ頁参照）。

(44) 『「声なき声」をきけ――反戦市民運動の原点』九二頁参照。

(45) 小田実ほか「共同宣言」（一九六五年五月二二日）、『資料・べ平連運動　上巻』一七―一九頁参照。

(46) 『「声なき声」をきけ――反戦市民運動の原点』一〇八頁。

(47) 同前、一三九頁。

(48) 同前、一四〇頁。

(49) 同前、一四一頁参照。

(50) 同前、一七六頁。

(51) 岩垂弘「解説」、『「声なき声」をきけ――反戦市民運動の原点』二一九頁。

(52) 同前、二一九頁参照。

(53) 望月寿美子「私にとっての〝声なき声〟①」『声なき声のたより』（一九七五年一月一〇日）、『復刻版　声なき声のたより　第二巻　一九七〇―一九九五』思想の科学社、一九九六年、一二一―一二二頁。

(54) 久野収「自由人権とナショナリズム」（一九八八年）、『久野収集Ⅱ　市民主義者として』一五八頁。

(55) ミシェル・フーコーが「主体《サブジェクト》という語には二つの意味がある――支配と従属という形で他者に依存していることと、良心や自己認識によって自らのアイデンティティと結びついていることである。どちらの意味も、従属させ、服従させる権力形式につながる」と述べている（Michel Foucault, "The Subject and Power," Afterword for *Michel Foucault: Beyond Structuralism and Hermeneutics*, by Hubert L. Dreyfus and Paul Rabinow, Sussex: The Harvester Press, 1982, p. 212〔渥美和久訳「主体と権力」『思想』第七一八号、一九八四年四月、二三八頁〕）ように、主体形成は、支配的な権力に組み込まれていくかたちでなされる可能性が大きい。だからこそ、支配や従属から解放された知の探究、当面の不正と闘っていく抵抗形態の構築、政治との関わりにおいてのみならず社会のさまざまな次元において不正と闘っていくことが重要であり、そのためには権力におもねることのない、確固とした心性や信念をもった個人のあり方が求められる。

(56) 久野は、戦時下の知識人が国家主義に落ち込んでいった状況に対して、「ぼくなどは、国家と民族から疎外されて、個人の立場に立たないわけにいかなかったから、少しはましだっただけですよ」と述べている（「市民として哲学者として」一一二頁）。

(57) 久野は、マックス・ホルクハイマーの論文「伝統的理論と批判的理論」（一九三七年）が羽仁五郎の『ミケルアンヂェロ』（一九三九年）とならんで「戦争中座右の著作となっていた」と述べている（「羽仁五郎」（一九七〇年）、久野収『久野収集Ⅲ　哲学者として』佐高信編、岩波書店、一九九八年、二二四頁）。のちに久野自身、ホルクハイマーの「伝統的理論と批判的理論」を翻訳し、『学問の思想』（加藤周一・久野収編、戦後日本思想大系10、筑摩書房、一九七一年）に「付録」として収録している。ホルクハイマーが、この論文のなかで伝統的理論は道具的・操作的になり、全体的認識を失っていると批判し、批判的理論によって「存在判断」（社会のあり方についての判断）を回復しようとしたように、久野も、学問が事象を全体的連関のなかで捉え、進むべき未来を照らし出すことを期待していた。

(58) 久野収「歴史的理性批判」（一九六九年）、『久野収集Ⅲ　哲学者として』三六八頁。

(59) 同前、三六八―三六九頁参照。

(60) 中井正一によれば、「subjectum の意味が根底に横たわるもの、すなわち主体を指示していたのが、観察するもの、すなわち主観に変わっていく」のは、一六世紀のルネサンス期においてである。というのは、交通の発達、商業の勃興、印刷技術の伝播、科学技術の発展によって、「瞑想」の意味が根底的に変わり、忍耐強い個人が望遠鏡で観測し始め、懐疑的で観察的な個人、すなわち「見る人」が生み出されていったからである（中井正一「委員会の論理――一つの草稿として」（一九三六年）、『中井正一全集第一巻　哲学と美学の接点』久野収編、美術出版社、一九八一年、五三頁参照、強調は中井）。

(61) 「〝私〟にとっての政治――〝声なき声の会〟の十八年」六六頁。

(62) 小林は、「ほんの少しの勇気」をもって「声なき声の会」を始めたのと述べている（小林トミ「ほんの少しの勇気（上）――「声なき声の会」の運動のはじまり」『春秋』第三七九号、一九九六年六月、八頁参照）。

(63) 同前、八頁。

(64) 小林は、『思想の科学』の「わたしの政治原則」という特集に寄せて「なるべく、日常生活からうかないように、ふつうの生活をつづけながら、運動をつづけようと思っている。最初の頃はデモに行くと、母が心配して駅まで迎えにきたので、なるべく心配をかけないように帰ることにしていた。その母はもういないが、なにか習性になっていて、規則正しく帰途につくことになる。また、一緒にデモに参加した人たちが、日常生活からはじきとばされずに運動を続けることが大切だと思っている」と述べている

（小林トミ「わたしの政治原則——反対する勇気」『思想の科学』第一五〇号（一九九二年三月）三九頁。

(65) 小林トミ『貝がらの町——声なき人びととの出会い』思想の科学社、一九八〇年、二二四頁。

(66) 久野は、プラグマティズムの世界を合理的技術性の世界としてではなく「歴史や経験から教訓を学びとる常識的信念の世界」として捉えている（久野収「解説」、デュウイ、タフツ、久野収訳『デュウイ＝タフツ　社会倫理学』〔世界の大思想27〕河出書房新社、一九六六年、四三八頁）。

(67) 「市民として哲学者として」一八七頁参照。

(68) 『貝がらの町——声なき人びととの出会い』二三二頁。

第6章　マス・ソサエティにおける政治主体の「市民性」

山田竜作

1　マス・ソサエティと政治主体の問題

日本で長年「大衆社会」という訳語で定着してきたmass society、およびそれを背景とするマス・デモクラシーは、政治主体として登場した「大衆」が民主化において持つ可能性と、逆にそれが政治的客体とされてしまう危険性をはらむものとして、二〇世紀中葉にさまざまに議論された。大衆運動はしばしば支配層による全体主義的な「動員」と考えられ、大衆の過剰な政治参加はデモクラシーの安定性を脅かすとする認識は一九五〇～六〇年代の欧米に見られた。(1) だが、一九六〇年代の黒人公民権運動や第二波フェミニズムの勃興は、選挙権拡大や形式的シティズンシップによっても実質的に政治主体と考えられてこなかった一群の人々にとっての「さらなる民主化」要求であったといえる。これらの運動は、デモクラシーの安定性を損なう大衆運動というより、むしろ後に「新しい社会運動」（A・トゥレーヌ）という言葉を伴って、現代のいわゆるラディカル・デモクラシーを考える際に重要な市民運動と見なされるようになっていく。やがて一九七〇年代に、旧東欧の知識人を中心として「市民社会の再発見」が語られ、マルクス主義的な「ブルジョア社会」（市場）ではなく「公共圏」としての市民社会が改めて注目されるようになった。一九八〇年代を通じての「世界的な民主化」と冷戦終結に、市民運動が大きな役割を果たしたことから、市民社会論は世界的な知的潮流となり、市民のエンパワーメントやNGOを重視する議論がおびただしく蓄積されて今日に至っている。語られるべきはもはや「大衆」ではなく「市民」であり、「大衆社会」ではなく「市民社会」のようである。

しかし、二一世紀の最初の一〇年を経た今日、その「市民」がどれ程エンパワーされたか、政治主体とされる「市民」がどの程度自己決定できているかと問えば、悲観的な見方が広がっていることも否定できない。「格差社会」や「無縁社会」といった、人口に膾炙した言葉が象徴するのは、市民の政治的有効感が著しく損なわれるのみならず、社会的にも個人がさまざまに分断され孤立化し、それが常態化している現代のあり様であろう。「市民社会の再発見」の文脈では、例えばマックス・ヴェーバーのいう「鉄の檻」は必ずしも不変の事実ではなく、市民の力がそれを変える可能性を秘めている点を強調する議論があった。(2) それに対して近年では、市民が政治的・社会的決定から疎外されている（少なくともそう感じられている）現代の状況は、ヴェーバーやカール・マンハイムらの近代社会診断が現在でも有効である証だ、との議論も現れている。(3) 周知のように、mass society（ドイツ語では Massengesellschaft）という表現が最初に用いられたのは、マンハイムの著書『再建期における人間と社会』（ドイツ語版一九三五年、英語版一九四〇年）とされている。英国亡命後のマンハイムについては、現代日本の政治理論の分野では、ヴェーバーやハンナ・アレント、ユルゲン・ハーバーマスほど取り上げられることはない。(4) だが、人々の間の連帯と共同性を取り戻し、社会再統合を目指そうという昨今の議論（共通善の政治思想やソーシャル・キャピタル論など）は、マンハイム的な広義の大衆社会論と少なからぬ接点を持っている。では、mass society と呼ばれるものはすでに過去のものか、それとも、二〇世紀中葉とは様相が激変したと思われる現代でも変わらない問題点があるのか。一九八〇〜九〇年代の「市民社会の再発見」やラディカル・デモクラシー論を経た私たちが、mass society をめぐる諸議論がいかなる今日的意味を有しているかを再検討することは、必須ではないかと思われる(5)。本章では、デモクラシーと市民社会における市民のあり方、つまり「市民性」という観点から、mass society という社会を背景にした政治主体像とはいかなるものかを問題にしたい。

このような問題設定の背景には、昨今興隆しているシティズンシップ論、シティズンシップ教育論が、mass society との関連で語られることの少なさに筆者の抱く違和感がある。シティズンシップ教育論には、いくつかの側面がある。一つには、市民が公的領域に積極的に参加する「能動的シティズンシップ」の重視であり、その関心は参加デモクラシー論や共和主義論と重なる。この点は、「受動的な大衆」をいかに「自発的市民」とするかという、しばしば「市民から大衆へ」として語られた問題設定とほとんど変わらない図式と思えるのだが、現代の市民社会論やシティズンシップ教育論では「大衆」は決して明示的に論じられていない。次に、価値観の多様化や社会の分断化への応答というタイプのシティズンシップ教育論がありうる。これはさらに分節化され、市民としての一定の価値観や徳の共有を目指す、いわばコミュニタリアン的なシティズンシップ教育論がある一方、むしろ差異を承認し相互共存を目指す多文化主義的なシティズンシップ教育論もありえよう。ここで、そうした多様なシティズンシップ教育論を検討することはできないが、しかしそれらが、共同体の崩壊と伝統的な人間の絆の喪失を論じた古典的な大衆社会論とともに論じられるケースは、管見の限り多くない。総じて、市民としてのあり方を表すはずの「シティズンシップ」は mass および mass society との関わりではほとんど語られていないといってよい。

本章では、mass society 論の現代的位置づけを再確認する手がかりとして、三人の理論家を検討してみたい。一人目は、そもそも mass society 概念を用い始めたファシズム期のマンハイム（一八九三―一九四七）。二人目は、マンハイムの問題意識を引き受けつつ、日本において独自の大衆社会理論を展開した松下圭一（一九二九―）。三人目は、二〇世紀末から今世紀にかけてラディカル・デモクラシー論と市民社会論の重要な論客の一人と目された、フェミニストの政治理論家アイリス・M・ヤング（一九四九―二〇〇六）である。前者二人に対して、ポストモダン的な「差異の政治」を展開したヤングはかなり異質な理論家と見なされるかもしれない。だが、ヤングは諸論考でmass societyを重要なキーワードとして繰り返し用いている。(6)ヤングがこの概念を綿密に検討しているとはいいがたいものの、しかし彼女がmass societyをいかなるものと見なしていたかを理解することは、二〇世紀末～二一世紀初頭のデモクラシー論において、依然として二〇世紀中葉の諸議論と共通の問題が存在する可能性を私たちが自覚することにつながるだろう。そして、今日的な視点から、デモクラシーを支えるのに必要と考えられる「市民性」の諸相を、それぞれの理論家の議論や構想から抽出することが、本章の主たる課題である。

この三人の理論家はまた、政治主体の形成に関わる現代シティズンシップ教育を考える場合に、重要な示唆を与えるように思われる。マンハイムの場合、必ずしも「市民」や「市民社会」「市民性」「シティズンシップ」等という概念を正面から論じているわけではない。にもかかわらず、政治主体たるべき「大衆」に社会的自覚を持たせようとする彼の教育への関心は、英国亡命以前のドイツ期においてすでに見られるし、(7)亡命後の社会計画論においては、彼はデモクラシーを支えるための社会的教育論に深くコミットしていった。一方、マンハイムの計画論を高く評価し、それを引き継ぐものとして政策・制度論を展開したのは松下であったが、彼は政治教育や社会教育には極めて否定的である。マンハイムの知的営為にあって、社会計画論と教育論は決して切り離せない関係にあったが、松下の場合はそれとは非常に対照的である。他方、ヤングの場合は、多文化主義的なシティズンシップという現代的な観点からシティズンシップ教育に接点を持っていた――もっとも、ヤング自身がシティズンシップ教育論を十全に展開したというより、むしろ他の論者が、彼女の「差異の政治」の議論に触発されて現代シティズンシップ教育にアプローチしていったという方が事実に近いが。(8)ともあれ、市民として要請される能力や資質としての「市民性」が mass society において自動的に生じるとは考えにくい以上、市民性形成という広義のシティズンシップ教育の課題が存在することは疑いえない。だが、現在のシティズンシップ教育論が、学校におけるカリキュラムの問題と捉えられることが多いように見受けられるのに対して、この三者の議論に共通して見出されるのは、市民性の陶治という営みは狭義の学校教育だけでは完結しないという論点である。市民性と考えられるものがいかに形成されうるかは、この小論のみで扱えるほど小さな問題ではないものの、少なくともそれを考えることは、政治主体としての市民のあり方を問いなおす場合に重要であろう。

なお、mass を「大衆」、mass society を「大衆社会」と訳すことによって、どうしてもそこには一定の固定的イメージ――群集心理、非合理性、アノミー、画一性、受動性、他人指向、大衆操作、プロパガンダ、組織化、「自由からの逃走」等々――がつきまとう。しかし、mass にしても mass society にしても、それらを論じる文脈に従って多様な意味合いを帯びる(9)。ゆえに本章では、かつて清水幾太郎がそうしたように、mass society を主に「マス・ソサエティ」とカタカナ表記し、必要な場合に適宜「大衆社会」等という訳語を用いることとしたい。

2　マス・ソサエティをいかなるものと理解するか

まず初めに、本章で取り上げる三人の論者が、マス・ソサエティをどのようなものと理解しているか検討してみたい。マス・ソサエティとは何かという認識に応じて、そこで問われるべき課題も異なってこざるをえないからである。

K・マンハイム：崩壊する「巨大社会」としてのマス・ソサエティ

マンハイムにとってマス・ソサエティとは、近代社会が極めて短日月のうちに、何らの新しい指導原理もなしに相互依存性を増大させるに至り、合理性と非合理性の両面をもつ巨大な社会と化した事態を表現するものであった。彼の議論でもっともよく知られていると思われる説明によれば——巨大化した近代社会は、「産業社会《インダストリアル・ソサエティ》」としては高度に予測可能な合理的組織を持つが、「大衆社会《マス・ソサエティ》」としては無定形な人間の集合体であり、あらゆる非合理的な激情的暴動を生みかねない。また、相互依存性が増大した近代社会は、「産業社会」としては洗練された社会機構を持つゆえに、一部で起こった騒乱でも社会全体に大きく影響することとなり、同時に非合理的な「大衆社会」の側面をも持つため、多くの衝動力が爆発すれば社会の全機構が破壊されかねない[10]。マンハイムは、合理的な「産業社会」と非合理的な「大衆社会」の二律背反に巨大社会の危機を見たといってよい[11]。

このようなマス・ソサエティにおいては、合理性それ自体もまた二面性を持たざるをえない。マンハイムによれば、それは「実質的《サブスタンシャル》合理性」および「機能的《ファンクショナル》合理性」と表現できる。「実質的合理性」とは、ある状況下でのさまざまな事象の相互関係を洞察し、明らかにしようとする思考活動のことである。他方、「機能的合理性」とは、人が思考活動を行っているか否かにかかわらず、一定の目標に向けて一連の行動が組織化され、それぞれの行動に全体のなかでの位置・役割が与えられている事実にすぎない。例えば軍隊における一般兵士の作戦行動のように、いかに組織的に秩序づけられ機能的に合理的ではあっても、彼らがその行動の究極の目的が何なのか、各々の個人の行動が全体のなかでいかなる機能的役割を持つのか、等について自己理解を欠如しているならば、実質的には非合理的だということになる[12]。官僚制化された巨大社会において受動的・情動的とされる大衆だが、マンハイムにとってその何が問題かといえば、相互依存性の深まる社会の全体状況を把握し、そこに自らを位置づけて現実的に行動するという知的洞察の能力が、形式的には（社会の基本的民主化によって）政治主体になった大衆から奪われていることであった。いわば、機能的合理性ゆえの判断力麻痺という問題である。

マンハイムの死後に公刊された遺稿『自由・権力・民主的計画』では、マス・ソサエティの危機のあり様がさらに具体的に指摘されている。マンハイムにとってそれらは、ワイマール共和国を崩壊に導いたのみならず、リベラル・デモクラシーが比較的安定して機能している英国においても見出せる状況であった。ここで、それらのいくつかの点を筆者なりに整理しなおせば、次のようになろう[13]。

・社会内の小集団の急速な消滅：一対一の人間関係が、官僚制的な非人格的関係に取って代わられる。

・価値の対立：もはや、社会自体の統合と永続に必要なはずの基本的価値に関する合意は存在しない。哲学的問題から日常生活の習慣のレベルに至るまで、見解の対立していないものはない。

・社会階級間の敵愾心：自由主義経済システムは、放置しておけば、すでに存在する階級間の貧富の差をますます拡大させる。階級間の闘争は、自由と民主的合意の前提条件を破壊してしまう。

・パーソナリティの崩壊：個人レベルから大衆全体のレベルまで、混乱した社会にあってパーソナリティも不安定になる。大衆は安定を求めるあまり、独裁制にさえしがみつこうとする。

・新たな社会的技術の発達による、権力の集中と少数者支配。

ここで描かれているのは、社会の全面的崩壊と独裁制の危機である。しかもそれらの何点かは、ファシズムと戦争の時代という二〇世紀中葉に特有の危機というより、今日でも表現を変えて繰り返し語られる諸問題といってよく（例えば小集団の消滅という論点は、コミュニティ再生を目指す昨今の議論にもほぼそのまま登場するし、価値の対立という論点は現在では「価値の共約不可能性」となろう）、その意味でマンハイムの時代診断は近代リベラル・デモクラシーをめぐる巨視的な診断であったと理解できる。

マンハイムが生きた時代にあっては、ファシズムと共産主義という左右両極の独裁の脅威にリベラル・デモクラシーがさらされていたのであり、その点では現代と問題状況が異なることは確かである。しかしマンハイムは、全体主義や独裁が、リベラリズムを外から脅かすものというより、むしろリベラリズムそれ自体に内在する問題であると見ていた。彼にとっては、急速に変貌を遂げる現代社会に対してレッセ・フェール（自由放任主義）的な行きあたりばったりの対応をすることが、社会の崩壊を許したのであり、ナチズムやスターリニズムはそれへの応答として登場した全体主義なのであった。[14] ゆえに彼は、レッセ・フェールが通用しなくなった時代に対して全体主義で応答するのでなく、自由とデモクラシーを確保する仕方でマス・ソサエティ状況を克服する「第三の道」を問わなければならないと考えた。その「第三の道」を、マンハイムは「自由のための計画」あるいは「民主的計画」と呼んだわけだが、「計画《プランニング》」という表現を用いたために、彼の晩年の構想はさまざまに誤解され忘れられた可能性がある。だが彼が民主的計画の名の下に目指したのは、基本的には、バラバラに解体しつつある社会の「再建《リコンストラクション》」であり、人間の共同性を再生する社会再統合であった。このようなマンハイムの指向性は、コミュニタリアン的な現代リベラリズム批判と通底するといってよい。

そして、こうした社会再建のために、マンハイムの民主的計画は二重の戦略をとることになる。つまり一方では、エリート層や政府が社会全体に結果責任を負うよう権力を再編しなければならず、他方では、社会の構成員が排他的に自己絶対化することなく自発的合意が可能になるよう人間行動を変革させなければならない。マンハイムが最終的に問うたのは、社会再統合に要請される人間の民主的行動はいかなるものかという問題であり、教育論は彼の社会計画において不可欠のものであった。[15] 彼のいう「自由のための計画」は、崩壊しつつあるマス・ソサエティに対する社会工学的アプローチであった（この点について本章では詳述しない）のみならず、政治主体としてのエリートと大衆の双方に必要とされる、思考・行動次元での「市民性」の探究でもあったといえよう。

松下圭一：「都市型社会」としてのマス・ソサエティ

次に、松下の大衆社会理論において考えられたマス・ソサエティを考えてみよう。彼の大衆社会理論についての詳細な検討は別の拙著に譲るとして[16]、ここでは政治主体の問題を考える限りにおいて必要と思われる点の確認にとどめたい。松下理論の基盤にある「現代政治の条件」としての大衆社会状況は、しばしば以下のように定式化され説明された（その表現は、一九五〇年代の「大衆社会論争」期とそれ以降とで変化が見られるが、いわんとするところは基本的に変わっていない）。

Ⅰ　人口のプロレタリア化（圧倒的多数者がサラリーマン化すること）
Ⅱ　テクノロジーの発達（大量生産・大量伝達）
Ⅲ　政治的平等化

このような定式化の理由は大きく分けて二つ考えられる。一つには、全体主義と大戦の経験の記憶が生々しかった一九五〇年代に、日本で取り上げられた大衆社会論はしばしば「非合理的な大衆」を焦点とする社会病理的な議論であったことである（この点については、先のマンハイムの議論ももちろん無関係ではない）。それに対して松下は、非合理性が大衆の本質的な属性だと考えることを繰り返し拒否した。彼は、大衆そのものではなく、大衆を受動的で非合理的な存在（彼のいう、体制内在化した〈大衆〉）にしてしまう「体制の論理」の側を、批判しようとしたのである。もう一つには、今の点とも連動するが、「大衆社会論争」にあって予期せざる論争相手となった当時の日本のマルクス主義者が、一九世紀の資本主義（「近代」の「産業資本主義」）と二〇世紀の資本主義（「現代」の「独占資本主義」）との相違を理論化せず「階級社会」と一括してしまい、「階級」でなく「大衆」を語ることをほぼ愚民論としか理解しなかったことである。それに対して松下は、「大衆社会」という言葉を用いるといないとにかかわらず、二〇世紀的な大衆社会状況が現に存在する以上、資本主義的な階級関係の問題（「資本主義的疎外」）に還元されえない「大衆社会的疎外」をも理論化することが、社会科学者の責務であると応じた。ゆえに、当時の文脈で彼は、このⅠ〜Ⅲの大衆社会状況は資本主義と社会主義という体制の違いに関わりなく、工業が高度化する諸国に普遍的に見られるものであると繰り返し論じていた。やがてこのⅠ〜Ⅲは、一九六六年の論文「「市民」的人間型の現代的可能性」において、端的に「工業化と民主化」と整理されるに至った。

松下にとって、大衆社会状況は確かに克服されるべきであったにせよ、しかしそもそも大衆社会それ自体がネガティブな面とポジティブな面を持つものであった。つまり、そのネガティブな面を見るならば、大衆社会は大衆操作と官僚統制（彼のいう「体制の論理の貫徹」）を可能にし、そこではデモクラシーは、大衆の疑似自発性を作り出すファシズム的な動員としてのマス・デモクラシーと化してしまう。だが同時に大衆社会は、自発的結社を通じて市民が下から運動を起こすことを可能にし、「体制の論理」に抵抗するための条件も提供する。これは、市民の参加・自治や市民運動・社会運動を可能にする条件としての、大衆社会のポジティブな面である。この両面を持つ大衆社会こそ、松下にとっては、よくも悪くも「現代政治の条件」なのである。ただ、「大衆社会」という言葉にはどうしても「エリート vs. 大衆」というイメージがつきまとうため、それを避けるべく彼は一九七〇年代以降は「都市型社会」といい換えた。そして、現代に至るまで松下理論にあっては、「農村型社会」から「都市型社会」へという世代を越えた長期的変容が前提とされており、「都市型社会の成熟」という課題が繰り返し問われている。

さて、ここで松下の一九九一年の文章を引用してみよう。

工業化・民主化によって、農村型社会の土台である〈共同体〉をほりくずしてしまった都市型社会では、市民の生活日常は、政治によって決定される〈政策・制度〉のネットワークのなかにある。都市型社会では、制度化された政策のネットワークのなかでのみ、私たちは生活をいとなみうるのである。（中略）政治に「よって」決定される、この地域規模から地球規模までの政策・制度のネットワークに目をむけるとき、私たち市民は気楽な政治ドラマの観客から一転して政治の当事者となる。すべての市民は、政治の主役たらざるをえなくなる。これが都市型社会における政治の位置である。

ここに引用したのは、彼の『政策型思考と政治』の冒頭の記述である。(17) 都市型社会における政治とは政策・制度のネットワークであり、「市民」はそうした政治に自ら関わり政策・制度を担い支える「主体」だという。松下にとって、都市型社会としてのマス・ソサエティにあって焦点となるべきは、「問題解決の手法」としての政策であり、市民が「政策型思考」を身につけ自ら問題解決できるようになるか否かである。個人は誰もが、日々たえず、解決すべき問題に直面している。その意味で、日常生活における政策の主体は個人（市民）なのであって、政策策定はもはや官僚など特定層の神秘的特権ではありえない。このように考える松下にとって、政治とは市民自身の「可能性の技術」の問題であり、「日本の市民の文化水準・政治習熟ないし品位・力量が問いなおされることになる」というのである。(18)

I・M・ヤング：多文化化した「大規模社会」としてのマス・ソサエティ

最後に、ヤングがマス・ソサエティを語る際の意味合いについて検討したい。主に二〇世紀末から二一世紀初頭にかけて論陣を張ったヤングの場合、時代的にも知的状況においても、当然ながらマンハイムや松下と少なからぬ相違がある。形式的には個人の自由と平等が保障されているかに見える現代社会（ヤングは主にアメリカ社会を念頭に置いている）は、実際には特権的な集団が「普遍性」を装って「支配」し、メインストリームから「異質」と見なされ周縁に追いやられた集団が「抑圧」されている社会である、というのがヤングの基本認識である。

ヤングが特に問題にする「集団《グループ》」は、特定の政治的理念に基づくイデオロギー集団や、利益団体、結社ではない。そうではなく、一定の生活様式とアイデンティティの感覚を持つ、いわば文化的な社会集団である。そのうち、特権的集団としてヤングが考えたのは、典型的には白人男性・中産階級・健常者・異性愛者である。彼らは、本来は「特殊な《パティキュラー》」集団のはずである。しかし、彼らのものの見方・考え方やその表現様式、および生活スタイルが、社会のメインストリームで「普遍的な《ユニヴァーサル》」ものとして流通している。そして、それとは異質な集団――女性、黒人、ネイティブ・アメリカン、エスニック・マイノリティ、ゲイ、レズビアン、労働者階級、貧困層、老人、障害者など――は、異常なもの、逸脱したもの、例外的なもの等々とステレオタイプ化され、往々にして、嫌悪感や憎悪にもとづく嫌がらせや暴力の対象にもされる。こうした不利益を被っている集団の人々がその現状を訴えたり解放を求めても、その主張は社会の普遍的な基準に合わないとされるために、公的領域において表明されにくい。このように、特権的集団の「支配《ドミネーション》」と周縁的な人々の「抑圧《オプレッション》」が固定化している状況を、ヤングは「構造的な不正義」と考えた。彼女にとって不正義とは、富の配分の問題ばかりではなく、特定の集団の声が無効化され、意思決定から排除されているという問題でもある。(19)

そもそも、「個人」あるいは「人間」という一見して普遍的な抽象概念が、実際にはすでに社会で特権的な立場にある集団の視座を基準に構築されており、それとは異質とされる人々の声はもっぱら私的領域に閉じ込められる――これはフェミニズムによる公／私二元論批判や多文化主義が突きつける問題であって、「エリート vs. 大衆」という図式とは異なる。ヤングの関心はポストモダン的社会状況における集団的差異にあり、差異ゆえに不利益を被っている集団の声を代表＝表象させ公的な意思決定に包摂することを、自らの理論的営為の課題としていた。

とはいえ、例えば「近代の、大規模《マス》な、経済的に相互依存が深まった社会[20]」、「相互依存的なマス・ソサエティという事実[21]」等といったヤングの表現を見れば、マス・ソサエティに関する古典的な認識が彼女にも継承されていることがうかがえる。ヤングにとってマス・ソサエティとは、経済的相互依存性を生み出す都市化と市場経済の進展という近代的プロセスがもたらしたものであり、増大する社会の相互依存性を重視したマンハイムや「都市型社会」の理念を提唱した松下の認識と大差ない。ヤングは十分な説明なしに「大規模な（large-scale）マス・ソサエティ」という表現を用いるが[22]、これは、マンハイム的な意味での「巨大社会」としてのマス・ソサエティが二一世紀初頭においても現代デモクラシーを規定する社会的条件（松下流にいえば「現代政治の条件」）だと認識していたためであろう。彼女にとっては、マス・ソサエティを所与の条件とする政治は、「何百万人もの人々が社会的・経済的プロセスと法的枠組みによって緊密に結びつけられている大規模な政治」である。もっともヤングの場合、明らかにグローバリゼーションが念頭にあるため、「大規模なマス・ソサエティ」を「グローバル社会」と相互互換的に用いてもいる。「交通網、コミュニケーション、経済的相互依存によって、社会がグローバル化するプロセスを逆行させることは不可能になっている」というわけである[23]。

大規模社会としてのマス・ソサエティにおけるデモクラシーを考える際、ヤングもまた、都市化による共同体の崩壊という古典的な問題に言及している。しかし彼女の議論の方向性は、小規模な共同体を理想視してその再生を目指すというものではない。確かに彼女は、行き過ぎた個人主義と共同体の喪失を問題とするコミュニタリアニズムからのリベラリズム批判に、一定の共感を示す。だが同時に彼女は、伝統的共同体が往々にして、フェイス・トゥ・フェイスの人間関係と、共同体の成員に共有されるべき経験・価値・アイデンティティを「善き社会」の条件として重視しすぎることには、警戒的である。ヤングにとってはむしろ、都市化した社会の方が、相互に異質な者同士が同化を強いられることなく共に存在でき、多様性が確保されうる空間でもある(24)。

多様な集団的差異を重視するヤングの「差異の政治」は、以上のようなマス・ソサエティ認識を背景に持っている。つまり、相互依存性の増大した大規模社会としてのマス・ソサエティは、同時に、多文化化し価値観が多様な、流動的な都市社会のことでもあると考えられる。そして彼女は、理念的には見知らぬもの同士が共生できる多元的空間としての都市において、実際には上述の構造的不正義が存在することを直視し、形式的シティズンシップの保障という意味を越えたさらなるデモクラシーの深化を問い続けたといってよい。

以上、マンハイム、松下、ヤングのそれぞれのマス・ソサエティ認識と、そこで問われている問題をあらまし確認してきた。それらを踏まえた上で、それぞれの論者が、政治主体たるべき市民に必要とされる性質・行動・能力といった「市民性」をいかなるものと考えたか、またそれはどのように形成されうると見ていたか、の検討に移りたい。

3　政治主体としてのエリートと大衆——K・マンハイム

社会再建・社会再統合として「自由のための計画」を構想したマンハイムが重視したのは、社会全体の状況を把握し、そのなかに自分を位置づけて思考し判断し行動する人間の能力であった。前述のように、マス・ソサエティをもたらす近代化のプロセスは、機能的合理性の浸透によって人々の判断力を麻痺させてしまう。小集団やコミュニティの消失・解体、および人々の官僚機構への再組織化を通じて、人々は集団の絆を失い脆弱な姿をむき出しにした、いわば「甲羅のない蟹」のような存在となる。そこに、メディアなどの社会的技術を駆使した強力な宣伝が加えられれば、精神的な抵抗力を失った大衆はやすやすと操作され動員されてしまう。ナチスの独裁体制はこのようにして生み出されたわけだが、しかし社会の近代化はマンハイムの亡命先の英国でも基本的に同じであり、デモクラシーが危機に陥らない保証はない。ゆえに彼は、民主的な社会の再生を目指す「自由のための計画」にあって、実質的に合理的な人間の育成が肝要と考えたのである。

だが、社会の全体状況の把握を可能にするような教育という課題にマンハイムが深く関心を寄せるようになったのは、英国亡命後のことではない。彼が『イデオロギーとユートピア』を著した一九二九年は、いうまでもなく世界恐慌が勃発した年であり、ほどなくナチスの目を見張る躍進が始まった。そこから英国に亡命する一九三三年までの間に、すでに彼はデモクラシーが大衆の情動によって大きく左右されることに警告を発し、「もっとも広義での社会生活の民主化、とりわけ広範な大衆の潜勢的な決定参加という意味での政治の民主化は、社会学的な市民教育《ソシオロジカル・シヴィック・スクーリング》を不可欠のものとする」と述べていた[25]。確かに彼の知識社会学においては、全体状況の把握という時代診断の担い手として、主に「自由に浮動するインテリゲンチア」が想定されていたことは事実であろう。だが彼のインテリゲンチア論は、しばしば誤解されたように知識人に特権的な役割を認めたものというより、むしろ、時代診断をなすのに相対的に有利な立場にいるという自覚を知識人に促すいわば規範的要請であった、とする解釈の方が現在では有力といえる[26]。そこで求められた社会全体への視野は、基本的民主化およびそれゆえのマス・ソサエティの危機という切迫した状況にあっては、知的エリートのみならず新たな政治主体たる大衆にも要請されることになる。

ゆえにここでは、マンハイムの英国亡命前後の思考のなかから、今日私たちが「市民性」と考えうる要素を抽出すると共に、そのような性質・能力を培うものとして彼がいかなる教育を構想したかを検討してみたい。

「自己相対化」と「最大限の視野の拡大」

まず指摘できるのは、マンハイムの思想にほぼ一貫していると思われる「自己絶対化の拒否」、いい換えれば、自身のものの見方・考え方が部分性・党派性を免れないことを自覚する「自己相対化」の要請である。例えば『イデオロギーとユートピア』では、敵対者の思想のみならず自らの思想をも「存在拘束性」を帯びたイデオロギーと見なすことが、単なる暴露的なイデオロギー論から知識社会学が成立するために不可欠と考えられている。マンハイムにとって、部分観でしかない自らの認識・思想を絶対化することは、「実はほとんどの場合、現存の存在の段階であらわになってきた生の深淵を見まいとする、広範な層の事なかれ主義を当て込んでいるにすぎない」(27)。そして、認識の部分性を克服するためには、刻々と変化する社会全体に対する綜合的な観察が必要となる。彼の考える全体観察とは、社会のすべてを知り尽くすという意味でもなければ、党派を超えた普遍妥当な結論に至ることができるという意味でもない。そうではなく、「部分的な見方を自己のうちに受けいれつつ、不断にそれを打ち破り、一歩一歩、認識の自然の歩みにつれて自己を拡大してゆく、全体への志向」のことであり、いわば「われわれにとって可能な、最大限の視野の拡大」である(28)。自らの存在拘束性を自覚し、自己吟味によって自身の認識の部分性を絶えず打破していくことにより、固定的な視座を動化させる道が開かれる。マンハイムは、こうした「自己相対化」および「最大限の視野の拡大」を、端的に「自己の不完全さを補ってくれるものにたいして、いやでも自分を開いていること」と表現している(29)。

以上のように、ある特定の視座からの認識・思想・思考を、ひとつの全体の部分として捉え、相互に連関する各々の要素を全体状況のなかに位置づけて理解しようとする相関主義的な思考法は、マンハイムの英国亡命後に引き継がれているというべきである。先に述べた、自らの行為の意味を社会全体の状況に位置づけて洞察する「実質的合理性」を重視する彼の議論にも、それは表れている。そして、この実質的合理性を前提にしているのが、「自由のための計画」を可能にするために彼が要請した「計画的思考」である。マンハイムのいう「計画」とは、「社会の全機構およびその作用する仕方に関する十分な知識に基づいて、社会秩序における非調整の根源を意識的に衝くことである。それは、単なる症状の治療ではなくて、十分に結果を自覚しつつ戦略要点を攻撃しようとするものである」[30]。彼は「計画（planning）」の概念を、「創設（establishing）」や「管理（administrating）」の概念と区別する。「創設」とは、抽象的・経験的規則にしたがって、全く新しいものを考案し、作り出すことである。彼が「計画」という場合、それは、無から何かを作り出すことというより、常に所与の歴史的現実から出発する「再建」であり、比喩的に「動いている汽車の車輪を取り換えるようなもの」だという。また「管理」とは、彼にとっては、完成された組織・機構を単に運営することにすぎない。しかし計画者の立場は、確立した組織の管理者というよりも、常に変化する社会の全体状況を把握しつつ、刻々と決断を下す戦略者の立場に近い[31]。

以上から明らかと思われるのは、マンハイムの考える計画的思考とは、社会の設計図を抽象的に考案してそれを現実に当てはめようとする類のものではないことである。彼の計画論はしばしば、一握りの「計画者」が担う合理的社会を目指す設計主義ではないかと受け取られ、周知のようにフリードリヒ・ハイエクやカール・R・ポパーらからは厳しい批判を浴び、彼が戦ったはずの「全体主義」というレッテルまで貼られることとなった。だがマンハイムは、ポパーが批判する歴史主義（歴史発展法則主義）のように、社会の真の目的を知りうると考えていたわけではないし、ハイエクが論難したように、社会全体を理解しうる少数の専門家にすべての決定を委ねようとしたともいえない[32]。マンハイムにとって、あらゆる事象は「世界一般」にではなく、一種の構造を持つ特殊な世界のなかに存在する。ゆえに諸事象を、その具体的文脈において、それぞれの相互連関の点から機能的に把握することが必要となる。実質的合理性もしくは計画的思考とは、このような柔軟かつ動的な思考様式であり、その前提として前述の「自己相対化」と「最大限の視野の拡大」が要請される。マンハイムは、知識人やエリートがこうした動的な思考法を体現する責任を重視したが、同時に、一般大衆の政治的判断力を大きく改善することも必要と考えていた。「専門的意味における知識を期待することはできないけれども、本質についての真の理解は将来の有権者にとって不可欠」だというのである。(33)

社会的自覚のための教育と民主的パーソナリティ

では、ファシズムに対抗し、民主的に社会を再建するために、大衆の政治的判断力を改善するにはいかなる教育が必要とされるのか。マンハイムは、従来からの、青少年の学校教育という独立区画に閉じ込められた教育を批判する。教育がもっぱら狭義の学校教育と規定されれば、そこでの教育内容が現実の社会と生きた関わりを失っても、そのことが問題視されず放置されてしまう。それに対して彼が重視したのは、広義の「社会的教育」、すなわち、成人教育をも含めた生涯にわたる教育、また学校外の諸集団・諸機関と連携した教育であった。(34)マンハイム自身、ＢＢＣラジオでの講義を通じて、そうした広い意味での教育を自ら実践したと考えられる。(35)

その際、マンハイムの念頭にあったのは、「社会的自覚（social awareness）」の問題である。レッセ・フェールを乗り越える計画化に必要なのは、社会についての具体的知識に支えられた自覚的思考である。その場合の「自覚」とは、単なる知識の集積（個々の問題をただ知っているということ）ではなく、「人々が自己の属する全体状況を知るための準備」であり、さらに「その行動を身近な仕事や目的に向かわせるだけでなく、それらをより包括的なビジョンに基礎づけるための準備」を意味する。ところがマス・ソサエティにおいては、このように行動と結びつきうる全体的な自覚が失われているというのである。(36)

マンハイムはこのような自覚の欠如を考えるにあたって、亡命先である英国のファシズムに対する優柔不断な対応を批判しつつ以下のように述べている。英国では、寛容（tolerance）・客観性（objectivity）が、中立性（neutrality）

を意味すると誤解されてきた。特に、高等教育で目指されてきたものがこの中立性であり、それが過度の専門分化による断片的な教育とあいまって、「問題点を明確に表現しなければならなくなるような機会を常に意図的に回避」することとなる。「寛容ということの意味は、すべての人は自己の立場を示す正当な機会を持つべきであるということであって、だれもが自己の主義を熱心に信じてはならないということを意味しているのではない」にもかかわらず、「近代のデモクラシーにおけるこの中立性の態度というものが昂じてくると、単に公平という理由のために信念をも放棄するというところまで突き進んでしまった」。その結果、大衆操作に対して真の抵抗を企てることのできない人間、徹底的な議論を避け、重大問題に直面しても解決策を見出せない人間が、拡大再生産されるというのである。(37)

すでに触れたように、マンハイムがマス・ソサエティの危機の兆候の一つと考えていたのは、社会における価値の対立である。もちろん、部分観にすぎない特定の思想・価値観の自己絶対化を拒否する彼は、価値多元主義に深くコミットしていたといってよい。しかし彼はまた、急激に変化しつつある社会において常に取捨選択・価値判断を行わなければならない状況下で、共通に受け入れられる価値の基盤がなければ、リベラル・デモクラシーは「悪い決定でも決定しないよりはよい」というファシズムに容易に取って代わられてしまうという。(38)マンハイムは、ファシズムに対抗する自らの立場を「戦闘的《ミリタント》デモクラシー」と表現したが、それは、同胞愛、相互扶助、親切心、社会正義、自由、他者の尊重といったデモクラシーの基本的価値を擁護する立場であり、それらを侵害し破壊するものに対しては中立はありえず「戦闘的」になる、というものであった。(39)このような戦闘的デモクラシーを支える社会的自覚とは、階級意識のような特定の闘争的集団による部分的自覚ではありえない。そうではなく、デモクラシー擁護という共通目的のための人々の結合・協働を促すような自覚、すなわち部分観への固執を克服する「所与の歴史的段階において、人知のおよぶ限りでの全体的な状況についての自覚」でなければならない。(40)

以上のような社会的自覚を、政治主体たるべきエリートと大衆の双方に促すことが、「自由のための計画」におけるマンハイムの社会的教育論の眼目にあったといえよう。では、そのような全体状況への自覚を持った人々は、いかなる行動様式を身につけることが求められるのか。互いに競合する党派的利害もいつかそのうち調和するに至るだろう、といったレッセ・フェール的発想を退け、しかも独裁による強制とは異なる仕方で政治的意思を作り上げようとするならば、民主的社会の再建という共通目標に向けて諸集団が自発的合意にいたる必要がある。マンハイムは、デモクラシーの担い手となる民主的パーソナリティが備えるべき行動形態を、「統合的行動（integrative behavior）」と呼んだ。彼によれば、この行動の重要な要素は、自らの見解と意志を他人に押しつけようとしないだけでなく、意見が相違してもそれを許容することである[41]。

統合的行動は、妥協（compromise）とは区別される。それぞれの個人・集団が持つ部分観を不動のものとした上で、なおかつ相互に協力し合わなければならない場合に、部分的問題について暫定的一致をはかるというのが、妥協である。もちろん、問題解決の上で妥協はしばしば不可欠ではある。しかし、本質的問題の議論を棚上げすることが寛容であると理解されてしまえば、デモクラシーは中立的な政策ばかりに陥りやがて退廃する。マンハイムのいう統合的行動は、そうした意味での寛容ではない。それは「本質的に彼自身とは異なる人間の若干の特徴を吸収することによって、彼自身のパーソナリティを拡大することを期するという点から寛容なのである」[42]。自らのパーソナリティそれ自体を変動にさらすとは、彼によれば受動的な黙認ではなく、

人々の体質と社会的位置の多様さや衝動と関心の多様さが、彼らの生活に対する経験と態度を多様な仕方で形成しているという事実を十分わきまえながら、しかも共通な生活様式において協力し合うために彼らの多様な接近方法を変質させること

であるという。つまり統合的行動は、単に対立する見解を合理的に適合させたり、あるいは反対者を排除するのでなく、常に不安定な状態にある反対者との間に共通の目的と協力とを確立しようとする、いわば「創造的寛容(creative tolerance)」である。(43)

このような行動様式は、マンハイムの議論では直接的には議会政治における党派間のあるべき行動の問題として語られている。しかしこれは、大衆が身につけるべき民主的パーソナリティの重要な要素でもあると考えられる。現に彼は、「細目についてはたとえ意見を異にしても、共同行動のために、具体的問題については人々を一致させるにたるだけの強さを、民主的自己訓練が持った場合にのみ、デモクラシーは機能しうる」と述べ、そのことが自覚されなければならないと主張した。彼のいう一致とは、ある問題についての単なる理論的な一致ではなく、共同生活のための素地の準備である。そしてこうした徳性は、日常生活のなかで訓練されてこそ、政治の場にも反映しうるというのである。(44)要するに、マンハイムの目指す社会的自覚のための教育は、こうした「統合的行動」および「創造的寛容」さを体現できる人間の輩出を目的としていたといってよい。

以上のような教育論を伴う「自由のための計画」を構想したマンハイムの発想の背景に、ヴェーバー的な「責任倫理」の理念があったことを、最後に指摘しておきたい。レッセ・フェールを批判して計画や計画的思考の必要性を説くマンハイムにとって、相互依存性が深まるマス・ソサエティの時代とは、自らの行為に対する結果責任を問う責任倫理が要請される時代であった。(45)この責任倫理への言及は、すでにドイツ期に見られたものである。彼によれば、人間は、社会的なものを運命として体験する受動的な「運命倫理」の段階から、それを拒否し、自らの行為を通じて新しい因果関係を世界のなかに設定しようとする「心情倫理」の段階を経て、今や「責任倫理」の段階に生きている。すなわちその段階では、「ただ心情のおもむくままに行動するのではなく、その都度に計算可能なさまざまな帰結をもあわせて熟慮し」、しかも「あらがいがたくひたすら盲目的に働く決定要因を排除するために、心情そのものを自己吟味にかけて純化しなければならない」[46]。政治という、歴史生成への参加ともいうべき営みの領域にあっては、純粋な客観的認識はありえず必ず何らかの決定・決断が伴う。その意味で、「最大限の視野の拡大」とは「決断を下すための」視野の拡大であり、その決断が自己絶対化による恣意的なものに陥らないためには、反省的な「自己相対化」が不可欠となる。時代診断から社会的自覚の問題に至るまで、英国亡命の前後でほぼ一貫しているこうしたマンハイムの相関主義的な思想を、澤井敦は的確に「自己相対化と自己拡張の連動」、「補完への開放性」といい当てている[47]。自己吟味を通じて、自らを補完してくれるものに対して開かれてあること——これが、エリートであると大衆であるとを問わず、責任倫理の時代に生きる政治主体が身につけるべき民主的パーソナリティであるとするならば、われわれにとってマンハイムのマス・ソサエティ論から見えてくる「市民性」もこの点に集約されると考えられる。

4　政治主体としての「市民」型人間——松下圭一

マンハイムの社会計画論は、亡命先の英国でも、またひところ彼の理論が集中的に紹介されたはずの日本でも、決して十分に検討されることも高く評価されることもなかった。ここで各国におけるマンハイムの受容史を詳述する余裕はないが[48]、次に取り上げる松下圭一が、彼なりの仕方でマンハイムの大衆社会論・社会計画論を引き継いだといえる点に、まずは触れておこう。

前述のように、松下大衆社会論は、「農村型社会」から「都市型社会」への移行という巨視的な歴史観を伴っていた。その移行のプロセスにあっては、デモクラシーが大衆操作・官僚統制を通じての危険なマス・デモクラシーに陥る可能性もあれば、そうした危険性に抗する市民運動・市民活動もまた可能になる。「大衆社会論争」期には悪政への抵抗を主に考えていたと思われる松下は、それ以降、特に一九七〇年代以後は、市民の参加・自治を可能にする制度設計を長年にわたって練り上げてきている。彼の議論には、政治主体としての自由な個人すなわち市民が持つであろう性質（自発性、「自治・共和」という感覚）に関する側面と、そうした市民による問題解決のための政策・制度に関する側面とがあり、本来その両面は切り離せない関係にある。松下自ら、影響を受けたことを繰り返し指摘する理論家のなかに、ハロルド・J・ラスキとマンハイムがいるが、国家のみならず自治体も政府《ガヴァメント》であるとする彼の自治・分権（分節民主主義）論にラスキの政治的多元主義を見いだすことができるとすれば、政府の権力を悪と見なすのでなく政府そのものの責任を明確化しようという彼の政策・制度論には、英国期マンハイムの思考が投影されている。そのことを示していると思われる一文が、彼の「「市民」的人間型の現代的可能性」にある。

ファシズムを通過しながら、大衆社会という問題意識をふまえて、「自由」と「計画」の結合を指向していったのがマンハイムであった。ラスキは社会内部への権力分散を追求したのにたいして、マンハイムは集中権力の理性的責任を追求した。そこでは、市民社会の観念における個人間の予定調和ないし社会の斉一性の仮定を、民主的責任をともなう計画へと転換していく。そこであらためて「社会の効率」と「個人の自由」との緊張が問われたのである。[49]

ここには、筆者が前節で述べたように、社会計画論をマンハイムの「責任倫理」の表れと見なす松下の理解が見いだせる。さらに、二〇〇六年の回想録で松下は明確に、マンハイムの計画論を「政策論」であるとしている。

日本の戦後理論家で、このマンハイムの計画論ないし《政策論》をたかく評価する理論家は、私は寡聞にして知りません。市民としてアクチュアルな政策・制度を開発するという問題意識が、日本の理論家のなかでは成熟していないため、マンハイムのこの著作〔英語版『再建期における人間と社会』のこと——引用者〕は理解されず、忘れられてしまっているのでしょう。(50)

要するに、松下はマンハイムの社会計画論を、政策・制度論として読んだのである。だが、マンハイムの社会計画論と不可分の関係にあったはずの教育論に関しては、松下の言及は見られない。むしろ松下自身は、いわゆる社会教育に対しては徹底的に批判的である。後に述べるように、彼には、教育を通じて市民性を育成するという発想はなく、むしろそうした発想自体が拒否されている。日本の都市型社会において、市民としての文化水準・政治習熟が問われるとする松下であるが、彼の場合それは教育とは別問題なのである。

ゆえにここでは、改めて、松下が「「市民」的人間型」と呼んだもの（本稿では「「市民」型人間」と表記することとする）が何であったか、そしてそれが教育を通じて育成されるものでないならばいかにして形成されるのか、について検討してみたい。

「市民」型人間の性質・能力

「市民」型人間の性質・能力を、松下はどのように考えていたか。まず「市民」を、彼は端的に「私的・公的な自治活動をなしうる自発的人間型」と定義づける。(51) そして彼は、市民が持つであろう普遍的性質（市民性）としての「市民的エートス」と、政治主体としての市民が持つべき能力としての「政策型思考」とを論じている。

松下の説明によれば、前者の「市民的エートス」は、経済的自立性と政治的自発性を前提とした市民感覚の形成、すなわち「教養と余暇による自治能力の拡大」と「自由・平等という生活感情の醸成」として提起されてきた。歴史的にはこの市民感覚は、ヨーロッパにおける古代都市国家や中世自由都市の市民、また欧米近代の資本主義的市民階級《ブルジョワジー》という歴史的実体が持つ徳性と考えられてきた。しかし、前述の「人口のプロレタリア化」と「テクノロジーの発達」によってマス・ソサエティと化した現代にあっては、こうした市民性はかつての欧米の歴史実在から切り離され、より普遍的に、デモクラシーの前提をなす個人の政治資質を意味するようになる。人口の大多数の生活水準の上昇と、都市型生活様式の展開にともなう情報選択の増大や余暇活動の拡大によって、都市型社会においては市民感覚・市民徳性の大量成熟を見ることとなった。「二〇世紀欧米においては、工業化・民主化にともなう新しい問題状況をはらみながら、ひろくプロレタリア化した人口層が市民感覚をもってきたのであり、おなじく日本においても「高度成長」（工業化）と「新憲法」（民主化）によって市民感覚が広汎に成熟する客観条件を獲得した」というのである。(52)

このような市民感覚・市民的エートスに基づいた市民の政治参加を、松下は政治の「理想」と考えてはいない。そうではなく、農村型社会から都市型社会への移行という歴史の必然的「帰結」と見るのである。つまり、農村型社会に見られた共同体が崩壊するなかで、都市型社会における市民の日常の生活条件は、共同体の伝統によってではなく政策・制度を通じて整備するしかない。いい換えれば、日々の市民生活は常に多種多様な争点を生む（つまり、絶えず政治が発生する）のであり、市民自らが問題提起し、問題解決に携わる必要性が生じている。ゆえに、政策とはもはや、かつて考えられたような、天・神の理性、君主また国家の理性、あるいは官僚・エリートの理性によって担われる無謬の聖なるものではありえない。そうではなく、今や政策とは、日常的な市民活動で試行錯誤する市民自身の理性に基づくものにほかならない。(53) このようにして、人々が市民として持つべき能力としての「政策型思考」が問われることになるのである。

では、「政策型思考」とはいかなるものか。まず、そもそもの「政策」とは何かに関する松下の説明を見てみよう。彼は、日本的発想では政策の主体は国家であるとされ神秘化されがちであったと指摘しつつ、それに対して「政策とは、個人ないしその集団が試行錯誤しながら模索する、問題解決の手法である」と定義づける。そして彼は、「市民誰もが、個人として、政策の主体である」こと、および「政策は、試行錯誤による模索として、可変・可謬である」こと、この二点をはっきりふまえる必要があると強調している。(54) また別の個所では、松下は「政策」について次のように整理している。

定義　問題解決のための手法
手法　価値付与・価値剝奪による思考・行動の設計
論理　結果を目的とし、手段を原因とするような思考・行動の整序

彼のいう政策型思考とは、未来に結果すると予測される「目的」を設定し、その「目的」の原因たるべき現在の資源を「手段」として動員・機動させゆく、そうした目的↕手段の関係を設計する思考のことであり、いわば「結果から原因へという逆算の思考」である。(55)

松下によれば、こうした政策型思考は何も政治に固有のものではなく、私たち市民が日常生活のなかでたえずはたらかせている思考であるという。

都市型社会では、農村型社会での問題解決にワクをはめていた共同体・身分の慣習がくずれたため、市民は、裸の個人として、いつでもどこでも、問題解決をせまられる。都市型社会ではじめて、政策型思考は市民レベ

ルまで日常化する。政策型思考は、市民の不可欠の日常思考となった。／市民誰もが政策型思考に習熟できるし、習熟しなければ生活自体ができない。都市型社会では、買物、交遊から人生設計、職業活動、また政治参加にいたるまで、市民個人が政策の構想・選択・決定をたえずせまられる。[56]

もちろん松下は、個人としての市民が実際にすべての問題解決をすることを想定しているのではない。ここで考えられているのは、あくまで問題解決の手法の「模索」としての政策であって、彼はそれを「個人、あるいはこの個人からなる運動・組織・機構による、問題解決のための作業仮設の設計」であるとも述べている。[57] 個人の私的な問題でない公共課題については、①個人の解決能力を越えた「問題領域」が存在すること、②その問題領域をめぐって資源が発揮できる等の「解決手法」があること、③それらについて市民の間で最低限の合意がえられること、この三条件がそろった場合に公認の「政府政策」となる。そのような公共課題の問題解決には、当然のことながら政府《ガヴァメント》――国家および自治体と国際機構という三つのレベルの政府――を「制度主体」として前提せざるをえない。しかし松下にとって、「制度主体」は「政治主体」ではない。「政治主体」はあくまで個人としての市民である。なぜなら、国家を含むいかなる組織にあっても、組織自体が思考主体なのではなく、いわゆる組織の政策は個人思考の産物であり、「個人思考による政策が一定の手続きで組織の政策とみなされるだけ」だからである。「政府は、政治主体たる市民によって〈信託〉された機構として、制度主体にとどまる。（中略）いわゆる「政府権力」といわれるものは、市民を超えて、天空にぶらさがっているのではなく、市民が、それぞれの基本法（自治体、国は直接的、国際機構は間接的だが）によって、政府に〈信託〉した〈権限〉にすぎない」という。[58]

ゆえに松下にとって、政策型思考とは、公務員などのエリートのみならず、都市型社会に生きる個人・市民が当然に備え、日常的に駆使しなければならない能力ということになる。

「市民」型人間の成熟と未成熟

では、以上のような市民的エートスや政策型思考を持った「市民」型人間は、都市型社会にあって自然に輩出されるのだろうか。松下は、一方では市民感覚の成熟や市民意識の広がりを語りつつ、他方では市民文化の未成熟を語る、という両義的な議論を続けている。少なくとも彼は、都市型社会において市民活動が活発化していることを所与の事実と考えているようであり、「市民」型人間をいかに育成するか、あるいは市民性をいかに形成するか、という問いを立てているようには見えない。むしろ彼は、市民の「育成」とか「形成」といった発想を拒絶さえしている。それが見て取れるのは、彼による「社会教育」への批判である。

なぜ、日本で、〈社会教育〉の名によって、成人市民が行政による教育の対象となるのか（中略）。国民主権の主体である成人市民が、国民主権による「信託」をうけているにすぎない、道具としての政府ないし行政によって、なぜ「オシエ・ソダテ」られなければならないのだろうか。（中略）日本の文脈で、政府ないし行政によって、国民が永遠に教育されるということは、日本の国民ないし成人市民が永遠に政治主体として未熟であることが想定されているからではないだろうか。

以上は松下の『社会教育の終焉』からの引用であるが[59]、ここですでに明らかであるのは、松下にとって「教育」とはあくまで、教育を受ける者を客体として行政が施すものであり、それ以外のものではありえないということである。「オシエ・ソダテル」という教育とは、「未成年への文化同化としての基礎教育を意味する」ものであり、その概念は高等学校レベルまでに限定されるべきだというのである[60]。

松下が重視するのは市民活動（あるいは市民文化活動）であるが、これは「学習」ではあっても「教育」ではない。彼によれば、シビル・ミニマムの公共整備、教養と余暇の増大、政治参加を通じての「自治・共和」という市民意識の広がりを背景として、都市型社会において市民活動は「いつでもどこでも」発生する。[61] 成人市民の自由な文化活動は、社会教育行政とは無関係にくりひろげられる、「模索・たのしみ・創造」という自己教育・相互教育であって、「教育なき学習」というべきものである。[62]

この市民文化活動には、誰もが、いつでも、どこでも活動できる思想・言論、それに集会・結社の自由があればよい。市民文化活動は、基本人権たる「自由権」の行使である。／この「自由権」を行使するにあたって実質保障となる「社会権」も、ヒロバとか緑、あるいは文化施設など、地域構造全体にくみこまれた市民施設の適正配置というシビル・ミニマムの整備があればよい。この市民施設の整備は自治体の政策課題であって、自治体計画レベルでシビル・ミニマムとして対処すればよく、社会教育行政だけの独自課題ではありえない。[63]

自ら問題解決するための市民活動は必然であり、それらを通じての日常的な経験・熟達によって、市民は開かれた「市民良識」と独自の「専門技能」を持つに至る。これらの日々のプロセスのなかで、市民の文化水準は公務員の水準をしのぐものとなっていく。[64] このように考える松下にとっては、社会教育やシティズンシップ教育を通じて大衆を市民にするという発想は、ナンセンスということになろう。

ただし、松下にとって、都市型社会における市民活動の発生は必然であっても、「都市型社会が必然的に〈市民〉をつくりだすのではない」。[65] 事実、松下は日本における市民の未成熟、市民文化の未成熟について、繰り返し論じている。一九八五年の時点で彼は、「市民」的な政治文化が日本に根づくのには三〇年かかるだろうと述べていたが、[66] さらに一九九一年には、市民が日常的に政治習熟するという意味での市民文化は、あくまで可能性としてあるのであって、三〇年から一〇〇年という単位で見なければならないと論じている[67]。つまり、数千年続いた農村型社会が、工業化・民主化を通じて急激に都市型社会へと移行し、「市民」型人間が大量に醸成されるとしても、農村型社会的なメンタリティ・思考様式が短時日に消え去るはずもなく、その意味で市民文化の成熟は数世代にわたる課題だというのである。近年でも松下は、市民文化には三つの政治文脈があり、それぞれの次元で日本は未成熟であると語っている。

Ⅰ　「官治文化」に対する「自治文化」
Ⅱ　「私文化」に対する「公共文化」
Ⅲ　「同調文化」に対する「寛容文化」

Ⅰの文脈では、日本では市民自らが問題解決するという「自治文化」は十分に成熟しておらず、オカミによる解決をあてにする「官治文化」が根強い（その象徴として彼は「水戸黄門」を挙げる）。Ⅱの文脈では、例えば日本の理論家は、研究室中心の「私研究」型の瑣末な実績づくりが多く、社会に開かれた窓のない未熟な「インテリア文化」にとどまりがちである。Ⅲの文脈では、日本は多様な文化に対して決して寛容ではなく、むしろ「日本にうまれてよかったね」式の独善的・鎖国的な中進国的状況にある、というのである[68]。

それでも松下にとって、「自治文化」「公共文化」「寛容文化」を陶冶するための教育、といったことは問題にはなりえない。市民としての思考法と能力は、あくまで市民活動という日々の営みを通じての、いわば「自己訓練」によって培われるのであり、市民性や市民文化とは、市民自身のそうした自己訓練を通じて数世代にわたって形成される、というのが松下の見解と考えられる。

5　政治主体としての社会集団――I・M・ヤング

以上のような松下の「市民」型人間論は、彼の政策・制度論の根幹をなすものであり、その意味では制度論と一体になって初めて意味を持つともいえる。市民的自発性をもつ個人＝市民による自由な市民活動を通じて政策が提起され、その提起された政策が公的手続きを経て、自治体・国・国際機構の各レベルの政府が担うべき政府政策となる。「制度主体」たる政府は、「政治主体」たる市民から信託を受けた道具であって、それゆえ市民に対する責任を負わなければならない――このような松下の議論は、一方ではマンハイムが提起した計画論を社会工学的な政策・制度論として自らに引き受けつつ、他方では戦後日本政治の文脈において「官治・集権」から「自治・分権」へという問題関心の下に練り上げられた、いわば民主政治の一般理論である。制度論の次元で考えれば、次に検討するヤングも松下理論に対してそう大きな異論を唱えるようには思われない。

だが、自由な市民活動が行われるとされる都市型社会＝マス・ソサエティにあって、同じ「市民」と呼ばれる人々が等しく政策提起の声をあげられるわけではあるまい。むしろ、差別と嫌悪の対象にされて声が奪われ、社会そのものから実質的に排除されたままの一群の人々がいる。前述のヤングの説明を用いるなら、特権的集団による「支配」と、周縁化された集団が被る「抑圧」、という固定化された構造的不正義の問題である。ヤングによれば、特権を持つとは「ある集団が、みずからの意見を表明しそれが聞き入れられる権利を持っているかのように行動」することであり、「公的な場面で意見を表明し、それが聞き入れられることを可能にするような物質的、個人的、組織的な資源」を備えていることである。こうした特権的集団は、自分たちの価値観や視座を「普遍的」と断定しがちであり、自分たちが不当な特権を持っているという自覚はないし、被抑圧的集団の利益やニーズを十全に理解することはできない[69]。ゆえに、個人に形式的シティズンシップを保障し、市民活動を可能にするシビル・ミニマムを整備したとしても、被抑圧的集団の人々の声（「政策」といってもよい）は公的な討議や意思決定手続きの回路には乗りにくい。むしろ、そうした構造的不正義を可視化することそのものが、ヤングの重要な理論的・実践的課題と考えられる。

大規模社会・多文化社会としてのマス・ソサエティにおける、人間の生の多様性を重視するヤングは、集団的差異を「同化」によって否定することなく公共圏に包摂するような、多元主義的な民主的社会を構想した。その意味では、抽象的な個人よりもむしろ、より具体的な集団、それも不利益を被ってきた社会集団を、政治主体として承認しようというのが、ヤングの「差異の政治」と考えられる。そのような彼女の構想において、市民性とはいかなるものか、そしてそれはどのようにして形成されると考えられているか。それが次の課題である。

一般性批判と「異質なものの公共性」

ヤングの理論のなかに「市民性」を見出すにあたり、まずは、彼女による普遍的シティズンシップ批判を検討することから始めよう。ポストモダニズムと批判理論から哲学的に影響を受けたヤングであるが、デモクラシー理論に関していえば、キャロル・ペイトマンなどと同様に参加デモクラシー論とフェミニズムを知的背景として持っている[70]。一方でヤングは、政治を私的利益の取引へと矮小化し、結果的に特定のより有力な利益集団による支配を促進してしまうような、いわゆる「利益集団多元主義」を批判する立場に立ち、市民的公共性の復権という議論に一定の賛意を示す。しかし他方、伝統的な市民的公共性のシティズンシップ論は、その基礎に家父長制的な公／私二元論を持つゆえに、公的領域からの女性の排除を前提とせざるをえないと指摘する。その公／私二元論は、

シティズンシップ　＝　普遍性・一般性　＝　公的領域（男性の領域）
私的利益　＝　個別性・具体性　＝　私的領域（女性の領域）

と図式化できる。ここで考えられているシティズンシップは、市民が共有する普遍的な視座や利益、あるいは共通意志を表し、個別的なニーズ・利害・欲求といった雑多なものの領域とは対置されなければならないとされる。一般的な利益が自己中心的な特殊利益に浸食されてしまえば、公平性が脅かされる。ゆえに、感情や欲望や身体的ニーズといった具体性・異質性を帯びたものは、女性の領域たる家族の内部に限定されなければならない、というわけである、しかも、こうした「普遍的なもの《ユニヴァーサル》 vs. 個別的なもの《パティキュラー》」あるいは「共通のもの《コモン》 vs. 差異化されたもの《ディファレンシエイティド》」という二項対立に基づいて理解された「一般性としてのシティズンシップ」は、女性のみならず、一般的な視座を持つことができないとされるその他の集団をも、市民としての地位から排除してきた(71)。普遍性の追求がむしろ排除を生み出す、という近代政治思想のパラドックスを、ヤングはフェミニズム的観点から突いたのである。彼女にとって問題なのは、市民が織り成す公的領域・公共圏が、普遍性・一般性・公平性の名の下に実は「同質性」を前提としており、差異性・個別性がもっぱら私的なものと同一視されてしまうことである。

　それに対して、社会の多元性を重視するヤングは、相互に異質なもの同士が公共圏を構成するというあり方、いわゆる「異質なものの公共性（a heterogeneous public）」(72)の可能性を追求する。そのために、シティズンシップの理念が普遍主義的に構築されてきたことに対して、以下のような批判の矢を放つ。

> シティズンシップを行使する際に、市民は全員、すべての個別的な利害や視座や経験を超越した公平《インパーシャル》で一般的《ジェネラル》な視座を共通して設定すべきだとされる。しかし、そのような公平で一般的な視座とは神話なのである。

人々は、自分たちの置かれた状況のなかで様々な事柄を経験し、社会的諸関係を認識し、常に、適切にも、それらの影響の下で公的な諸問題を考察している。異なった社会集団はそれぞれ異なったニーズ、文化、歴史、経験を持ち、社会関係に関して異なった見方を有し、それらが政策提案の意義や結果の解釈を左右し、政治的推論にも影響を及ぼす。(73)

つまり、すべての人が採用することができ、すべての経験と視座を理解し、考慮に入れることができるような一般的視座は存在しない、というのがヤングの主張である。これはしばしば、リベラリズムの伝統に対する拒絶と受け止められるが、(74)しかし見方を変えれば、マンハイムのいう「存在拘束性」と大差ない指摘である（ヤング自身はマンハイムを直接的に参照してはいないが）。普遍性・一般性を標榜している視座や利益は、実は特権的集団――典型的には白人男性・中産階級・健常者・異性愛者――の自己利益に過ぎないことが多い。ヤングが問題にするのは、現実に特権的集団と被抑圧的集団とが同時に存在しているマス・ソサエティにおいて、一般的観点を採用するよう市民に要求すると、既存の特権がさらに補強されてしまうことである。「特権を持つ人々の視座と利害が、統一化された公共性を支配し、他の諸集団の視座や利害を周縁化し、彼ら・彼女らに沈黙を強いる傾向を持つ」からである。(75)それに対してヤングは、「社会的事象に対するすべての経験やニーズや視座が表明され、尊重されるべき」だというのである。(76)

したがって、ヤングが追求する「異質なものの公共性」では、構造的不正義の可視化のために次の二点が課題となる。すなわち、社会のメインストリームを占める特権的集団に、自らの価値観や視座が個別的・部分的なものだと気づかせること。および、不利益を被ってきた集団の構成員のありのままの声や視座を、公的領域において効果的に代表＝表象し認知できる何らかのメカニズムを用意すること、である。そのためには、同質的な市民の一般意志として構想されてきた普遍的シティズンシップに対して、集団間の差異に配慮した特別な処遇・特別な権利を擁護する「差異化されたシティズンシップ（differentiated citizenship）」の理念が要請される。そして、すべての個人が個別的観点から具体的なニーズを表明できる条件として、ヤングが提唱したのが集団代表（group representation）であった。

ここで、制度としての集団代表を詳細に検討する必要はない。さしあたり、ヤングが集団代表の内容として語っているものを要約すれば、集団による次の三つの活動、およびそれに対する制度と資源の公的整備である。①被抑圧集団のエンパワーメントと反省的自己理解のための「自己組織化」、②ある政策が自分たちにいかなる影響を及ぼすかに関する「集団による政策評価」および「集団による政策提案」、③自分たちの集団に直接的影響を及ぼす特定の政策に対する「拒否権発動」。そして、この三つを支える公的整備は、経済格差のみならず文化的差異からも生じる社会的不平等を軽減するものでなければならず、その具体例として、アファーマティブ・アクション、同一価値労働同一賃金政策、二言語・二文化教育などがあげられる[77]。こうしたヤングの集団代表の構想は、まさに、社会集団を政治主体（活動主体・政策主体）と位置づけるものといってよい。そして周知の通り、この集団代表の提唱こそ、集団のアイデンティティを実体化・固定化して考える「本質主義」（C・ムフ）であるとか、集団間の和解不能なコンフリクトを助長することになる、あるいは、特別な権利を与えるに値する集団とそうでない集団を合理的に区別することは不可能に近い、等々の批判を呼び起こした[78]。

確かに、社会集団を政治主体と考えようとするヤングの「差異の政治」は、彼女が批判するはずの利益集団多元主義と大差ないように見えるかもしれない。しかし批判者たちがしばしば看過することだが、ヤングは議論の当初から、社会集団には実体的・本質的なアイデンティティはないと明言していた。マス・ソサエティでは、ほとんどの人は複数の集団的アイデンティティを持つものであり、ある一つの集団内に完全に固定化されることはない（当然、集団の内部にも差異は存在する）。また、集団間の差異は完全に排他的ではなく、属性や経験や目標を共有する可能性もある。つまり、集団的差異は、他者との関係性のなかで理解されなければならないというのである(79)。

ヤングが集団代表のメカニズムを提起するのは、それがなければ無視されてしまうような被抑圧集団のニーズや利害を公共圏において表現《エクスプレス》する機会を与えることであり、それを通じて、異質とされる諸集団の民主的政治体への実質的参加・包摂を促進することにある。これは、社会の分断や「神々の闘争」をもたらすような、偏狭な自己利益の表出を促すことではない。むしろ、集団代表によって社会的不平等が軽減される場合には、「個人や集団は自分たちの欲求をそのまま単純に述べることはできない。つまり、その欲求を実現することは、正義に照らして必要である、または許されているといわなければならない」。その意味で集団代表は、公的に表明されたある主張が正義にかなうかどうか、単なる自己利益の表明でしかないのかをテストする役割を果たすというのである。また、それぞれの集団は、固有の歴史・価値観・表現様式を持つため、社会事象の意味を異なった方法で理解している。ゆえに、集団代表によって異質な理解が表明され傾聴されるようになれば、「議論の場で最大限の知識が表明されるようになり、したがって実践的な知恵も生かされやすくなる」というメリットも期待できるという(80)。

要するに、「差異化されたシティズンシップ」においてヤングが構想したのは、特権的集団に対しても被抑圧集団に対しても、異質な他者のニーズとの関係性において自身のニーズや利益を考え、他者に対して自己の立場をより説得力ある形で表明することを促すような、そうした「市民性」のことではないかと考えられる。異なる社会集団は、それぞれに異なった視座を持つのであり、純粋に公平《インパーシャル》で中立的なものではありえない。その個別的な視座やニーズを、私的領域に閉じ込めるのでなく公共圏で表出させることで、集団の構成員は自分たちの視座が「部分的《パーシャル》」なものであることを自覚する。このようなヤングの展望は、先に述べたマンハイム的な「自己相対化」と「最大限の視野の拡大」、いい換えれば自身の「存在拘束性」の自覚と、著しく親和的ではなかろうか。マンハイムの存在拘束性の議論は、狭義のイデオロギー集団の問題ではなく、世代、生活圏、宗派、職業集団、学派といった多様な「社会的存在」を射程に入れるものであり、[81]ヤングが考える文化的な社会集団をその「社会的存在」から除外しなければならないことにはなるまい。そして、「異質なものの公共性」においてそうした市民性が形成されるようなデモクラシーのあり方が、次に検討するヤングのコミュニケーション的デモクラシーである。

コミュニケーションと自己変容：「耳を傾ける」市民

ヤングの普遍的シティズンシップ批判と「異質なものの公共性」の議論は、冒頭に述べたように、現代シティズンシップ教育を考える論者に一定のインスピレーションを与えた。その一人エリザベス・フレイザーは、ヤングの主張を整理しつつ、市民が学ぶべき政治的技能を何点か指摘している。[82]そのうち、前節での議論と関係するものをあげれば、次のようになろう。

・自身の文化的・社会的・道徳的・政治的・民族的《エスニック》・宗教的・個人的な諸価値とアイデンティティを、できうる限りありのままに表明すること。
・以上の諸価値について自分が真に思っていることを、それらを共有しない人々や敵対的な人々とでさえ、語り合うことを学ぶこと。
・自らが一方的に語るのみならず、自分とは異質な他者の声・経験・物語・反対意見・諸価値・アイデンティティをいかに聴くかを学ぶこと。

この整理が示すように、ヤングの「差異の政治」は、異質な集団に属するもの同士である市民が、それぞれの経験やニーズなどを「語る」のみならず、相手のそれに「耳を傾ける」「聴く」ことを重視するものである。ヤング自身は必ずしも、これらの技能が学校教育のなかで習得されるべきだと論じているわけではない(83)。自己の視座の部分性を自覚し、自身の経験やニーズを他の集団との関係性において捉え直す、というヤング的な市民性は、公共圏における「語る」と「聴く」の実践のなかで培われると考えられる。つまり、異質なもの同士のコミュニケーションを通じての市民性形成とでもいうべきものである。

よく知られているように、特に一九九〇年代以降のヤングは熟議デモクラシー論へコミットしていった。それに対して、ヤングは一切の普遍的道徳性を拒否するはずであり、その彼女が異質な集団間のコミュニケーションや相互理解の可能性を説くのは矛盾である、とする批判がないでもない(84)。もちろんヤングは、合意達成を重視するあまり、一定の同質性や共通善の存在をあらかじめ前提とするタイプの熟議デモクラシーには、批判的である。彼女にとってそうした熟議デモクラシーは、構造的不正義が存在する状況下ではかえって異質な他者を公共圏から排除する手段になりかねない。そこでは、公的討議への参加者の間で理解が共有されている政治的イシュー以外の諸問題が、はじめから議論の対象外にされがちであるし、また、理路整然と明晰に語るというフォーマルで一般的な表現モード（ヤングにいわせれば白人男性・中産階級の文化的産物）が特権化されるため、それ以外の表現様式が「市民的」でないとされてしまうからである(85)。ヤングは決して、一切の合意の可能性を否定したわけではない。そうではなく、普遍性・一般性・公平性の美名の下に、公共圏においてあたかも対立や不一致がないかのように装うよりも、むしろ対立や不一致を直視し、合意もあくまで一時的・部分的なものでしかないことを認める方が、異質なもの同士の相互理解のために重要だというのである(86)。

ではヤングが、デモクラシーの「利益集団多元主義」モデル――いわゆる「集計《アグレゲイティブ》」モデル――よりも「熟議《デリバレイティブ》」モデルの方が優れていると考えたのはなぜか。それは彼女が、他者との関係性のなかで自身の利益やアイデンティティが「自己変容」することを重視しており、それを理論化するには「熟議」モデルの方がふさわしいと考えたからである。「集計」モデルは、個人ないし団体の利益・選好を、他者との討議によって変化しない不動のものと想定した上で、意思決定を結局は多数決の問題と見なす。それに対して「熟議」モデルは、ある意見を何人の人々が支持したかではなく、その意見がいかなる「根拠」に基づいているかを重視する。このようなモデルに基づくデモクラシーでは、同じ利益や欲求、ニーズを主張するのでも、他者にとっても納得性のある根拠を示す必要がある。そして、他者からより説得力ある根拠が示された場合には、自身の立場や主張を変容させることも要請される。(87) この「自己変容」の重視は、前節で論じたように、自身の視座の部分性を自覚し、他者との関係性において自己をとらえる「差異化されたシティズンシップ」の発想から帰結するものと考えてよい。

そしてヤングは、市民の同質性や共通善を前提とせず、むしろ異質な集団間での対話を促進するようなデモクラシーを、熟議デモクラシー一般とは区別して「コミュニケーション的デモクラシー」と呼んだ。同質性ではなくむしろ差異こそが、民主的コミュニケーションを可能にする資源である、とするヤングの主張に耳を傾けてみよう。

異なった立場にいる市民たちが、オープンな精神と相互責任の精神をもって、問題解決という目的のために公的ディスカッションに参加するとすれば、それは相互変容を伴う熟議にとって十分条件である。彼らは共通の利益や共通善にコミットする必要はない。むしろ、オープンな精神と相互責任という彼ら・彼女らのスタンスに必要なのは、他者が置かれた状況および他者が持つ視座を理解するために、市民同士が具体的にどう異なっているのかに注意を向けることである。市民同士は、解決すべき問題を共有していることは間違いない。そうでなければ、そもそも彼ら・彼女らがディスカッションする必要はないだろう。だからといって、市民たちが一定の善や利益を共有しているということにはならない。(88)

ここで改めて述べられているのは、ヤング的な市民性が形成されるプロセスの一端である。つまり市民は、共通善などの同質性は持たないものの、相互に異質なもの同士は一定の公共社会に生きるものとして、解決すべき問題を共有している。問題は共通だが、しかしそれをいかに理解・解釈するかは、市民・集団ごとに異なる。それゆえにこそ、相互にコミュニケーションをはかる必要性が生じるのであり、その意味で「差異」こそコミュニケーションの資源であり前提なのである。異質な他者に向かい合うという市民性（オープンな精神と相互責任の精神）が生じるには、何よりも公共圏でのディスカッションに参加することであり、それを通じて自己の視座を相対化させることである。前述の集団代表は、そうした公的参加を具体的に可能にするメカニズムの案としてヤングが提唱したものと見るべきであろう。文化的同質性がなければ対話は成立しないとか、市民に共通善を教え込むようなシティズンシップ教育が必要だといった発想は、彼女には当然のことながらない。

以上のように考えるヤングは、彼女の構想するコミュニケーション的デモクラシーが成り立つための条件を次のように整理している(89)。

1 決定によって影響を被る人々を意思決定プロセスに含める「包摂《インクルージョン》」
2 包摂された人々が自由かつ対等に発言できる「政治的平等《ポリティカル・イクォリティ》」
3 自分への反対意見にもまずは耳を傾け、場合によっては自身の意見の変更も受け入れる「理にかなった態度《リーズナブルネス》」
4 討議・熟議のプロセスが第三者によって見聞きされうる「公開性《パブリシティ》」

このうちの「理にかなった態度」は、まさに「自己変容」の要請そのものといえるが、先に触れたマンハイムの

「統合的行動」「創造的寛容」と実質的に重なり合う。つまり、他者から説得される可能性を否定しないこと（「聴く」こと）、場合によっては自分の主張や立場を変容させること（視座の動化）、である。ヤングは、ヘイト・スピーチのように相互に聴こうとしない態度、筆者なりにいい直せば相手を「聴くに値する」と見なさない態度を、「非市民的《アンシヴィル》」なものとして拒否している。(90)社会のメインストリームですでに標準的とされている議論の仕方・表現様式に従うことが「市民的」なのではなく、異質なもの同士がそれぞれの表現様式を用いて自己のニーズや欲求を率直に公共圏で表現し、相互に「耳を傾ける」ことこそが市民性であることになろう。(91)このような議論は、ヤングが一九九〇年代以降になって初めていい出したことではない。改めて、集団的差異をめぐる彼女の一九八九年の論文から引用してみよう。

人々が、集団のアイデンティティを維持し、集団固有の経験に由来する影響を受けつつ社会的事象を認識していきながら、同時に他者の主張に耳を傾け、自分たちの利得以外にも関心を払うという意味で、公共的精神を持つことは可能である。公的な提案を討議するために、自分自身のむき出しの欲望や反応に対して批判的距離をとることは可能であるし、必要なことである。しかし、そうすることは、市民に個別の帰属関係や経験や社会的立場を捨て去るよう要求するものではない。（中略）公的討議において明確に表明される自分たち以外の集団の個別的観点からの声に耳を傾けることによって、公正さという偽りを持ち出すことなく、そのような批判的距離を最もうまく保つことができるのである。(92)

以上、マンハイム、松下、ヤングという、三人の異なる理論家のマス・ソサエティ理解および彼ら・彼女らの議論に見出しうる「市民性」について検討してきた。それらを手がかりに、今日においてマス・ソサエティをいかなるものと考えるか、そしてその社会を背景とした政治主体に要請される市民性とはいかなるものか、現時点で可能な限り考察を加えてみたい。

6　マス・ソサエティと「市民性」の諸相

マス・ソサエティを現代にどう理解するか

まず、ファシズム・全体主義の危機という意味でのマス・ソサエティ（大衆社会）理解は、確かに二〇世紀中葉と比べて喫緊の問題とはいえなくなっていよう(93)。しかしマンハイムが、デモクラシーを脅かす敵はリベラル・デモクラシーに内在していると考えていたように、「戦闘的デモクラシー」によって戦うべき相手は、ナチスという特定の党派的集団のみならず、社会の全面的崩壊を許すマス・ソサエティ状況それ自体であった。共同体や小集団の消滅、伝統の喪失による価値基準の変化、確たる帰属意識を持てない砂のような大衆、等々という問題は、都市化した社会における現代リベラル・デモクラシーにも基本的に共通の問題である。それがいわゆるファシズムを生むかどうかは、その時々の社会的諸条件によると考えるべきであり、マス・ソサエティという観念やそれに関する議論そのものを半世紀以上前の過去のものとして追いやってしまうことは、決して妥当ではなかろう。

人々を結ぶ伝統的紐帯が存在せず、社会の同質性をもはや想定できないというのが、マス・ソサエティの重要な事実である。そしてこの点をどのように評価するかは、常に両義的にならざるをえない。伝統的な共同体の消失は、確かに一方ではさまざまな社会的病理を生みだすであろうが、他方では、狭い小集団に閉じ込められていた個人の解放と視野の拡大という、明らかにポジティブな面を持つ。また、ヤングが共同体よりも都市社会を理念的に支持したように、マス・ソサエティは文化と生活の多様性を包摂できる多元的社会でありうる。マス・ソサエティに社会の崩壊を見、社会再建のために人々に共有しうる最低限の価値基準を重視したマンハイムが、一定程度コミュニタリアン的志向を有していたとすれば、それに対してヤングの場合は、多文化社会としてのマス・ソサエティに存在する構造的不正義を問題視し、むしろ抑圧された差異を積極的に可視化することを求めた。この両者の議論の方向性は確かに逆ではある。しかし、「差異の可視化・承認」と「社会統合」とは、緊張関係にあるとはいえ単純に矛盾するものでもあるまい。社会計画論を唱えたマンハイムは終始、単一の（部分観に過ぎない）思想が社会全体を支配することを拒絶していたのであり、レッセ・フェールは否定したもののリベラルな価値多元主義を放棄したわけではない。他方、集団的差異を強調したヤングも、異質な他者に同化を強いないタイプの社会的包摂を目指したのであって、決して社会の分断化や分離主義をよしとしたのではない。価値や思考の一元化を拒否しつつ、差異を持つものが差別されない、多元主義的なデモクラシーを構想する必要があるのは、それだけマス・ソサエティ状況が「現代政治の条件」となっているからであろう。

また、相互依存性が増大した社会がマス・ソサエティであるとすれば、今日ではそれはグローバルな次元の問題である。手の届かない遠隔地で起こった出来事も自身の生活に甚大な影響を及ぼす、という議論は「巨大社会」としてのマス・ソサエティ論では古典的なものであったが、それは国内での交通・通信手段の発達による閉鎖的共同体の衰退というだけでなく、政治・経済・社会のあらゆる領域での脱国家的な「相互連結性」（D・ヘルド）の問題にも連なる。そして、グローバル次元での相互依存性の深化・加速化は、人々の国境を越えた移動（物理的移動のみならずインターネット等を駆使して）の常態化をもたらし、国内の都市も程度の差はあれグローバル化・多文化化せざるをえない。異質な文化が日常的に接触する場としてのマス・ソサエティ＝都市社会は、異なったアイデンティティを持つもの同士が「市民的《シヴィル》」に共存できているわけでは必ずしもない。言語・肌の色・生活様式・信仰などの異質性が具体的に見えれば見えるほど、嫌悪の対象とされ、差別・抑圧・排除・周縁化が生じる、という「非市民的《アンシヴィル》」な現実も存在する。グローバル市民社会論が活発である現在、それがどの程度「市民的」な社会であるかは常に吟味し続けなければなるまい(94)。その意味で、ヤングが「マス・ソサエティ」と「グローバル社会」を相互互換的に用いるのは、正鵠を射ている。冒頭に述べたような、「語られるべきはもはや「大衆社会」ではなく「市民社会」」なのでは必ずしもなく、むしろ、グローバル市民社会が語られる現代の状況それ自体がマス・ソサエティ状況と考えられるのである。

政治主体に要請される「市民性」

このようなマス・ソサエティにおけるデモクラシーを支えるべき政治主体は、個人としての市民の場合も、社会集団の場合もありうる。では、それら政治主体に要請される「市民性」とは何か。松下が指摘したように、日々の市民生活のなかで常に生まれる多種多様な争点に対して、市民自らが問題解決に携わらなければならないのであれば、それ相応の政治的成熟が求められよう。政治的に成熟した市民の状態を「市民性」ということが許されるなら、それは政治主体として求められる能力や資質のことといってよい。三人の理論家の議論から考えうる市民性を、筆者なりに何点かあげてみたい。

まず、それが個人レベルであれ集団レベルであれ、自身のものの見方・考え方・視座の部分性《パーシャリティ》／党派性を自覚することが、市民性の一つと考えられる。マンハイム的にいうならば、市民には、自らの「存在拘束性」に向き合う反省的な自己吟味が要請される。「自己相対化」と「最大限の視野の拡大」、あるいは「自己相対化と自己拡張の連動」は、学問次元で必要となるばかりではない。目の前に存在する異質な他者――自分（たち）とは異なったニーズを持ち、自分（たち）とは違った世界解釈をし、何を「現実の問題」と考えるかさえ異なる人々――に対して、理解不能なもの、逸脱した存在、等々とレッテルを貼るのでなく、そのようなレッテル貼りをしてしまう自分の側の視座が実は個別的・特殊的かもしれないという想像力を働かせることである。マンハイムやヤングが共有していると思われるのは、政治社会に対して持つ自己の理解・解釈を自己絶対化させまいとする問題意識である。個人であれ社会集団であれ、自分の視座は普遍的で公平であると思いがちである（素朴にそう信じているか、確信犯的にそう主張しているかの違いはあれ）。特にヤングのいう「特権」的な立場の人々は、自己を相対化させる契機を持ちにくい。しかし、異質な人々と日常的に接触し、相互に共存を目指さざるをえないのがマス・ソサエティの現実であるならば、人・集団はまず自己の視座の部分性を自覚しなければならないことになろう。

マンハイムは「すべての人は自己の立場を示す正当な機会を持つべき」というのが寛容の意味であるといい、ヤングは「社会的事象に対するすべての経験やニーズや視座が表明され、尊重されるべき」と主張した。公平性・中立性の名の下に、具体的・個別的な「声」を公的領域から締め出すのでなく、むしろ逆に、個別的なニーズ・欲求・経験の自由な公的表明を可能にすることこそ、両者が支持しているものと考えられる。(95) それが「神々の闘争」に陥らないとすれば、上述のような自己吟味がその前提になければなるまい。その自己吟味は、場合によっては自分自身の見方や立場を変更にさらす「自己変容」を要請する。マンハイムが語った、自らを補完してくれるものに対して開かれた態度としての「統合的行動」「創造的寛容」。および、ヤングがコミュニケーション的デモクラシーの条件の一つにかかげた「理にかなった態度」。これらはいずれも、自己変容を許容するという意味での市民性と考えられる。そして、そうした行動様式なり態度の具体的な表れは、他者に「耳を傾ける」こと、「聴く」ことではないかと思われる。「聴く」ことそれ自体のなかに、特定の善の構想や予定調和的な合意形成（まして、相手への一方的な譲歩・同調など）は含意されていまい。また、「聴く」という態度が、例えば「白人男性・中産階級」の文化の産物と断定するに足る根拠も見当たらないし、高等教育を受けた者にのみ可能な能力というわけでもあるまい[96]。このような市民性は、市民同士の熟議に基本的に必要とされる政治的成熟、松下流にいえば「寛容文化」といってもよいであろう。

さらに、市民として習熟しなければならない能力として、「問題解決」に向けた思考法が考えられよう。マンハイムの「計画的思考」、松下の「政策型思考」は、いずれも市民自身の問題解決能力に関わるものであったといってよい。問題解決に必要なのは、狭義の目的―手段関係の思考法ばかりではない。ある問題を解決するために提起した政策が、いかなる結果をもたらしうるかを、政治主体たる個人・集団が十分に検討することである。そのためには、マンハイムが重視したように、社会の全体状況に対して可能な限り視野を拡大し、そのなかに自身を位置づけるという思考法が必要となる。そのような全体観察ができるのは一握りのエリートだけではないかとの批判が想定できるが、全体状況の把握といってもすべてを知り尽くすことを意味するわけではない（そもそもそれはエリートにも不可能である）。そうではなく、ヤングの議論に見られるように、自身のニーズ・欲求を他者のニーズ・欲求との関係性のなかで反省的に吟味する態度が要請される。しかも、ヤングが集団代表を提唱する際に掲げた「集団による政策評価」および「集団による政策提案」は、これまで抑圧され十分に表明されてこなかった諸問題を公的議論の俎上に乗せることを通じて、問題解決以前の「問題提起」「問題発見」を重視したものと考えることもできよう。ある視座からは問題視されなかったことが、他の視座からの問題提起を受けて、それが「問題」なのだと気づかされる（ただし「耳を傾ける」態度が前提だが）ということは、極めて重要だからである。

以上のような「市民性」は、いかにして形成されるのか。マンハイム、松下、ヤングに共通していえるのは、彼ら・彼女らが市民社会における日常の「自己訓練」を重視していることである。行政による社会教育を拒絶する松下の場合はもちろんだが、マンハイムの「統合的行動」も日常生活での訓練を通じて身につけるべきものであったし、ヤングのコミュニケーション的デモクラシーもまた異質な他者との日々の討議・ディスカッションへの参加を重視した。しかし、確かに市民性が狭義の学校教育で身につくものではないとしても、市民活動を通じての自己訓練だけで陶冶されるという保証もない。むしろ、自己訓練の名の下にすべて各人の努力に帰せられたり、あるいは人間の倫理性にのみ依拠してしまえば、おそらく、エンパワーされえない構造のなかに置かれている人は、さらにエンパワーメントから遠ざかるという悪循環から抜け出すことは困難と思われる。その意味で、「声」を実質的に奪われている人々の欲求や主張が公的議論に乗るように促すような、何らかの公的支援は必要となろう。先に触れた、コミュニケーション的デモクラシーが成り立つためにヤングが掲げた四つの条件のうち、「包摂」「政治的平等」「公開性」の三つは、個人・集団といった政治主体の態度の問題というより、制度的側面の問題である。本稿で検討してきた内容のみから、市民性形成のための制度設計をただちに導き出すことは困難であるが、民主政治の一般理論たるべき松下理論の、「政治主体」から「制度主体」へ向かう意思決定の回路のなかに、ヤングが提起するような論点をより精密に明示する必要はあるかもしれない。(97) 市民社会それ自体で解決できない問題については、「制度主体」たる政府の責任を追及せざるをえないからである。

注

（1）　こうした傾向性を例証するものとしては、デモクラシーをもっぱら競合するエリートの間から統治者を選出する「政治的方法」と見なすジョセフ・A・シュンペーターの理論が多大な影響力を有したこと、およびそれに依拠したガブリエル・A・アーモンドとシドニー・ヴァーバの「市民文化（civic culture）」研究では市民の適度な政治的無関心が重視されたこと、等があげられよう。周知のように、これらは二〇世紀末には「利益集団多元主義」として批判されることとなる。

（2）　Cf., John Keane, *Public Life and Late Capitalism: Toward a Socialist Theory of Democracy*, Cambridge: Cambridge University Press, 1984.

（3）Cf., Hans Blokland, *Modernization and Its Political Consequences: Weber, Mannheim, and Schumpeter*, New Heaven: Yale University Press, 2006.

（4）筆者による「後期」マンハイムの政治思想的解釈の試みとしては、以下の拙稿を参照されたい。「後期カール・マンハイムの政治思想的考察・序説　一〜四・完」日本大学『政経研究』第四三巻第三号、同第四号、第四四巻第一号、第四五巻第一号、二〇〇六―二〇〇八年。

（5）筆者はすでに以下の拙著において、そうした再検討に向けての第一歩を踏み出している。『大衆社会とデモクラシー――大衆・階級・市民』風行社、二〇〇四年。

（6）ヤングの二〇〇〇年の著書『包摂とデモクラシー』では、巻末のインデックスに、複数形の「mass societies」が項目として挙げられている（本文のなかでは、場所によっては「mass democracy」であったりするのだが）。これは、ヤング自身がこの言葉をキーワードと考え、読者に注意を喚起する意図があったことを示すものと思われる。

（7）Cf., Colin Loader and David Kettler, *Karl Mannheim's Sociology as Political Education*, New Brunswick: Transaction Publishers, 2002.

（8）Cf., Mitja Sardoč and Michael F. Shaughnessy, "An Interview with Iris Young," *Educational Philosophy and Theory*, Vol. 33, No. 1, 2001. Mitja Sardoč ed., *Citizenship, Inclusion and Democracy: A Symposium on Iris Marion Young*, Malden: Blackwell Publishing, 2006.

（9）そしてそれらを網羅的に検討することは、ここでの目的ではない。前掲拙著『大衆社会とデモクラシー』第一章を参照されたい。

（10）Karl Mannheim, *Man and Society in an Age of Reconstruction: Studies in Modern Social Structure*, London: Routledge and Kegan Paul, 1940, p. 61（福武直訳『変革期における人間と社会』みすず書房、一九六二年、七三頁）.

（11）マンハイムの『現代の診断』にあっては、マス・ソサエティ状況を説明するにあたって、グレアム・ウォーラスの著作名と同じ"great society"が用いられている箇所がある。Karl Mannheim, *Diagnosis of Our Time: Wartime Essays of a Sociologist*, London: Routledge and Kegan Paul, 1943, p. 5（長谷川善計訳『現代の診断』マンハイム全集第五巻、潮出版社、一九七六年、二四〇頁）. 後に述べる松下は、自身の大衆社会理論を展開するにあたって、このウォーラス―マンハイムの知的継承を重視している。

（12）Mannheim, *Man and Society*, pp. 51–60（前掲邦訳、六〇―七一頁）.

（13）Karl Mannheim, *Freedom, Power and Democratic Planning*, ed. by Ernest Bramsted and Hans Gerth, London: Routledge and Kegan Paul, 1951, pp. 6–21（田野崎昭夫訳『自由・権力・民主的計画』マンハイム全集第六巻、潮出版社、一九七六年、九―三四頁）. 拙稿「マンハイムの「第三の道」としての社会計画論再考――そのデモクラシー観を中心に」日本大学『法学研究年報』第二三号、一九九三年、四一一―四一二頁。

(14) 前掲拙稿「後期カール・マンハイムの政治思想的考察・序説　四・完」一五五―一五六頁。
(15) かつて大衆社会論をもっとも体系的に整理したとされたウィリアム・コーンハウザーは、大衆社会の「貴族主義的批判」と「民主主義的批判」という理論上の分類において、マンハイムを前者として扱っている。なぜなら、マンハイムはデモクラシーの価値を擁護してはいるが、大衆社会の理論としては大衆参加がエリートの機能をくつがえす点を重視しているからだ、という。William Kornhauser, *The Politics of Mass Society*, Glencoe, Ill.: Free Press, 1959, p. 24（辻村明訳『大衆社会の政治』東京創元社、一九六一年、二二頁）. しかし、コーンハウザーによるこうしたマンハイム理解が、彼の社会再建にむけた教育論をどの程度視野に入れていたかには疑問が残る。マンハイムの理論には、大衆の政治参加を投票だけに限定しようとするシュンペーター的なエリート主義的デモクラシー論とは、無視しえない距離があると思われるからである。なお、マンハイムの教育論が、彼の知的生涯の全体像のなかで重要な位置を占める点については、以下の論考が示唆的である。久冨善之「英国におけるカール・マンハイム――社会学的教育理論展開の社会史と個人史」上下『〈教育と社会〉研究』第七号、第八号、一九九七―一九九八年。
(16) 前掲拙著『大衆社会とデモクラシー』を参照。
(17) 松下圭一『政策型思考と政治』東京大学出版会、一九九一年、三―五頁。
(18) 同前、一〇頁、一七頁。
(19) Iris Marion Young, *Justice and the Politics of Difference*, Princeton: Princeton University Press, 1990, pp. 22–38.
(20) Iris Marion Young, "Together in Difference: Transforming the Logic of Group Political Conflict," in Judith Squires ed., *Principled Positions: Postmodernism and the Rediscovery of Value*, London: Lawrence & Wishart, 1993, p. 127.
(21) Iris Marion Young, *Inclusion and Democracy*, Oxford: Oxford University Press, 2000, p. 47.
(22) *Ibid.*, p. 8.
(23) *Ibid.*, p. 45.
(24) Young, *Justice and the Politics of Difference*, pp. 227–240. Cf., Michael Kenny, "Paradoxes of Community," in Brian Doherty and Marius de Geus eds., *Democracy and Green Political Thought: Sustainability, Rights and Citizenship*, London: Routledge, 1996, pp. 26–31.
(25) Karl Mannheim, "The Contemporary Tasks of Sociology: Cultivation and the Curriculum," in *Sociology as Political Education*, ed. by David Kettler and Colin Loader, New Brunswick: Transaction Publishers, 2001, p. 150（朝倉恵俊訳「社会学の現代的課題」マンハイム全集第三巻、潮出版社、一九七六年、三〇四頁）. この論文の初出（ドイツ語）は一九三二年である。
(26) 秋元律郎・澤井敦『マンハイム研究――危機の理論と知識社会学』早稲田大学出版部、一九九二年、一二三―一二七頁。

(27) Karl Mannheim, *Ideologie und Utopie*, Bonn: Friedrich Cohen, S. 42（高橋徹・徳永恂訳『イデオロギーとユートピア』中央公論新社、二〇〇六年、一六四頁）.
(28) *Ibid*., S. 63（同前、一九二頁）.
(29) *Ibid*., S. 40（同前、一六一頁）.
(30) Mannheim, *Man and Society*, p. 114（前掲邦訳、一三八頁）.
(31) *Ibid*., pp. 12, 191-192（同前、一三頁、二三〇—二三三頁）.
(32) 前掲拙稿「マンハイムの「第三の道」としての社会計画論再考」を参照。
(33) Mannheim, *Freedom, Power and Democratic Planning*, pp. 36-37（前掲邦訳、六一頁）.
(34) Mannheim, *Diagnosis of Our Time*, part 4（前掲邦訳、第四部）.
(35) 澤井敦「マンハイムとラジオ——BBC放送における連続講義「倫理」および「社会学とは何か」」慶應義塾大学『法学研究』第七七巻第一一号、二〇〇四年。
(36) Mannheim, *Diagnosis of Our Time*, pp. 4, 61（前掲邦訳、二三九、三二八頁）.
(37) *Ibid*., pp. 61, 65（同前、三二八、三三四頁）.
(38) *Ibid*., pp. 14-25（同前、二五五—二七一頁）.
(39) *Ibid*., p. 7（同前、二四三頁）.
(40) *Ibid*., p. 64（同前、三三二—三三三頁）.
(41) Mannheim, *Freedom, Power and Democratic Planning*, p. 201（前掲邦訳、三六三頁）.
(42) *Ibid*.
(43) *Ibid*., pp. 203-205（同前、三六七—三六九頁）.
(44) Mannheim, *Diagnosis of Our Time*, p. 27（前掲邦訳、二七四頁）.
(45) *Ibid*., pp. 111-112（同前、四〇六—四〇七頁）.
(46) Mannheim, *Ideologie und Utopie*, S. 167-168（前掲邦訳、三三六—三三七頁）.
(47) 澤井敦『カール・マンハイム——時代を診断する亡命者』東信堂、二〇〇四年、二三頁。同、前掲「マンハイムとラジオ」六—七頁。
(48) さしあたり、以下を参照。前掲澤井『カール・マンハイム』一二九—一四四頁。

(49) 松下圭一「「市民」的人間型の現代的可能性」『現代政治の条件［増補版］』所収、中央公論社、一九六九年、二一八頁（傍点は原文）。
(50) 松下圭一『現代政治＊発想と回想』法政大学出版局、二〇〇六年、七六頁。
(51) 前掲松下「「市民」的人間型の現代的可能性」二一三頁。
(52) 同前、二一四—二一五頁。
(53) 前掲松下『政策型思考と政治』六—七頁。
(54) 同前、八七—八八頁。
(55) 同前、一三七頁。
(56) 同前、一三八頁。
(57) 同前、一〇頁。
(58) 同前、一一—一二頁。
(59) 松下圭一『社会教育の終焉［新版］』公人の友社、二〇〇三年、三—四頁。この文献の初版は一九八六年である。
(60) 同前、三頁。
(61) 前掲松下『政策型思考と政治』五三—五四頁。
(62) 前掲松下『社会教育の終焉［新版］』五頁、一七五頁。
(63) 同前、一七六頁。
(64) 前掲松下『政策型思考と政治』九二頁。
(65) 同前、五二頁。
(66) 松下圭一『市民文化は可能か』岩波書店、一九八五年。
(67) 前掲松下『政策型思考と政治』五三頁。
(68) 松下圭一『転型期日本の政治と文化』岩波書店、二〇〇五年、一八三—一九二頁。
(69) Iris Marion Young, "Polity and Group Difference: A Critique of the Ideal of Universal Citizenship," *Ethics*, Vol. 99, No. 2, p. 262（施光恒訳「政治体と集団の差異——普遍的シティズンシップの理念に対する批判」『思想』第八六七号、一九九六年、一一一頁）.
(70) Young, *Justice and the Politics of Difference*, pp. 3–14. Cf., Carole Pateman, *The Disorder of Women: Democracy, Feminism and Political Theory*, Cambridge: Polity Press, 1989（山田竜作訳『秩序を乱す女たち?』（仮題）法政大学出版局、近刊）. また以下の拙稿も参照。

「フェミニズムとデモクラシー理論——キャロル・ペイトマンの再検討を中心に」『政治思想研究』第一〇号、二〇一〇年。

(71) Young, "Polity and Group Difference," pp. 253–255（前掲邦訳、一〇二—一〇三頁）.

(72) これは、「虹の連合」を理想とした一九八〇年代アメリカの社会運動で用いられた表現して知られている。なお、ヤングの一九八九年の論文「政治体と集団の差異」の邦訳では、a heterogeneous public に「異質性を帯びた公衆」との訳語があてられている。この論文がシティズンシップをめぐるものであるところから、確かに public を「公衆」と訳すことにも一理ある。しかし同時にこれは、不定冠詞が暗示するように、多様なもの同士が共存する一つの公共社会をも含意していると考えられる。ゆえに本稿では、以下の文献にならいつつ「異質なものの公共性」と表記した。土井美徳「現代の政治思想——「差異」と「政治的なもの」の概念再考」竹尾隆・井田正道編著『政治学の世界』所収、八千代出版、一九九七年。

(73) Young, "Polity and Group Difference," p. 257（前掲邦訳、一〇五—一〇六頁）.

(74) Cf., Keith Faulks, *Citizenship*, London: Routledge, 2000, chap. 4（中川雄一郎訳『シチズンシップ——自治・権利・責任・参加』日本経済評論社、二〇一一年、第四章）. Michael Kenny, *The Politics of Identity: Liberal Political Theory and the Dilemmas of Difference*, Cambridge: Polity Press, 2004, chap. 7（藤原孝・山田竜作・松島雪江・青山円美・佐藤高尚訳『アイデンティティの政治学』日本経済評論社、二〇〇五年、第七章）.

(75) Young, "Polity and Group Difference," p. 257（前掲邦訳、一〇六頁）.

(76) このような視点からは、ジョン・ロールズの正義論や、ヤング自身が多大な影響を受けたハーバーマスのコミュニケーション的倫理は、批判されざるをえない。ヤングからすれば、ロールズの思考実験における「原初状態」は、差異を持つもの同士のコミュニケーションを排除するように見えるし、また「ある主張が公的な場で表明される際、普遍的で公平な観点からなされる必要がある」というハーバーマスの要求は、公平性という偽りを持ちだす点で不適切だからである。Young, *Justice and the Politics of Difference*, p. 101. Young, "Polity and Group Difference," pp. 262–263（前掲邦訳、一一二—一一三頁）.

(77) Young, "Polity and Group Difference," pp. 271–273（前掲邦訳、一二一—一二三頁）. Cf., Young, *Justice and the Politics of Difference*, pp. 6–7.

(78) Cf., Don Fletcher, "Iris Marion Young: The Politics of Difference, Justice and Democracy," in April Carter and Geoffrey Stokes eds., *Liberal Democracy and Its Critics*, Cambridge: Polity Press, 1998. Will Kymlicka and Wayne Norman, "Return of the Citizen: A Survey of Recent Work on Citizenship Theory," *Ethics*, Vol. 104, No. 2, 1994. 千葉眞『ラディカル・デモクラシーの地平——自由・差異・共通善』新評論、一九九五年、一三九頁。

(79) Young, "Polity and Group Difference," pp. 260–261（前掲邦訳、一〇九―一一〇頁）. Young, *Justice and the Politics of Difference*, p. 171. Cf., John Dryzek, *Deliberative Democracy and Beyond: Liberals, Critics, Contestation*, Oxford: Oxford University Press, 2000, chap. 3.

(80) Young, "Polity and Group Difference," pp. 263–264（前掲邦訳、一一三―一一四頁）.

(81) 前掲秋元・澤井『マンハイム研究』第三～四章を参照。

(82) Elizabeth Frazer, "Iris Marion Young and Political Education," in Sardoč ed., *op. cit.*, pp. 48–49.

(83) 管見の限りではヤング自身の教育への直接的言及は、構造的不正義が存在する社会にあって、被抑圧的集団が教育を受ける機会を享受することが重要である、という点にとどまるように思われる。Sardoč and Shaughnessy, "An Interview with Iris Marion Young," Iris Marion Young, "Education in the Context of Structural Injustice: A Symposium Response," in Sardoč ed., *op. cit.*

(84) Cf. Ronald Beiner, "Multiculturalism and Citizenship: A Critical Response to Iris Marion Young," in Sardoč ed., *op. cit.*

(85) Iris Marion Young, "Communication and the Other: Beyond Deliberative Democracy," in Seyla Benhabib ed., *Democracy and Difference: Contesting the Boundaries of the Political*, Princeton: Princeton University Press, 1996, pp. 122–126. Young, *Inclusion and Democracy*, pp. 37–49.

(86) Young, *Inclusion and Democracy*, pp. 44, 50. キース・フォークスはそのシティズンシップ論の著書で、ヤングはある集団が他の集団の経験を理解できないと主張している、と批判する。Faulks, *Citizenship*, chap. 4（前掲邦訳、第四章）. しかしこれは、誤読に基づくヤング批判というよりない。確かにヤングは、支配的な特権的集団は被抑圧的集団の受けている苦痛を理解しようとしないと述べてはいる。だが彼女は、ある視座を持つ人々は自分たちとは異なる視座を持つ人々の欲求やニーズを「完全には」理解できないといってはいても、一切の理解が不可能だといっているわけではない。フォークスが、ヤングの議論は決して熟議デモクラシーに結びつかないと断定できるのは、やはり、ヤングの「差異の政治」が本質主義的な集団概念を基盤にしているはずだという解釈を、彼自身が疑っていないためと見受けられる。

(87) Young, "Communication and the Other," pp. 120–121. Young, *Inclusion and Democracy*, pp. 19–21. また、以下の拙稿も参照されたい。「包摂／排除をめぐる現代デモクラシー理論――「闘技」モデルと「熟議」モデルのあいだ」『年報政治学』二〇〇七―I号、一五二―一五三頁。

(88) Iris Marion Young, "Difference as a Resource for Democratic Communication," in David Estlund ed., *Democracy*, Oxford: Blackwell Publishers, 2002, p. 229.

(89) Young, *Inclusion and Democracy*, pp. 21–25.

(90) *Ibid*., pp. 38, 48.

(91) 前掲拙稿「包摂／排除をめぐる現代デモクラシー理論」一五四―一五六頁。拙稿「現代社会における熟議／対話の重要性」田村哲樹編『語る――熟議／対話の政治学』所収、風行社、二〇一〇年、三五―三九頁。

(92) Young, "Polity and Group Difference," p. 258（前掲邦訳、一〇六頁）.

(93) もっとも、今日的な「ポピュリズム」がマス・ソサエティ状況といかなる関係性にあるか、という興味深い問題は存在する。これについては他日を期したい。

(94) 以下の拙稿を参照。「グローバル・シティズンシップの可能性――地球時代の「市民性」をめぐって」藤原孝・山田竜作編『シティズンシップ論の射程』所収、日本経済評論社、二〇一〇年。

(95) そして本論では十分に触れられなかったが、松下も、政治主体たる自由な個人が複数存在する以上、「政策」の選択肢もまた複数となり「党派性」を持たざるをえない、つまり「正しい」政策は存在しないとしている。前掲松下『政策型思考と政治』一〇二―一〇三頁。「政策」はその発生源において自由かつ多様に構想される、と論じる彼は、個別のニーズや欲求が日々の市民活動のなかで表明されるのは当然と考えているものと思われる。

(96) 前掲拙稿「包摂／排除をめぐる現代デモクラシー理論」一五六頁。

(97) 日本における「寛容文化」の未熟さを語る松下本人は、ヤングが提起するような問題を想定済みと考えている可能性がある。しかし、市民活動が繰り広げられる市民社会において、ある特定の「声」がいかなるメカニズムで沈黙を強いられるかについて、彼が詳細に論じているとは必ずしもいい難い。

第7章　政治主体としての宗教的市民
ハーバーマスのポスト世俗社会論

木部尚志

1　「宗教復興」と政治理論の課題

近現代の国家を特徴づける国民国家の理念は、同質的な市民像を前提としてきた。国民国家における政治的および社会的平等もまた、そのような市民のあいだでの平等として観念されてきた。しかしながら、同質性を特徴とする市民像とこれに依拠する平等観こそは、様々な差異――人種、階層、エスニシティ、ジェンダー、セクシャリティ――をめぐる問題意識の高まりのなかで、疑問に付されているものにほかならない。こうした差異のひとつとして改めて注目を浴びつつあるのが、宗教である。

近年、宗教が政治的な関心を集めていることの大きな要因は、グローバルな現象としての「宗教復興」にある(1)。この復興の背景のひとつには、「9・11」以降の世界情勢のなかで、原理主義的な宗教勢力が台頭してきたことがある。くわえて、中絶問題や同性愛者をめぐる米国におけるキリスト教右派の政治性や、スカーフ問題や強制結婚問題に密接に関連する、ヨーロッパにおけるイスラム教徒の増加も、大きな要因となっている。最近の例でいえば、エジプトやリビアなどのイスラム圏での政治動向も、そうした関心を高めるものである。

宗教の復興は、宗教問題をすでに解決済みとみなしてきた従来の政治理論に再考を迫ることになる。とりわけ再考の対象となるのは、政治的世俗主義の原理である。近代の政治理論は、宗教改革に端を発する宥和不可能な宗教的対立にたいする政治的解決策として登場した。解決の要は、宗教を政治から放逐して私的事柄として位置づけて、政治と宗教の相互不介入を制度的に確保するとともに、信教の自由を保障する点にあった。このように政治的世俗主義の原理は、宗教を私事化し脱公共化することで、政治秩序を脅かす潜在的危険のある差異から起爆剤を除去するとともに、政治の中立性と自律性を確保する点で、「宗教と政治」という難問にたいする有効かつ最終的な処方箋であるとみなされてきた。

しかし昨今の世界情勢は、少なからぬ政治理論家をして、政治的世俗主義の再検討に向かわせている。こうした状況は、世俗化テーゼの経験的妥当性を疑問に付すだけでなく、「ポスト世俗社会における宗教と政治」という新たな課題を政治理論に突きつけ、これまでのパラダイムの再検討を迫る。再検討の課題のひとつとして、政治的意思形成のプロセスで宗教をどのように扱うべきかという問題がある。はたして公的議論は、宗教を「会話を打ち切るもの」(conversation stopper) とみなすR・ローティの見解にしたがって、宗教的な理由を排除して、世俗的な理由のみに依拠すべきであろうか？(2) あるいは、厳格な世俗主義の放棄もしくは緩和が望ましいのであれば、それはどのような理由づけや考慮から正当化され、またどのような仕方で実現されるべきであろうか？　本書のテーマに関連づけていえば、信仰や宗教的生き方を実践する市民は、はたして十全たる意味において、つまり非宗教的市民と同等な立場で政治的主体たりえるのであろうか？

本論考の目的は、右の問いを念頭に置きながら、近年、政治と宗教の関係をめぐる政治理論的課題に精力的に取り組んでいるJ・ハーバーマスを、とくにかれの論考「公的領域における宗教」で展開された「ポスト世俗社会」

論に焦点を当てることで、批判的に考察し、その問題性を指摘することにある。ハーバーマスの「ポスト世俗社会」論の問題性は、一方では、政治主体としての宗教的市民になおも制約を課すがゆえに、宗教的市民と非宗教的市民のあいだの政治的平等を十分に実現できないという点とともに、他方では、宗教的市民の戦略性を帯びた行動や圧力を排除できないがゆえに、政治的世俗主義の原理を堅持できないという点にある。

本論考の考察は、以下のように進めることにしたい。第2節で、ハーバーマスの「ポスト世俗社会」論の特質を明らかにしたのち、第3節と第4節で批判的考察をおこなう。第3節では、J・ロールズとの比較を通じて宗教的市民の政治的平等という観点から、第4節では宗教的市民の戦略性と圧力という観点から、批判的考察を展開することにしたい。最後に、本論考の考察から引き出される示唆として、日本における宗教的市民の政治的主体性を考えるうえでの課題を指摘して、本論考を閉じることにする。

2　ハーバーマスの基本的構想

ハーバーマスは、冒頭で触れた「宗教の復興」を念頭に置きながら、以下のように問う。「リベラルな諸憲法で要請されている国家と教会の分離は、宗教的伝統、宗教共同体が市民社会や政治的公共性において、つまり市民の政治的な意見形成や意思形成において担いうる役割にとって何を意味するのであろうか？」(RÖ, p. 123; RPS, p. 119)(3)。こうした問いを立てるハーバーマスの目的は、近代政治理論のひとつの核心となっている政治的世俗主義の原則を確認しつつ、かかる原則に背馳しない限りで、政治的公共性における宗教の役割を最大限に認める論理の提示にある。より具体的に言えば、ハーバーマスの主眼は、ロールズの「公共的理性」論の基盤を共有するとともに(4)、ロールズの制約を指摘しながら、宗教と公共的理性のより適切な関係を理論化することにある。

さて、ハーバーマスの議論は二つの柱からなる。ひとつの柱が制度的翻訳論であり、いまひとつの柱がポスト世俗社会論である。大まかにいえば、前者は制度的構想に関わり、後者は市民的エートスに関わる。これらの点を考察するまえに、まずハーバーマスの理解する民主的立憲国家における宗教の位置づけを確認しておきたい。

ハーバーマスによれば、民主的立憲国家の自己理解は、すべての人々に理解可能な自然理性を基盤として形成されてきた。人間として共通に有する理性こそは、もはや宗教的な正統化に依存しない世俗的な国家権力の認知的基盤をなす。宗教的な正統化からの離脱は、国家と教会の分離を可能にするものでもあった。宗教戦争や教派上の争いを克服するというリベラリズムの歴史的な出発点は、立憲国家における支配権力の「世界観上の中立性」と「平等な権利をもつ市民による民主的な自己決定」に結実することになる。また良心と信教の自由は、宗教的多元主義の挑戦にたいする「適切な政治的回答」にほかならない（RÖ, pp. 124–25; RPS, p. 119）。

このように、宗教に関する民主的立憲国家の特徴は、〈国家と教会の分離〉と〈良心と信教の自由〉にある。しかしこうした制度的要件だけでは、平等な宗教的自由を保障するのに十分ではない。なぜならば、信教の自由をめぐっては、とりわけ正当な権利行使の範囲に関して、論争と対立がありうるからにほかならない。これを解決する原理が、討議に基づく民主主義の原理である。この原理は、「すべての当事者にとって等しく受容可能な理由」を基盤とすることで政治権力の正統性を確保することを要請する（RÖ, pp. 124–25; RPS, p. 120）。民主主義の手続きが正統性をもつのは、(1)すべての市民の平等な政治参加（つまり法の名宛人が法の起草者となること）という条件と並んで、(2)政治的決定が「一般的に受容可能な理由」でもって正当化されるという認識的条件が満たされる場合である。後者の条件は、国家の「世界観上の中立性」とともに、もはや宗教が正統性の基盤になりえないことを意味する（RÖ, p. 126; RPS, p. 121）。

ハーバーマスは、このような民主的正統性の世俗性という線で、ロールズの公共的理性論を理解し、これを支持する。それゆえ、ロールズにたいする批判論がかかる世俗的様式――つまり「世界観上の中立性」、もしくはロールズの用語でいえば「包括的教説」――を問題視する場合には、この批判を断固として斥けようとする。しかし他方で、公的領域における宗教にたいして、より大きな役割を与えるために、ライシテ的な世俗主義（政治から宗教との関係をすべて排除する立場）への批判には賛同するのである（RÖ, p. 129; RPS, p. 124）[5]。

こうした理由からハーバーマスは、N・ウォルターストーフやP・ウェイスマンらのロールズ批判に一定の理解を示す。この批判によれば、ロールズの公共的理性論は、政治的公的領域での議論において最終的には「一般的に受容可能な理由」――したがって非宗教的な理由――の提示を宗教的市民にも課す点で、世俗的な自己と宗教的な自己という「人為的な分離」という、世俗的市民にはない負担を宗教的市民に強いるものであり、それゆえ全人格的な存在とアイデンティティに関わる信仰生活の特質についての適切な理解を欠くものである（RÖ, p. 133; RPS, pp. 128–29）[6]。ハーバーマスは、この批判の妥当性を認めて、宗教的市民をこうした「精神的かつ心理的負担」から解放しなければならないとする（RÖ, p. 135; RPS, p. 130）。この観点からハーバーマスは、宗教的理由とともに非宗教的な公共的理由の提示を求めるロールズの公共的理性論に、宗教的生活様式を損なうという危険性や、公的領域での「多声的な複合性」（RÖ, pp. 136–37; RPS, p. 131）を縮減させるという問題性を指摘する。

ただし、ハーバーマスにとって宗教的市民の負担を軽減することは、ウォルターストーフやウェイスマンが要求するような、宗教的理由にたいする公共的理由の優位の放棄を意味しない。ハーバーマスは、おもに二つの点から公共的理由を優先させなければならないと考える。ひとつは、かかる放棄が民主的立憲国家の原理たる「世界観上の中立性」（いわば正当化における政教分離）を損ない、その結果として政治権力の正統性の喪失に結びつくという理由である。もし多数派が宗教的論拠のみに依拠するならば、多数決原理による政治的決定は、宗教的論拠を受け入れることのできない少数者にとって正統性なき決定、それゆえ抑圧にほかならない（RÖ, p. 140; RPS, p. 134）。

いまひとつは、正統性なき決定が服従を要求する場合、政治秩序の性質が戦略的な理由による服従という暫定協定(modus vivendi)に変質するとともに、宗教的対立が政治秩序の解体という危険をもたらすからである(RÖ, p. 141; RÖ, p. 135)。

かくしてハーバーマスは、いかにして公共的理性の理念を堅持しつつも、宗教的市民にたいする不当で不平等な負担を軽減できるか、という問いに応えなければならない。その解決策が「制度的翻訳の付帯条件」のアイディアである。このアイディアは二つの構成要素からなる。第一の構成要素は、非公式の公的領域と公式の政治的領域(議会、裁判所、省庁、行政)を厳密に分けて、前者の領域において宗教的根拠に基づく自由な討議を認める点にある。後者の領域では、そうした討議は認められず、一般的に受容可能な理由のみの提示が許される。第二の構成要素は、非公式の公的領域の段階で宗教的言語を世俗的言語に翻訳するというものである。この翻訳作業には、宗教的市民のみならず世俗的市民も「協働的課題」として取り組むことが求められる(RÖ, pp. 136–37; RPS, pp. 130–31)。このようなハーバーマスの制度的翻訳論の主眼は、非宗教的な公共的理由の優位と世界観上の中立性という民主的正統性の基盤を保持しながら、公的領域のうち政治システム(「公式の公的領域」)に属さない部分では宗教の役割を積極的に認め、しかもロールズの付帯条件論とは異なり、宗教的市民と世俗的市民の協働を通して公共的理由を提示して、それによって宗教的市民の負担を軽減する点にある。(7) ハーバーマスは、こうした状況をつぎのように表明する。

間違いなく宗教的市民は、公的な議論に参加するやいなや自分のアイデンティティを公的な部分と私的な部分に分離することなく、この「制度的翻訳の付帯条件」を承認することができる。したがって宗教的市民は、世俗的な「翻訳」を見出せなくとも、みずからの信条を宗教的言語でも表現し、根拠づけることができなければ

ならない。（RÖ, p. 136; RPS, p. 130）

ところで、ハーバーマスの制度的翻訳論は、市民がどのような性質をもつべきかという市民的エートス論に向かうことになる。なぜならば、制度的翻訳が機能するためには、宗教的市民と世俗的市民の双方が一定の「認識的態度」を有するという「認知上の前提条件」が不可欠だからである。簡潔にいえば、宗教的市民は、宗教の多元性や立憲国家における正統化の世俗的性格を承認しなければならず、これにたいして世俗的市民は、宗教を迷妄であるとして片付けることなく、宗教的言説に真理と意味の可能性を認めなければならない。つまり宗教的市民にたいしては、(a)宗教的多元主義、(b)近代科学、(c)政治と法における世俗的理由の優位の三点に関して、みずからの宗教的な教義や確信との認知的不協和を克服するような認識上の態度をとることが求められる（RÖ, pp. 142–43; RPS, pp. 136–37）。

これにたいして世俗的市民には、(a)宗教を前近代の遺物でやがては科学の批判の前に解体すべきものとみる世俗主義的態度を改めて、(b)宗教が今後も社会で存続することを認めるとともに、(c)宗教が世俗的言語に翻訳可能な意味内容をもち、それによって公的領域での議論に貢献する可能性を受け入れる態度が求められる（RÖ, pp. 144–45; RPS, pp. 138–39）。こうした認識上の態度が相互的な学習プロセスを経て成立してはじめて、翻訳の共同作業が可能となる。まさに「ポスト世俗社会」とは、このように世俗的ならびに宗教的市民の認識的態度を前提条件とする社会である。

実は、こうした認識的態度は、哲学や思想の根本的なあり方と関わっている。それは、ハーバーマスがこれまでに主張してきた「ポスト形而上学的な思考」にほかならない(8)。この思考は、宗教的真理に関して「不可知論」の立場をとるがゆえに、信仰と知を厳格に区別するとともに、宗教に存立の余地を認めない科学主義や自然主義の立場を排する（RÖ, pp. 146–47; RPS, pp. 140–41）。それゆえポスト世俗社会論の哲学的ないし認識論的な基盤は、ハーバーマスのポスト形而上学的な立場にあるといえる。

ところで、これまでの議論から明らかなように、制度的翻訳論は、宗教的および世俗的市民の双方による一定の自己反省的な認識的態度の獲得という「相互補完的な学習プロセス」——別言すれば「メンタリティの変化」——の完了を前提とする点で、要求度の高い条件を課す（RÖ, p. 146; RPS, p. 140）。こうした条件は、「近代の規範的自己理解」ないし「規範的政治理論」の観点から導き出されたものである。それゆえ、規範的かつ機能的に要請される条件が現実に満たされるかどうかは、依然として未決である（RÖ, pp. 151–52; RPS, p. 144）。ハーバーマスのみるところ、そもそもメンタリティの変化は、法や政治によってもたらされるものではなく、前政治的な要因に由来する（RÖ, p. 151; RPS, p. 144）。かくしてハーバーマスは、規範的な望ましさと経験的問題の区別を明確に意識するがゆえに、ポスト世俗社会の実質的な展望には不確定な要素があり、自説の実現可能性がかかえる一定の原理的な制約を認めるのである。

右の考察から明らかなように、ハーバーマスの理論が、「制度的翻訳の付帯条件」論によって、政治的正統化の非宗教的様式を堅持したうえで、できるだけ公的領域での宗教の役割を拡大し、なおかつ世俗的市民との平等化を図るとともに、「ポスト世俗社会」論によって、宗教的市民と世俗的市民による共同翻訳が成立するための条件を展開するものであることが理解される。以下に続く二つの節では、ハーバーマスの理論によって、はたして宗教的市民の平等性が実現されているかという問いと（第3節）、はたして宗教的市民の政治性が世俗的理由の優位を揺るがし、政治秩序を暫定協定に近いものにしないかという問い（第4節）に取り組むことにしたい。

3　宗教的市民の平等性

前節の考察が示すように、ハーバーマスの基本的意図のひとつは、非公式の公的領域と公式の公的領域――言い換えるならば、市民社会のコミュニケーション網と政治システム――を分けたうえで、宗教的言語を用いた議論を前者において認めて、世俗的言語のみを許可する後者において「制度的翻訳」を導入することにあった。それは、宗教の政治的役割を積極的に承認し、なおかつ宗教的市民の負担を世俗的市民の協力によって平等化しようとすることを目指していた。端的にいえば、それは宗教的市民の政治的平等を志向するものといえる。本節では、ハーバーマスの議論を政治的平等の観点から吟味し、とりわけロールズとの比較をとおして、実際にはかかる平等化の試みの問題性を指摘することにしたい。

ハーバーマスの批判的吟味を始めるにあたって、まずかれがみずからの「制度的翻訳の付帯条件」論と対比して、その優位を主張してきたロールズの付帯条件論を確認しておきたい。

公共的理性に参加するということは、基本的な政治問題を議論する場合、これらの政治的構想のひとつに――つまりそれらの理念や原理、基準や価値に――訴えかけることを意味する。さらにこの要件は、われわれが政治的な討議のなかに、宗教的なものであれ非宗教的なものであれ、自分の包括的教説をいつでも持ち込むことを許すものである。ただし、それらの包括的教説が支持すると言われている種々の原理や政策を支持する厳密に公共的な理由（properly public reasons）を、しかるべき時点で（in due course）提示することが条件となる。この要件を「付帯条件」（the proviso）と呼ぶことにする。(9)

このようにロールズの〈付帯条件〉は、公共的理由の提示こそが包括的教説を導入するための必要条件であると明言する。このことは、公共的な理由を提示するならば、宗教的な教説に基づく議論を提示することにはなんら制約がないことを意味する。ロールズの議論は、宗教的な包括的教説を討議に導入することを許可しながらも、公共的理性の優位を保持するという点で、妙案といえるであろう。公共的理由を提示する方法や時期といった細かい問題は、ここでは問わない。より重要であるのは、公共的理由の提示者は宗教的理由の提示者――それが個々の人間であれ集団であれ――と同一である、との解釈をハーバーマスが採用していることであろう。この同一性の前提がないならば、宗教的市民の非対称的な負担について語ることはできない。

翻訳されていない宗教的発言に政治的公共圏への参加を認めることが規範的にみて正当化されるのは、信仰をもつ人間のなかでも以下のような人からすれば、ロールズの付帯条件を受け入れることができないからである。それは、私的ないし非政治的とみなされる根拠の政治的使用を断念した場合には、みずからの宗教的な生き方を損なわずにはいないような人である。（RÖ, p. 136; RPS, p. 131）

ロールズにたいするハーバーマスの批判は、特定の立場や政策を支持する論拠として宗教的言語を用いる市民にたいして、ロールズのように世俗的言語での論拠を要求することが、かれらの自我の人為的な分離をもたらし、しかもそうした論拠を提示できないがゆえに宗教的言語での議論を断念する場合、かれらのアイデンティティを傷つけるという点にある。それこそは、世俗的市民にはない、それゆえ不当な負担を課すことにほかならない。そして世俗的市民の協力によって世俗的理由を提示するという「制度的翻訳の付帯条件」の方が、そうした不当な負担を減らすことができるというのである。

ハーバーマスの主張には、ロールズよりも宗教的市民の負担を軽減する側面がある。ハーバーマスの場合、政治システム（議会、裁判所、省庁、行政等）の領域でなければ、制度的翻訳の要件はないので、宗教的市民は自由に宗教的言語を用いた議論を展開することができる。これにたいしてロールズの場合、市民同士による公的討議の場合でも、公共的理性にしたがうことが求められている。[10] よって宗教的市民にも、公共的理性に基づく議論の仕方が要請されることになる。これはいかにも窮屈な話に思える。

しかしながら、政治システムに目を向けるならば、ハーバーマスとロールズの立場は一転する。ハーバーマスにしたがえば宗教的言語は、政治システムに入る以前の段階で世俗的言語に翻訳されていなければならない。よって、宗教的な言説が例えば議会で表明されることは許されない。これにたいしてロールズでは、ハーバーマスの「公式の公的領域」に対応する「公的な政治フォーラム」（裁判官、政府と議員などの公職者、公選職の候補者）にロールズ流の付帯条件が適用されるがゆえに付帯条件が遵守されるかぎりにおいて、政治システム内で宗教的言語による議論が許されることになる。かくして、ハーバーマスの〈付帯条件〉が、ロールズのそれよりも、宗教的市民の討議の場を制約するものであることが明らかとなる。

さらにいえば、ハーバーマスの〈付帯条件〉が課す制約は、討議の場のみならず言説の様式にまで及ぶ。基本的にハーバーマスは、宗教的市民がどのような根拠を提示するかという観点、つまり正当化の観点から議論を展開している。公的領域における言説は、正当化のそれしかないのであろうか？

これにたいしてロールズは、正当化――「公共的正当化」（public justification）――の言説のみならず、複数の言説様式を認める。ロールズによれば、公共的正当化とは別に、みずからの包括的教説が正義の公共的政治構想を支持するものであることを他者に知らしめるための「宣言」（declaration）と、他者の教説から正義の公共的政治構想の支持を引き出せることを示す「推測」（conjecture）がある。[11] さらにロールズは、クエーカー教徒の平和主義者を例とするような、制度や政策の政治的正統性を認めつつも、みずからの信条にしたがって反対の意を示す「証言」(witness) の種類も挙げている。

私が「証言」と呼ぶ、いまひとつの言説様式に言及することにしたい。概して、それは理想的な、つまり政治的によく秩序づけられ、十分に正義に適った社会で起こる。この社会では、全ての投票が、政治的正義のもっとも理に適った構想にしたがって市民が投じた票の結果である。にもかかわらず、ある市民らが、既存の制度、政策、制定法にたいして原理に基づく不同意を表明する必要性を感じる、ということが起こりうる。思うに、クエーカー教徒は、立憲民主主義を受け入れ、その正統性のある法を遵守するが、同時にみずからの平和主義の宗教的基盤を理に適った仕方で表明するものである。(12)

確かにロールズは、公的議論でのこれらの言説様式の意味や機能を十分に展開しているわけではない。だが、市民的不服従とは異なって公共的理性に依拠せず、宗教的信条に基づく言説である「証言」こそは、公的議論を見るロールズの視野の広さを示唆するとともに、ハーバーマスによる言説様式の制約という面を際立たせるものであろう。

このようにみるならば、ハーバーマスの付帯条件論が、宗教的市民による討議の場と言説様式を制約する側面を有することが明白となる。ハーバーマスは、宗教の声を非公式の討議では認めるにせよ、政治システム内では世俗言語に転換されない宗教の肉声が発せられることを認めない。それゆえ、ハーバーマスの立場が、なるほど公的領域の「多声性《ポリフォニー》」を確保することにあったにもかかわらず、公式の政治的フォーラムにおける宗教的理由の表明を排して、討議の場と言説様式に制限を課すことで、結局のところ公的領域の多声的性質を損なっているのではないか、という疑念が生じざるをえない。

さて、前述したように「制度的翻訳の付帯条件」には、宗教的市民の負担を軽減させて、世俗的市民の負担と対照的なものにするという平等化の目的が込められていた。しかしながら、世俗的言語が政治システムの単一の〈公用語〉であるかぎり、かかる公用語を話せない者、話すことを拒絶する者にたいしては、平等ならざる位置づけが待っていないであろうか？　つまり、翻訳作業で世俗的市民の手助けをもっぱら仰ぐだけの場合、宗教的市民が二級市民としてみなされる危険はないといえるだろうか？

こうした扱いが生じないためには、世俗的市民が宗教的市民にたいして同等者として接することがひとつの条件となろう。確かに、かれらに求められる認識的態度――世俗主義的態度の放棄、宗教の存続の承認、宗教的言語の意味内容とその翻訳可能性の承認――は、そうした条件を提供してくれるように見える。右の要請は、ハーバーマスの不可知論的立場――宗教的真理の存在に関して否定も肯定もせず、分からないとする立場――に基礎をもつといえるが、それは実際のところ強い主張にほかならない。例えば、無神論や自然主義の立場からは、そうした要請を基礎づけることはできないであろう（よって、ハーバーマスは自然主義や科学主義の立場を激しく批判して退ける）。このことは、あらためてハーバーマスの認識論的立場が、種々の立場と両立しえない点で独自のものであり、したがってそれを背景とする世俗的市民の認知的要件もまた、困難な要請であることを意味しよう。

この困難が、ただちに宗教的市民の平等化の困難に直結することは、言うまでもない。翻訳の共同作業としての側面を強調したとしても、無神論者や自然主義者が不可知論者に変わる条件が確定できない以上、政治システムが世俗的言語に与える単一言語的な優位が宗教的言語の劣位に結びつくという傾向が生じるように思われる。討議の場と言説の制約という先述の論点とあわせて考えると、ハーバーマスの理論は、宗教的市民の政治的平等という点で不十分であり、むしろ問題をはらむものであるといわざるをえない。

4　宗教的市民の政治性

前節では、ハーバーマスの議論を宗教的市民の平等という観点から批判的に考察した。本節では、批判的考察を進めて、宗教的市民の政治性がどのような問題をハーバーマスに突きつけることになるかについて考えることにしたい。その問題とは、戦略的行動の排除不可能性であり、討議の環境的条件の重要性を指す。

すでにみてきたように、「制度的翻訳の付帯条件」は、宗教的市民が用いる宗教的言語を世俗的市民との協働で世俗的言語に転換することを要請するものであった。むろん、宗教的市民がみずから翻訳をおこなうことが困難なくできる場合には、この〈付帯条件〉は翻訳の共同作業を強要しない。こうした見方からすれば、宗教団体が、公的議論の場では本来の宗教的な理由を避けて、公共的な理由づけを意識的に用いることには、なんら問題がないようにみえる。団体内部向けの言語は宗教的言語であるが、団体の外部に向けては世俗的言語を用いるという二重性は、はたして規範的にみて問題がないであろうか？

例えば、米国のキリスト教右派についての実証研究では、そうした団体が、公的な政治フォーラムでの支持を得る目的で、日曜日の礼拝説教での宗教的主張を、すべての市民が受け入れることができる主張に「翻訳」していることが報告されている。宗教的な主張を避けて、万人に受容可能な主張に訴える訓練をメンバーに課すのである。キリスト教右派団体 Focus on the Family の幹部は、「人々を再訓練しなければならない。大切なのは、なにを言うかではなく、なにを言わないかということなのだ」と述べているが、この発言は重要な示唆を含んでいる(13)。それは、公共的理性への定位が意識的な戦略性を帯びる可能性の示唆にほかならない。

公的討議に戦略性が持ち込まれると、合意の規範性がゆらぐことになる。宗教的言語を避けて世俗的言語を用いる戦略的意図は、合意をコミュニケーション的な合理性に基づくものではなく、そうした基盤を欠くたんなる妥協や暫定協定（modus vivendi）、つまりビスマルクの言葉でいえば「暫定的で当分のあいだ効力をもつにすぎないもの」に変容させてしまう。[14] しかも、世俗的言語に翻訳するための訓練を受けた市民には、もはや戦略的意図は意識されない可能性もあり、内心の誠実さという——そもそも検証が困難な——判断基準もここではあまり役に立たない。討議における戦略性の問題は、世俗的市民の側でも問題を生み出すことになる。なぜならば、この種の問題が世俗的市民の意識するところとなるならば、宗教的市民の掲げる公的理由にたいしてつねに疑惑の目を向ける結果を生むからである。この疑惑の念は、宗教的市民が提示する世俗的理由を、政教分離原則を遵守するかにみせる偽装であり、実際にはかかる原則を無効にする真の宗教的理由を隠し持つものとして理解するかもしれない。この場合にも、規範的妥当性のある合意は困難となる。こうした困難にもかかわらず、ハーバーマスの「制度的翻訳の付帯条件」そのものは、戦略性をともなう宗教的市民の政治性にたいして、なんらかの対応策を講じる能力をもたない。

つぎに、社会的文脈や討議の環境的条件によっては、宗教的市民の政治性によって「制度的翻訳の付帯条件」が機能しない問題に目を向けることにしたい。N・ウルビナーティは、カトリック教徒が圧倒的多数を占めるイタリアを念頭に置きながら、たんに法的原理としてではなく、社会的事実としても宗教的多元主義が存在するか否かという問いの重要性を指摘する。まさにこの点にハーバーマスの理論の問題があるという。

ハーバーマスのポスト世俗的な構想は、吟味されていない想定に依拠しており、この想定は高度に文脈的で一般化できないものである。かれの理論は、西洋社会でももっとも世俗的な社会の理念化ないしは理論的反映である。別言すれば、ハーバーマスのポスト世俗主義は、宗教的多元主義が実在の、かつ受容された事実（つま

り理に適った多元主義）であるような社会を前提にしている。(15)

ウルビナーティによれば、宗教的多元主義が存在する場合、宗教的市民は宗教的言説を世俗的言語に翻訳する必要に迫られ、政治的な説得をおこなわざるをえない。しかし、単一宗教が支配的な社会では、かかる宗教に属する市民にはこうした必要性は生じない。こうした社会では、「同一の包括的教義を共有しない者を説得する差し迫った必要性がないがゆえに、翻訳はうわべだけで浅薄なもので、まったくおこなわれない場合ですらありうる」(16)。

右の議論は、単一の宗教ないし教派が多数派を占める社会においては、ハーバーマスの制度的翻訳論が有効に機能せず、宗教的および非宗教的少数者の声が圧迫される事態を指し示している。しかし、単一の宗教が支配的でなくとも、討議の環境的条件への注意は必要であろう。前述のキリスト教右派の政治行動に関しては、活動家を動員して数千ものEメール、ファックス、手紙、電話などを意見が対立する集団や政治家に送りつける戦術の採用が報告されている。このような戦術を展開する団体が対立する団体よりも権力関係で相対的に優位に立つ場合には、自由でオープンな討議は阻止され、沈黙を強いられるであろう(17)。

このような戦術の採用も含めて宗教的市民の政治性を考えると、あらためてハーバーマスの理論が依拠する前提を見直す必要とともに、討議を取り巻く周辺的条件を考慮する重要性が明らかとなる。そうした重要性は、討議や言説が埋め込まれている権力の構造的非対称性への洞察と結びついている。この〈イデオロギー批判〉の観点は、C・ロストボールが指摘するように、かつてのハーバーマスに顕著な特質であり、現在のポスト世俗社会論においては希薄となった理論関心であるともいえる(18)。人間の解放や内的な自律に関心を寄せる〈イデオロギー批判〉の観点をふたたび活性化させる必要性を指摘するロストボールの議論には、右の批判的考察を踏まえるならば、一定の有効性を認めざるを得ないように思われる。ただし、イデオロギー批判的な観点が制度的翻訳論やポスト世俗社会論とどのように整合的に組み合わせることができるのかについては、不確定な部分があり、慎重な検討が要求されるであろう。

5　残された課題

本論考では、政治と宗教の関係をめぐるハーバーマスの近年の議論を簡潔に再構成したうえで、批判的考察を加えた。ハーバーマスの議論の第一の特質は、宗教を非合理な迷信とみなすタイプの世俗主義（科学主義や自然主義）の立場を退けて、公的領域でのコミュニケーションに宗教を積極的に組み込み、宗教的立場からの発言に機会を与えようとする点にあった。第二の特質として、政策や法律を決定する立法過程においては世俗主義を堅持して宗教的根拠に基づく理由を排除しつつも、宗教的市民と世俗的市民の共同作業による宗教言語の世俗言語への「翻訳」によって、世俗的根拠の提示という負担を宗教的市民に一方的に課す不公正を是正する点が指摘された。第三の特質として、宗教的および世俗的市民に一定の認識的態度が要求される点が挙げられる。宗教的市民は、宗教の多元性や立憲国家における正統化の世俗的性格を承認しなければならず、これにたいして世俗的市民は、宗教を迷妄であるとして片付けることなく、宗教的言説に真理と意味の可能性を認めなければならない。こうした認識上の態度が成立してはじめて、翻訳の共同作業が可能となるものであった。

批判的考察として、第3節では、こうした特質をもつハーバーマスの「制度的翻訳の付帯条件」論が、宗教的市民の討議の場や言説様式を制約し、世俗的言語の優位を前提とする点で、宗教的市民の政治的平等の観点から不十分であることを論じた。第4節では、宗教的市民の政治性の観点から、ハーバーマスの〈付帯条件〉では戦略的行動を排することができず、むしろ促進する側面があることを指摘するとともに、社会的事実としての宗教的多元主義や組織的圧力といった討議の環境的条件の如何によっては、ハーバーマスの理論の期待とは反する帰結が生じることを論じた。

このように本論考は、ハーバーマスのポスト世俗社会論には批判的に吟味されるべき点や問題点があることを示した。しかしながら、きわめて限定的に取り上げたにすぎない。残された課題や問いは数多い。例えば、宗教的言語から世俗的言語への「翻訳」が具体的になにを意味するのか、また適切な「翻訳」の判断基準はなにか？　以前のハーバーマスは、宗教にたいしてむしろ冷淡であったとさえいえたが、宗教に関してかれの思想の展開はどのような連続性と非連続性を示しており、その原因はなにか？　宗教概念をめぐる批判的再考が進められている現状に照らすと、(19)かれの宗教概念の特質はなにか？　宗教的言語の翻訳可能性に関して、ハーバーマスは、すでに多くの西洋の規範的概念の神学的母体となったユダヤ・キリスト教的伝統を念頭に置いていることに問題はないのか？　ハーバーマスは、非西洋の文脈ではどのような意義をもつのか？　例えば日本の文脈から考えるならば、かつての靖国神社国家護持法案や昨今の靖国公式参拝問題が示すように、政治的世俗主義の柱である政教分離の原則はいまも憲法政治での重要な論争点であるが、宗教的市民の政治主体性をハーバーマスの枠組みで考えるとどうなるのだろうか？　それは問題の解決になるのか、それとも問題の再確認に終わるものなのだろうか？「世俗主義の複数の来歴」（N・ハシェーミ）の観点からは、(20)ポスト世俗社会はどのように再定義されうるのだろうか？

ハーバーマスの「ポスト世俗社会」論が提起する右の一群の問いは、ある明確な必要性を示唆している。それは、あらためて政治的世俗主義をひとつの柱としてきた近代以降の政治を再考し、宗教の観点から政治主体について考える必要性にほかならない。

略記

RÖ　J. Habermas, "Religion in der Öffentlichkeit," in *Zwischen Naturalismus und Religion*, Frankfurt am Main: Suhrkamp Verlag, 2005, pp. 119–154.

RPS　J. Habermas, "Religion in the Public Sphere," *Between Naturalism and Religion*, Cambridge: Polity, 2008, pp. 114-47.

注

（1）　S・ベンハビブは、宗教復興を「政治神学の回帰」として捉えるが、この政治神学はC・シュミットの政治神学とは異なり、脱領域的でトランスナショナルな性格をもち、かつテレビや他の電子的媒体を伝達手段とする点を特徴とする。Cf. S. Benhabib, "The Return of Political Theology: The Scarf Affair in Comparative Constitutional Perspective in France, Germany and Turkey," *Philosophy and Social Criticism* 36, 2010, pp. 451-471. 古代から現代にいたる「政治と宗教」の概観として、以下を参照。木部尚志「政治と宗教」古賀敬太編『政治概念の歴史的展開　第5巻』晃洋書房、二〇一三年、五九―七七頁。

（2）　R. Rorty, "Religion as Conversation-Stopper," in *Philosophy and Social Hope*, London: Penguin Books, 1999, pp. 168–174.

（3）　政治と宗教をめぐるハーバーマスの議論についての研究としては、以下を参照。Cf. B. J. Shaw, "Habermas and Religious Inclusion: Lessons from Kant's Moral Theology," *Political Theory* 27, 1999, pp. 634-666; M. Cooke, "Salvaging and Secularizing the Semantic Contents of Religion: the Limitations of Habermas's Postmetaphysical Proposal," *International Journal for Philosophy of Religion* 60, 2006, pp. 187–207; D. Hoerster, *Jürgen Habermas und der Papst*, Bielefeld: transcript Verlag, 2006; S. Chambers, "How Religion Speaks to the Agnostic: Habermas on the Persistent Value of Religion," *Constellations* 14, 2007, pp. 210–223; M. Cooke, "A Secular Sphere for a Postsecular Society? Postmetaphysical Political Theory and the Place of Religion," *Constellations* 14, 2007, pp. 224–238; C. Lafont, "Religion in the Public Sphere: Remarks on Habermas's Conception of Public Deliberation in Postsecular Societies," *Constellations* 14, 2007, pp. 240–259; R. Langthaler and H. Nagl-Docekal（eds.）, *Glauben und Wissen*, Wien: Oldenbourg Verlag, 2007; M. Yates, "Rawls and Habermas on Religion in the Public Sphere," *Philosophy and Social Criticism* 33, 2007, pp. 880–891; W. Wenzel（ed.）, *Die Religionen und die Vernunft*, Freiburg im Breisgau: Herder, 2007; C. Ungureanu, "The Contested Relation between Democracy and Religion: Towards a Dialogical Perspective?" *European Journal of Political Theory* 7, 2008, pp. 405–429; J. Boettcher, "Habermas, Religion and the Ethics of Citizenship," *Philosophy and Social Criticism* 35, 2009, pp. 215–239; M. Funken（ed.）, *Über Habermas: Gespräch mit Zeitgenossen*. 2. Aufl., Darmstadt: Wissenschaftliche Buchgesellschaft, 2009; 桐原隆弘「世俗的言語への「翻訳」と民主主義――公共的理性と宗教の関連をめぐるハーバーマスの見解をめぐって」『社会思想史研究』第三三号、二〇〇九年、一一六―一三二頁、箭内任「宗教における言語の公共性――シンボル言語からコミュニケ

ーション言語へ」『尚絅学院大学紀要』第五七号、二〇〇九年、四七—五七頁、B. McGraw, *Faith in Politics*, Cambridge: Cambridge University Press, 2010; P. Losonczi and A. Singh (eds.), *Discoursing the Post-Secular*, Münster: LIT Verlag, 2010; 箭内任「『ポスト世俗化社会』における『内側からの超越』——ハーバーマスにおけるヤスパース理解をめぐって」『尚絅学院大学紀要』第五九号、二〇一〇年、七七—八九頁、A. Baumeister, "The Use of 'Public Reason' by Religious and Secular Citizens: Limitations of Habermas' Conception of the Role of Religion in the Public Realm," *Constellations* 18, 2011, 222–243; M. Junker-Kenny, *Habermas and Theology*, London: T&T Clar, 2011; S. Rummens, "The Semantic Potential of Religious Arguments," *Social Theory and Practice* 36, 2010, pp. 385–408; A. Ferrara, "The Separation of Religion and Politics in a Post-Secular Society," *Philosophy and Social Criticism* 37, 2011, pp. 977–998.

（4）ロールズの公共的理性論における宗教の問題については、以下を参照。木部尚志「信仰の論理と公共的理性の相克——ロールズの公共的理性論の批判的考察」『早稲田政治経済学雑誌』第三八一・三八二号、二〇一一年、四二—五七頁。

（5）政教分離原則は、世界観上の中立として解釈する場合、特定の宗教の優遇によって損なわれるのにたいして、ライシテ的な解釈の場合、宗教そのもの——たとえすべての宗教団体を平等に遇するにせよ——の支持もしくは制約によって侵害される（RÖ, p. 129; RPS, p. 124）。

（6）ウォルターストーフとウェイスマンのロールズ批判については、以下を参照。Cf. R. Audi and N. Wolterstorff, *Religion in the Public Square*, Lanham, MD: Rowman & Littlefield Publishers, 1997; P. Weithman, *Religion and the Obligations of Citizenship*, Cambridge: Cambridge University Press, 2002; 前掲木部「信仰の論理と公共的理性の相克」。

（7）ちなみに、翻訳されるべき宗教的理由と翻訳の結果である世俗的理由の意味上の同一性をどのように考えるかという難しい問題が生じるが、ここでは論じない。これについては以下の拙稿を参照。木部尚志「共同翻訳と公共圏のポリフォニー——ハーバーマスの〈ポスト世俗社会〉論」『年報政治学二〇一三—Ⅰ』、二〇一三年、六〇—八〇頁。

（8）本来の「ポスト形而上学的思考」は、宗教との共存を消極的な仕方で受け入れるものであったといえる。Cf. J. Habermas, *Nachmetaphysisches Denken*, Frankfurt am Main: Suhrkamp, 1992, p. 60.「〔宗教と哲学の—引用者〕共存の続行は、非日常的なものとの接触を失ってしまった哲学の奇妙な依存すらも明らかにするものである。宗教的言語が、インスピレーションを与え、それどころか不可欠の意味内容を有するかぎり——この意味内容は哲学的言語のもつ表現能力が（今のところ？）及ばぬもので、基礎づけの言説へと翻訳されるのを待っているのであるが——哲学は、ポスト形而上学の形態においても、宗教の代わりになることはなく、また宗教を隅に押しやることもないであろう」。

（9）J. Rawls, "The Idea of Public Reason Revisited," in *Collected Papers*, ed. S. Freeman, Cambridge, MA: Harvard University Press, 1999, p.

584.

（10）Ibid., p. 580.

（11）Ibid., p. 594.

（12）Ibid., p. 594, n. 57.

（13）N. Klemp, "The Christian Right: Engaged Citizens or Theocratic Crusaders?" *Politics and Religion* 3, 2010, p. 12.

（14）暫定協定については、以下を参照。木部尚志「政治思想としてのModus Vivendi」『政治思想学会会報』第三一号、二〇一〇年、一―六頁。

（15）N. Urbinati, "Laïcité in Reverse: Mono-Religious Democracies and the Issue of Religion in the Public Sphere," *Constellations* 17, 2010, p. 10. 以下の同様の指摘も参照。Cf. A. Ferrara, "The Separation of Religion and Politics in a Post-Secular Society," *Philosophy and Social Criticism* 37, 2011, p. 88.

（16）Ibid., p. 16

（17）Klemp, op. cit., p. 18.

（18）C. Rostbøll, "Emancipation or Accommodation? Habermasian vs. Rawlsian Deliberative Democracy," *Philosophy and Social Criticism* 34, 2008, pp. 707–736.

（19）例えば以下を参照。磯前順一『近代日本の宗教言説とその系譜』岩波書店、二〇〇三年、磯前順一・山本達也編『宗教概念の彼方へ』法藏館、二〇一一年。

（20）N. Hashemi, "The Multiple Stories of Secularlism: Muslim Societies in Comparison," *Philosophy and Social Criticism* 36, 2010, pp. 325–338.

第Ⅲ部の前に　問題の深化のために

第Ⅲ部を展開する前に、杉田敦論文を置いた。本論文は、短いものであるが鋭敏に、「現代における政治の危機」をもたらす政治空間の変容、あるいは政治そのものの構造的変容という難題を提起している。

本論文では、「綱領的な形で現代における政治の危機」が次の四点に整理される。

① 周辺化 marginalization（経済・環境等に対する政治の有効性の減退）
② 中立化 neutralization（グローバル社会における政策的な対立軸の喪失）
③ 劇場化 theatricalization（ナショナリズム等、疑似争点の昂進）
④ 脱領域化 de-territorialization（主権の相対化に伴う決定不能性の発生）

政治とは可能性の術であるとされるが、では可能性自体が構造的に狭小化してきているとすれば、我々はどのような政治主体を求めることができるであろうか。このことを意識化することは、次の第Ⅲ部に向けて、明確に課題の前提を確認することになる。

第8章　政治の「周辺化」や「脱領域化」にどう応えるか

杉田　敦

1　「権力の統合」？

現代における政治主体は、どこに見出されうるのか。それを考えるにあたっては、今日の政治が直面する危機をまず認識する必要がある。そして、政治認識の学としての政治学が、そうした危機に直面しているかが問われなければならない。しかるに、政治学は依然として、社会を動かす特権的な支点としての主権を前提とし、政治の可能性を過大に見積もっているように思えるのである。

戦後政治学は、戦前・戦中の日本が、決定権の所在があいまいな「無責任の体系」によって暴走したことへの告発と共に始まった。そして、それは重要な遺産である。二〇一一年三月一一日以降に明るみに出た日本社会のさまざまな問題点、とりわけ原子力政策をめぐる従来の無責任な対応、「原子力ムラ」の政・官・財・学の関係者が相互に意向を忖度し合い、もたれ合いながら、（かつて丸山眞男がしばしば用いた表現を使えば）「ずるずるべったり」と行動してきた経緯を見れば、こうした批判が依然として妥当するという感を禁じえない。(1) 戦前の日本が、軍隊という「危険物」を扱うに十分なガバナンスのシステムをもたなかったというのが戦後政治学の告発であったとすれば、戦後日本は、やはり十分なガバナンスの備えなしに、原子力という巨大な破壊力を「平和利用」の名の下に弄び、破たんしたと見ることもできよう。

こうした評価をふまえ、原発のような危険施設のガバナンスを確立するために、責任ある体制を構築する必要性があるという結論を導くことは、ある意味で自然である。原発の維持・運用は、事故時に収束や避難をめぐり、「例外状態」とも言うべき緊急対応を必要とすることから見ても、戦争に比すべき事業だからである。しかし、それとは全く逆の考え方もできる。戦後、われわれが希求してきたのが、戦争することを前提としない体制であったとすれば、それと矛盾する原発の存在そのものが無理であり、不当であったとすることも可能である。それに加えて、政治のあり方についても問い直す必要がある。「例外状態」的な権力の一極的な集中を図るのが、政治のあり方として望ましいか、そして、そもそも現在において可能であるかも慎重に検討される必要がある。

戦後政治学は、日本政治に最も欠落しており、したがって最も必要とされるのは「権力の統合」であるという論調を主軸として展開してきた。丸山にしても、そのメッセージは多面的であり、必ずしもその点だけを主張したわけではないが、主要な論点はそこにあった。責任ある権力主体に権力を集中し、政治決定を円滑にする一方で、結果責任を権力主体に求めることができるようにする。そうすることで初めて、責任ある政治も成立するとしたのである。これが戦後政治学のプロジェクトであり、その延長上に、近年の「政治改革」論も展開された(2)。そこでは、日本政治の問題点は、権力中枢としての政権の弱体と、官僚制という非・政治的な機関が不当に権力を分有していることにあると整理された。そこで、内閣機能が強化されると同時に、小選挙区制によって与党が圧倒的多数を得やすい条件が整えられた。政権は次の選挙までは「期限付きの独裁」ともいうべき強力な権力を保有すべきであり、政権への評価は次の選挙において事後的になされるべきであって、日常的に野党やさまざまな利益団体等が政権と交渉することは、むしろ政治をゆがめるものであるという政治観が喧伝された。また、「政治主導」の名の下に、民主的に選出された政治家が官僚の行動を指図すべきであると強調された。

こうした多岐にわたる「政治改革」にもかかわらず、日本政治が「権力の統合」を実現したようには見えないのはなぜだろうか。さまざまな政策課題について、なかなか決定が行われず「決められない政治」への不満が絶えない。これについては、特定の政治家や政党が無能だという論点に加えて、改革が途上にあるからで、さらなる改革を進めれば、いつかは実現するはずだという意見もある。日本の場合、第二院として独立に選挙されている参議院が相当の権限を有しているため、総選挙で勝利しても十分に権力を掌握できないという「ねじれ」現象の存在への嘆きも聞かれる。そして、何らかの方策によって「決められない政治」を脱し、次々に決定する決断主義的な政治にすべきだとして、それを実現してくれそうな政治家を待望する傾向も強く見られる。

2　政治の「周辺化」と実証政治学

しかしながら、現在、民主政治における政治決定の困難は日本だけに見られる現象ではない。ヨーロッパ経済危機において、財政が悪化した諸国が、緊縮財政の決定をEU内の他の諸国から、さらにはEU外からも期待されながら、それになかなか踏み切れなかったことは記憶に新しい。それも当然であり、緊縮によって生活が苦しくなることは、有権者にとってはとうてい受け容れられないことなのである。彼らからしてみれば、官僚や政治家の無能、あるいは外国の「陰謀」などが財政悪化の原因であり、国民がそのツケを支払う義務などないと感ずるに決まっている。そうした推論が正しいかどうかにかかわらず、有権者の実感としてはそうなのである。このことに端的に表れているように、今日、私たちが直面しているのは、多数派に不人気な政策を民主政治の下でいかにして決定できるか、という問題である。(3) 民主政治である以上、多数派の賛同がなければ政治的決定はできない。仮に厳しい緊縮財政や増税のような政策が必要であったとしても、どうすればそれを有権者の多数に納得してもらえるのか。これこそが、多くの国で政治が直面している課題であり、そして政治家が有権者から次々に不信任を浴びせられ、政権交代が繰り返されながら、一向に事態が進展しないというデッドロックをもたらしている原因に他ならない。

背景にあるのは、何よりもまず経済のグローバル化である。かつては、国民経済という単位がそれなりに閉じたものとして存在しており、その中での経済のあり方については、主権国家が相当程度、左右できると考えられていた。国民国家についての「運命共同体」といった比喩はもちろん誇張であるが、それでも、閉じた境界線の内部で、ある程度まで因果関係が完結していた面がある。しかし、今ではそうした前提は成り立たない。資本が、モノが、そしてそれほどではないにせよヒトが移動している今日、ある主権国家が経済の動向と無縁に、あるいはそれに抗する形で政治的な決定を行うことは不可能である。とりわけ、先に産業化をとげた国家では、同等の労働をより安価に獲得できる国家への雇用の流出を避けるすべはない。さらに日本のように人口収縮と急速な高齢化を経験しつつあるところでは、経済成長の見通しは立たない。そして、パイが拡大しつつある時には比較的見えにくかった国内の利益配分をめぐる対立が、パイが縮小する中では目立つことになる。

こうした状況では政治的な選択の幅は実際にはきわめて狭い。ヨーロッパを中心として、経済成長を重視する自由主義的な政党と、福祉を重視する社会民主主義的な政党との対立軸がかつては存在した。しかしながら、これまでの福祉水準を維持するためにも、グローバルな競争の中で経済成長を達成するしかない以上、そうした二者択一的な選択肢が真空状態の中に存在しているわけではない。いかなる政治勢力も、有権者の支持を得るには福祉を維持することが必要であり、福祉を守るには経済成長を追求しなければならないのである。一方で、経済成長の実現のためには、国民生活の安定が不可欠であって、したがって、福祉をまず保障することによって経済成長を図るということもありうる。その意味では、成長と福祉とどちらを優先するかという選択そのものは残っている。しかし、実際には両者は循環しているから、安定的に政治を運用しようとすれば、五十歩百歩の対応となる。

このように、今では政治には選択の余地が少なく、いわば「中立化」された状態にあると言うこともできる。本来、こうした状況では、有権者に対して、厳しい状況を説明することが政治に求められる。すなわち、財政危機を回避するために、あるいは一定の成長を維持するために、負担の増大や給付の削減を提案しなければならないのである。しかし、そうした提案は多数の有権者にとって不愉快なものであるため、容易に支持を得ることができない。そして、支持を得られなければ、民主政治においては政治的な主導権を得られない。そのため、そうした現実の状況を有権者に告げることなく、疑似的な争点を提示し、根拠のない人気取り的な発言をするポピュリズム政治が登場しがちとなる。たとえば国内における移民の存在が諸悪の根源であるとか、すべて官僚や組合が悪いといった類の議論である。こうした疑似争点を示すことで人気を獲得し、真の争点を回避するやり方が広まることを、政治のいわば「劇場化」と表現することもできよう。

敵が特定でき、その敵を倒しさえすればいいのなら、政治に求められるのは即時の決断だけとなる。しかし、もしも私たち多数派が負担の増大や給付の削減を覚悟しなければ問題が解決しないような状況にあるとすれば、外部を叩いているだけでは問題は一向に解決しない。問題を私たちの内部にあるものとして、すなわち私たち自身が当事者としてそれを受け止め、解決しなければならないものと認識しなければ何事も始まらないからである(4)。

しかるに近代政治学はこれまで、そして現在も、絶対的な決定の審級としての主権を想定することによって、この問題を単純化して処理する強い傾向をもっていた。社会のあらゆる出来事を動かす特権的な点としての主権があるとすれば、あまり多くのことを思い煩う必要はない。問題はある一点に集中しているのだから、そこを動かせばすべては動く。しかし、現在の世界で、主権の絶対性を前提とすることができないとすれば、国家レベルで権力を統合するという方策ですべてが解決するわけではないだろう。

先にもふれたような、近年の「政治改革」論を展開した政治学者たちは、権力の国内的な配分を最大の問題と見なしてきた。政治と官僚制との間での権力の配分（いわゆる「政官関係」）、あるいは、中央政府と自治体政府との間での権力の配分（「地方自治」）を、日本政治が直面する最大の問題としてきたわけだが、そこには十分な根拠が示されていたであろうか。仮に、右に述べたように経済等によって政治的な選択が大きく制約されていることが最大の問題であるとすれば、すなわち、政治権力そのものが縮小しているのであるとすれば、政治権力の内部的配分は二次的な問題である。政官関係や中央—地方関係を多少変えたところで、本質的な解決とはならない。経済等による政治自体のいわば「周辺化」の問題点をより深刻にとらえる必要があることになるからである。むしろあえて言えば、二次的な争点を全面化することによって、近年の日本政治はより大きな問題、すなわちここで述べているような、政治そのものの「周辺化」という問題に直面する機会を失わしめてきた面もあるのではないか。この点で、政治学には反省が求められる。

「周辺化」は狭い意味での経済との関係だけで生じるわけではない。環境との関係でもさまざまな制約が生じる。自然環境の中で生かしてもらう以外に人間の存在はない。自然環境を汚染し、自然の回復力を越えて負担をかけ続ければ、自らの生存が危うくなる。また、放射性物質のように長期間にわたって深刻な被害を及ぼし続けるようなものを、現在の都合を優先して環境に放出し続け、廃棄物処理のような技術的にも確立していない課題を後世にまで先送りするようなことは、持続可能な生活を破壊する。いかなる主権的な決定といえども、こうした環境との関係を一方的にコントロールすることはできないのである。

なお、経済への配慮と環境への配慮は、一般的には相互に対立するものと受け取られがちである。なぜなら、経済を短期的に良くしようとして環境に過大な負荷をかけるといった行動様式が、現在、広くみられるからである。

しかし、経済が持続可能なものであるためには環境との調和は当然のことであり、両者は、つきつめれば、生物としての人間の存在条件にかかわる問題として通約できるのである[5]。

3　政治の「周辺化」と政治思想・政治哲学

政治の「周辺化」についてのこうした認識不足は、実証的な政治学においてのみ顕著であるわけではない。価値の問題を扱う規範的な政治理論・政治思想においても、同様の事情が見られる。政治理論・政治思想の領域は、過去のさまざまな理論を歴史的文脈の中で研究する政治思想史的な分野と、歴史的な文脈を離れて理論を哲学的に追究する政治哲学的な分野とに大きく分けることができる。前者に関しては、社会契約論をはじめとする近代の代表的な政治思想について、その歴史的な文脈を探る多くの業績がある。それはもちろん貴重な仕事であるが、主権や法を中心とする近代政治秩序の成立過程について知ることが、それがゆらいでいる状況に対処する上で直接の知見を提供するわけではない。また、近代国家成立以前のさまざまな政治思想についての研究や、「世俗化」以前の宗教が人間社会の主要な位置を占めていた時代についての分析も、主権的な枠組みをいわば「異化」し相対化する上で重要であるものの、現在の問題に直結はしない。重農主義以降に、それまでの主権的・法的な枠組みから経済的な枠組みへと政治的な思考が変化したことを扱う研究もあらわれているが[6]、それが政治の「周辺化」にかかわるという認識がどこまで共有されているか心もとない。むしろ、あえて言えば、政治とは何かが自明であった時代について語ることによって、政治の自明性が失われた時代についての考察を回避しているかの印象さえないわけではない。

後者の政治哲学領域についてはどうか。この分野では、公共性の回復が大きな主題として追究されてきたが、その背景にある動機は、まさに経済的なものとの対峙であったと言えよう。経済的なものによる政治的なものの侵食に対抗するため、公私二分論という古代ギリシア以来の枠組みを改めて前面に出し、公的なものすなわち政治の復権を図るというのがその内容である(7)。そこでは、公共性とは人間と人間との間の言語を介したコミュニケーションの領域であることが強調され、生物としての人間のあり方について考えることは、政治を経済領域に還元するものとして批判される。しかしながら、公的な領域が喪失したのは、何も哲学者が概念的に混乱したから等ではなく、社会状態の変化に伴い、ほとんどの人びとが私的な領域の中で、生物としての自らの存在に専念しなければならないような状況が現に生じたからではないのか。すなわち、経済的なものの全面化は、政治によって左右できるような条件ではなく、人間生活の与件ではないのか。政治の「周辺化」に対して、単に政治の重要性を説き、かつて政治が他の領域に対してもっていたとされる「棟梁性」を現代において強調するという戦略は、現在において、どこまで見込みのあるものなのであろうか。また、公共的な空間が確保される時に、その背後で、弱い立場にある人びとや地域が、私的な空間に閉じ込められているということを、より深刻に受け止める必要があろう。

これに関連して、理性的な議論を図ること、すなわち熟議を徹底することによってあらゆる問題が解決するかのように説く傾向についても問題としたい。もちろん、単に多数派が利益を追求してもポピュリズム政治に終わるだけである以上、熟議の重要性を説くことには大いに意義がある。短期的な合理性だけを追求するのではなく、長い時間軸でものを考えることも必要であり、こうした思考をいかにして保障するかは重要な課題である。しかし、それと同時に、それぞれの個人が、その経済的な立場を括弧に入れて判断できるという前提については、より慎重になるべきであろう。仮想空間での思考実験にも一定の意味があるが、それを現実の世界に置き直した時に、どこまで実質的な意味があるかが問われるのである。

政治哲学の主要な主題とされる、自由主義か共和主義かといった対立軸についても、同様のことが言える(8)。個人の自由な選択を前提とする自由主義を前提にしたのでは、人びとの利己的な行動を制約することができず、政治社会全体のために結集することができないので、共和国を構成する市民としての「徳」をあらかじめ人びとに注入する必要があると共和主義者たちは説く。しかし、歴史上、共和主義的な政治社会の市民は、経済的な自立、すなわち他の何者にも従属することなく自らの生活を確保できるという条件が保障されていなければならないとされていた。他人に従属しなければ生存できないようであれば、自由に発言することもできないからである。しかし、法人資本主義が全面的に展開し、ほとんどの人びとが賃金労働者となっている今日、こうした条件は確保できるであろうか。もちろん、私たちが市民としての側面を全くもちえないというのも極論であろう。しかし、それ以上に私たちは経済過程に組み込まれており、自由主義か共和主義かを自由に選択できるような状況にはない。このことの深刻さは、政治哲学者たちによって、どこまで認識されているだろうか。

自由主義や共和主義といった政治哲学における主流の考え方を批判し、エスニシティやジェンダーなど、近代政治思想が見落としてきた「他者的」アイデンティティの重要性を説く潮流についても、同じような批判は免れない。そこでは、労働者としての存在様式を始めとして、グローバルな競争の中で寄る辺なく漂う人びとのあり方が、すでに「解決済み」の問題としてあまりにも等閑視されてきたのではないか。(9)「ポスト産業社会」論など、産業化が一旦達成されると私たちは全く別の思想的な地平に立つことになるという理論動向は、控えめに言っても一面的であった。そこで指摘されたような問題がない、というわけではない。それどころか、そうした問題はきわめて重要なものとして出現してくる。しかし、かといって以前からの問題領域がなくなるわけではなく、次々に、いわば地層のように積み重なっているのである。

最後に、市民社会論の問題点についても指摘したい。国家とも市場とも異なる第三の領域としての市民社会を想定する市民社会論は、日本では大きな勢力を保ってきた。国家が公的な強制力を行使し、市場が私的な強制力を行使するものであるのに対して、市民社会は真に自発的な領域とされ、それゆえにより拡大されるべきものとされた。このような考え方は、先にふれたような官僚制批判と密接な関係をもちつつ、展開されてきた。すなわち、国家から市民社会が自立するという議論がなされたのである。にもかかわらず、実際には市民社会論が市場主義と共振しがちであったことは事実である。それまでは政府が担ってきたものを政府の手から奪い、市民社会に取り戻すことを市民社会論は構想する。しかし、現実には、経済的なものの優位という状況の中で、政府から奪われたものは市場の手の中に落ちるのが通例なのである。こうした趨勢について無自覚なまま、公的なもの、政府の役割を批判するとすれば、その効果は意図とは異なるものとならざるをえない。

4　政治の「脱領域化」

もう一つの重要な事象が政治のいわば「脱領域化」であるが、この事象は、実は先にふれた「周辺化」と密接な関係にある。というのも、経済や環境の政治に対する影響力が大きくなり、主権的な決定の絶対性が失われるというのは、政治が従来、領域性の上に成立していたことと深くかかわるからである。主権国家を軸とする近代の政治は、国境線によって囲い込まれた領土と、その上に生活する人びとを対象とするものであった。主権の本質はこの「囲い込み」であり、範囲が確定された単位に対して、他のいかなるものにも優先する決定権をもつとされていた。自治体など、主権的ではない単位についても、こうした主権の絶対性の効果は付随的に及んでいた。ある主権国家に内属する自治体として、他の主権国家からは影響を受けないものとされていたからである。

しかし、こうした「囲い込み」が、すなわち境界線の内部の政治的単位というものが意味を持つというのは、ある限定的な条件の下であった。経済や環境についても、それが空間的に閉じた範囲の現象である限りは、主権国家など、特定の政治的単位における決定によってコントロールすることができた。国民経済が主で、貿易は従であるというのは、そうした「古き良き」時代の常識であった。負担をすべき人びとと給付を受ける人びととの範囲が合致しているという前提の下でのみ、安定した徴税や持続的な福祉について語ることもできた。今日のグローバル化した経済においては、地球の裏側の現象が、私たち一人一人の生活を左右しうる。多国籍企業は租税回避に余念がない。そして、そのことについて倫理的に非難するだけでは無力であり、国際競争の中で、企業にはそれ以外の行動様式をとる動機づけはない。そうした中で、たまたま私たちが属している主権国家による政治的な決定の意味が薄れるのは当然であろう[10]。

環境についても同様のことが言える。チェルノブイリ原発事故の影響はヨーロッパ全体、さらにはそれを超えて広がり、「リスク社会」が国境を越えて広がっていることを明らかにした。福島原発事故についても同じことが言える。まして、国内における行政単位の陳腐性は一層明確になったと言えよう。これまで日本では、原発の立地や運用については、それが立地する市町村ないし都道府県の合意を前提として、国家が決定するものとされてきた。しかし放射性物質の拡散は行政単位によって制約されることなく、きわめて広範囲に及んだ。こうした中で、半径五〇キロメーター内に広がる自治体が、自分たちも「地元」であると発言し、担当大臣が一時は「日本全国が地元」と発言せざるをえなかったのも当然であった。

今回の事故で放出された放射性物質は外国にまで広がったし、今後、近隣諸国で事故が生じればその影響は日本国内にも及ぶであろう。このように、巨大なエネルギー生産と表裏一体のものとして、環境に対する巨大な悪影響の可能性を潜在的にもつ原発のような施設については、その是非にかんする決定権を特定の主権国家や、ましてはその内部の特定の自治体が持つという考え方に、正統性は見出されない。そうした決定方法が現に世界中で採用されているとしても、それは単に慣性力によってそうなっているだけであって、理論的・倫理的に正統化することはできない。

そして、実はこれは、環境にとどまらず経済の領域にまで「バックファイア」しかねない論点である。ある地域における経済活動のあり方が国境を越えて広範囲に深甚な影響を持ちうるような時代において、その経済活動の是非について、なぜ特定の主権国家が決定権を持つのか、ということである。現に、ヨーロッパ経済危機においては、財政状態が悪化した一部の国々の民主的な政治決定を、ＥＵ圏の他の国々がかたずを呑んで見守るという光景が見られた。こうした現象は、ＥＵという地域共同体に特有のものとは言えない。今日のグローバル経済は相互に強く結びついているので、遠く離れたところに重大な影響が及ぶこともありうるし、危機もまたグローバルなものとして展開しがちなのである。

もちろん、こうした問題点について、性急な「解答」を求めることはできないだろう。さまざまな関係がグローバル化しているからといって、ただちにグローバルな政治制度が最適だということにはならない。これだけの差異をはらんだ世界において、グローバルな一元的な政府を樹立し、運営することは、困難であるばかりか、さまざまな副作用をもたらしかねないからである。「世界政府」が唯一の回答ではない。また、ＥＵのような経験を、他の地域にただちに応用できるわけでもないであろう。むしろ、いかなる方策を試みるにせよ、今なお部分的に機能している主権国家体制を前提とする他はない点は注意をようする。たとえば、グローバルなガバナンスをめぐって提案されているさまざまな制度についても、それを導入するためには主権国家による承認が必要であろう。たとえば金融市場の暴走を避けるため、金融取引に対して国際的な税を課すという構想もあるが、主権国家が拒否すれば、それは実現しない。ところが、主権国家は、相互に「ぬけがけ」することによって、自分だけ生き残ろうとするから、なかなか自分から進んで国際的な取り決めを採用しようとはしないであろう。これは、一種の「囚人のジレンマ」状況、すなわち、利他的な行動を困難にする状況といえる。このように、国際社会は、主権国家の存在を前提として、その先に進まなければならないという経路依存性に苦しめられている。しかし、そのことが、逆に主権国家体制の再確立といった形で、現在の危機を克服できるということを意味するものではないことも確認しておきたい。経済の、あるいは環境のグローバル化という根本的な要因を除去できない以上、主権国家への回帰は回答ではありえないのである。

政治が今日直面している危機はきわめて深刻であり、このことを見つめることによってしか、政治学の未来は開けないということを改めて強調する必要がある。新しい政治主体の発見に向けて、今、そうしたことが求められている。最後に綱領的な形で、現代における政治の危機を以下に要約する。

① 周辺化 marginalization（経済・環境等に対する政治の有効性の減退）
② 中立化 neutralization（グローバル社会における政策的な対立軸の喪失）
③ 劇場化 theatricalization（ナショナリズム等、疑似争点の昂進）
④ 脱領域化 de-territorialization（主権の相対化に伴う決定不能性の発生）

注

（1）杉田敦編『丸山眞男セレクション』平凡社、二〇一〇年。
（2）佐々木毅『政治の精神』岩波新書、二〇〇九年。飯尾潤『日本の統治構造』中公新書、二〇〇七年を参照。
（3）杉田敦「「決められない政治」とポピュリズム」『世界』第八三五号、二〇一二年、一八二―一八九頁参照。
（4）杉田敦「敵対性はどこにあるのか――シャンタル・ムフ『政治的なものについて』をめぐって」『情況』第八一号、二〇〇九年、一八八―一九三頁。
（5）杉田敦『3・11の政治学』かわさき市民アカデミー、二〇一二年。

(6) 先駆的な仕事として、Michel Foucault, *Naissance de la biopolitique*, 2004（ミシェル・フーコー、慎改康之訳『生政治の誕生』筑摩書房、二〇〇八年）.
(7) ハンナ・アーレントに触発された一連の業績を想定している。
(8) ジョン・ロールズらリベラルと、それを批判するマイケル・サンデルらの議論に触発された一連の業績を想定している。
(9) William E. Connolly, *Identity\Difference*, Cornell University Press, 1991（ウィリアム・E・コノリー、杉田敦他訳『アイデンティティ／差異』岩波書店、一九九八年）などに触発された一連の業績を想定している。
(10) 杉田敦『境界線の政治学』岩波書店、二〇〇五年。

＊本稿は二〇一二年度日本政治学会（於　九州大学）における報告に加筆したものである。

第Ⅲ部　新しい主体の可能性に向けて

第Ⅲ部の諸論考が、必ずしも直接に杉田論文の問題提起に応えているわけではない。とはいえ、政治の可能性の領域を広げるためには、政治概念を変容させる政治の対象や領域の変容が求められているし、さらに諸政治主体の相克性を前提としたうえで、その克服に向けて意識的な選択が必要なのではないか。その意味では、従来政治の対象とは考えられていなかった領域の政治化の可能性や、相克性を前提とした歴史への〝主体〟的な関わりの理論化の可能性と、新しい政治主体の可能性とは同義である。

菊池理夫論文は、「住民」という概念に新しい意味を付与することによって、コミュニタリアニズムの視点からの政治主体を大胆に構想しようとしている。彼は、日本における常識的なコミュニタリアニズム理解を激しく批判する。彼の言うようにコミュニタリアニズムが、国際政治やコスモポリタニズムにも繋がり、ナショナリズムや市場とも対抗性を持つものであれば、それは、古賀の compassion や千葉のパトリアにも共通する現代政治理論における必然的な理論展開ということも可能かもしれない。

丸山正次論文は、環境問題という近代政治思想においては基本的に考慮の外に置かれていた問題領域を担うエコロジカルな市民像を、倫理的な訓話を超えた人間の存在と関わる「食」の視点から根拠づけ切り開こうとする。ポイントは、食が農と繋がり、人間の自然との物質代謝構造に根差した存在論的な主体形成を構想することであるが、それは抽象的な理論問題であるというよりも、実践的な農民運動とエコロジーとの連携として表現されている。

山崎望論文は、「主体が消失したかのように見えるのは、あくまでわれわれが自明性を持ってきた不問の前提や世界認識のあり方から、これらの主体が逸脱しているからではないだろうか」、「むしろ問われるべきは、主体の方ではなく、主体の把握を可能にしてきたわれわれの世界認識の地図（cognitive map）やエピステーメーである」、と宣言する。そして、マルチチュード／国民／市民という三層のガバナンスモデルを示しつつ、「統治の主体の多元化、政治主体の多元化と内部における相克、そして統治と政治主体の結合に対して、民主主義がいかなる方策を出せるのか」と問い、問題を再構築する。山崎の整理が、一つの見取り図を提供することによって、杉田論文への応答の可能性を開き、第Ⅰ部、第Ⅱ部を含め他の諸論考が探求する「新しい政治主体」の可能性の位置づけがより明確になるであろう。

第9章　コミュニタリアニズムとコスモポリタニズムをつなぐ「住民」

菊池理夫

1　コミュニタリアニズムとグローバル・コミュニティ

二〇一〇年のサンデル・ブームは、日本においても、世界的に支配的となっていた市場主義（ネオリベラリズム）に対して、とりわけリーマン・ショックを契機として、疑いが広まっていたことに大きな理由があると私は考えている。マイケル・サンデルが現在何よりも関心を持っているのは、「市場の道徳的限界」である。東京大学安田講堂での講義の最初のテーマも「市場の道徳的限界」であり、二〇一二年に出版され、翻訳された著作『それをお金で買いますか――市場主義の限界』は、「市場勝利主義」がもたらす格差と腐敗を批判したものであり、リーマン・ショックによって、この「市場勝利主義」は終わったと主張されている。(1)

また、二〇一一年の東日本大震災は、何よりも緊急時において国家や企業を当てにできず、まずは自分たちの「コミュニティ」を自分たちの力で再建していかざるをえないことを明らかにしたと思われる。サンデルはこの東日本大震災に関して、アメリカ・中国・日本の学生たちとＴＶで討論したが、その講演において日本人の「品位と礼節に溢れた市民的な対応」を賛美し、そのことを「強いコミュニティの精神」と呼んでいる[2]。と同時に、この大震災によって「より広いグローバルなコミュニティ」の意識が高まり、「私たちを変える」契機になっていることも指摘している[3]。

いずれにしても、サンデルの思想的立場であり、「コミュニティ」や「共通善」を中心的概念とする「コミュニタリアニズム」が「より広いグローバルなコミュニティ」の状況のなかで、日本でも一般に受け入れられたというべきであろう。サンデルの本がブームになったのも日本だけのことではなく、グローバル化された「市場勝利主義」に対する疑いがまさにグローバル社会のなかで起きていることに注意すべきである。また、東日本大震災では被災地のコミュニティに対して、日本の他の地域コミュニティだけではなく、世界中から支援があったように、この大災害がグローバル社会のなかで問題にされていることに注意すべきである。

現代コミュニタリアニズムとは何よりも、個人の自由や権利だけでは「善き社会」、「善きコミュニティ」が実現できないために、コミュニティの「成員」、「住民」が熟議して「共通善」を追求することを政治の目的とするものである。本章はこのことをとくに現在のグローバル社会の状況のなかで考えていきたい。そのさい、本書のテーマである「新しい政治主体」は「共通善」を追求する地域「住民」であり、その「共通善」が拡大し、グローバルな「住民」とまで展開していくことを主張していきたい。

本論で詳しく論じるように、現代コミュニタリアンのいう「コミュニティ」や「共通善」に関して、その多くの批判者が語るように、特定のコミュニティの価値（善）を「共通善」として絶対化し、個人の自由や権利を否定する閉鎖的で、抑圧的な「コミュニティ」を現代コミュニタリアンは主張しているのではない。現代コミュニタリアニズムのいう「コミュニティ」や「共通善」は、普遍的な価値に開かれ、その点で「グローバル・コミュニティ」まで開かれ、「コスモポリタニズム」へと向かう契機をはらんでいるものである。

しかし、サンデル・ブーム以後でも、個人の自由や権利を絶対化し、政治における「共通善」の追求を否定する日本のリベラリズムやリバタリアニズムは、このような現代コミュニタリアニズムを基本的に理解することができない。例えば、『法学セミナー』のサンデル特集[4]の多くは、依然として個人の自由や権利を絶対化するリベラルの発言によるものであり、現代コミュニタリアンの主張する「コミュニティ」も「共通善」もきちんと理解したうえでの議論でないものがほとんどである。

またサンデル・ブームを受けて、新たにサンデルやコミュニタリアニズムを論じたリバタリアンの法哲学者森村進は、サンデル・ブームがもっぱら彼の講義の教え方に理由があると考えているようである。森村は、「リーマン・ショック」や「東日本大震災」のような社会的変化に関心はなく、あくまでも個人の自由が何よりも重要であるという観点からサンデルやコミュニタリアニズムを批判している。ただ、それでもサンデルの主張には一定の理解を示し、小林正弥や私の著作を使い、現代コミュニタリアニズムは伝統的コミュニティをただ死守するだけの保守主義的なものではないことは理解している。しかし、「共通善」も「人権を制約する概念」であるという日本だけの通念に何の疑いももたず（残念ながら、森村は私の新著『共通善の政治学』[5]は読んでいない）、「コミュニティ」も結局「運命共同体」としてしか理解していない[6]。

私はこのようなサンデルやコミュニタリアニズムに対する過小評価や誤解は、戦後の社会科学の「常識」、パラダイムである「進歩主義」が学界において依然として支配的であることに原因があると考えるようになっている。戦後すぐの近代主義によって主張されたように、近代化によって「コミュニティ」が解体され、そこから自由になった個人が「市民社会」や「国家」を形成することが「進歩」であると現在でも主張されている。このパラダイムのもとでは、とりわけ伝統的な「共同体（コミュニティ）」が完全に破壊され、自律した自由な個人の権利が実現されることは何の説明も必要としない自明のものとされている。

そのため、英米においては「コミュニティ」は近代化によってなくなる過去の制度ではなく、現在でも、未来でも必要な制度であることが日本では理解されず、また政治における「公共の福祉」や「共通善」の必要性を軽視・無視するどころか否定的なものとして理解し、個人の自由や権利がこれも何の説明もなしに絶対的なものとされる。そのために、サンデルなどの現代コミュニタリアニズムに対しても、伝統的なコミュニティを擁護する結局は保守的なものであるとする見方が強いと思われる。

ただ、このことは日本だけのことではなかった。北米において一九八〇年代前半に登場するサンデルを含む現代コミュニタリアンの主張は、当初リベラルからは政治的には保守的なものと思われ、個人が所属する身近な特定のコミュニティへの帰属意識を重視し、その固有の価値の絶対化をはかり、その点でそのコミュニティを超えた普遍的な価値に対しては否定的なものであると、当初とくにリベラリズムからは一般的に考えられていた。例えば、「リベラル―コミュニタリアン論争」でも、リベラリズムが普遍主義であるのに対して、コミュニタリアニズムが特殊主義であると論じられる傾向があった(7)。

しかし、サンデルは、特定のコミュニティで流通し、その多数者が正しいと信じている価値を絶対化する「多数決主義」がコミュニタリアニズムであるならば、自らはコミュニタリアンではないと『リベラリズムと正義の限界』の第二版において明快に述べている(8)。このことは少なくとも現代コミュニタリアニズムが単純に「特殊主義」であるとはいえないことを意味している。それは最終的には特定のコミュニティで流通している価値を超えるものを目指している。

ただ、それにもかかわらず、現代コミュニタリアニズムは個人にとっての身近な特定のコミュニティへの帰属意識、「愛郷主義＝愛国主義（パトリオティズム）」から出発する点で、グローバル・コミュニティの一員としての「世界市民」の立場から普遍的価値を唱えるコスモポリタニズムとはやはり基本的には異なる立場にある。しかし、同時に現代コミュニタリアニズムが「反コスモポリタニズム」と単純にいえないことも事実である。

本論では何よりも対立するものとしてコミュニタリアニズムとコスモポリタニズムを理解するのではなく、対立点を押さえながらも、むしろ相互の関係を明らかにすることを主題としていきたい。また本書のテーマである、政治的主体としては「住民」という概念の重要性についても語っていきたい。そのさい何よりも重要なことは、私が近年注目し、論考を発表しているが、いまだに誤解が多い「共通善」を正当に理解することである。[9]

2　政治主体としての「住民」

なぜ、私が現在の新しい政治主体として「住民」を選ぶのかについて、最初に二つの例をあげておきたい。まず、東日本大震災に関して、海外のメディアでは政府の行動が批判される一方、住民の行動は高く評価された。そのなかで、私はとくに注目したのは、宮城県の女川町にある水産加工会社の佐藤水産の佐藤充専務が中国人研修生をいち早く避難させ、研修生は全員無事であったが、佐藤専務自身は津波に飲み込まれたことである。[10] これは「外国人」であっても、すぐ身近にいた同じ会社の一員、また同じ地域社会に住む一員と考えて救助した行動である。現在の日本の多くの「コミュニティ」では、このような外国人も「住民」として受け入れているのであり、とくに佐藤専務の行動には、サンデルのいう「強いコミュニティの精神」をみることができると思われる。

つぎにあげたい例は、フランスの農民総同盟の農民たちである。彼らは一九九九年にフランスのミヨーで建設中のマクドナルド店を解体しようとする行動によって、世界貿易機関（ＷＴＯ）に抗議する反ネオリベラル・グローバリゼーション運動の発火点となり、同じ年にアメリカのシアトルで行われたＷＴＯ閣僚会議反対のデモの先頭に立った。[11] このような農民は、経済的グローバリゼーションによって、自分たちの農村コミュニティの解体の危機から、まさに反グローバルな行動に取り組むようになった農民＝住民である。

この二つの例をとくに取り上げたのは、このように活動する人たちをまず日本語では「市民」とは呼ばないからであり、つぎにそのような「住民」がもはや現在ではグローバルな社会と関係しているからである。日本語では「市民」とはもっぱら都会の住民であり、「町民」や「村民」は含まれないことが多く、実際ある意味ではそれ以外の人々への差別語として機能している場合もある。また、「市民」とは理想化された西洋近代の概念として、近代化が不十分な日本においていまだにほとんど存在しないものとして使われることも多い。これに対して、「住民」という言葉は、「普通の人々」、「町民」や「農民」なども含んで使うことができるからである。またNPOのようなアソシエーションのメンバーも、基本的にはどこかの地域コミュニティで活動しているのであり、「住民」と呼ぶことができると考えている。なお、NGOのメンバーもグローバルなコミュニティで活動する「住民」であると考えることができる。

また一般的理解と異なるかもしれないが、「住民」は「国民」より広く、「コミュニティ」の方が「ナショナリティ」よりも広い概念であると私は考えている。つまり、日本でも一九九五年の最高裁で在日の外国人の地方参政権を「住民」であれば可能と判断したように、コミュニティのメンバーシップは「国民」に限定されない。まさに憲法上は、外国人であっても「住民自治」に参加できるのである。あるコミュニティの政治に参加し、共生している住民であれば、「国籍」は絶対的な条件とはならないのである。

現在の政治主体は「住民」という「普通の人々」であるという私の主張は直接的には、アラスディア・マッキンタイアに由来している。彼は一貫して「現代コミュニタリアン」であることを否定しているが、私はアリストテレスの実践哲学に基づく「原コミュニタリアン」であると考えている。彼は『美徳なき時代』において、アリストテレスやトマス・アクイナスの哲学を高く評価し、近代以後の思想・哲学や社会をほぼ全面的に批判しているが、現在の「暗黒時代」から脱出するためには、「礼節と知的・道徳的生活を内部で支えるローカルな形態のコミュニティを建設する」ことを主張している(12)。

マッキンタイアは現代において不平等が拡大していることから、近年マルクスを再評価して、マルクスをアリストテレスの方に解釈する「革命的アリストテレス主義」の立場をとり(13)、ますます近代以後に成立したリベラルな民主主義やグローバルな資本主義の批判を強めている。その点で、マッキンタイアは、エリートではない「普通の人々（plain persons）」が「共通善」を求めて実践する「ローカルなコミュニティ」の政治を強調する。

現代の政治社会に欠けているものは、普通の人々が――学問を職業として追求している者でもなく、政治生活のプロでもなく――体系的で理性的な討論に、ともに従事できるような制度上の闘技場である。そこでは対立する別の生き方――それぞれがそれ自体の徳と共通善の概念を持つが――の主張に対し、政治と関係づける問題にいかに答えるかに関して、合理的に、よく基礎づけられた共通の精神に到達することが企てられている(14)。

このマッキンタイアの「普通の人々」という言葉は、トマス・アクイナスが「自然法」と「共通善」に関する政治的主体が「大衆（multitudo）」であると述べたことから得られたものであると思われる(15)。すでに私は別のところで指摘しているが(16)、晩年のマルクスは資本主義批判を強めたことから、ローカルなコミュニティにおける「普通の人々」の実践を評価するようになった。そのことがロシアの社会主義者ヴェーラ・ザスーリッチにあてた書簡とその草稿のなかで明確に示されている。

当時のロシアにおいて、土地所有が農民からブルジョアジーへと変化しようとしていることをマルクスの弟子と自称する者たちが「コミュニティは消滅する宿命」にあり、「歴史的必然性の理論」として肯定していることをどう考えるのかというザスーリッチの質問に、マルクスはそのような「マルクス主義者」は私には「まったく未知の人々」であると断定している。[17] マルクスがコミュニティは資本主義によって、消滅するといったのはあくまでも「西ヨーロッパ諸国」に限定され、とりわけロシアの「農村共同体（ミール）」に弱点はあるとしても、未来の社会主義のために必要なものであるという。[18] このことはイギリスの植民地である東インドの農業がイギリス流の私的所有によって破壊され、大量の餓死者が出たように、農業はローカルなコミュニティにあった仕方があるという指摘にもつながっている。[19] いずれにしても、晩年のマルクスは普遍主義的な歴史的発展をとなえる単純な進歩主義者でないことは明らかである。

なお、アントニオ・ネグリとマイケル・ハートは『コモンウェルス』において、このマルクスのザスーリッチにあてた書簡の草稿からマルクスの「反近代性の革命的形態」の「健全な矛盾」を読み込んで、「公」でも「私」でもない「共（common）」の組織の重要性を指摘し、グローバルな資本主義に対する伝統的な「コミュニティにおける抵抗」を評価している。[20] また、彼らが現在のグローバルな「帝国」に対する革命的主体として「大衆（multitude）」をあげるとき、たしかにアクイナスに言及することなく、またそれが「生成変化」することを強調している点では異なるが、私にはマッキンタイアの議論が目指す方向とはそれほど変わらないものに思われる。

もちろん、マッキンタイアのいう「普通の人々」は、あくまで、「ローカルなコミュニティ」において、ローカルな「共通善」の実現をめざす人々であり、直接的にはグローバルな問題に関心をよせる人々ではない。ただ、カトリックの自然法では、「共通善」は「大衆」の善であるが、特定のコミュニティや国家を超えた普遍的な価値へと向かうものである。

また、しばしばコミュニタリアニズムに対する批判として、同質的な人々がまったく同じ単一の共通善を追求しているという指摘があるが、これは間違いである。引用した個所にもあるように、マッキンタイアは「普通の人々」がすべて同じ考えを持っていって「共通善」を追求すると述べていないことにも注意する必要がある。あくまで「共通善」は「対立する生き方」を持った「普通の人々」による合理的な討論によって得られるのである。

3　コミュニティや国家を超える「共通善」

現代コミュニタリアニズムがよく批判されるのはその中心的な概念である「コミュニティ」が曖昧であり、さまざまなものをさしていることである。私はそのような批判に対して以下のように答えている。現代コミュニタリアンが価値をおくコミュニティとは、国家や官僚のような「公」の組織と市場や私企業のような「私」との中間的な組織である「共」の組織すべてである。

具体的には「家族」「地域社会」「NPO」などである。この点では、自然に与えられ、前近代的な組織である「コミュニティ」と人為的に作られ、近代的な組織である「アソシエーション」とを区別する人は、「NPO」を「コミュニティ」とみなすことを疑問視するかもしれない。しかし、ドイツ語の「ゲマインシャフト」と「ゲゼルシャフト」のように「コミュニティ」と「アソシエーション」を英米でも区別する人もいるが、一般的にも、また現代コミュニタリアンも区別しないで使うことの方が多い。

重要なことは、「公益」を追求する「公」と「私益」を追求する「私」と区別される「コミュニティ」とは「共益」を追求するものであり、この「共益」とは「共通善」ともいいかえることができることである。つまり、私の定義ではコミュニティとは「共通善」を追求する組織をさす。そしてすでに述べたように、その政治主体はNPOのメンバーも含めて、ともに生活をし、共通の目的を追求するという意味で「住民」と呼びたい。

サンデルが一九八四年に公表した「道徳性とリベラルの理想――個人の権利は共通善を裏切らなければならない

のか」という論評は、現代コミュニタリアニズムの政治的宣言といえるものである。[21] サンデルはこのなかで、リベラリズムやリバタリアニズムを「権利（正）の政治学（a politics of the right）」と呼ぶのに対して、コミュニタリアニズムとはアリストテレス哲学に基づく「共通善の政治学」であると主張している。

しかし、戦後の日本の西洋政治思想研究では、この「共通善の政治学」はほとんど無視されるか否定されてきた。私はコミュニタリアニズムの源流をさぐるために、「共通善の政治学」の政治思想史を試みたが、そのなかで、一九世紀末から二〇世紀前半のフランスのジャック・マリタンの「ネオトミズム」やT・H・グリーンやL・T・ホブハウスなどの「ニュー・リベラリズム」に注目した。[22]

彼らの「共通善の政治学」とは、「人格の尊厳」を尊重する「共通善」の実現をめざし、民主主義と人権、さらに福祉政策を正当化するものであり、しかもその「共通善」は国家の枠組みを超えて主張されるものである。現代のコミュニタリアニズムの「共通善の政治学」も同様のものと考えることができる。それは戦後の政治学者の多くが誤解したのと異なり、個人の自由や権利を否定するものではなく、また狭いコミュニティを超えてグローバルなコミュニティまで拡大するものである。

現代のコミュニタリアンは自己の所属するコミュニティの価値を絶対化するものでもない。サンデルはすでに『リベラリズムと正義の限界』初版のなかで、現代の多元的社会の価値を含め、複数のアイデンティティを指摘していた。つまり、サンデルは個人のアイデンティティは彼が所属するコミュニティによって規定されるとしても、それは「部分的」であり、自我の性格に関しても「神学でなければ確実であるとはいえない[23]」と、現在の世俗社会では複数の価値が存在する多元的なものであることを認めている。

この点で、現代コミュニタリアンも明確に区別していないが、私は「前提としての共通善」と「目的としての共通善」とを分けて考えている。前提としての共通善はサンデルが『リベラリズムと正義の限界』のなかで、「負荷」と呼んだ個人にとってコミュニティから与えられたものである。これに対して目的としての共通善はサンデルが『民主政の不満』のなかで「仲間の市民たちと熟議する」ものである。[24]また、これも現代コミュニタリアンが区別していないが、「公共善」と「共通善」とを分けて考えたい。

私が知っている限り、明確にこの二つを区分したのはジャック・マルタンである。彼によれば、社会生活を営むミツバチのような動物には「公共善」はあっても、「共通善、すなわち受け取られ、伝達される善は存在しない」。[25]つまり、「公共善」がコミュニケーション活動を伴わない上から下へ命令する「垂直的」なものであるとするならば、「共通善」は人間に固有なコミュニケーション活動によって得られる「水平的」なものといえるであろう。まさに「熟議」して得られるのが「共通善」である。

このような「共通善」の重要性は現在の国際関係論のなかでも論じられている。「リベラル―コミュニタリアン論争」を国際関係論の観点から論じたディヴィッド・モリスによれば、リベラリズムとコミュニタリアニズムとを対立させるのは間違いである。彼は両者をつなぐものとして、「共通善」を正しく理解する必要があると主張し、そのためにとりわけジャック・マリタンの議論をあげている。[26]マリタンは世界人権宣言に影響を与えた思想家であり、私自身彼はリベラル・コミュニタリアンと呼ぶことができると考えている。私は現代コミュニタリアンも大半はリベラル・コミュニタリアンであると考えている。

この点で、コミュニタリアニズムを明確に支持するエマニュエル・アドラーのような「コミュニタリアン国際関係論」も登場してきている。[27]彼によれば、人間はもともと多様なコミュニティの成員であるが、そのなかで、「共有されたアイデンティティ」「共有された価値と規範」をもった存在である。この点で人間は相互依存関係にあり、個人というものも社会的存在である。

そのような人間から構成される社会が「共有された価値と規範」によって「善きコミュニティ」、「グローバルに安全なコミュニティ」へと発展していくことが国際関係論の課題であるとする。つまり、現実的な社会の構成から、共通した価値・規範、つまり「共通善」によって、規範的な国際社会、グローバル・コミュニティを求めていくことが「コミュニタリアン国際関係論」である。

コミュニタリアニズムを実践運動として展開させているアミタイ・エツィオーニも近年このような「コミュニタリアン国際関係論」を提唱している。もともと彼が主導する「応答するコミュニタリアニズム」は、その綱領において、「過度にエスニックで、ナショナルな自己特殊主義」を批判して、「多様性を持った強い民主主義のコミュニティのなかに、グローバル・コミュニティが浮上する」ことを希望している。(28)

エツィオーニは9・11事件以後に対アフガニスタン戦争を肯定したことの反省もあってか、アメリカの価値を強制する国際政策を批判し、「共通善」に基づく国際関係論を主張するようになる。彼はまず西洋の「個人の権利と選択の大いなる尊重」と東洋の社会的秩序や「社会的責務の尊重」との「新たな統合へ向かう」ことを主張し、このような立場を「柔らかい（soft）コミュニタリアニズム」と呼ぶ。(29) エツィオーニによれば、「柔らかいコミュニタリアニズム」は「個人の権利と選好を尊重する」と同時に、国家権力よりも「おたがいに対する、そして共通善に対する自分たちの責務によって暮らす」ものである。(30) 彼はこのような立場から、アメリカの外交政策やグローバル政府とグローバル・コミュニティへと向かう国際政策を提案する。

4　コスモポリタニズムとコミュニタリアニズム

このようなコミュニタリアン国際関係論やコミュニタリアニズムの国際政策への影響力について、私の知る限り日本の国際関係論では論じられていない。ただ、国際政治哲学・思想の分野から最近コミュニタリアニズムとコスモポリタニズムとの対比で論じられるようになっている。例えば高橋良輔はコスモポリタニズムとコミュニタリアニズムを国際秩序観の対立軸として捉えている。しかし、コミュニタリアニズムに関しては、カントのコスモポリタニズムを批判するヘーゲルをあげるだけであり、しかももっぱらヘーゲルのナショナリストとしての側面を強調するだけである。(31)

これに対して、押村高は「リベラル─コミュニタリアン論争」をふまえて、コスモポリタニズムとコミュニタリアニズムの対立軸を詳細に論じ、しかもコミュニタリアン国際関係論を本格的に論じている。(32) 基本的にはこの二つの対立する点だけが論じられ、コミュニタリアニズムの重要な概念である「共通善」、とりわけそれが国家を超えるものである点については論じられていない。白川俊介は『ナショナリズムの力』のなかで、「コスモポリタン─コミュニタリアン論争」を取り上げ、コミュニタリアニズムはコスモポリタニズムを「拒絶するものではな」く、この二つは「単純な二項対立の構造」にはないと論じている。(33) しかし、彼が取り上げるコミュニタリアンは、リベラル・ナショナリストとも考えられているデヴィッド・ミラーだけであり、しかも「共通善」にもまったく言及しておらず、コミュニタリアニズム一般を理解したうえでの議論ではない。

すでに私は『現代のコミュニタリアニズムと「第三の道」』で、近年話題になっている「リベラル・ナショナリズム」にもふれていたが、たとえリベラルなものであっても、ナショナリズムとコミュニタリアンのパトリオティズムとは区別している。(34) しかし、日本でも現代コミュニタリアニズムがナショナリズムと親近性があることを批判的に語るものがいる。(35)

一般的に現代のコミュニタリアンは、国家がコミュニティとしての側面もあることを認め、その存在を否定しないものの、「ナショナリズム」という言葉よりも、「パトリオティズム」という言葉を好む傾向がある。そのパトリオティズムとは「国家」よりも自分が生まれ育った「郷土」という意味での「国（クニ）」に対する愛着を何よりも重視するものである。

コミュニタリアンのパトリオティズムは、個人により近いコミュニティへの愛着から、そのコミュニティの共通の文化・伝統を共有する他のメンバーとともに、そのコミュニティをよりよいものにするために、熟議して「共通善」の実現のための政治参加を求めるものである。現代コミュニタリアンのいう「コミュニティ」とはこの点で何よりも自治的で、民主的なものである。

このような点では、「リベラル・ナショナリズム」は、「コミュニュティ」という言葉を「ナショナリティ」という言葉と置き換えれば、現代コミュニタリアンとそれほど違うものではないかもしれない。しかし、リベラルであっても、ナショナリティへの帰属意識を強調するのがナショナリズムであり、国籍を共有しない「外国人」に対しては、基本的に排除的にならざるをえないと思われる。しかし、コミュニタリアニズムはナショナリティ、「国籍」を絶対化するものではない。すでに述べたように、コミュニティのメンバーシップは「国民」に限定されず、外国人であってもコミュニティにおいて共生する「住民」であれば、「国籍」は絶対的な条件とはならない。

これもすでに述べたように、コミュニタリアンのいう「共通善」は特定のコミュニティを超えて、「グローバル・コミュニティ」まで、最終的には拡大していくものであるが、ただやはりコミュニタリアンは自分たちのコミュニティの「共通善」の実現をまず先に主張する傾向がある。

この点で、コスポモリタニズムとコミュニタリアニズムのパトリオティズムとが対立する議論をみたい。古賀敬太によれば、コスモポリタニズムの特徴とは「すべての人が人類共同体の一員として平等の価値と尊厳を持っている」と主張することにある。(36) このような主張を「理想」としては現代コミュニタリアンも否定はしない。

しかし、コミュニタリアンが問題とするのは、そこからすべての人が世界市民として、国境を越えた全人類、グローバル・コミュニティに対して何よりもまず忠誠心を捧げるべきであると主張することである。コミュニタリアンは、狭い狂信的なパトリオティズムに対して批判的であっても、人々が自分の属しているコミュニティに民主的に参加するためにも、パトリオティズムは必要であると考えている。コスモポリタニズムのように全人類に対してよりも、まず「同胞」、同じコミュニティの「住民」に対する愛着から出発すべきであるという主張である。

この点で、最高の忠誠は人類というコミュニティに捧げるべきであるというコスモポリタニズムを主張するマーサ・C・ヌスバウムの「パトリオティズムとコスモポリタニズム」に対する現代コミュニタリアンの反論から考えていきたい。彼女にとって、世界全体の正義の実現のために行動することは、市民の義務である。(37) このヌスバウムの議論に対して、コミュニタリアンないしはコミュニタリアンと呼ばれているベンジャミン・バーバー「憲法への忠誠」、チャールズ・テイラー「なぜ民主主義はパトリオティズムを必要とするのか」、マイケル・ウォルツァー「愛情の圏域」の反論がある。

彼らはヌスバウムの崇高な主張を理想としては否定せず、またパトリオティズムが閉鎖的で、排他的で、狂信的になる危険性があることを認めるが、現在のリベラル民主主義国家の一員である意識を強めるためにも、「公民的パトリオティズム」(バーバー(38))や「普遍的な連帯に開かれているような種類のパトリオティズム」(テーラー(39))を主張する。さらに、ウォルツァーは、福祉政策のようなことは、まず市民としての同胞意識から出発せざるを得ないことを主張し、またインターナショナルを唱える共産主義者のような間違ったコスモポリタン、「倒錯したコスモポリタン」も存在することを指摘している。(40)

この論争に加わらなかったが、マイケル・サンデルは、日本でも大ベストセラーとなった『これからの「正義」の話をしよう』において、パトリオティズムの問題を論じている。サンデルは「パトリオティズム」が「盲目的従順」、「ショーヴィニズム(狂信的愛国心)」となる危険性があることを理解しながら、「時代を超えたコミュニティへの帰属意識」から生じる同国人に対する「連帯と責務」によるパトリオティズムの必要性を指摘している。例えば、福祉政策もこのような意識から、まず外国人ではなく、同国人の困窮者に責任を負うのは当然であると考えている[41]。

しかし、このような意識は同国人のための「連帯と責務」だけではなく、外国人のための「連帯と責務」へ開かれているともいう。それは過去の同国人が犯した過ちに対してなぜ謝罪しなければいけないか（例えば、現在のドイツ人がユダヤ人に対して謝罪すること、現在の日本人が朝鮮半島からの「慰安婦」に対して謝罪すること）という問題である。このような謝罪は、自分がした行為への謝罪ではないために、リベラルが主張するような個人の自己決定の問題ではなく、「コミュニティが歴史的に背負う道徳的重荷」から、「時代を超えたコミュニティへの帰属意識」をもって謝罪することである[42]。

ただ、サンデルは身近な者への忠誠や連帯が普遍的な道徳的義務との対立を生じさせ、「忠誠のジレンマ」が生じうることも指摘している[43]。この点では、一般的にいえば、個人により近いコミュニティへの忠誠を選択すべきであるというのがコミュニタリアンの解答であるが、それでも現代のコミュニタリアンは、現代では「住民」が多元的社会のなかで暮らしているのであり、自分が帰属するどのコミュニティに忠誠を誓うかの「ジレンマ」がつねに生じうることを理解している。

5　国際的正義とコミュニタリアニズム

最後に、この点で近年日本でも問題となっている「グローバルな正義」、とくに世界の飢えた者をなぜ救わなければならないのかという問題をコミュニタリアンの立場から考えておきたい。

サンデルはロールズの正義論を批判したことから、平等主義的な福祉政策の原理、「格差原理」を批判したように思われていたが、『リベラリズムと正義の限界』第二版では、むしろリバタリアンの主張よりもロールズの「格差原理」を優れたものとしている。(44) 私はその第一版においても、「格差原理」そのものを否定しているのではなく、その正当化の議論を否定しているだけであると考えている。

ところで、そのロールズ自身は、「格差原理」を外国や国際社会へ適応しようとチャールズ・ベイツやトマス・ポッゲを批判して、あくまで一国の社会だけに限定しようとしている。(45) しかし、コスモポリタン的な「正義論」はその後も主張され続け、最近翻訳されたトマス・ポッゲの『なぜ遠くの貧しい人への義務があるのか――世界的貧困と人権』(46)や、日本でも伊藤恭彦の『貧困の放置は罪なのか』(47)がある。また、現在リベラル・ナショナリズムの代表者といわれ、自ら「コミュニタリアン左派」と名乗ったこともあるデヴィッド・ミラーは、コスモポリタンの国際正義論を批判しながら「ネーションとしての責任」として、国際正義の必要性を唱えている。(48)

まず、コスモポリタニズムに立脚した「グローバル正義論」に対する率直な疑問はやはり、現在のグローバル化で直接利益を得ている企業や人間は別として、一般「住民」がなぜ世界の貧困、とりわけ世界のなかで「最も恵まれない」人のために福祉政策をとらなければならないのかという点である。サンデルが「カント的義務論」を批判したように、理由を一切問わない人間としてのアプリオリな義務以上の主張でしかないように思われる。

また、ポッゲのいう「人権侵害」という概念も私には説得的ではない。ポッゲも批判しているが、リバタリアンは「人権」を使って、所有権の絶対化を主張し、福祉のための課税を否定している。また、「人権」も後でもいうように、近代ヨーロッパの特殊概念であり、普遍的なものではない。いずれにしても、個人の自由や権利の絶対化を主張する立場からは世界の貧困問題は解決できないと私は考える。

この点では、個人の権利よりも「ネーションとしての責任」から議論するミラーの議論の方に共感を持つ。なお、ポッゲも伊藤も、ミラーのような「リベラル・ナショナリズム」を否定するリベラル・コスモポリタニズムに立脚しているが、それでも福祉を行う主体として「各国政府」を考えている点では、実際の政策としては変わらないものになると思われる。

コミュニタリアンの実際の政策も変わらないのかもしれないが、まずリベラル・ナショナリストのように、特別な義務の源泉としてのナショナリティをコミュニタリアンは強調しない。コミュニタリアンは「ナショナリティ」よりは「コミュニティ」の拡大する「共通善」に義務の源泉を求めるのである。もちろん、個人により身近なコミュニティの「住民」に対する福祉がより優先されるが、より恵まれたコミュニティは、大災害に見られるように、現在のより相互依存が強まっているグローバルな社会の状況では、外国のコミュニティであっても、より恵まれない他のコミュニティの「住民」に対しても「責任」があると考えるべきである。このことは、現在では「理想」としてしか存在していなくとも、未来に実現しうる「グローバル・コミュニティ」の「住民」として、グローバルな「共通善」のために「グローバルな正義」を実行していくことにもつながっていくはずである。ただ、個々の「住民」やその「コミュニティ」はもちろんグローバルな正義を実行する主体となりうるが、現在ではやはり「国際正義」の主体は、コミュニティとしての「国家」に求めざるを得ないと思われる。

つぎに、「人権」の普遍性に訴えるリベラル・コスモポリタンに対して、「人権」よりも普遍的であるすべての「人間の尊厳」の尊重を目的とすることをコミュニタリアンとして主張したい。「共通善」としての「個人の尊厳」ではない「人間の尊厳」は、政策科学の創設者ハロルド・ラスウェルによれば、古代、しかも西洋だけでなく主張されている。(49) このように「共通善」の拡大・発展としてグローバルな問題を考え、行動していくことが何よりもコミュニタリアンの立場である。

欧米においてもはやコミュニタリアニズムとコスモポリタニズムを対立させるべきではないという議論もある。『政治的コミュニティを再想像する――コスモポリタン民主政治研究』という論文集において、リチャード・ベラミーとダリオ・カストリオーネによれば、現代コミュニタリアニズムは、「権利」を個人の政治参加によって保障されるものと考え、「民主主義的政策決定を個人の利益集約のためのメカニズムよりもより共通善についての熟議に関するものと構想する」ものであり、その点で「反リベラル」でも「反権利」でも「反個人主義」でもない(50)。また、強い連帯意識や「共通のアイデンティティ」を持つことから、ＥＵに関する哲学は、グローバルなコスモポリタンの創造をめざす「コミュニタリアン・コスモポリタニズム」と区別される「コスモポリタン・コミュニタリアニズム」を主張している(51)。

彼らによれば、「コスモポリタン・コミュニタリアニズム」とは、

むしろ原理と手続きに関して普遍的なコンセンサスを想定するコミュニタリアン・コスモポリタニズムよりも、異なるコミュニティが共通の目標と努力に関する一連の両立できる観点に収斂することである。それはむしろ一つの同質的なヨーロッパのシヴィック・ネーションであるよりも、異なるネーションから構成されるシヴィックなヨーロッパである(52)。

同じ本のなかで、ジャナ・トンプソンによれば、リバタリアニズムは個人の権利の絶対化からコスモポリタニズの政策と対立するが、コミュニタリアニズムは「コスモポリタニズムの哲学的敵」ではなく、「反リベラル」でもない(53)。ただ、コミュニタリアニズムのいう個人のアイデンティティや共通善には問題があることを指摘する（この点では依然として多くの誤解があるように私には思われる）が、コスモポリタニズムがコミュニタリアニズムから学ぶ点として、「個人が自己利益を持つだけでなく、コミュニティへのコミットメントもある」とした点であり、コスモポリタンも「コミュニティの創造に注目しなければならない」という(54)。とりわけ、「民主政治はコミュニテ

イ・アイデンティティを構築する手段である」[55]。

このように、欧米ではコミュニタリアニズムを評価するコスモポリタニズムの議論も出てきているが、前述した『貧困の放置は罪なのか』をより一般者向けに展開した『さもしい人間――正義をさがす哲学』では、伊藤恭彦は明確に「反コミュニタリアン・コスモポリタニズム」の立場を主張している。彼はまず基本的に現在の「飽くなき欲望追求」の資本主義社会、「自由社会」を肯定し、「共同体」には個人の自由を抑圧する傾向があることを批判し、市場社会が「共同体関係を解体し」、自由な個人を作り出したことを肯定する[56]。

このような「共同体」が英語のコミュニティの訳語であるとすれば、私には完全に間違った議論であると思われる。すでに述べた戦後すぐの社会科学のパラダイムである「進歩主義」を、いまだに何の疑いもなく信じている議論である。欧米では、現在でも、未来でも「コミュニティ」は必要なものであると議論されていることを本章でも述べてきた。このような利己的で、自由な個人がなぜ国際正義に向かわなければならないかを「さもしい」という感情で説明しているが、私には納得できない。利己的で、自由な個人の権利の絶対化を主張するネオリベラリズムやリバタリアニズムが国際的な福祉政策はもちろん国内の福祉政策も否定していることを理解できないのであろうか。また国際的食糧問題についても詳しい著者が「共同体関係」が解体されることを当然であるとすることも私には奇妙に思われる。マルクスはその点でもロシアの農村共同体を擁護したのであり、スターリンはこの解体を強引にしたために、大量の餓死者を出したのである。

スターリンもまた過去の伝統的「共同体関係」を抹消しようとした「進歩主義者」であり、すでに述べたように、このような進歩主義を否定して、現代のマルクス主義者であるネグリとハートは現在のグローバルな資本主義に対抗するものとして伝統的な「共」の重要性をいうのであるが、日本のポストモダン左派はモダン派（近代主義）以上に過去を全面否定しようとしている。

私は現代のコスモポリタニズムは、コミュニタリアニズムやパトリオティズムを批判するよりも、個人の自由や権利を絶対化して、「共通善」を追求する「コミュニティ」を否定するリバタリアンやネオリベラルをむしろ批判すべきであると考えている。その批判のためであれば、コミュニタリアンはコスモポリタンと連帯するであろう。

さらに、私は政治的価値の中立性を説く一方、個人の自由と権利だけを主張し、「共通善」を否定して、個人や集団の責任や義務を語ることないようなリベラリズム（日本のリベラリズムの大半はそれに当てはまると考えているが）は、リバタリアンやネオリベラルと同様に基本的に「反政治的」、「反政策的」、「反民主的」なものと考えている。また、この点では近年政治理論や政治思想で主流派になった日本のポストモダン左派も同様である。

例えば、このような立場をとる人は、「住民」が自分たちのコミュニティの政治に参加するもしないも、個人の自由であり、その成員全員の共通善を求める政治が個人の自由や権利を抑圧するものとして否定する。しかしこのような主張はまさに「公民的義務」を否定するものであり、そこからはグローバルな正義論も含めて現代に有効な「政治」や「政策」は生み出されることはない。私はサンデルのリベラリズム批判をそのようなものとして理解している。サンデルの最近の著作やビデオを見た人は理解できると思うが、彼の「共通善の政治学」は実体的な「共通善」を人々に押し付けるものではない。むしろサンデルや現代コミュニタリアンを批判し、個人の権利の絶対化という普遍主義を掲げる立場の方が私には「原理主義」的であると思われる。

注

（1）Michael J. Sandel, *What Money Can't Buy: The Moral Limits of Markets*, New York: Farrar, Straus and Giroux, 2012（鬼澤忍訳『それをお金で買いますか——市場主義の限界』早川書房、二〇一二年）.

（2）『マイケル・サンデル大震災特別講義——私たちはどう生きるのか』ＮＨＫ出版、二〇一一年、五三、五六頁。

（3）同前、五二、五五頁。

（4）「「正義論」への招待——憲法・法哲学から〝サンデル〟を読む」『法学セミナー』第六七七号、二〇一一年。

（5）拙著『共通善の政治学——コミュニティをめぐる政治思想』勁草書房、二〇一一年。

（6）森村進「マイケル・サンデルのコミュニタリアン共和主義」『一橋法学』第一一巻第二号、二〇一二年七月、三九九—四三九頁。

（7）Stephen Mulhall & Adam Swift, *Liberals and Communitarians*, second edition, Oxford: Blackwell, 1992（谷澤正嗣・飯島昇藏ほか訳『リベラル・コミュニタリアン論争』勁草書房、二〇〇七年）. 井上達夫『他者への自由——公共性の哲学としてのリベラリズム』創文社、一九九九年、第四章。

（8）Sandel, *Liberalism and the Limits of Justice*, second edition, Cambridge: Cambridge University Press p. x（拙訳『リベラリズムと正義の限界』原著第二版、勁草書房、二〇〇九年、vi頁）.

（9）前掲拙著参照。

（10）別冊宝島編集部編『世界が感嘆する日本人——海外メディアが報じた大震災後のニッポン』宝島社（宝島社新書）、二〇一一年、第二章。

（11）イグナシオ・ラモネ、ラモン・チャオ、ヤセク・ヴォズニアク著、杉村昌明昭・村澤真保呂・信友建志訳『グローバリゼーション・新自由主義批判事典』作品社、二〇〇六年、三一九—三二三頁。

（12）Alasdair MacIntyre, *After Virtue*, second edition, Notre Dame: University of Notre Dame Press, 1984（篠崎榮訳『美徳なき時代』みすず書房、一九九三年）.

（13）Paul Blackledge and Kelvin Knight（eds.）, *Virtue and Politics: Alasdair MacIntyre's Revolutionary Aristotelianism*, Notre Dame: University of Notre Dame, 2011.

（14）Kelvin Knight（ed.）, *The MacIntyre Reader*, Cambridge: Polity 1998.

（15）前掲拙著『共通善の政治学』一八、一〇八頁参照。

（16）同前、一一九—一二一頁。

（17）Karl Marx, *Briefwechsel zwischen Vera Zasulič und Marx* in *Marx-Engels Archiv*, Bd. 1, Frakufurt am Main: Verlage Sauer & Auvermann KG, 1969, 317, 331（今村仁司訳「ヴェーラ・ザスーリッチへの手紙」『マルクス・コレクションⅦ』筑摩書房、二〇〇七年、四〇五—四〇六、四三一頁）.

（18）*Ibid.*, 323ff.（四一九頁以下）

（19）*Ibid.*, 338-9（四四三—四四四頁）.

（20）Michael Hardt and Antonio Negri, *Commonwealth*, Cambridge, Mass.: Harvard University Press, 2009, pp. 88–89（水嶋一憲監訳『コモンウェルス（上）――〈帝国〉を超える革命論』、二〇一二年、一五〇―一五二頁）。

（21）Michael J. Sandel, "Morality and the Liberal Ideal: Must the Individual Rights Betray the Common Good," *The New Republic*, May 7, 1984, pp. 15–17（拙訳「日本語版附論」『リベラリズムと正義の限界』前掲書、二五一―二七八頁）。

（22）前掲拙著『共通善の政治学』第一章参照。

（23）Sandel, *Liberalism and Limits of Justice*, second edition, pp. 179, 180（二〇六、二〇七頁）。

（24）Sandel, *Democracy's Discontent: America in Search of a Public Philosophy*, Cambridge: Harvard University Press, 1996, p. 5（金子恭子・小林正弥監訳『民主政の不満――公共哲学を求めるアメリカ　上』勁草書房、二〇一〇年、四頁）。

（25）Jacques Maritain, *La personne et le bien commun*, in *Jacques et Raïssa Maritain Ouvres Complètes*, Vol. IX, Fribourg: Éditions Universitaires Fribourg Suisse, 1990, p. 199（大塚市助訳『公共福祉論――人格と共通善』エンデルレ書店、一九六二年、四五頁）。

（26）David Morrice, "The Liberal-Communitarian Debate in Contemporary Political Philosophy and Its Significance for International Relations," *Review of International Studies*, Vol. 26, 2000, pp. 233–251.

（27）Emanuel Adler, *Communitarian International Relations*, London: Routledge, 2005.

（28）Amitai Etzioni et al., "The Responsive Communitarian Platform: Rights and Responsibilities," in Etzioni (ed.), *The Essential Communitarian Reader*, Lanham: Rawman & Littlefield, 1996, p. xxxvi（「コミュニタリアン綱領」永安幸正監訳『新しい黄金律――「善き社会」を実現するためのコミュニタリアン宣言』麗澤大学出版会、二〇〇一年、四五〇頁）。

（29）Amitai Etzioni, *From Empire to Community*, New York: Palgrave Macmillan, 2004, pp. 14–15.

（30）*Ibid.*, p. 22.

（31）高橋良輔「国際秩序観の変容」小田川大典・五野井郁夫・高橋良輔編『国際政治哲学』ナカニシヤ出版、二〇一一年、二一頁以下。

（32）押村高『国際政治思想――生存・秩序・正義』勁草書房、二〇一〇年、第三章。

（33）白川俊介『ナショナリズムの力――多文化共生世界の構想』勁草書房、二〇一二年、五五頁。

（34）拙著『現代のコミュニタリアニズムと「第三の道」』風行社、二〇〇四年、八二頁以下。

（35）齋藤純一『公共性』岩波書店、二〇〇〇年、六九頁参照。

（36）古賀敬太「コスモポリタニズム」古賀敬太編『政治概念の歴史的展開　第三巻』晃洋書房、二〇〇九年、一三七頁。

（37）Martha C. Nussbaum et al., *For Love of Country?*, ed. Joshua Cohen, Boston: Beacon Press, 1996, pp. 3ff.（辰巳伸知・能川元一訳『国を愛するということ――愛国主義の限界をめぐる論争』人文書院、二〇〇〇年、一九頁以下）

（38）*Ibid.*, p. 31（六四頁）.

（39）*Ibid.*, p. 121（二〇三頁）.

（40）*Ibid.*, p. 126（二一〇頁）.

（41）Sandel, *Justice: What's the Right Thing to Do?* London: Allen Lane, 2009, pp. 228–230（鬼澤忍訳『これからの「正義」の話をしよう』早川書房、二〇一〇年、二九六―二九七頁）.

（42）*Ibid.*, pp. 234-5（三〇三―三〇四頁）.

（43）*Ibid.*, pp. 236-40（三〇四―三一〇頁）.

（44）Sandel, *Liberalism and the Limits of Justice*, op. cit., p. 207（二三八頁）.

（45）John Rawls, *The Law of Peoples*, Cambridge Mass.: Harvard University Press, 1999, pp. 115ff.（中山竜一訳『万民の法』岩波書店、二〇〇六年、一六九頁以下）

（46）Thomas W. Pogge, *World Poverty and Human Rights*, Cambridge: Polity Press, second edition, 2008（立岩真也監訳『なぜ遠くの貧しい人への義務があるのか――世界的貧困と人権』生活書院、二〇一〇年）.

（47）伊藤恭彦『貧困の放置は罪なのか――グローバルな正義とコスモポリタニズム』人文書院、二〇一〇年。

（48）David Miller, *National Responsibility and Global Justice*, Oxford: Oxford University Press, 2007（富沢克ほか訳『国際正義とは何か――グローバル化とネーションとしての責任』風行社、二〇一一年）.

（49）Harold D. Lasswell, *The Future of Political Science*, New Brunswick: Aldine Transaction, 1963, pp. 4-5.

（50）Richard Bellamy and Dario Castiglione, "Between Cosmopolis and Community: Three Models of Rights and Democracy Within the European Union," in Daniele Archibugi, David Held and Martin Köhler（eds.）, *Re-imagining Political Community: Studies in Cosmopolitan Democracy*, Stanford: Stanford University Press, 1998, pp. 160–162.

（51）*Ibid.*, p. 154.

（52）*Ibid.*, p. 173.

（53）Janna Thompson, "Community and World Citizenship," in Archibugi, Held and Köhler（eds.）, *op. cit.*, pp. 181, 182, 185.

（54）*Ibid.*, pp. 191, 193.

(55)　*Ibid.*, p. 193.
(56)　伊藤恭彦『さもしい人間——正義をさがす哲学』新潮社（新潮新書）、二〇一二年、九三頁以下。

第10章　環境保護の主体
食料主権を核とする環境的シティズンシップ

丸山正次

1　環境保護の主体

J・クラップとP・ドーヴァーニュによって公刊された地球環境政治の教科書には、地球環境問題をめぐる対照的な捉え方がその冒頭で描かれている。すなわち、一方には、「〔七〇億年か八〇億年後の太陽の消滅と較べると―引用者〕もっと小さな災害の波は――地球温暖化、森林の減少、生物多様性の喪失のような――、すでに地球を破壊していると信じている人もいる。……終わりの始まりはもう我々に降りかかっているのだ、……我々が今すぐ断固として犠牲をいとわず行動しなければ、ほんの一〇〇年かそこらのうちに、人類自身が地球を飲み込むだろう。未来は差し迫った危機の中にある」、と捉える人々がいる。ところが、他方では、「確かに、オゾン層の減少、河や湖の汚染、漁業資源の喪失のような、否定できない環境問題はあるが、しかし、多少の環境変動は避けられないもので、多くは善意と協力によって直すことができる。危機はないし、うす気味悪く迫る難局もない。つまり、そんな風に考えるのは、人類の進歩の歴史を読み誤るものだ。……未来は繁栄の中にある」、と捉える人々がおり、クラップらの判断では、環境主義者 environmentalist の間でも後者のほうが多数派だという[1]。

環境政治におけるこうした対照的な捉え方は、その捉え方の呼称やそれぞれの内部での細分化された類型の名称に違いはあるものの、多くの研究者が共通して指摘しているものである。たとえば、今挙げたクラップらは、前者に属すのが「生物環境主義」と「ソーシャル・グリーン主義」の世界観であり、「市場自由主義」と「制度主義」の世界観が後者を構成するとしている[2]。また、地球環境政治の展開を諸言説間の戦いとして描き出したJ・S・ドライゼクは、「問題解決」と「持続可能性」という物語の筋を備えた言説が後者の視点（改良主義）をとっているのに対して、「生存主義」と「緑のラディカリズム」の言説が前者（ラディカリズム）を構成していると捉えている[3]。さらにまた地球環境政治を俯瞰したL・エリオットは、地球的レベルでの環境政治を規定する主要な立場として、「既存の政治経済秩序（それ自体は間違っていない）をより効率的・効果的に運用することで解決できると理解する」改良主義ないし問題解決アプローチと、「問題解決アプローチが前提とする行動の枠組みそのものを吟味する」批判的アプローチとの存在を指摘している[4]。そしてさらに、自ら一方の側に立って固有のイデオロギーの彫琢に努めたA・ドブソンも、「現在の諸価値、あるいは、生産と消費のパターンを根本的に変化させなくとも、環境問題を解決することは可能であるという信念をもっており、そのため、環境問題に対する管理的アプローチに賛同する」環境主義と、「我々と人間以外の自然界との関係や、我々の社会的、政治的生活様式のラディカルな変革があってはじめて、永続可能で満足感のある生存が可能になると考え」るエコロジズムとを、「同一の親をもつ別々の子供として区別するのではなく、異なった家族として区別する」ことを主張している[5]（強調はドブソン）。

このように、環境政治の世界では、環境問題についての基本的な捉え方——世界観、言説、アプローチ、イデオロギー——に違いが存在している。こうした違いは、環境保護の主体を考える場合、非常に重要な意味をもってくる。というのも、上記のような問題認識の違いは、当然のことながら、「そもそも何が問題なのか」、「原因は何なのか」、「どうすれば解決できるのか」、「求められる価値は何か」などについて異なった回答をもたらし、そしてさらに「誰が主たる環境保護の担い手になるか」、つまり環境保護の主体像についても違いをもたらすからである。

たとえば、市場経済という既存の制度を前提としつつ環境問題を市場の失敗として捉えるならば、外部化されてしまうコストを市場内部化させることが問題の解決方法と考えられることになる。こうしたコストの実際の負担者は企業や市民となるであろうが、しかし、内部化するための手段である規制や課税は政府が行う。つまり、環境保護の主体は、政府の政策決定者に求められるのである。あるいはまた、環境先進国の環境政策の柱となっている「エコロジー的近代化」では、環境保護と経済発展との好循環が目指されていくが、その推進力は、インテリジェント技術を中心としたグリーン・イノベーションに求められる。つまり、ここでの環境保護の担い手は、専門技術者となっている。このように、既存の制度的な枠組みを前提とする環境保護においては、その主体は、一般的に言って、公共精神に満ちた政策エリートか、あるいは革新的な技術に通じたテクノクラートに求められるのである(もっとも、「エコロジー的近代化」では、生産された「グリーン製品」を選んで購入する「グリーン・コンシューマー」が必要なので、その限りで市民の主体性が認められている[6])。

これに対して、既存の制度それ自体を問うラディカリズムの場合には、そうした自省を行う主体が、同時に環境保護の主体として認定される。その主体は、テクノクラートや政策エリートである必要はない。否、むしろ支配エリートたちは、既存の制度による効率的な環境管理に目を向けているので、制度を支える側に立っている。そこで、対抗エリート、たとえば、知識人や環境NGO、環境保護政党などが、ラディカリズムにおいては主体としてまず求められる。しかし、それだけでは、既存の制度を組み替えていくことはできない。そこで結局ここでの主体は、既存の制度のもとで道具化されている人々や、さらには制度によって虐げられている人々に求められる。この人々は、階級とは異なって非常に多様であり、相互のつながりはないかもしれない。しかし、この人々には、共通した価値観が存在している。それは環境保護という公共善にコミットしようとする市民としての自覚である。こうして、環境保護におけるシティズンシップ、すなわち環境的シティズンシップが語られるようになる。そして、この環境的シティズンシップをどのように構想するか、これがラディカリズムの場合には（そして改良主義の場合でもより積極的な市民の関与を考える場合には）、環境主義理論の重要な一部を構成することになるのである。

では、どのような環境的シティズンシップが構想されるべきなのであろうか。次節の表に示したように、欧米ではこれまで、いくつかのタイプが提案されている。それらを見ると、これまでの環境的シティズンシップの構想には、道徳的理想化の傾向が非常に強く出ていることがわかる（ただし、自由主義以外のもので）。もともとシティズンシップには市民的美徳 civic virtue の涵養という意味が込められているので、こうした傾向はある意味では当然である。また、環境的シティズンシップでは、良好な adequate 環境というそれ自体が価値化された公共財を国内だけでなく国境を越えて保護しようとすることから、そうした傾向はなおさら強くなる。しかしながら、結果的に論議は教訓論に終始しがちで、それだけでは、環境的シティズンシップは「かくあるべき市民像」を美しく描き出す理想論にしかなりえない。良好な環境を維持し続けるという美徳を支える、よりリアルな物質的根拠は存在しないのであろうか。筆者は、そのリアリティを安全で持続可能な食の必要性に求める。(7)「生きることとは食べることである」は、高度な精神文化を形成してきた人類には単純には当てはまらない命題である。とはいえ、生物としての人間の物質的な側面は、否定できない自然的事実でもある。人間のエコロジカルな存在性は、この食という側面において誰もが認めざるをえない事実として現れてくる。そこで、この事実に環境的シティズンシップを根拠づけられないかを以下考察していきたい。

2　先進国における環境的シティズンシップ論

最初に、これまで欧米で提起されてきた主要な環境的シティズンシップ理論を要約しておこう。現在の所、環境的シティズンシップは、環境的持続可能性という政治目標を推進する際の実践的な理念として一方では使われている（たとえば、カナダ環境省）[8]。他方でそれは同時にまた、これまでの伝統的なシティズンシップ概念とは異なる要素を加えた視点を理論的には提供している。この理論的な付加要素は、基本的な政治哲学の違いを受けて、多様なものになっている。それらについてはすでに別稿[9]で論じている。ここではそこで作成した類型表を再掲してみたい[10]。

この表からは環境的シティズンシップのさまざまな特徴が読み取れるが、ここでは特に「シティズンシップの中心」に注目してみよう。この項目は、シティズンシップを構成する中心的な規範的特性を挙げている。この特性は、シティズンシップ概念の伝統に強く規定されていて、自由主義の立場では「権利」が力説される。他方で、市民的共和主義の立場では「義務」が力説される。また、自由主義では、私的な生活における環境保全行動の「責務」は各自の自主性に委ねられるが、市民的共和主義では、環境保全行動の「責務」に公私の区別はなく、（ポスト）コスモポリタニズムにもエココミュニタリアニズムにもそれは共通している。

さて、この公私区分のない「責務」の力説は、自由主義以外の政治哲学に立つ環境的シティズンシップ理念の理論上の強みともなっている。なぜなら、現代の環境問題の多くが「アフルエンザ affluenza（消費熱病）」によって引き起こされている以上、私的な行動における責務や市民的美徳の力説は、そうした病への処方箋ともなるからである。環境への配慮行動が長期的に持続するためには、外的な行動規制だけでなく、内面的な信念のレベルに支え

表　欧米の環境的シティズンシップの類型

類型	自由主義的環境的シティズンシップ	共和主義的環境的シティズンシップ	（ポスト）コスモポリタン環境的シティズンシップ	エコロジカル・コミュニタリアン環境的シティズンシップ
政治思想的基盤	自由主義	市民的共和主義	コスモポリタニズム	コミュニタリアニズム
シティズンシップの中心	良好な環境への権利（環境権）	スチュワードシップの責務	国際的社会正義の責務	エココミュニティへのアイデンティティ
シティズンシップの主たる局面	資格	活動	態度・活動	態度・活動
責務の根拠	正義に適った環境法の遵守義務	責務契約（利用と濫用の峻別）	不正義の補償（エコロジカル・フットプリントの補償）	共通善への参加（生命圏平等主義、生態圏の健康維持）
エージェンシー	人間	濫用できる人間	先進国の市民	人間・自然
代表的論者	Bell, D.	Barry, J.	Dobson, A.	Smith, M.J.

られた態度の変容が必要であることを考えると、責任を力説するシティズンシップの理念は、まさにこの「態度における変革[11]」に適切に応えようとするものだと言えよう。

　しかしながら、こうした特徴は、少なくとも二つの弱点を抱えていると思われる。一つは、このような責務は、溢れるほどの資源を浪費し、環境を濫用している先進国の市民に対しては有効だとしても、そうした資源の不正義な浪費の機会や濫用の機会がない人々には、意味をもたない責務となることである。つまり、このような責務を中心としたシティズンシップは、「ある人々にはエージェンシーが付与され、ある人々は完全なエージェンシーから排除され[12]」て、環境上の不正義によって苦しめられている人々は、苦境という現実だけでなく政治主体としても周辺的なものとして位置付けられてしまうのである。シティズンシップという普遍主義的な概念が、結果的に特定の、それも特権的な人々のみに当てはまる理念になっていくことは、この理念の適用能力を大きく損なうことになるのである。

さらに、第二の問題は、この種の環境的シティズンシップが私的生活でのライフスタイルの変化を求める以上、それは「大義への道徳的な誠実さ」を力説せざるをえなくなることである。たとえば、J・バリーの場合、「自然を濫用しないで適切に管理する」スチュワードシップとして環境的シティズンシップは捉えられている。[13] あるいは、A・ドブソンの場合には、「今ここですでに」北の市民は南の人々に対して非対称な関係で環境を利用していることから、過剰な「エコロジカル・フットプリント」の削減義務を負うことが求められている。[14] さらにまた、M・J・スミスの場合には、道徳的コミュニティが拡張されることによって、諸種の被造物や自然物に内在的な価値が付与され、人間の目的に対する手段ではなく目的それ自体として自然が捉えられる。[15] こうした道徳性にあふれたシティズンシップは、他者や遠く離れた存在、あるいは将来世代や自然物など、自己とは異なるものへの配慮と敬意をそれが含意している点では、すぐれた理念となっている。しかし、バリーとドブソンとが互いに相手のシティズンシップ概念の高潔さを揶揄して「環境的天使」論争を繰り広げたように、[16] 責務への美徳にのみ依存する態度の変革は、道徳性を至上の価値とする知的エリートには魅力的であっても、普通の人々には、どうすればそうした責務を具体的に果たすことができるのかは分からないのではないだろうか。

では、環境上の不利益を被っている人々やごく平均的な人々にとっても、その概念化が各人のエンパワーに通じ、しかも環境的な持続可能性と繋がる主題には何があるだろうか。それは、自分や自分の家族の利益に直接的に関わり、しかもその利益が維持されるためには、他者の利益や外部環境の持続可能性を考慮せざるをえなくなるような問題であろう。その一つが、自己の生命維持につながる食の問題である。食料を確保し続けることは、基本的に自己利益に固執した利己主義の視点である。しかしながら、食料は土地の環境的持続可能性を考慮しないかぎり、その安定的な入手を維持し続けることは不可能である。したがって、食料の持続可能性は、自己と環境とを同時に考慮しなければならない普遍的な問題として現出してくる。それでは、食とそれを支える農業（漁業も本来は入るが、ここでは議論をシンプルにするために農業に限定しておく）は、環境的持続可能性の視点から見た場合、現在どのような問題を抱えているのだろうか。

3　食と環境的持続可能性の危機

現代社会において食の問題は、さまざまの局面をもっているが、それが環境的持続可能性と関連するのは、その現代的な生産と消費のあり方においてである。

このあり方を大きく規定しているのは、工業的食品 industrial food システムである。このシステムは、戦争時における食料確保の絶対的な必要性から形成されてきたものであるが、それは食料調達のあり方を大きく変えるものであった。ここでは、このシステムの現代的な特徴を、食料システムにおける伝統的な生産方法からの変革としてまとめたW・ロバーツに従って八点ほど挙げてみたい。

第一は、生産方法の変革で、多額の資金が必要となる農業機械や化学肥料、化学的殺虫剤などの使用により、集約的な生産がなされる。第二は、生産の担い手における変革で、家族的な経営ではなく、農業労働者による生産が増大している。第三は、食料が生産される場所の変革で、輸送のためのインフラが整備され、低コストでの輸送が可能になったことによって、かさばる安価な農作物を遠隔地から運んでこられるようになった。第四は、食料の加工方法の変化で、多くの食料には保存料を含むさまざまな成分が添加され、調理の手間をできるだけかけないですむように製品化されていった。第五は、消費者が食料を買い求める場所の変化で、地域の雑貨店からスーパーマーケットでの食料調達に変わっている。第六は、家庭における調理方法の変化で、包丁とまな板、鍋釜を使う調理から、はさみと電子レンジだけですむ調理が拡大してきている。第七は、食事が摂られる場所の変化で、家庭の内部では台所からテレビの備えつけられた部屋へ移動し、そしてさらに家庭内から家庭外部での食事機会が増加している。そして最後に、食事の摂取の仕方の変化で、家族や仲間との共食から自分の都合に合わせた孤食へと食事自体の様式と意義が変わってきている。[17]

ロバーツが語っているのは、実はアメリカ合衆国における変化であるが、そこに挙げられた変化は世界標準化しており、日本でも同じような変化を認めることができるであろう。問題は、こうした世界標準化が食品自体と食料生産の場である農業にどのような影響を与えているかである。これについては二点だけ挙げてみたい。

一つは、農業貿易の拡大と輸出国の変化である。P・オースターベールたちによれば、農業貿易の世界貿易に占める割合は、一九六〇年代以前には三〇％を超えていたが、二〇〇〇年代には九％以下とむしろ減っているという（ただし、世界の貿易量はこの間対GDP比で一〇倍以上増えているので、実際の取引量は増えている）。そして、輸出国の構成がかつてはアフリカ諸国が中核を占めていたが、現在では、EUや合衆国などの富裕な国々、あるいは中国やブラジルなどの新興経済諸国に変わっているという。[18] その結果、T・ラングらの調査によれば一九七〇年代初頭には農産物の純輸入国であったアメリカ合衆国は、二〇〇〇年代半ばになると、農家が収入の約三分の一を輸出から得るようになり、またブラジルでは、一九七〇年代半ばの大豆の栽培面積は二〇万ヘクタールでしかなかったのが、二〇〇〇年代半ばには二六〇〇万ヘクタールへと一〇〇倍以上に拡大したという。[19] このように今や世界中のいたるところで、食品は文字通りグローバル化しており、「履歴不明食品 food from nowhere シンドローム」[20]が生じているのである。

さらに先の八つの変革にもあったが、生産方法の変革が、輸出用の農作物はもちろん、国内向けの農作物にも求められた。というのも、食品加工業者と小売業者の市場決定力がはるかに大きくなり、生産者はそれらの要求に応えない限り、生き残れなくなっているからである。農民と消費者との間に入る業者の寡占化が進み、中間部が極めて細い「砂時計」のようにくびれた流通によって少数の企業が著しく市場支配力を高め、かれらが、一方では農村を支配し、他方では消費者の擬似的な選択を支配しているのである。[21]

食品流通のグローバル化や食品市場におけるこうした価格決定権の変化は、いわゆる「農業の近代化」と呼ばれる現象を別の側面から見たものであるが、近年のこのトレンドは農業の環境的持続可能性を高めるのであろうか。

残念ながら、それが逆の可能性を高めることは、さまざまな徴候から指摘されている。まず、先進国における大規模で機械化が進んだ農業は、土地の生産性を上げるために多くの化学肥料や化学農薬を投入する結果、土壌の劣化や表土の喪失、生物多様性の喪失や水質汚染を引き起こし、さらには、大規模な灌漑によって地下水の枯渇が起きたり、あるいは大規模な畜産が糞尿処理を適切に行えず、環境汚染を引き起こしたりしている。まさにJ・プレティが指摘するように、「なるほど工業的な農業は大成功を収めたし、面積や労働者当たりでは、以前よりもはるかに多くの食料を生み出している。だが、それが効率的にみえるのは、土壌の喪失、生物多様性へのダメージ、水質汚染、健康への被害といった有害な副作用を度外視しているからなのだ[22]」。市場外部への社会的コストの転嫁が、膨大なレベルで行われているのである。

また、途上国における先進国向けの農業では、過耕作や過放牧に起因する土壌の浸食や砂漠化が指摘されており、農薬の使用についても先進国ほど厳密に管理されていないために、農業労働者にそのしわ寄せが行ったり、あるいは先進国では禁止された農薬が使われたりもしている。そして、グローバル化はこうした国々の農民に対していっそうの貧困化を迫っており、農村に留まることを放棄した貧民たちは都市に膨大な数で流入し、繁栄して見える途上国の都市には大きなスラム街がその影として形成されてきているのである。

さらに、エネルギーの投入量も奇妙な結果を生んでいる。生産方法が集約化されたのに、エネルギー効率は下がっているし、グローバル化を輸送面で支える廉価な化石燃料の使用も、いわゆる「フード・マイレージ（フード・マイルズ）」[23]の計測によってよく知られるようになったが、同様に拡大の一途をたどっている[24]。

このような状況を勘案してみると、食と農業の環境的持続可能は、今やまさに歴史的視点からみて世界的な「危機」と呼べる状況にあるように思われる[25]。この危機を乗り越える道の一つをシティズンシップの理念が提供できないであろうか。その可能性をもっと考えられる概念、それが食料主権である。

4　食料主権

食料主権概念が環境的持続可能性に対してどの程度貢献できるのかを以下では考察していくが、この概念を適切に理解するためには、この概念と類似していながら、いつかの点で異なった意味合いを持つ二つの概念を先に知っておく必要があると思われる。というのも、食料主権は、これら二つの概念「への反動であり、またその知的な継承者でもある[26]」からである。それらの概念とは「（適切な）食料への権利」と「食料安全保障」である。

食料への権利と食料安全保障

食料に関わるこれら三つの概念のうち、時間的な順序からすると、もっとも早く登場したのは「（適切な）食料への権利 the right to (adequate) food」の概念である。この権利は、一九四八年の国際人権宣言で認められていた。また、一九六六年の経済的、社会的及び文化的権利に関する国際規約にも盛り込まれていた。そこでは、食料への権利は適切な生活水準 adequate standard of living の一部として位置付けられ、さらに「飢餓からの自由」の権利であるとも捉えられていた。そして、この権利のより具体的な解釈については、この規約の実行を監視している経済的、社会的及び文化的権利に関する委員会ＣＥＳＣＲが一九九九年に採択した「一般的意見第十二号」で与えられ、そこでは次のようにこの権利が定義されている。「全ての男性、女性そして子どもが、単独もしくは他と共同して、人間の尊厳に適う仕方で、適切な食料ないしそれを調達するための手段に対する物理的、経済的なアクセスをどのような場合でも保有する権利」である、[27]と。

このように、「食料への権利」は、食料ないし食料調達のための手段へのアクセスをあらゆる人々の基本的な権利として承認することに特徴があった。そしてまた、先の一九九九年の国際的な委員会で改めてその定義が再確認されざるをえなかったことに示されているように、この権利は「（こうしたアクセスを妨げるような措置をとらないように）尊重し、（企業や他の個人によるこの権利の侵害から）保護し、（人々のアクセスを積極的に推し進めるべく）実現する」ことを国家に対して義務付けるところにも特徴があった。[28]

これに対して、「食料安全保障」ははるかに多様な意味で使われている。ある研究によれば、ほぼ二〇〇近い定義が存在し、食料安全保障の指標は四五〇ほど存在しているという。[29]それらをすべてカバーすることはできないし、そうしたことが本章の主題ではないので、ここでは国際会議における定義に注目しながら、その主要な変遷を見てみたい。まず、この概念が最初に提唱されたのは、国連によって一九七四年に開催された世界食料会議であった。その際の定義は「生産と価格の変動に左右されることなく、食料消費が着実に拡大していくことに対応し、いかなる時でも基本的食料を十分に世界的に供給できること」[30]となっていた。当時は世界的に主要な穀物栽培地域で干ばつによる被害が頻発し、世界的に食料事情が悪化していた。その時に生じた飢餓により、世界的規模での食料供給が主要な関心事となって、食料安全保障が語られるようになった。

ところが、一九八〇年代になると世界的規模での十分な量の食料供給にだけ注目しても、貧困や飢餓は必ずしも撲滅できないことが強く意識されるようになった。この点で、とくに重要な役割を果たしたのは、Ａ・センの『貧困と飢饉』（一九八一年）の議論であったと言われている。[31] かれの議論は、実証的な飢饉研究に基づいているが、その理論的核心は次の文章に要約されている。「食料の総供給が減少することは、食料価格の上昇を通じて交換権原を悪化させて、その人を飢餓に追いやるかもしれない。たとえこのような食料不足によってその人の飢餓が引き起こされた場合であっても、飢餓の直接の理由は交換権原の悪化ということになる」[32]（強調はセン）。見られるように、センは、総供給量の減少が飢餓の引き金となりうることは認める。しかし、たとえ総供給量に変化がなくても、他の集団による食料それ自体への需要や、食料によって作られる商品（たとえば、家畜の飼料やバイオ燃料）への需要が高まると、交換権原が悪化して飢餓が生じてしまう。飢餓はすべての人に均等に広がるのではなく、交換権原の悪化した人々に広がっていく。したがって、食物の入手に関わる個々人の権原の保障こそが飢餓問題解決の鍵になるのである。この「権原理論」は、飢饉が食料生産や食料供給の大幅な落ち込みとは必ずしも関連がなく、むしろそうした落ち込みがなくても大飢饉が生じている現実を説明する上で説得力をもち、食料安全保障についての議論に変化をもたらした。その結果、一九八三年にはＦＡＯは食料安全保障を次のように定義するようになった。「食料安全保障とはすべての人々が何時でも彼らが必要とする基本的な食料へ物理的、経済的にアクセスすることを保障することである」[33]（強調はＦＡＯ）、と。

他方、一九八〇年代には、充足されるべき栄養源についての理解にも転換が起きた。当初は、栄養不足問題の解決のためには、基本食料、とくに穀物やイモ類などの高カロリーの基本食料を確保することに関心が集まっていたが、八〇年代後半には、健康・栄養学的研究が進んで、単にカロリー摂取だけでは栄養状態の改善は進まないことが判明した。また、食物摂取における社会的・文化的影響も考慮されるようになった。こうして、一九九六年の世界食糧サミット（このサミットでは「世界食糧安全保障に関するローマ宣言」が採択された）の時点では、食料安全保障は、次のように言われるようになった。「すべての人々が、活動的で健康な生活を送れるように、食事のニーズと食べ物の好みを満たしながら、十分な量の安全で栄養豊かな食料に、いつでも物理的かつ経済的にアクセスできるようになれば、個人、世帯、国、地域、そして世界、のレベルでの食料安全保障が達成される[34]」、と。

このように、食料安全保障は、一九八〇年代を境にして「「世界・国家」レベルの食料安全保障から、世帯・個人の食料へのアクセスに注目する「世帯・個人」レベルの食料安全保障の重視へ」と、また「とにかく腹を食糧で満たす」という視点から、「生産ユニットであれ再生産ユニットであれ、暮らしの長期的な継続可能性への注目へ[35]」と、国家レベルでの認識ではたしかに転換していった。しかしこうした転換にもかかわらず、この概念については、総体として次のような特徴が存在すると指摘されている。

1　食料安全保障は、政府がその役に立つと主張できる、ある望ましい状況を含意している。しかしながら、実際には、国家を法的に拘束する義務や法的なメカニズムは存在していない。

2　世帯や個人の食料安全保障の議論と並んで、地球的、国家的あるいは地域的なイシューとしてのきわめて集合的な食料安全保障のビジョンが展開される傾向がある。

3　人々がアクセスできる食料の量に対しては注目しているが、この食料へ人々がどのようにしてアクセスするのかという重要な点は、しばしば見落とされている[36]。

食料主権

以上のような一般的特徴をもつ二つの有力な概念がすでに存在しているなかで、「食料主権 food sovereignty」は提起された。食料主権の概念が初めて議論されたのは、メキシコのトラスカラで一九九六年四月に開催された、国際的な農民運動団体の「ヴィア・カンペシーナ」の第二回国際会議であった。しかし、この概念に明確な内容が与えられたのは、「食料安全保障」を主題として同年一一月に開催された世界食糧サミットの時であった。このサミットにおいて、ヴィア・カンペシーナは、WTOを中心とする世界貿易政策へのオルタナティブとして「食料主権――飢餓なき未来」を提示した。そこでは、「食料主権は本当の食料安全保障のための前提条件である、……長期的な食料安全保障は、食料を生み出し、自然環境に配慮する人々に依拠している」（前文）、と宣言され、「食料を生み出す資源のスチュワードとして」（同）、以下の七つの原理が食料主権を構成する具体的な政策準則であると提案された。この時の提案は、食料主権のアイデアの基本線を構成する重要な歴史的文書となった。そこでかなり長い引用になるが、その中核部分を引用しておきたい。

1　食料＝基本的人権

食料は基本的人権である。あらゆる人々は、人間の十全な尊厳を備えた健康な生活を維持する上で十分な質と量をもつ、安全で、栄養があり、文化的に適切な食料を入手できなければならない。各国 each nation は、食へのアクセスが憲法上の権利であることを宣言し、この基本的な権利を具体的に実現することを保障するために、第一次（産業）分野の発展を保障すべきである。

2　農業（農地）改革

土地への権利は差別されてはならず、……土地は、それを耕作する人々に帰属する。……農村コミュニティに生産する市民として若者が留まれることを促進するために、食料生産と地力保持に尽くす労働は、経済的にも社会的にも十分に評価されなければならない。政府は、社会的・エコロジー的に適切な農村のインフラストラクチャーを発展させる上で、公的資金を長期的に投入しなければならない。

3　天然資源の保護

食料主権は、天然資源、とりわけ土地、水、種子、の持続可能なケアと利用を必要としている。土地を耕しているわれわれは、天然資源の持続可能な管理を実行し生物多様性を維持する権利をもたねばならない。……長期的な持続可能性は、化学的な投入、換金作物単一栽培、集約的工業的生産モデルへの依存から、離脱を求める。

4　食料貿易の再編

農民は、自国のための主要食料を生産し、その産物の市場での売買をコントロールする権利をもっている。国内及び国際市場における食料価格は、規制されねばならないし、当該食料の生産コストを正しく反映しなければならない。

5　飢餓のグローバル化の終息

食料主権は、多国間制度及び投機的資本によって弱体化されている。……投機的資本の規制と課税、及び多国籍企業に対する厳しい強制力をもった行動準則が必要である。

6　社会的平和 social peace ＝食料主権の前提条件

7　民主的統制

農民と小規模農家は、農業政策形成のあらゆるレベルで直接的な入力をもたねばならない。これには、現在のＦＡＯの世界食糧サミットも含まれる。われわれはそこから排除されてきた。国連及び関係諸機関は、これが現実となりうるように、民主化の過程を歩まねばならないであろう。あらゆる人々が、公正で正確な情報と、開かれた民主的決定作成への権利をもっている。(37)

以上である。見られるように、かなり広範で性質も異なる政策が挙げられている。この多様性を考慮すると、

「食料主権」は、単一の理念というよりは、ある種の政策複合体を実際は指している。ただし、当初の提案では、1にあるように、この主権の主体は国家と想定されていたように思われる。というのも、提言書の前文では、「食料主権とは、各国 each nation が、文化的・生産的多様性に配慮しつつ各国の基本的な食料を自力で生産する能力を維持・発展させる権利である。われわれは、われわれ自身の領内で自らの食料を生産する権利をもっている(38)」とされていて、食料主権は明らかに「国家主権」の一部として主張されていたからである。

しかし、こうした理解は、その後の食料主権をめぐるヴィア・カンペシーナを含む多数のNGOによる国際会議のなかで、変化を見せて行く。国家から個人へと主権の主体が移動していくのである。それは、二〇〇一年の「我が世界は非売品——国民の食料主権が第一」声明できわめて明確になっている。この声明は、ドーハでのWTO第四回閣僚会議直前に、この会議に対抗するべく出されたものであるが、そこでは「食料主権とは、国民が国民自身の農業と食料政策とを定め、持続可能な発展という目標を達成するために、国内の農業生産と貿易を保護・規制し、どの程度の自給状態になりたいかを決定し、自らの市場における産品のダンピングを制限する、そうした国民の権利 right of peoples である(39)」となっていた。さらに、そうしたNGOによって組織された二〇〇四年一〇月の「食料主権のための国際実行委員会(40)」の会合では「食料主権とは、彼ら自身の農業、労働、漁業、食料、土地政策を定める個人 individuals、共同体 communities、国 countries の権利(41)」とされ、個々人の権利であると同時に、集合体の権利としても定義されるようになった。こうして、食料主権は、「食料への権利」との関係を明確なものとし、この権利を国家が具体的に保障するための政策パッケージを示すものとして提唱されるようになったのである。

5　食料主権と環境的シティズンシップ

農的シティズンシップ

食料主権をシティズンシップの見地から見ると、そこにはどのような特徴が認められるであろうか。上述したように、「食料主権」は、直接的には「食料安全保障」への、対抗フレームとして提唱された概念であった。つまり、食料安全保障が、世界的レベルで構築された既存の食料レジームと食のグローバル化を所与のものとして受容し、その下での限定的な戦略目標として掲げられていたのに対して、食料主権は、その前提自体の自覚的な拒絶が出発点となっていたのである。前者は、政治的なエリートによってフレーム化されたものであり、そうした権力を支える政治的構造や経済構造を問うことはなかった。他方、後者は、小規模な生産者、土地を持たない農民、そして農業労働者の運動によって支えられていた。この人々は、既存の食料レジームのなかでは、周縁に追いやられ、切り捨てられようとしている人びとである。大規模で機械化された農業や、補助金によってダンピングが可能となる農作物輸出を前提にした国際農業貿易では、かれらの存在は、生産性の格差と市場商品価格の論理によって否定されるのである。

こうした既存の食料レジームに対してかれらは、食料を単なる商品として捉えることはできない、という農業の特殊性を取り上げる。たとえば、食料主権に関する二〇〇一年世界食料フォーラムでのハバナ宣言では、こう述べられている。「われわれはこう断言する。食料は単なるもう一つの商品ではない、と。また、食料システムは市場の論理にのみ従って捉えることはできない、と」[42]。経済的価値を超えるこうした農業独特の価値には、農村文化や地域的な知識なども含まれるが、さらに生物多様性の維持につながる環境的持続可能性への配慮も入ると考えられる。農業が環境への配慮なくして持続不可能であることは、多くのコモンズの歴史が証明している。そしてまた、食料主権の提唱者の間でも、この種の配慮が現実に認められる。その実例を、ヴィア・カンペシーナの構成メンバーの一つであるブラジルの「土地なし農民運動ＭＳＴ」の運動目標の歴史的変遷で確認してみよう。

ＭＳＴは、もともと利用されていない耕作地を占拠し、主としてその土地の占有権を政府に認めさせようとする運動として、一九八五年に誕生した。二〇〇八年の時点で、三五万家族以上が土地の権利を手に入れ、一八万の家族が、政府の承認を取るためのキャンプ生活を送っている。土地の権利を入手するまで、農民たちは、暴力的な身の危険を含め何度も排除を経験するが、通常二～四年占拠実績を積めば、ほぼ権利が手に入る現状となっているという(43)。

さて、この運動の目標は、ブラジルの極端に偏った土地所有状況に抗して、土地をもたない農民（労働者）に土地が使えるようにすることであった。ところが、運動が経過していくなかで、そこに「環境的持続可能性」の目標が入るようになっていった。こうした変化を現地に入って聞き取り調査で明らかにしたＨ・ウィットマンによれば、運動誕生から一〇年くらいの間に直面した課題についてＭＳＴのある指導者はこう語ったという。「われわれは〔土地を占拠するという主目的の〕他の補足的な政策をもたなければならなくなった。一九九〇年代の初めには、われわれは占拠地をどのように組織化するかについて多くの議論と政治的考察を始めた。……そして、この時期で焦点となった原則は、生産の組織化をめぐるものとなった(44)」、と。

そして、この組織化の必要によって作成されたのが『土地と生命へのコミット』（二〇〇〇年）である。そこには、以下のような原理が掲げられた。

土地へのわれわれのコミット

人間はすばらしい。なぜなら、その知性、労働、組織はあらゆる形態の生命を保護できるから。

1　地球とあらゆる自然物を愛し、ケアしよう。

2　自然と農業についての理解を絶えず向上させよう。

3　飢餓を根絶するために食料を作ろう。モノカルチャーと農薬を避けよう。

4　現にある森林を保護し、新しい土地には森林を再生させよう。

……

10　占拠した土地はけっして売却してはならない。土地は将来の世代のための最高の必需品。(45)

MSTはこれらの原理をMSTのセミナーやワークショップ、そして学校における環境教育のなかで絶えず提唱し、農業実践に活かそうとしている。それは、食料と自然と共同体とを結び付けて、アグロ・エコロジーを実現しようとするものである。こうした自覚は、まさしく環境的シティズンシップを農業において実現しようとする「農的シティズンシップ」だと言えるであろう。

食料主権を支える倫理的消費主義

食料主権は、その歴史からすれば、南の農民たちの生活をかけた運動から出てきたものであった。しかし、そこで提唱された農業・食料政策は、北において周辺化されてきている農民にとっても、同様の妥当性をもつ政策だと考えられる。世界的レベルで構築された食料レジームは、南の農民にだけではなく、北の農民にも貧困と多くの苦難をもたらしているからである。たとえば、そうした状況はR・パテルによる次のような報告で確認できる。すなわち、「米国の農村はひどく貧困化している。一九九九年に、同国で最も貧しい五十の郡のうち、四九までが農村地帯の郡だった。また、過去十年間に、都市では麻薬がらみの殺人が減ったが、農村では逆に三倍に増えている」[46]。米国のような農産物輸出先進国ですらこうした状況なのであるから、輸出国でない国々がどのようであるかは、推して知るべしであろう。

では、こうした先進国で食料主権はどのようにして実現されるのであろうか。もちろん、そこでは国家による農業保護政策が必要となることは言うまでもないであろう。食料主権が「国の権利 right of countries」とされる点は、この点でも北と南に区別はない。だが、北の国々には圧倒的な数の非農民が存在している。この人々にとって食料主権は、無縁の権利であろうか。食料主権が、「食へのアクセス」を保障しようとすることはすでに見た通りである。このアクセスは、農民にとっては、土地や種子など、食料生産のための生産手段の保有を意味している。だが、食料を購入する立場の消費者にとっては、何を意味するであろうか。これを単なる食料入手保障の権利とだけ捉えるならば、それは「誰がどう生産しているのか」を何も配慮しない、「食料安全保障」の見方になってしまう。食料主権は、生産者及び生産者の土地との永続的な関係、さらには田舎の人間関係の持続、これらを保障しようとするものであった。とすれば、消費者の側でも、こうした生産者の関係を維持することが権利であると同時に義務ともなることを意味している。つまり、食料主権の見地から消費者を捉えると、価格だけを自らの消費行動の選択指針とするホモ＝エコノミクスとしての消費者から、持続的な生産関係の維持という政治的な目標のために消費選択をする消費者（市民的消費者 citizen-consumer）への転換が求められるのである。

オルタナティブな食料ネットワーク[47]

今述べたことは、食料主権から導かれる理論的な要請である。この要請に応える動きが先進国の消費者の間でいくつか認められるようになっている。もっとも、そうした動きは直接的には食料主権を求めた動きではない。もともとの動機は、安全な食料への希求であり、身元の確かな食料の確保という消費者の自己利益の追求から出た要求である。しかし、それらの要求は、ローカルな食品生産者やローカルな農業生産者の暮らしに目を向けさせ、生産者の食料主権の回復がなければ、自分たちの食料への権利の回復もないことが理解できるようになるのである。そうした具体例をここでは二つほど紹介してみたい。

第一の事例は、英国のイースト・アングリア地方を本拠に活動している有機食品の生産者協同組合、「エオスター・オーガニクスEoster Organics」である。この組合は、英国政府の農村企業スキームの助成金を得ながら、二〇〇三年に創設された。この組合のミッションは組合憲章で次のように謳われている。

エオスターは、生鮮ないし加工有機食品を英国東部の会員や英国内及びヨーロッパの契約生産者及び協同組合から直接供給する、有機食品生産者協同組合である。エオスターは、公正で、エコロジー的、そして協同的な食品システムこそが、農、環境、健全な社会、の将来にとって死活的なものだと信じている。生産者と消費者との直接的で、開放的な関係が、都市や農村地域、そしてその他の国々のコミュニティ間を架橋し、コミュニティのグローバルなネットワークを作り上げる。それは、孤立した個人によるグローバルな食品システムではない。(48)

このミッションに見られるように、エオスターは有機食品の「地産地消」を目標とする「産直」ないし「提携」の英国版と言えるであろう。問題は、こうした目標がどの程度消費者に受け入れられているかであろう。この点で倫理的消費活動を研究しているG・セイファンによるエオスターの利用者（購買者）への購買者調査が、重要な情報を提供している。それによれば、エオスターの購買者は、栄養価や安全性といった個人的理由よりも、むしろ地元の農家の支援や環境保護といった公共的な理由で購入している割合が最も高く、しかも、必ずしも所得階層が高いからそうしている（そうできる）わけではなかった[49]。つまり、エオスター・オーガニクスは、生産者側のオルタナティブなミッションが購買者たちに共有され、しかもあらゆる社会階層をひきつけるものとなっているのである。

第二の事例は、アメリカで誕生した地域支援型農業 Community Supported Agriculture、略称ＣＳＡである。自らもＣＳＡを実践しているＡ・スタウトが日本で行った講演によれば、一九九〇年代には六〇ほどしかなかったＣＳＡの農場は、二〇〇七年の時点でおよそ一七〇〇農場にまで拡大し、アメリカでも注目される存在になってきているという[50]。このシステムの最大の特徴は、一年を期間として生産者と購買者が農産物の恵みを分かちあうとともに、その生産にかかるコストと、天候不順や病虫害による不作のリスクをも生産者と分担する義務を負う約束を互いに結ぶ点にある。そして、このコストの分ちあいでは、単に費用の負担だけではなく、生産の苦労を理解してもらうために、会員には何らかの労働が割り当てられる。農場で働く日が設定されていたり、あるいは、配送を手伝ったり、さらには、代金の一部を労働で支払う制度を設けたりしている[51]。

ＣＳＡは、このように生産者と消費者との農作物を介した分かちあいが特徴となっているが、この分かちあいでは、食べ物が人類存続の基礎にあると捉えるところから、地域に根差した「持続可能な食料供給システム」の形成が目指されている。このことは、Ｒ・ヴァン・エンとともにＣＳＡを創始したＥ・ヘンダーソンが定めた次のような目標に明示されている。

1　人生の質を高める――人々が互いに支えあい、助けあう、争いのない共同体を作り上げる。そこではさまざまな資源を、人々が公平に分かちあう。
飢餓の撲滅。一人ひとりが独自の文化に沿った食べ物を食べ、十分な栄養を取ることができる。

適切な食べ物を手に入れることは人間の権利であり、食料主権を民衆に保障することは国家の権利であると考える。

……

4　未来に向けた資源基盤の確保——大気や水を正常に保ち、土壌の健全化に努める。どの海にも、どの川にも魚が住む。どこにも汚染や浸食はなく、有害物質が埋められたり、廃棄されたりすることはない。風力、太陽光、地熱など、再生可能なエネルギーを利用する。地元の生態系と調和することのできる健全な農場や農園を作る。(52)

ここに見られるように、CSAは生産者と消費者との相互依存による農業であるだけではない。それは同時にまた、土地と人間との相互依存による農業を目指している。そのため、CSAは、有機農業の一つである「バイオダイナミック農法」に基本的に沿って、生産がなされるのである。(53)

こうした事例が示していることは、いずれも消費者と生産者とが直接関わりあうことによって、消費者が生産それ自体や生産者の現況を理解し、農作物を単なる商品としてではなく、倫理的な生命の源として捉える指向性である。実際、R・マイルスタッドらによるスウェーデンの二つのファーマーズ・マーケット（農民による消費者への近隣市場での直接販売）での生産者と消費者との調査では、両者の対面的なコミュニケーションによって、農産物の価格、供給量、生産条件、旬などの事実的な情報が伝わるだけでなく、両者の間に信頼関係が生まれ、生産者は消費者に最善の作物を適正価格で提供し、消費者が生産者を支えていこうとする姿勢が生まれていることを確認している。さらに重要なのは、地域ごとの作物の生育条件を消費者が知ることによって、エコロジー的に負荷の少ない作物の生産と販売が可能になり、農業の生態学的な持続可能性と農村社会の持続可能性の両者が高まっていることが報告されている。[54] このように、農を通して、自然と社会両者の持続可能性を生産者と消費者が連帯して維持していくこと、これこそが、まさに食料主権を草の根で実体化する方法になっているのである。

6　生命中心の政治へ

第2節でも触れたA・ドブソンは、環境的シティズンシップの意義を外面的規制や経済的インセンティブによる「行動の変化」ではなく、むしろより深いレベルでの内面的な「態度の変化」を引き起こす点に求めている。[55] その際、市民の行動を規制するのは次のような市民の態度であるとしている。「環境的市民の行動は、個人としての私にとって良いことが社会の集合性の一員としての私にとっては必ずしも良くないという知識によって形成される態度に影響されるであろう[56]」、と。

ここでは、「環境的市民」は、「自己利益よりも公共の善」を自覚的に選択する人々だとして、自己利益と公共の善は対立的に捉えられている。そして、両者が対立すると理解されることによって、市民の「道徳性」が際立つようになっている。他方で、「食料」の問題は、明らかに自己利益とつながっている。もちろん、安価な工業的食料を手軽に採り続けることは短期的な経済的コストの点では自己利益に適っている側面はある。事実、アメリカにおける「肥満」と子供たちの「生活習慣病の罹患者」は、とくに低所得層に多く現れているという。[57] しかし、大量の化学肥料と農薬によって成り立つ工業的食品の健康面から見た長期的なリスクは、不健康による障害や医療支出、さらには短命化など、自己利益から見ても本当は割に合わない。こうした点が理解されるならば、食料の問題では、自己利益と公共の善とは必ずしも対立することはなく、むしろ前者の追求と後者とは連動せざるをえなくなるのである。

こう見ると、「食料主権」は、政治的に非常に有効な環境的シティズンシップになると思われる。というのも、理論的にも実態的にも、この主権は、自己利益を根拠とする個人の権利とも理解できるし、公共善の追求を根拠とする共同体の権利とも理解できるからである。したがって、自由主義者であれ、共和主義者であれ、あるいは保守主義者であれ、新自由主義を除くかなり広範な政治的スペクトルから食料主権は幅広い支持を取り付けられるであろう。実際、食料主権の概念は、第2節で取り上げた、諸種の環境的シティズンシップのいずれとも親和的である。つまり、第一に、食料安全保障の概念は国家の食料戦略であることが明確であるが、食料主権のほうは、農民の生産や土地に対する権利であると同時に、農民以外の人々の適切な食料へのアクセス権をも指す特徴をもっている。この点で、食料主権は、あらゆる人々の権利 people's right として想定されている。これは、まさしく「自由主義的環境的シティズンシップ」が構想する人権としての環境権に相当すると言えるであろう。

また、この権利は、食という私的な領域における権利ではあるが、しかし、それにふさわしい農業政策を国家に対して要求する点で、集合的な権利としても想定されている。だからこそ、国家の側には、食料主権を具体的な農業政策を通して実現していく義務が発生することになる。しかも、この権利は、「天然資源の持続可能な管理」や「バランスの取れた、自然システムの多様性」の保護を人々すべての責務として規定する権利であって、食の自給の追求こそが自由の実現になるとみる美徳倫理を内包している。これらは、市民的共和主義的シティズンシップが語る、公私の非分離性と、環境的持続可能性における責任倫理を表明したものとみてよいであろう。

さらに、この主権では、「食料貿易の再編」を提起している。それは、第3節でみた工業的食品システムの著しい不正義を告発し、アグリビジネスに対抗した民主的統制を対案として提唱している。こうした地球レベルでの不正義への関心は、コスモポリタン環境的シティズンシップに特徴的な視点であり、この点で地球的レベルでの環境的正義への力点がここには認められると言えるであろう。

そして最後に、この主権ではバランスの取れた、多様な自然システムからなる生命共同体の維持が規範として設定されている。これは、「化学的な投入、換金作物単一栽培、集約的工業的生産モデル」からの転換を含意している。生態系に深く配慮する農業は、いわば、エココミュニタリアンが想定するコミュニティ概念の拡張が認められる。このように、食料主権で想定されている権利や義務、そして共同体の拡張では、第2節でみた環境的シティズンシップの類型が求める中心的特性がすべて包摂されている。

また、この主権は、食品を作り出す生産者（農民）の主権であると同時に、食品を消費する人々の主権でもありうる。さらに、北の豊かな人々のフード・マイレージ（フード・マイルズ）を抑制する原理にもなれば、南の貧しい農民たちの内発的な発展を支える原理にもなりうる。その意味で、地球上に生きるあらゆる人々にあてはまる普遍性をも備えている。ラディカルな環境主義者のV・シヴァが指摘しているように、「私たちは、私たちが食べる物によってつくられています。つまり食物を選択することは私たちが何者であるかを選択していることにほかならない」[58]。工業化された食品から、いわゆる「地産地消」「旬産旬消」による食品調達への転換は、「生命の自立」への探求でもある。シヴァが「生命中心の民主主義 living democracy とは、生死にかかわるあらゆる問題にかんして、民主的な参加を可能にする民主的な体制のことです。たとえば私たちが食べている食物、あるいは私たちが手に入れる手段を奪われている食物にかんする問題[59]」としているのは、まさにこのことを述べていると思われる。こうしたオルタナティブへの射程までを考慮すると、食料主権の追求は、もっとも包括的な環境的シティズンシップの実践につながる可能性をもつと同時に、環境保護の主体が生命中心の政治 living politics の主体となることをも可能にすると思われるのである。

注

（1）Jennifer Clapp and Peter Dauvergne, *Paths to a Green World: The Political Economy of the Global Environment*, Cambridge: The MIT Press, 2005（仲野修訳『地球環境の政治経済学――グリーンワールドへの道』法律文化社、二〇〇八年）一―二頁。ただし、仲野訳ではここでの環境主義者は「環境問題専門家」となっている。

（2）同前訳書、三頁。

（3）John. S. Dryzek, *The Politics of the Earth: Environmental Discourses* (2nd ed.), Oxford: Oxford University Press, 2005（丸山正次訳『地球の政治学――環境をめぐる諸言説』風行社、二〇〇七年）一六―二〇頁。

（4）Lorraine Elliott, *The Global Politics of the Environment*, Basingstoke: Palgrave Macmillan, 1998（太田一男監訳『環境の地球政治学』法律文化社、二〇〇一年）二八一―二八二頁。

（5）Andrew Dobson, *Green Political Thought* (2nd ed.), London: Routledge, 1995（松野弘監訳『緑の政治思想――エコロジズムと社会変革の理論』ミネルヴァ書房、二〇〇一年）一―三頁。

（6）注3に挙げたドライゼクの言説分析では、諸言説を比較するための構成要素の一つとして「エージェント」が挙げられており、言説ごとに異なる環境保護の担い手が描き出されている。

（7）ここでは、J・プレティの次のような認識と同じ出発点に立っている。「私たちが食べ物について行なう選択が、内的には私たち自身に影響し、外的には自然に影響しているのだ。私たちは一連の選択を行なうことで、食と関連した病気という問題にいきつき、環境も破損してきた。だが、別の選択を行えば、健康的な食事ができ、持続可能な農業を通して自然を支えることもできる」（Jules Pretty, *Agri-Culture: Reconnecting People, Land and Nature*, London: Earthscan, 2002〔吉田太郎訳『百姓仕事で世界は変わる――持続可能な農業とコモンズ再生』築地書館、二〇〇六年〕三六頁）。

（8）B・セルシンスキーによれば、環境的シティズンシップという用語を最初に使ったのは、カナダ環境省であるという（Bronislaw Szerszynski, "Local Landscapes and Global Belonging: Toward a Situated Citizenship of the Environment," in Andrew Dobson and Derek Bell (eds.), *Environmental Citizenship*, Cambridge: The MIT Press, 2006, p. 75）。

（9）丸山正次「環境的シティズンシップのタイポロジー」『（山梨学院大学）法学論集』第六八号、二〇一一年。

（10）再掲としているが、自由主義的環境的シティズンシップについては、代表的論者と責務の根拠を修正している。かつては、T・ヘイウォードを自由主義類型の代表的論者としていた。ヘイウォードはたしかに、基本的人権としての環境権を提唱してはいる（Tim Hayward, *Constitutional Environmental Rights*, Oxford: Oxford University Press, 2005）が、慣れ親しんだコミュニティでの連帯への利害関心から、さらには人類的な「連帯」と存在する物全体の統合性 integrity への人間の利害関心に、責務の根拠を求めている（Tim Hayward, *Political Theory and Ecological Values*, New York: St. Martin's Press, 1998, pp. 75–88）。したがって、その基本的な政治哲学は、自由主義というよりは社会自由主義ないしは民主社会主義と解すべきであった。そこで、環境的シティズンシップにおける公私領域の明確な分離を提唱するD・ベル（Derek Bell, "Liberal Environmental Citizenship," in Andrew Dobson and Ángel Valencia Sáiz (eds.), *Citizenship, Environment, Economy*, London: Routledge, 2005）を自由主義的環境的シティズンシップの代表的論者とし、ベルの責務論を挙げて訂正しておきたい。

（11）Andrew Dobson, "Environmental Citizenship: Towards Sustainable Development," *Sustainable Development*, Vol. 15, 2007, p. 276.

（12）Teena Gabrielson and Katelyn Parady, "Corporeal Citizenship: Rethinking Green Citizenship through the Body," *Environmental Politics*, Vol. 19, No. 3, 2010, p. 376.

（13）Cf. John Barry, *Rethinking Green Politics: Nature, Virtue and Progress*, London: Sage, 1999.

（14）Cf. Andrew Dobson, *Citizenship and Environment*, Oxford: Oxford University Press, 2003（福士正博・桑田学訳『シチズンシップと環境』日本経済評論社、二〇〇六年）.

（15）Cf. Mark J. Smith, *Ecologism: Towards Ecological Citizenship*, Minneapolis: University of Minnesota Press, 1998.

（16）両者は次のような論争を繰り広げた。すなわち一方でバリーは、「ドブソンが「エコロジー的シティズンシップ」にとって重要だと認定している特徴の一つは、その非互恵的な特性である。……〔他の種や将来世代にたいする〕こうした共感の非互恵的意識はなるほど立派ではあるが、ドブソンのエコロジー的な市民は、将来世代、人間以外のものの世界、そして世界の他の場所にいる見知らぬ人々に私心のない関心を示す点で、エコロジー的天使のようなものである」（John Barry, "Vulnerability and Virtue: Democracy, Dependency, and Ecological Stewardship," in Ben A. Minteer and Bob Pepperman Taylor (eds.), *Democracy and the Claims of Nature: Critical Perspectives for a New Century*, Oxford: Rowman & Littlefield, 2002, pp. 145–146. 強調は引用者。ただし、ここでバリーが言及しているのは、ドブソンが注14の著作を公刊する前に研究会で提示したエコロジー的シティズンシップ概念）と述べた。他方でこれを受けて、ドブソンは、「私の現在の定式については、次の点を明確にしておくべきであろう。つまり、たしかにエコロジー的な市民の責務は非互恵的で非対称的な性格をもってはいるが、それは無制限ではないのだ。その責務は、エコ・スペースの正義にかなっていない分配のゆえに課されているのである。したがって、その不均衡が処理されれば、終了するのである。ところが、エコロジー的市民の責務には限界があるというバリーのまったく異論の余地のない適切な要求にもかかわらず、バリーはこうしたものが彼自身のシティズンシップではどうなるかについて、何の説明も提示していないのである」（Dobson, *op. cit.* 前掲訳書、一五五頁。ただし訳文は変更し、強調はすべて引用者）と応じている。

（17）Wayne Roberts, *The No-Nonsense Guide to World Food*, Oxford: New Internationalist, 2008（久保儀明訳『食糧が危ない——安全で豊かな食生活を考える』青土社、二〇〇九年）五四—五七頁。

（18）Peter Oosterveer and David A. Sonnenfeld, *Food, Globalization and Sustainability*, London: Earthscan, 2012, p. 15.

（19）Tim Lang and Michael Heasman, *Food Wars: The Global Battle for Mouths, Minds and Markets*, London: Routledge, 2003（古沢広祐・佐久間智子訳『フード・ウォーズ——食と健康の危機を乗り越える道』コモンズ、二〇〇九年）一四二頁。

（20）Philip McMichael, "Food Security and Social Reproduction: Issues and Contradictions," in Isabella Bakker and Stephen Gill（eds.）, *Power, Production and Social Reproduction: Human In/security in the Global Political Economy*, London: Palgrave Macmillan, 2003, p. 177.

（21）Cf. Colin Sage, *Environment and Food*, London: Routledge, 2012, pp. 55–61.

（22）J・プレティ、前掲訳書、一三頁。

（23）国際的には「フード・マイルズ」が知られているが、日本では、中田（中田哲也『フード・マイレージ——あなたの食が地球を変える』日本評論社、二〇〇七年、参照）が作成した同種の言葉である「フード・マイレージ」のほうがよく使われている。

（24）T・ラング他、前掲訳書、二三八、二四二頁、参照。

（25）Cf. Philip McMichael, "The World Food Crisis in Historical Perspective," in Fred Magdoff and Brian Tokar（eds.）, *Agriculture and Food in Crisis*, New York: Monthly Review Press, 2010, pp. 51–68.

（26）Madeleine Fairbairn, "Framing Resistance: International Food Regimes and the Roots of Food Sovereignty," in Hannah Wittman, et al.（eds.）, *Food Sovereignty: Reconnecting Food, Nature and Community*, Black Point: Fernwood, 2010, p. 15.

（27）Michael Windfuhr and Jennie Jonsén, *Food Sovereignty: Towards Democracy in Localized Food Systems*, Rugby: ITDG Publishing, 2005, p. 19.

（28）Cf. *ibid.*, p. 20.

（29）Cf. Sage, *op. cit.*, p. 211.

（30）*Ibid.*

（31）Michael Windfuhr and Jennie Jonsén, *op. cit.*, p. 22.

（32）Amartya K. Sen, *Poverty and Famines: An Essay on Entitlement and Deprivation*, Oxford: Clarendon/Oxford University Press, 1981（黒崎卓・山崎幸治訳『貧困と飢饉』岩波書店、二〇〇〇年）五頁。

（33）　Cf. FAO, *Trade Reforms and Food Security: Conceptualizing the Linkage*, Rome: Commodities and Trade Division, Food and Agriculture Organization of United Nations, 2003, p. 27.

（34）　Sage, *op. cit.*, p. 214.

（35）　Simon Maxwell, "Food Security: A Post-modern Perspective," *Food Policy*, Vol. 21, No. 2, 1996, pp. 156–158.

（36）　Windfuhr and Jonsén, *op. cit.*, pp. 22–23.

（37）　Hannah Wittman, et al., *op. cit.*, pp. 197–199.

（38）　*Ibid.*, p. 197.

（39）　*Ibid.*, p. 200.

（40）「食料主権のための国際実行委員会 International NGO/CSO Planning Committee」とは、一九九六年の世界食糧サミットの時点で作られた国際的な市民社会ネットワークが基礎になって、二〇〇〇年から二〇〇〇以上のＮＧＯやＣＳＯ（Civil Society Organization）によって構成されているネットワークのことである（Windfuhr and Jonsén, *op. cit.*, p. 42, note. 13）。

（41）　*Ibid.*, p. 12.

（42）　Fairbairn, *op. cit.*, p. 27.

（43）　William D. Schanbacher, *The Politics of Food: The Global Conflict between Food Security and Food Sovereignty*, Oxford: Praeger, 2010, pp. 71–72.

（44）　Hannah Wittman, "Agrarian Reform and the Environment: Fostering Ecological Citizenship in Mato Grosso, Brazil," *Canadian Journal of Development Studies*, Vol. 29, Nos. 3–4, 2010, p. 285.

（45）　*Ibid.*, p. 287.

（46）　Raj Patel, *Stuffed and Starved: The Hidden Battle for the World Food System*, London: Portobello Books, 2007（佐久間智子訳『肥満と飢餓——世界フード・ビジネスの不幸のシステム』作品社、二〇一〇年）五〇頁。

（47）　農業の持続可能性のために生産者と消費者とを直接結びつけ、新たな両者の取引関係を形成することを、Ｃ・セージにならってこのように呼びたい（Cf. Sage, *op. cit.*, p. 272）。

（48）　Gill Seyfang, *The New Economics of Sustainable Consumption: Seeds of Change*, London: Palgrave Macmillan, 2011, p. 92.

（49）　*Ibid.*, pp. 93–95, p. 100.

（50）　Andrew Stout,「海外事例発表　アメリカ合衆国における地域支援型農業（ＣＳＡ）」, 2007, http://www.jaec.org/event/forum/

h19chisan/h19a.pdf.

（51）Elizabeth Henderson, *Sharing the Harvest: A Citizen's Guide to Community Supported Agriculture*（2nd ed.）, Vermont: Chelsea Green, 2007（山本きよ子訳『ＣＳＡ地域支援型農業の可能性――アメリカ版地産地消の成果』家の光協会、二〇〇八年）二四頁。

（52）同前訳書、四七頁。

（53）バイオダイナミック農法とＣＳＡとの深い関係については、グローらの著作（Trauger Groh and Steven McFadden, *Farms of Tomorrow: Community Supported Farms, Farm Supported Communities*, Eugene: Bio-Dynamic Farming & Gardening, 1990〔兵庫県有機農業研究会訳『バイオダイナミック農業の創造――アメリカ有機農業運動の挑戦』新泉社、一九九六年〕）で詳述されている。

（54）Rebecka Milestad, et al., "Enhancing Adaptive Capacity in Food Systems: Learning at Farmer's Markets in Sweden," *Ecology and Society*, Vol. 15, No. 3, 2010, conclusion, http://www.ecologyandsociety.org/vol15/iss3/art29/main.html.

（55）Andrew Dobson and Derek Bell, "Introduction," in Andrew Dobson and Derek Bell（eds.）, *Environmental Citizenship*, Cambridge: The MIT Press, 2006, p. 3.

（56）*Ibid.*, p. 5.

（57）Ｒ・パテル、前掲訳書、三二一―三二三頁。

（58）Vandana Siva, *Earth Democracy: Justice, Sustainability, and Peace*, Cambridge: South End Press, 2005（山本規雄訳『アース・デモクラシー――地球と生命の多様性に根ざした民主主義』明石書店、二〇〇七年）二八六頁。

（59）同前訳書、二二二頁。

第11章　グローバル・リスク社会における新たなる政治主体

山崎　望

1　「9・11」と「9・15」の時代に

「9・11」対米同時多発テロと、「9・15」リーマンショックで幕を開けた二一世紀は、いかなる世界秩序と、それを形成する政治主体が見出されるのであろうか。「9・11」対米同時多発テロとそれに続く無数の「9・11」、すなわち世界を舞台にしたテロ／対テロ戦争は「新しい戦争」の形を作り出している。「世界内戦」とも呼ばれる「新しい戦争」は、主権国家間の世界大戦でも、対立するイデオロギーをもった陣営間の冷戦（もしくは地域的な熱戦）でもない。暴力の主体は国境を越え世界に拡散し、また離合集散を繰り返している。この暴力の連鎖は、暴力の正統な担い手とされてきた領域主権国家や国民国家の限界、さらには自由主義や民主主義の限界を可視化させている。

「世界内戦」は、国民国家の持つ空間的な閉鎖性や時間的な永続性を逸脱する形でグローバル大に広がり、暴力をめぐる日常と例外状態の区別を融解する。また自由主義における寛容の限界を露呈させ、国家から民間に至るまでの監視体制の日常化など、自由主義社会の防衛策が自由を掘り崩す逆説をつきつけている。民主主義では合意できない「外部」の存在が明示された、とする議論も数多い。

他方の「9・15」リーマンショックと、それに続く世界金融危機においても、経済危機の速度と広がりに各国は充分な対応ができず、G8、さらにはG20、そして世界銀行やIMFなどの国際機関や多様な国際レジームが対応にあたった。かかる危機は、二〇一〇年代を迎えた今日でも継続もしくは深化している。ギリシア経済危機にはじまる欧州経済危機は、世界第二の基軸通貨とまで言われたユーロの存続すら脅かしている。皮肉なことに、自由主義経済のもたらした経済危機によって、経済的自由や政治的自由をはじめ、多くの人々が自由を失いつつある。緊縮財政を取る国家に対して、政府や企業、家族から締め出され、路上へと追いやられている人々は拡大の一途をたどっている。ギリシアやスペイン、ポルトガル、スロヴァキア、イタリア、フランスでは政権交代や首相・大統領の交代を引き起こしている。ギリシアを除く他の諸国では、国家の財政再建を掲げ緊縮財政を訴えた「緊縮派」が敗北を重ねているが、「成長」などを掲げた新たな政権も危機の回避に成功して国民の強い支持を得ている、とは言い難い。

ここでも国民国家の持つ対応能力を超える現象が世界を覆っている。「ソブリンリスク」という言葉が象徴しているように、国民国家による対応の限界が露呈している、と言えよう。加えて「強欲な資本主義」が問題なのか、それともグローバル経済の思想的基盤である自由主義自体に限界がはらまれているのか、またグローバル化した市場経済の規模と速度がもたらす危機に、国民国家を単位とし、決定までに時間がかかる民主主義による対応が追いついていけるのか、という問題も浮上している。

2　グローバル化するリスクとガバナンス

リスクとガバナンス

これらの複合的な危機を、社会学者U・ベックの提唱している概念である「グローバル・リスク」の観点から把握しよう。ベックによれば、グローバル・リスクとは、国民国家などの既存の制度による制御が不可能な、人為的な不確実性がもたらすリスクである。

本論で考えるべきは、かかるグローバル・リスクに対して、人々をそのリスクから守るために、いかなる秩序やその正統化の原理が必要であり、それを支える主体とは誰なのか、という問いである。

より問いを明確化するために、複合的なリスクに対応する秩序を担保する統治の仕組み（とその正統化）についての考察と、統治を支える主体（とその正統化の原理）をめぐる考察に分けて、議論を進めよう。

まず、秩序化をめぐる統治（ガバナンス）[1]の側面から議論を進めよう。ベックによれば、冷戦時代における国民国家の正統性は、外的リスクからの防衛による正統化（安全保障）と、内的な正統化（国民や人民による民主主義）[2]から成り立っていた。

ベックは、人々を外的リスク、とりわけ戦争から守るアクターとして（むろん国民国家自体が戦争や弾圧の主体であり、リスクの主体でもあったのだが）国民国家を把握しているが、本論では、そのリスクの幅をより拡大させて考察を進める。具体的には、グローバル・リスクに対応する秩序として、軍事的側面を中心とした狭義の安全保障のみならず、経済面や社会面を含めた広義のセキュリティ、もしくは「人間の安全保障」[3]の側面から、いかなる秩序がどの程度機能しているか、正統性を得ているか、について考察しよう。

ガバメント、もしくは領域主権国家によるガバナンス

既に述べたように、グローバル・リスクの特徴は、一国の統治機構である国民国家では、対応が困難な点にある。領域主権国家の枠組みを継承した国民国家は、空間的閉鎖性と時間的永続性という特徴を持っている。しかしグローバルなテロも世界経済危機などのグローバル・リスクは、閉鎖的な空間に限定されるものではない。時間的な観点から見ても、その開始と終焉は明確化しにくい、という性質がある。各国の政治指導者が、グローバル・リスクに対して適切な政策を打ち出すことができず、政治不信の蔓延を背景にポピュリズムや、デモなどの直接行動が台頭する背景には、個々の政治指導者の「失政」もさることながら、国民国家という近代の政治を形成してきた仕組みそれ自体がもつ、リスクへの対応能力の構造的な限界があると言えよう。例えば、強固な安全保障体制を形成すべく国境線に強力な軍隊を配備したとしても、自国内部から育つ「ホームグロウンテロリスト」によるテロに対しては、その有効性は低い。イラクやアフガニスタンで続発するテロのみならず、二〇一一年にノルウェーで起きた極右主義思想を持つ一個人によるテロに対して、ノルウェー軍が有効であったとは言い難い。軍隊という組織自体が、他国との戦争、それも他国の正規軍との戦闘を主に念頭に置いているならば、その想定の範囲外ともいうべき、国境とは無関係なテロリストに対して対応能力が相対的に低下することは、不思議ではない。しかし国境を越えるインターネットの空間において、多様な宗教原理主義やイデオロギーにコミットし、日常品から武器を作成する情報を得て武器を入手したとするならば、国内の治安を担う警察力にも限界がある。また経済危機に対しても一国レベルでグローバルな市場へ介入しても、グローバルな経済危機から国民を守ることには大きな限界を伴う。

むろん、ここから一足とびに国民国家の意義を否定することは拙速の誹りを免れないだろう。しかし国民国家という仕組みが、空間的開放性や時間的流動性を特徴とするグローバル・リスクに対して、換言すれば「どこでも」「いつでも」起こりうる人為的な不確実性に対して、充分に機能していない、と言うことはできよう。

市民社会によるガバナンス

かかる国民国家の機能不全は、国家による秩序を支えてきた正統性原理の一方の低下をもたらす。国家による秩序が存続してきた理由として、多様なリスク、例えば戦争や失業に対して、有効に機能してきたとみなされてきたことをあげるならば、その機能を喪失することは、「機能による正統化」の揺らぎに他ならない。遠藤乾が指摘するように、EUが機能することによって正統化され存続してきた政体であるならば、EUはその機能不全によって、政体の正統性を低下させ、EU自体の存続が危機に陥る。F・シャルプ[4]は民主主義による正統化をinputとoutputの側面に分け、「output」によるEUの正統性に注目したが、同様に、国民国家もまた「output」による正統性、すなわち国民のセキュリティを守るために機能することが要請されてきたのである。

ここで守るべきものが国民国家という仕組みの存続ではなく、人々の生の保障、セキュリティであるとするならば、国民国家に代替する（もしくは補完する）新たな統治の仕組みによる秩序が要請されよう。すなわち、グローバル・リスクに対応する、新たなガバナンス[5]の要請である。かかるガバナンスの要請は目新しいものではない。国家に代表される「公」を重視したガバナンスの失敗、さらには一九八〇年代以降、新自由主義に基づき進められた、市場に代表される「私」を重視したガバナンスの失敗を受けて、新たな統治の手法として顕現してきている、と理解すべきであろう。

とりわけ東欧革命の影響と自由主義諸国における新しい社会運動やNGO／NPOの影響力の増大、またグローバル化への対応という背景から着目されてきたガバナンスが、国家と市場を相対化する市民社会（Zivilgesellschaft）によるガバナンスである。NGO／NPO、各種の社会運動、多様なアソシエーションや地域共同体、宗教組織、メディアなどから織りなされる場として描かれる市民社会は、そこから人々が公的理性（public reason）を使用して熟議（deliberation）を経て政治的合意を形成し、新たな社会を創造していく場、すなわち公共圏を生み出す母体でもある。社会の在り方についての合意が危機にさらされた時に、影響を受ける人々が集まり、自らの立場に固執することなく、相互の対話から自らの立場を互いに省りみて、新たな社会についての合意を形成していくことになる。それによって、新たなガバナンスの合意がなされる。もう一つの公的な領域としての性質を持つ国民国家による統治と比較して、市民社会は、必ずしも領域性や構成員、伝統や歴史、言語や宗教などに完全には縛られないため、国境を越えて市民社会によるガバナンスがなされる可能性が開かれる。それ故、国民国家や市場とは異なる包摂の原理を持ち、国民国家や市場から排除される人々を包摂する契機を持つ。市民社会におけるガバナンスは、国民国家によるガバナンスと比較して、空間的にはより開放的であり、国境を越えた問題にも対応可能である。時間的にも柔軟性が高く、国民の代表者の決断や合意を待つことなく、市民社会レベルでリスクに対応することが可能である。国民の代表の決断や合意に問題点を見出せば、いつでも、対話の空間を開くことができる。

また近代の国際政治において主権国家の命題とされる「国家の存続」とは異なる観点から、対立の激化や戦争を回避するポテンシャルを持つのみならず、社会の内部から生成される、グローバルなテロの土壌となるような言説に対抗する言説を積み重ね、テロリズムを抑制する機能も持つ。利潤の追求とは異なった観点からの言説を蓄積した市民社会は、グローバルな経済危機によって排除される人々をリスクから防御するセーフティネット、例えば地域共同体や宗教共同体での相互扶助、ボランティアやアソシエーションによるセキュリティを提供することも可能である。

しかし市民社会も、そのガバナンスのルールから逸脱する者を外部に排除し、時には暴力的に機能する。[6]加えて、市民社会内部には同一化の圧力が働き、国家や市場と同じく、機能不全に陥る「ガバナンスの失敗」もあり得ることは指摘しておきたい。

「帝国」によるガバナンス

ここではグローバルガバナンス論を含むガバナンス論の先行研究については割愛するが、冒頭に挙げた多様なグローバル・リスクに対応すべく、世界政府を作ることなく、国境を越えたガバナンスの仕組みは多様なレベルにおいて形成されている。

かかるグローバルなガバナンスの仕組みを、一つの政体（polity）として描きだしたものが、「帝国」である。帝国論を提唱するA・ネグリによれば、「帝国」は中心を持たず、脱領域的で世界の秩序をコントロールするネットワーク状のガバナンスである。

安全保障をめぐっては、他国の追随を許さない冷戦終焉後のアメリカの超大国化、それを背景とする単独行動主義への傾斜により陰に隠された部分があったとはいえ、湾岸戦争や「9・11」対米同時多発テロ以降のアフガニスタン攻撃、イラク攻撃からグローバルなレベルでの「対テロ戦争」、ソマリアやコソヴォ、さらには「アラブの春」を後押しする形となったリビアへの介入、「対テロ戦争」と位置づけられたマリへの軍事介入、イラク、アフガニスタンへの統治支援（実質的な軍事／警察活動 policing）など、各国家の国益だけには解消されない、グローバルな秩序の模索ともいうべきガバナンスが展開された。

また「9・15」のリーマンショック以降、ドバイショックを経てギリシア経済危機に至るまで、世界各国はサミットやG8のみならず、世界経済の多極化を反映したG20による対応や市場への介入を行っている。それは各国間の国益の利害調整として把握可能ではあるが、むしろ各国の政府を貫通して世界政府と等価的な機能を持つ「トランスガバメンタリズム」(7)ともいうべき性格を帯びている。さらにガバナンスの過程では、EUをはじめ欧州を舞台とする多様なアクター（EFSF、欧州中央銀行など）や国際レジームのみならず、IMFや世界銀行、各種の金融機関や企業、研究所や大学、メディアまで文字通り世界中のアクターが、グローバル・リスクへ対応すべくネットワークを形成し、ガバナンスが稼働している。（その方向性について世界レベルで合意が形成されているわけではないが）「帝国」によるガバナンスは[8]、近代政治を支えてきた国際／国内の分化を越えるのみならず、公／私の区分を越えて、アクター同士が相互に接続して[9]機能しているのである。

3　ガバナンスと主体

主体の消失？

既述したガバナンスは、国民国家と同じく統治に携わる仕組みであるが、国民国家とは異なる特徴を持つ。国民国家では解決不可能な問題、とりわけグローバル・リスクに対応すべく発展している市民社会や「帝国」によるガバナンスは、空間的には開放的であり、時間的には柔軟性に富む統治の形態をもっている。それ故、その姿は世界政府としてイメージされるものとは異なり、脱中心的で、空間的な閉鎖性や時間的な永続性[10]を持っていない。また、このガバナンスは国家による統治とも異なり、その作為性の回路の認識は困難である。他方で市場による秩序化とも異なり、完全に意図せざる帰結の集合的な効果へと還元することも難しい。

そのため、これらのガバナンスにおいては、秩序を形成すべく権力が働いており、そこには非対称性や支配・従属関係も存在しているにもかかわらず、その主体像を把握していることは、たびたび困難となる。

第一に、ここで問題となるのは、世界秩序において、国際政治の唯一の正統なアクターとされ、また国内政治の統治を担ってきた国家という最大の主体が機能的な正統性を失うに伴い、主体としての国家がリアリティを失うことで生じる、政治のアリーナの消滅の危機である。国際政治および国内政治の主体としての国家の消失や「国家の退場」（S・ストレンジ）は、非政治化や「政治の終焉」（A・ギャンブル）[11]をもたらす。ここでは主体としての国家の「消失」により、人々は国家という保護膜を失い、グローバル・リスクに剝き出しのまま生を晒される被傷性（vulnerability）に満ちた非政治的な存在となる可能性がある。

第二に、グローバル・リスクを統制すべき市民社会や「帝国」が、国民国家と比較して、空間的開放性や時間的柔軟性という異なった性質や権力構造を持つために、これらのガバナンスにおける権力が不可視化され、非対称性や支配・従属関係を問うことが困難となる。自らはそのガバナンスのネットワークに包含されているのか、それとも排除されているのか、ということすら把握が困難であり、時にはガバナンスのネットワーク自体がグローバル・リスクを構成する一部として認識されることがある。

そして国民国家は異なる権力構造を持つ、市民社会や「帝国」によるガバナンスがもたらす秩序に対して、政治のアリーナをどこに求めるべきなのか、政治のアリーナは存在するのか、という問いがある。これらのガバナンスは、近代政治の前提となってきた国内政治と国際政治の区別、さらには「帝国」によるガバナンスは自由主義諸国においては前提となってきた公／私の区別まで無効化するからである。

いささか乱暴な比較ではあるが、「アラブの春」においてエジプトではムバラクが、リビアではカダフィが人々の生活をリスクにさらしている、として革命の標的とされ打倒されたことに対して、ギリシア危機においては各国の首相の交代は、現時点では人々の生命や財産を襲うリスクからの解放をもたらしていない。ムバラクやカダフィの権力を過小評価することはできないが、はたしてその権力が人々の生活を襲うリスクのすべてであったのか、については疑問の余地は広がるであろう。(12)

かかるグローバルガバナンスやネットワーク状に広がる主体は、国際政治学のリアリズムおよびネオリアリズム(13)を中心とする国家中心的な世界観から把握することは困難である。ここには、国家間の非対称的な権力関係（国際秩序の一極化や多極化など）とは異なる、権力関係が存在している。

国民国家が形づくる政治のアリーナや権力の形を唯一と信じてきた人々にとって、主体としての国民国家の消失は、それに代替する新たな政治の主体の創造とはみなされず、政治主体なき世界の到来か、もしくは不透明性に満ちたガバナンスという政治主体に管理される世界へ放り込まれたように感じるであろう。

整理しておこう。グローバル・リスク社会において、人々のセキュリティを守ることに正統性の基礎を置く統治の仕組みとして、空間的な開放性と時間的な柔軟性を備えたガバナンスが前景化する。国民国家という空間的閉鎖性と時間的永続性を備えた政治の主体は、セキュリティの確保という側面からは正統性を調達しづらくなり、必ずしも、恒常的に世界秩序の統治に関わる唯一無二の存在ではなくなる。

もっとも国民国家とガバナンスは両立し得るものである。ガバナンスが前景化する場合においてもガバナンス対国家という対立が起きるのではなく、国民国家がネットワークの一部として、その一部の機能を稼働させることは不思議ではない。前景化したとはいえ、ガバナンスは国家と交代する統治の主体ではない。

結果として、政治のアリーナも「国内の公的領域」のみならず、国内／国際や公／私の分化を越えたアリーナへと拡大もしくは深化するものとなるか、もしくは消滅し得ることになる。

次に論じる問いは、新たな政治の形をも創造し得る、かかる権力の生成（やがてそれは固定化し「構成された権力」となるにしても）に関わる政治主体とは何か、新たな統治の形態として前景化しているガバナンスの背後にある主体とは何か、という問いである。既存の世界認識の構図においては把握困難で国家という主体が消失したかに見えたとしても、われわれは、統治に関わる権力を生成・安定・変容させる主体の探究への視座まで消失してはならない。

大文字の主体：国民と階級

ここでは、政治主体[14]についての考察を行おう。ベックによれば、国民国家は正統化のもう一つの側面として、内的な正統化、すなわち国民や人民による民主主義を指摘していた。かかるベックの指摘は二〇世紀の民主主義の観点からは聞きなれたものであろう。領域主権国家から国民国家への変化や、国民主権をめぐる議論において、近代政治においては国民や人民などの政治主体が召喚されてきた。

とりわけ「想像の共同体」である「国民（nation）[15]」という政治主体が多くの諸国で形成され定着していった二〇世紀においては、「国民」は、国内政治と国際政治双方の政治主体であり、歴史を切り開く「大文字の主体」として、君臨してきた。

伝統や歴史など共有された過去を持ち、文化や言語を共有する現在にあり、運命共同体として未来の共有する単位として、国民という主体は二〇世紀の主役となり、国際政治と国内政治の双方において、民主主義の単位となってきた（普通選挙制の定着に象徴される民主化の進展と国民統合の進展の並行性に留意されたい）。

他方で二〇世紀において、歴史を担う「大きな主体」として位置づけられたものが「階級（class）」である。マルクス主義においては、唯物史観の下で歴史的連続性を持つ単位であり、共通する経済的位置を占め、未来に起きる革命の担い手とされたのである。国際政治と国際政治の双方において、階級もまた二〇世紀を代表する政治主体であったと言えよう。もっとも階級という主体は、世界革命ではなく一国革命が現実的な選択肢となり、また世界大戦の過程を経て、実質的には「国民化」していった。

小文字の政治主体

この国民および階級という「大文字の政治主体」は、二〇世紀後半において、いくつかの転換点を迎えることになる。

一つは「一九六八年」に起こった自由主義諸国における学生運動や、社会主義諸国における市民運動である。詳論は避けるが、一九六八年に象徴される運動は、国民や階級と並行して、新たな「小文字の政治主体」を産み出した。それは女性や少数民族、消費者、住民などの主体であり、環境運動や第二波フェミニズムの担い手となる主体を創造していった。かかる主体は、哲学者のJ・リオタールの言葉を借りれば、マルクス主義におけるプロレタリアートのような、歴史を作り「大きな物語」を担う「大文字の政治主体」ではない。むしろ国民や階級によって同一化されていた過去や現在、未来像に多くの亀裂を生み出し、新たな共同性を創造していったのである。これらの「小文字の政治主体」の内実は多様であるが、国民や階級と比較すると、流動性が高く、また公／私の境界線を問い直し再編するものが多かったことは指摘できよう。

さらに英に新自由主義を標榜するサッチャー政権が誕生した「一九七九年」には、イラン革命とアフガニスタン戦争（ソ連の軍事進攻とムジャヒディーンおよび各部族との戦闘）が勃発した。ここでは国民と階級に組み込まれていた「宗教」という主体が、パン・アラブ民族主義の衰退に伴うイスラーム復興（原理）主義の拡大という文脈で析出されてきた、と言えよう。またアフガニスタン戦争でムジャヒディーンを支援したアメリカでも、新自由主義を標榜するレーガン政権が成立するが、その支持基盤の一つとしてキリスト教原理主義や福音主義などの宗教右派が政治主体として台頭していった。

この意味では、既に「大きな主体」は冷戦終焉の前から融解していた、と言えよう。

市民、民族、宗教

冷戦の終焉の過程においては、「市民」という政治主体に大きな注目が集まった。人々の西側への「脱出（exit）」から始まったとも言われる東欧革命においては、「抗議（voice）」に転じた市民と、体制内の穏健派が連携し、革命は東欧全域に連鎖的に波及していった。「一九六八年」からの連続性を持ち、世界秩序を規定してきた冷戦を終わらせた主体として、またルーマニアという悲劇的な例外を除いて、概ね非暴力直接行動によって革命を起こした市民はポスト冷戦期の世界における政治主体として、国民や階級とも異なり、また「小文字の政治主体」と重なりや継続性を持ちつつも、断続性を持つ新たな政治主体として、着目されたのである（ただし、東欧革命の代表とされたポーランドの「連帯」を中心としたビロード革命においても、宗教の影響力を無視することはできない。また多くの東欧の市民革命においてナショナリズムの高揚が見られたことも併せて指摘しておきたい）。

この市民という主体は西側の自由主義諸国でも「一九六八年」以来の伝統を受け継ぎつつ台頭していた。国家＝「公」と市場＝「私」による統治の限界に対して、NGO／NPOや社会的企業などが新たな政治の形を形成するアクターとして台頭してきたのである。市民は、いくつかの物語や伝統を持ちつつも、国民や宗教と比較すれば過去においても、現代においても、未来においても、共有する基盤が脆弱であり、同時に多様な可能性に溢れていた。

このような市民という主体の台頭は、「大文字の政治主体」であった国民や階級の融解が、より明確に可視化されたことを示していた。それは共有されてきたと思われていた過去と、運命を共にするという未来の地図を不明瞭なものにし、「大文字の政治主体」の観点から見れば、人々が共有する社会や歴史を、ある意味では解体する過程でもあったと言えよう。

市民は、一九八〇年代に情報と金融の分野で爆発的に進展していたグローバル化と連動し、国家と市場を相対化する社会、すなわち「市民社会（Zivilgesellschaft）」の構成員として、冷戦終焉後の九〇年代を代表する政治主体として着目されていく。国境を越えて、グローバルに活動する市民[16]に注目があつまり、一国レベルでの解決や、国家間交渉で解決が困難な様々な課題へと取り組んでいったのである。かかる市民概念に、国家による秩序から離脱する契機、いわば「アナーキー的契機」[17]（森政稔）が存在していたことも指摘できよう。

しかしポスト冷戦の時代は、このような「市民の時代」であると同時に、「民族の時代」でもあった。冷戦によって凍結されていた対立が噴出するかのように、世界各地でエスニックナショナリズムが台頭し、「民族の復讐」と言われるようなアイデンティティ・ポリティクスが高揚したのである。さらに、いくつかの諸国ではエスニックナショナリズムは内戦や地域紛争へと展開していった。例えば旧ユーゴスラヴィアにおいては「民族浄化（エスニッククレンジング）」が引き起こされるに至ったのである。ポスト冷戦下の時代において、時には国民を分裂させる「民族」という主体が台頭してきたのである。

二一世紀になっても「市民」と「民族」という主体が、「国民」と緊張関係を持ちつつも分岐する、という構図は継続する。

一方では市民という主体は、「シアトルの乱」（一九九九年）からジェノバでの反グローバル化デモに象徴されるように、グローバルガバナンスのあり方に対して敵対的な抗議活動をグローバルな規模で展開し、NGOの国境を越えた連携[18]も進展した。時には国家とも協調して公／私を横断したグローバルガバナンスへと参入し、環境問題や地雷廃絶などの分野で多くの国際的な規範の形成にコミットしていった。とりわけ「9・11」対米同時多発テロに対して、単独行動主義を顕在化させてイラク攻撃に突入したアメリカをはじめとする各国において、史上初のグローバルな反戦デモが実行された。これらの行動を可能にしたものとして、インターネットをはじめとする技術の発展は特筆に値するが、インターネットが持つ空間的開放性と時間的柔軟性（いつでも、どこでも、インフラさえあれば接続できる）は、グローバル・リスク社会に生きる市民という主体に、既存の時空秩序から一定の自律性を与えたと言えよう。

市民と民族に加えて、冷戦終焉前から台頭していた宗教も、政治主体として政党や国家に影響を与えるのみならず、国際政治、さらにはテロや内戦、ヘイトクライムに至るまで暴力の担い手としての地位も築いている。「9・

11」対米同時多発テロ以降のイスラームフォビア（嫌悪）の拡大、再編されたイスラーム復興主義過激派の活性化、イスラームの宗派間対立に加え、ブッシュJr政権で影響力を行使したアメリカの宗教右派の台頭、一九九〇年代後半に政権を獲得したインド人民党の支持基盤となったヒンドゥー・コミュナリズムの浸透なども挙げられよう。そこには過去から未来に至るまで、「われわれ」の範囲や起源を確実なものとしてきた「大文字の政治主体」が揺らぐ中で、他者への攻撃や拒絶を通じて、自らの輪郭を確かなものとする欲望が含まれていると言えよう。しかし皮肉なことに、「われわれ」という主体を確固たるものとするために、「彼ら」との間に引かれる境界線は絶えず揺らぎ続けている。イスラーム復興（原理）主義やコミュナリズムの過激派によるテロが、しばしば同胞の信徒を巻き込み、また民族主義の側面を持つノルウェーで生まれ育ったテロリストが、同じ民族を殺害したように、これらの主体は再帰的に選択される過程を繰り返し、その度に暴力的に主体の輪郭を描き直す行為を続けているのである。政治と宗教の距離は極めて複雑なものであるが、冷戦以前から継続していた宗教という主体もまた、市民や民族と並ぶ政治主体として位置づけることができよう。

着目すべきは、かかる主体の析出の過程が並行して進展したことである。市民と民族と宗教という三つの主体の析出は、国民という主体を相対化していった。またこれに伴って、政治主体と、統治権力である国家との関係が偶発的なものとなっていったことも指摘できよう。いまや市民は国家の拘束から抜け出て、例えば国連などの国際機構や国際レジームを政治のアリーナとして他の国家と直接に交渉することが可能となり、民族は既存の国家に疑問を投げかけ、新たな国家を形成する政治主体となり、新たな国家を形成できない場合は、国内に多くの民族間対立の主体として残存した。宗教も時には国民を越えて、もしくは分裂させる力を持ちつつある。さらに時には国家のみならず、国境を越えた活動を展開し、国民国家という単位よりも重視されるトランスナショナルな共同体やネットワークを形成している。かかる民族や宗教という政治主体(19)もまた、市民と同じく、空間的な開放性と時間的な柔軟性を特徴とするグローバル・リスク社会という地平を共有していることを指摘しておこう。

抗議者たち

民族などの「小さな主体」と市民によって、国民が相対化され、時には挟撃される、という構図に対して、二一世紀はもう一つの新たな主体を生み出しつつある。それはタイム誌が二〇一一年を代表する「人物」として取り上げた「抗議者（protester）」である。

とりわけ二〇一〇年から現在（二〇一三年）に至るまで、世界各地では「世界同時革命」と形容されるような、巨大な政治変動に見舞われている。チュニジアのジャスミン革命に端を発しアラブ地域に数々の革命をもたらした「アラブの春」や、深刻な経済危機に見舞われた欧州地域、なかでもスペインの「15M」運動に象徴される、社会正義を追求する抗議運動は、各地域の独自性を持ちながらも、その範囲を世界大に拡大していった。アメリカでは、グローバルな金融システムの象徴ともいうべきウォール街を舞台に、富を独占する「一％」ではなく、収奪される「九九％」を名乗る「ウォール街を占拠せよ」運動が起き、占拠運動はさらに世界の都市へと拡散した。イスラエルでは物価上昇への抗議から社会正義運動が、ロシアで選挙結果を受けて反プーチン抗議デモが起き、中国各地では農民や労働者の抗議活動が広がり、日本でも脱原発デモが起きたなど枚挙にいとまがない。また排外主義の要素を強くもつ各国のデモも挙げられよう。これらの数々の抗議運動[20]は各々、各国・各地域において異なる文脈を持っているのだが、同時にその共通点も指摘できる。

まず、これらの運動には、中心となる組織や指導者は存在しないか、もしいたとしても実質的な権威や権力をもたない象徴的存在や、人々を結びつける時点においてのみ存在する「消滅する媒介者」である。それは「戦争と革命の世紀」と言われる二〇世紀において、国民や階級という主体を率いた実質的な指導者や、確固とした中心組織が存在したことと対照的である。

次に争点の多様性も挙げられよう。現状の経済社会や政治社会への抗議を掲げているという要素はあるものの、より具体的な争点は多様なままで結集している。「小さな主体」、すなわち女性、少数民族といった主体の要素は持ちつつも、より広範な争点を抱いている。変革の目標も狭義の政治のみならず、経済・社会・文化と多岐にわたる。むろんこれらの抗議運動は、アラブ地域固有のものでも、王政や権威主義体制の諸国に限定されるものでもない。むろん「アラブの春」のように、ムバラクやカダフィといった個人と彼らを支える体制の打倒が目標となった事例は、「ウォール街を占拠せよ」「怒れる若者たち」といった運動とは、一線を画すとも考えられる。しかし運動の当初から体制の変革後の構図について合意が存在していたとは、言い難いように思われる（むしろ抗議すべき経済社会や政治社会の象徴として把握されていた部分もあるように思われる）。

最後に挙げられる特徴は、各々の運動に参加した人々を何らかの主体として把握することが困難である、という点である。多様性に富み、国民や民族、宗教という主体として把握することは難しい。「抗議者」としての把握も、争点が多様であるが故に、曖昧さを逃れられない。これらの運動の共通点は自分たちを取り巻く多様なリスクを回避すべく政治が対応していないことへの怒りや不信であり、統治の主体である国家やガバナンスのネットワークには、自分たちの場も、代表される場もなく、権力の生成から疎外されている、という認識である。既存の多様な主体から漏れ出て、既存の主体像では認識不可能なこの主体は、いわば巨大な変革を起こしつつある（とされる）「消失した主体[21]」として、もしくは多種多様性に満ちた人々であり、「共（the common）」を集合的に創造する「マルチチュード[22]」として把握されている。

4　主体の消失から、世界認識の構造転換へ

主体の消失、再論

本論では、国民国家の正統性を支えた二つの原理を指摘したベックの議論に着目して、統治の側面と主体の側面から、現代のグローバル・リスク社会における統治と主体のあり方について素描してきた。その結果、明らかになったことは、統治の主体も、それを支える政治主体も、把握困難な存在が浮上しつつある、という現実である。二〇世紀を規定してきた主体が揺らぐ巨大な変動が起きているにもかかわらず、それに代替する新たな世紀の主体の輪郭を把握できないとはいかなることであろうか。

ここで一つの仮説を立てることができよう。主体が消失したかのように見えるのは、あくまでわれわれが自明性を持ってきた不問の前提や世界認識のあり方から、これらの主体が逸脱しているからではないだろうか、という仮説である。換言すれば、既存の言語で分節可能な主体（国民や階級、民族、宗教、市民など）ではなく、分節化されない主体が生成されているのではないか、ということである。

むしろ問われるべきは、主体の方ではなく、主体の把握を可能にしてきたわれわれの世界認識の地図（cognitive map）やエピステーメーである。より具体的には、それは国民国家システムや、代表制民主主義を中心に描かれる世界である。

たしかに今でも国家や国民という主体は消滅したわけではない。とはいえ、少なくても、既存の世界認識とは異なる新たな世界認識「も」要請されるのではなかろうか。さらには新たな世界認識は、現状をよりよく把握するための道具で終わるだけではなく、グローバル・リスクに対して世界を再創造する新たな規範的かつフィージブルな

主体を分節化するものでもある。

以下ではそのような主体をめぐる新たな世界認識の構図について、若干の考察をしておこう。

三層構造化する世界

まずここまでの統治と政治主体をめぐる分析から、以下のような構図を抽出しよう。統治の側面において、国家のみならず、「帝国」と市民社会の三層からなる世界の統治（ガバナンス）の仕組みが存在する。「帝国」は、ネグリたちが指摘するように、脱中心的で脱領土的な世界秩序を統制する、国境や公／私の区分を横断するネットワーク状のグローバル大の権力装置に他ならない。市民社会は既述したように国家でも市場でもない自律性を持った公共の領域であり、NGO／NPOや宗教組織、ボランティア団体などのアソシエーション、独立系のメディアなどの諸アクターから織りなされる社会であり、市民が形成する社会である。

各々の統治の仕組みは、空間的および時間的な観点から捉えると、異なった特徴を持っている。統治において、「帝国」は最も空間的開放性と時間的柔軟性を持ち、それに対して「市民社会」は一定の空間的開放性／閉鎖性と時間的柔軟性／永続性を併せ持つ。他方で国民国家は空間的閉鎖性と時間的永続性をその特徴とする。

そしてこれらの三つの異なる統治の仕組みが相互に重なりあう領域（オーバーラッピングゾーン）が存在する。その領域では「帝国」と国家が、また「帝国」と市民社会が、「帝国」と市民社会が共存し融合する。同時に、これら三つの異なるガバナンスは、空間的・時間的側面における性質の違いから離反する側面を有している。すなわち「帝国」の空間・時間と、国家の空間・国家の時間と、市民社会の空間・時間は相互に異なっている。

故にガバナンスのあり方をめぐって[23]、これらの三つの権力は相克や衝突が起こり得るのである。よりメタレベルで把握するならば、それはガバナンスにおける時間的永続性と時間的柔軟性のせめぎ合いであり、空間的開放性と空間的閉鎖性の弁証法である。

どの空間的範囲で（物理的に連続した空間とは限らない）、どの時間的範囲で、統治を行うか、という政治の前提自体が再審されているのである。ギリシアの経済危機に際して、またリビアやアフガニスタンへの介入に際しての相克や衝突は、各国間の利害の衝突としてよりも、むしろ、いかなる空間的範囲で、どれだけの期間、対処するかをめぐるメタ政治の展開過程として把握することができよう。

さらに内的正統性の源泉とされてきた政治主体の側面においては、国民のみならず、マルチチュードと市民の三層からなる主体が存在する。国民、市民、マルチチュードは、それぞれ国家、「帝国」、市民社会というガバナンスの形態と対応している。

各々の主体は、ガバナンスと同じように、空間的および時間的な観点から、異なった特徴を持っている。マルチチュードは最も空間的開放性と時間的柔軟性を持ち、それに対して市民は一定の空間的開放性／閉鎖性と時間的柔軟性／永続性を併せ持つ。他方で国民は空間的閉鎖性と時間的永続性をその特徴とする。

そしてこれらの三つの異なる主体にも、相互に重なりあう領域（オーバーラッピングゾーン）が存在する。その領域ではマルチチュードと国民が、また国民と市民が、マルチチュードと市民が共存し融合する。それは「アラブの春」を国民革命とみなすか、マルチチュード革命とみなすか、市民革命とみなすか、観点によって政治主体が変わり得ると同時に、現実の政治過程において、政治主体が主導権を握り政治の可能性の幅がいかに変化するか、をめぐる闘争でもある。同時に、これらの三つの異なる形の主体は、空間的・時間的側面における性質の違いから離反する側面を有している。すなわちマルチチュードの空間・時間と、国民の空間・国家の時間と、市民の空間・時間は相互に異なっているのである。そして離反の局面においては、各々の独自性を持つ部分が重視されるため（融合する部分が減るため）国民の脱市民化、市民の脱国民化という変動が生ずることになる。それは国民の民族化や市民の（コスモポリタン的な）市民化といった現象であり、暴力的な衝突や新たに生成される主体からの人々の社会的排除を惹起するリスクが高まることになる。

故に三つの主体[24]が相克や衝突するリスクは常に存在する。よりメタレベルで把握するならば、それは主体をめぐる時間的永続性と時間的柔軟性のせめぎ合いであり、空間的開放性と空間的閉鎖性の弁証法である。

ここでは、どの空間的範囲と時間的範囲で、どの主体が政治を営むか、という政治の前提自体が再審されているのである。主体をめぐる時間的永続性と時間的柔軟性の、空間的開放性と空間的閉鎖性の相克が起きており、どちらか一方への流れが存在しているのではなく、時には両者が融合するかのような現象も起こるのである。

5　民主主義をめぐって

再審される民主主義

前節では統治と主体の三層構造モデルを提示した。国家と国民という主体の一対一対応の関係は、今日二つの側面で動揺している。

第一の側面は、まず主体である国家が、「帝国」および市民社会という異なるガバナンスの形態の中で相対化されていること、次に国民という主体と並行して市民とマルチチュード（さらには民族や宗教など）という主体が析出されることで、主体をめぐるヘゲモニー闘争の中に位置づけられるようになっていることである。

第二の側面は、統治の主体ともいうべき国家と、政治主体としての国民を媒介する仕組みとしての代表制民主主義が動揺している。すなわち統治と政治主体の次元が乖離が拡大しているのである。

かかる現象が、世界大に拡大し挑戦者なき政治秩序の主導原理となったとされてきた民主主義にいかなる影響を与えるのか、という問題について考察したい。今日の世界において、民主主義が主導的な原理となったとされる一方で、その形骸化が指摘されて久しい。しかし、より厳密に考察をするならば、世界において主導的な原理となったのは、国民国家の枠内で稼働する自由民主主義、とりわけ、その制度的形態である代表制民主主義に他ならない。

問いを次のように分けるべきであろう。

一つは民主主義は、グローバル・リスクやそれに対応する統治の主体と政治主体の変容と両者の乖離によって、主導的な政治秩序の原理の座から降りるのか、という問いである。

もう一つは、民主主義全体ではなく、その一形態であるナショナルな自由民主主義と並びつつも、それ解消されることのない新たな民主主義の可能性はあるのか、という問いである。

民主主義「間」関係をめぐって

ここでは後者の問いについて考察を進めよう。既に明らかにされているように、自由民主主義は、自由主義[25]と民主主義という歴史的起源も中核となる原理も全く異なる二つの主義が結合した思想であり、さらに国民国家の枠内でのみ稼働する必然性を持たないからである。

今日、世界の人々がさらされているグローバルなリスクは、それに対応すべき政治的な枠組みが必要であり、次にそれを正統化するための政治主体が求められる。近代においては国民国家が外的リスクから人々を防御[26]すると同時に、内的には国民という政治主体によってさらなる正統化がなされてきた、と言えよう。

しかし今日の世界では、まず統治と主体の双方においてオーバーラップしている領域はあるものの、乖離や対立も生じている。さらに統治の単位と、主体の単位で、各々へゲモニーを持つ主体が乖離してしまい、結果として正統性の調達に失敗している事例が頻出している。

例えば、単位間のヘゲモニー闘争で暫定的に国民という主体が主導権を握ったとしても、統治の主体において主導権を握った「帝国」や市民社会によるガバナンスによって国家が後景化されてしまっていては、国民による民主主義がガバナンスには活かされず、また「帝国」や市民社会はもっぱらリスク対応の側面で機能することによってしか正統性を調達できず、民主主義的な性質を喪失することになる。グローバル大の市場の加速化に対応するには、国民国家という単位では空間的にも時間的にも限界がある場合、国民国家が機能不全に陥り、さらにはその枠内で稼働してきた自由民主主義、代表制民主主義もまた機能不全に陥る。結果として人々はリスクにさらされるか、もしくはグローバルなガバナンスによる調整によって生を左右される、運命を待つだけの客体となる。それは政治主体の喪失でもある。

ここではトランスナショナルなエリートによるテクノクラシーが進行し、多くの人々は政治の過程から排除され、疎外されていく。国民という主体の観点から考えるのであれば、それは少数のエリートによる支配体制や、つかみどころのない不透明なグローバルな市場がもたらすリスクとして把握されるであろう。これに対してデモスである自らの生成する権力が、実質的な権力を持つグローバルなガバナンスの主体と接続されることがない「二重権力状態」におかれた人々は、閉塞感の打破を求めてエリートの否定や「敵」を外部に投影する排外主義的なポピュリズムへ、さらにはネオナショナリズムや宗教復興（原理）主義へと傾斜することになる。政治過程から疎外された人々が、逆に政治過程へと疎外され、リスク対応へのアウトプットへと結びつかない（例えば、移民の規制を行うことと、失業率の低下が結びつく必然性はない）ため、さらに政治過程からの疎外を感じる、というサイクルが生まれることになる。テクノクラート支配とポピュリズムや原理主義、もしくは実質的な政治過程からの疎外と、機能しない政治過程への疎外はコインの表裏の関係にある。

統治の主体の多元化、政治主体の多元化と内部における相克、そして統治と政治主体の結合（代表制もまた統治の主体としての国家と、政治主体としての国民を結合させる一つの方法であったのだが）に対して、民主主義がいかなる方策を打ち出せるのか、それを見通すことは難しい。

6　新たな政治主体を求めて

近代の民主主義は「確実性の終焉」を特徴とする時代において主導的な秩序原理となった。その理由として、民主主義は不確実性を内在化させる秩序攪乱的な原理であり、常に不安定を招来しつつも、秩序を構築するという両義的な原理であることがあげられよう。

本論で論じたように、現代世界では、統治と政治主体、もしくは構成化された統治権力と構成的権力（政治主体）が揺らぎ、さらに二つの権力が時間的・空間的に乖離している。民主主義を「ナショナルな自由民主主義」という形態で規定してきた空間的・時間的な条件が緩和され、新たな民主主義の形を模索することが要請されている、と言えよう。その際、民主主義と空間、そして民主主義と時間との関係という問題を思考することが求められよう。[27] 新たな形の民主主義が要請されるのであれば（それは複数型の democracies かもしれないが）、統治するクラティア（権力）を生み出すデモスの主体をめぐる議論が要請されることは論をまたない。

グローバル・リスクが世界を覆い、それに対応するガバナンスの形も不明瞭な状態で（むしろそれこそが「正常」なのかもしれないが）、いかなる政治主体が必要なのか、国民や市民、民族や宗教に加えて、昨年から今年にかけて世界各地の権力の配置を揺るがす様々な抗議運動において、統治の主体によって代表されていないと認識して、「社会正義」や「真の民主主義を今 Real Democracy now」（ネグリ）求める人々が、いかなるデモスの主体たりえるのか、「現場」と思想との往還運動が要請されるであろう。

注

(1) ガバナンス論の概要については、Bevir Mark, *Key Concepts in Governance*, Sage, 2009; Stephan Bell and Andrew Hindmoor, *Rethinking Governance: The Centrality of the State in Modern Society*, Cambridge University Press, 2009 が詳しい。

(2) Ulrich Beck, *Democracy without Enemies*, Polity Press, 1998 を参照。

(3) 人間の安全保障については多くの先行研究があるが Mary Kaldor, *Global Civil Society*, Polity Press, 2003（山本武彦他訳『グローバル市民社会論』法政大学出版局、二〇〇七年）が参考になる。

(4) 機能的な正統化については、遠藤乾「ポストナショナリズムにおける正統化の諸問題——国家を越えたデモクラシーは可能か」『統合の終焉——ＥＵの実像と論理』岩波書店、二〇一三年を参照。アウトプットによる正統化については Fritz W. Scharpf, *Governing in Europe: Effective and Democratic?*, Oxford University Press, 1999 参照。欧州地域における国境を越えたガバナンスと民主主義の関係について考察したものとして Eva Sorensen and Jacob Torfing, *Theories of Democratic Netowork Governance*, Palgrave, 2007; Victor Bekkers, Geske Dijkstra, Arthur Edwards and Menno Fenger (eds.), *Governance and Democratic Deficit: Assessing the Democratic Legitimacy of Governance Practices*, Ashgate, 2007 を参照。また機能主義については、国際政治学では、いわゆる機能主義や新機能主義から始まり、今日のグローバルガバナンス論にその一部は引き継がれているように思われる。代表的文献として James Rosenau, Ernst-Otto Czempiel (eds.), *Governance without Government*, Cambridge University Press, 1992 参照。

(5) その意味では、国民国家形成以前にも、様々なガバナンスの形態や、ガバナンスの歴史が存在してきた。ガバメントをガバナンスの特殊な一形態と位置づけるならば、国家による統治が機能していた、と認識される時代においても、それを一種のガバナンスとして分析することは可能であろう。例えば福祉国家研究において、国民の福祉が国家だけではなく企業、家族、地域などの組み合わせから成るレジームによって支えられていた、とする分析はガバナンス論として把握できるよう。

(6) 例えばハーバーマスのコソヴォ空爆擁護論に、市民社会の持つ暴力性を見ることができるであろう。Jürgen Habermas, ,,Bestialitat und Humanitat: Ein Krieg an der Grenzezwischen Recht und Moral", *Die Zeit*, No. 18, 4. 29, 1999 参照。市民は、その外部の非市民と定義した者に対して寛容であるとは限らない。また市民社会の持つ同質化の圧力を問題化し、グローバル化された社会において「差異ある市民」を擁護する議論として、Iris M. Young, *Global Challenges: War, Self-Determination and Responsibility for Justice*, Polity Press, 2006 参照。

(7) トランスガバメンタリズムについては、Anne-Marie Slaughter, *A New World Order*, Princeton University Press, 2004 を参照。ただし彼女の議論では、私的領域にある組織はこの「トランスガバメンタリズム」の議論の枠外に置かれる。政治的主張において対極的位置を占めるネグリの「帝国」論では私的領域のアクターも包摂される。思想的立脚点は全く異なる両者が、国際政治と国内政治の分断（大いなる分断）に対して、それを越えるネットワーク状の権力作用に着目していることは興味深い。

（8）ガバナンス化がもたらすナショナルな規模の代表制民主主義への影響を指摘したものとして、例えば Anthony McGrew (ed.), *The Transformation of Democracy?: Globalization and Territorial Democracy*, Polity, 1997 を参照。
ガバナンス化の動きに対して、それに反発するかのような保護主義や経済ナショナリズムの活性化、他国に対する警戒感や不信感の増大など、「再国家化」ともいうべき、権力の凝集化への支持が集まっていることも見逃してはならない。国境を越えたガバナンス化がもたらす正統性の欠如の問題を指摘するものとして、押村高「トランスナショナル・デモクラシーはデモクラティックか——脱領域的政治における市民的忠誠の行方」『年報政治学』二〇一一—Ⅰ、木鐸社、二〇一一年を参照。

（9）いかなる者であれ一人ではなにもできない世界において、変化をもたらすために他人と結びつく権力（相互接続権力）の持つ重要性を指摘するものとして、Eric Schmidt, Jared Cohen, "The Digital Disruption: Connectivity and the Diffusion of Power", *Foreign Affairs*, No. 10, Council on Foreign Relations, 2010 参照。

（10）ＥＵを対象として、かかるガバナンスをＥＵの制度的な発展の過程と一国や地方レベルのガバナンスの変容の観点から把握する、いわゆる新制度論者もいるが、ＥＵを越えて議論の射程を拡大することは困難に思われる。代表的な論者として Beate Kohler-Koch, *Linking EU and National Governance*, Oxford Unibersity Press, 2003 を参照。

（11）「国家の退場」については Susan Strange, *The Retreat of the State*, Pinter Publishers, 1996（櫻井公人訳『国家の退場』岩波書店、一九九八年）を、「政治の終焉」については Andrew Gamble, *Politics and Fate*, Polity Press, 2000（内山秀夫訳『政治が終わるとき？——グローバル化と国民国家の運命』新曜社、二〇〇二年）を参照。

（12）それが革命の不徹底性とみなされるのか（「第二革命が必要だ」）、人々に失望をもたらすのか（「何も変わらなかった」）、その位置によって異なり、まだ見通せるものではなかろう。例えば、二〇一三年七月現在、「アラブの春」後のエジプトでは選挙を通じて成立したモルシ政権を批判する民衆が結集して、その支持基盤であるムスリム同胞団と対立を深め、それに乗じる形でエジプト軍がクーデターを起こし権力を掌握している。かかる政変の要因として、経済格差や貧困、治安の悪化、政治腐敗に対する不満の高まり、権力の集中などが指摘されているが、これらの課題に対処しきれなかった、とみなされるモルシ政権が機能的な正統性を喪失したのか、選挙で選ばれたモルシ政権と街頭の民衆のどちらに民主的正統性があったのか、介入した軍による「秩序の確立」に機能的な正統性があるのか、人々の生を左右する問いは開かれたままである。かかる問いは、東欧革命やソ連崩壊の評価にもつながるであろう。

(13) 国際政治学において、アクターとしての国家とその関係よりも、むしろ相互依存論や地域統合論に着目してきたリベラリズムや、国際レジームに着目してきたネオリベラリズムの系譜、また国家を含めたアクターを規定する経済構造に着目してきた従属論、マルクス主義、世界システム論の系譜、国際社会をカオスではなく、一定のルールが共有される「アナーキーな社会」として概念化した英国学派は、かかるグローバルガバナンスに連なる権力の配置について議論を積み重ねてきた、と位置づけることもできよう。もっともネオリアリズムにおいては国家を規定する構造が重視されるようになり、コンストラクティヴィズムではかかる構造と国家の相互構築の過程に焦点があてられるなど、ガバナンス化への視覚を一定程度、備えるものになっている。

(14) 主体をめぐっては、各専門分野において多くの議論が積み重ねられているが、時代的な変化と共に、その位置づけは変遷をたどっている。ここで各分野の知識社会学的な分析をすることは困難であるが、戦後の日本における政治思想においては、主体論の隆盛と、それを（一定程度）制約する構造主義やポスト構造主義の潮流、また戦前からのマルクス主義の影響力には留意されたい。また欧米の影響を強く受けた比較政治学の分野では、主権論から、より具体的・実態的な政治過程や権力分析へと焦点が移行し、多元主義やコーポラティズム論、さらにはガバナンス論へと議論の焦点は展開し、主体としての国家や国民は一定程度、後景化した、と言えよう。政治思想における多文化主義、共同体論、ラディカルデモクラシー論などの潮流は、主体論の復権として位置づけることも可能であろう。主体の自明性の喪失と民主主義による再構築の必要性について現代政治理論の観点からアプローチしたものとして、宇野重規・田村哲樹・山崎望編著『デモクラシーの擁護』ナカニシヤ出版、二〇一一年を参照。また現代思想を中心にしたポストモダン論の一部においては、「主体の死」が論じられ、フーコーの議論やアーキテクチャー論、環境管理型権力論へと展開を見せている。他方では社会学においては環境や社会構造と主体の相互作用を重視している新しい社会運動論や、エージェント（agent）と構造（structure）の関係を構造化理論として理論化したギデンズたちの議論があり、主体と構造の双方の動態的な関係が問題化されている。国際政治学においては、国家という主体を中心に据えるリアリズムの伝統が強いこともあり、構造への注目が相対的に低かった点はあるが、近年ではその代表格とされてきたリアリズムも国家の行為を規定する構造を重視し（ネオリアリズム）、そうした構造やレジーム論やガバナンス論を重視してきたネオリベラリズムとの距離は縮まっている。また国際政治学におけるマルクス主義においては、当初から主体と構造の関係の分析がなされていたが、主体よりも構造の分析に力点が置かれた側面もあったことは否めない。また主体と構造の相互規定的な動態的関係を重視するコンストラクティビズムは理論的な観点からは、社会学における構造化理論や社会構成主義と類似した理論的枠組みを持っている。今日ではむしろＥＵなどを舞台としたガバナンス論などに比重が置かれ、多様な主体をアクターとして想定するようになっている。

(15) 国民（および階級）を二〇世紀の代表的な主体として描く議論において、度々植民地が無視される傾向がある。しかし逆説的にも多くの植民地は独立に際して、宗主国と同様の、国民国家の形式をとったことを指摘しておかねばなるまい。また「人種」「宗教」「地域」などの主体も、国民や階級と競合し、時には融合した有力な概念である。とりわけ地域と主体をめぐる概念については、三木清の「東亜共同体論」などにおいて思索がなされている。三木清著、内田弘編『東亜共同体論集』こぶし書房、二〇〇七年。三木たちの議論には、断絶性と共に、今日における地域や主体をめぐる論点を先取りするかのような論点も数多く含まれている。米谷匡史「戦時期日本の社会思想——現代化と戦時変革」『思想』第八八二号、一九九七年および酒井哲哉『近代日本の国際秩序論』岩波書店、二〇〇七年参照。

(16)　共産主義体制の崩壊と市民社会の台頭を受けて、新たな政治主体たる市民によるラディカルな民主主義に希望を寄せる代表的な議論として Jürgen Habermas, *Faktizität und Geltung*, Suhrkamp Verlag, 1996（河上倫逸・耳野健二訳『事実性と妥当性——法と民主的法治国家の討議論理にかんする研究』上・下、未來社、二〇〇二—三年）; Ulrich Beck, *Was ist Globalisierung?*, Suhrkamp, 1998 や篠原一『市民の政治学——討議デモクラシーとは何か』岩波新書、二〇〇四年を参照。

(17)　森は近年の多様な政治思想の通奏低音として、「アナーキズム的な契機」を指摘している。森政稔「アナーキズム的モメント」『現代思想』第三二巻第六号、二〇〇四年参照。また東欧革命において、政治権力の奪取ではなく、当時の社会主義政権による統治（政治）とは別な領域における活動として市民社会を位置づけた議論としてハヴェルの「反政治」論を参照されたい。Václav Havel, *Am Anfang war das Wort: Texte von 1969 bis 1990*, Rowohlt 1990（飯島周・石川達夫・関根日出男訳『反政治のすすめ』恒文社、一九九一年）. 多くの市民社会論が、共和主義や権力の奪取という政治とは距離を保っていたことについて、ここに国家権力に対する一定の諦観やアナーキズム的な契機、もしくは歴史的地理的な限界（とりわけ社会主義体制下における東欧諸国の市民社会論の場合）を見てとることもできるかもしれない。

(18)　市民による国境を越えた民主主義の可能性について肯定的に議論をするものとして、John S. Dryzek, *Deliberative Democracy and Beyond*, Oxford University Press, 2000 および John S. Dryzek, *Deliberative Global Politics*, Polity Press, 2006 を参照。またトランスナショナルなアドボカシーネットワークの実証的な分析について Sanjeev Khagram, James V. Riker, Kathryn Sikkink (eds.), *Restructuring World Politics: Transnational Social Movements, Networks and Norms*, Minnesota University Press, 2002 を参照のこと。

(19)　世界経済危機に伴う社会的排除の深刻化などを背景に近年、民族や宗教という主体が再び国民という主体へ、他方では市民という主体も国民という主体へ接近する現象も見られる。機能不全の状態に陥っているとはいえ、国民という主体の再興には、国家という統治機構との接続の回路が存在すること、そしてかかる「主体」への渇望は「主体の消失」と同じ地平を共有していることを確認しておきたい。市民と民族の複雑な関係性については岡本仁宏「市民社会論と民族——市民社会とナショナリズムとの関係の探究のために」『彦根論叢（滋賀大学）』第三八三号、二〇一〇年が示唆に富む。

(20)　これらの抗議運動に含まれる暴力的契機についての考察も課題の一つであるが、紙幅の関係から本稿では論じない。二〇一二年の七月から八月にかけて東京において首相官邸前を中心に、毎週金曜日に一〇万人から二〇万人の人々が脱原発を求めるデモに参加しているが、日本のデモの歴史を振り返りつつ、その「非暴力性」を強調するものとして、五野井郁夫『「デモ」とは何か——変貌する直接民主主義』ＮＨＫ出版、二〇一二年参照。アメリカの「ウォール街を占拠せよ」運動をめぐっては、**Astra and Taylor, Keith Gessen et al.** (eds.), *Occupy!*, Verso, 2011 参照。他方では、アラブ諸国と類似した経済的社会的条件（不安定雇用や若年層を中心とした半失業状態の拡大、社会的排除の深刻化）から同年にロンドンを中心として暴動が発生し、オキュパイ運動の世界同時一斉抗議日には、イタリアにおいても暴動を鎮圧する警官隊との衝突で死傷者が出た。また「アラブの春」においてはエジプトでも革命の途上で多くの人命を損なう暴力が発生しており、内戦に至ったリビアや内戦が続く（二〇一三年七月現在）のシリアにおいては、より大規模な犠牲者が出ている（リビアでは結果としてＮＡＴＯ軍の武力介入を招いている）。かかる抗議運動をデモクラシーの文脈に位置づけるにせよ、暴力的契機からいかに離脱し得るのか、本格的な考察が必要である。近年では「アラブ動乱」とも呼ばれる「アラブの春」についての邦語研究として、酒井啓子編『〈アラブ大変動〉を読む——民衆革命のゆくえ』東京外国語大学出版会、二〇一一年参照。これらの諸論考ではむしろ各地域における歴史的な経緯や政治体制、社会構造に基づく運動の性格の相違が強調されている。

(21)　藤原帰一「時事小言　ウォールストリート占拠——組織不在の二十一世紀革命」朝日新聞、二〇一一年一〇月一八日夕刊の議論から大きな示唆を得た。メディア論の観点からの総合的な分析については伊藤昌亮『デモのメディア論——社会運動のゆくえ』筑摩書房、二〇一二年を参照。これらの抗議運動については、その起源や評価をめぐって様々な議論がある。一方ではこれらの運動の内部に着目し、占拠活動を通じて新たな生活の様式や新たな政治の形の模索が試みられた点、例えば代表制ではない直接民主主義の実験、新たな形の政治文化の生成に着目する肯定的な議論がある。他方、運動の限界として、運動内部における多様な少数派をめぐる問題、代表制民主主義という公式な政治制度との関係の不明確性、（代表制民主主義という意味での）政治の不在、警察との関係、運動内部における犯罪、参加者と非参加者の距離の問題、などが論じられている。東京の首相官邸や国会議事堂周辺の一〇万人規模のデモにおいては、アメリカのオキュパイ運動をはじめとする、これらの運動をめぐる論点が浮上しており、参加のツールとして最も多いツイッター上で、多くの議論や論争、「呟き」を見ることができる。

(22)　マルチチュードの観点からの分析としては、Antonio Negri and Michael Hardt, *Empire*, Harvard University Press, 2001（水嶋一憲・酒井隆史・浜邦彦・吉田俊実訳『帝国』以文社、二〇〇三年）; Antonio Negri and Michael Hardt, *Multitude*, The Penguin Press, 2003（幾

島幸子訳、水島一憲・市田良彦監訳『マルチチュード』上・下、NHK出版、二〇〇五年）および Antonio Negri and Michael Hardt, *Commonwealth*, Belknap Press of Harvard University Press, 2009 を参照。ネグリたちによる「アラブの春」や「ウォール街を占拠せよ」運動についての評価は Antonio Negri and Michael Hardt, *Declaration, Argo Navis Author Services*, 2012（水嶋一憲・清水和子訳『叛逆』NHK出版、二〇一三年）参照。山崎望「ウェストファリアと「帝国」の間――公共圏を求めて」『国際政治』第一三七号、二〇〇四年では、世界秩序をウェストファリア秩序と「帝国」秩序の相克から把握している。

（23）遠藤乾「ようこそ「多元にして可分な政治体」へ――EUにおける主権と補完性」『統合の終焉――EUの実像と論理』岩波書店、二〇一三年においては、主権論の多様な系譜を軸としてEUを多角的に分析している。アプローチは全く異なるが、遠藤の議論から本論は大きな示唆を得た。本稿の三層構造論も一つの分析視覚からでは排除されてしまう現象を、他の分析視覚と対抗的相補的に捉える試みである。三層構造論から民主主義と正統性について論じた山崎望「三層化する世界秩序と正統性をめぐる諸問題」『駒澤法学』第一三巻第一号、二〇一三年も参照。

（24）本論で提示した世界認識の三層構造論において、民族や宗教などの原理主義的もしくは本質主義的と把握されがちな政治主体の位置づけは困難である。筆者は、さしあたり民族と宗教については国民の領域を中心として、それらの主体が重なり合う、と考えている。しかし市民の領域にも宗教や民族は広がりを持つ。また、市民についても、その「アナーキズム的契機」を重視し、部族社会や宗教共同体をも念頭において、新たな概念化について考察を続けたい。そのための市民社会論の系譜とアナーキズム論の系譜の類似性と相違性の検討を含めた、本格的な考察は後日を期したい。

（25）自由主義をめぐる問題については別稿を期したい。とりわけ経済的自由主義の一部である新自由主義が、福祉国家レジーム的な自由主義（リベラリズム）を解体するのみならず、経済的自由主義の前提の崩壊（ソブリンリスクからシステミックリスクへ）を招来しかねない現況において、その考察は緊喫の課題であろう。また自由主義と民主主義との関係の再考も同様である。

（26）ただし戦争の事例を考えればわかるように、外的正統性を調達するはずの安全保障をめぐって、当該国家こそが人々をリスクにさらして、外国人に限らず自国民を含めて幾多の人命を奪ってきたこと、さらに内的正統性を調達するはずの民主主義が、ファシズムに代表されるように自由民主主義を抑圧する体制を生み出したことは、留意すべき逆説である。

（27）政治と時間の関係については、Paul Virilio, *Speed and Politics*, Semiotextet, 1986（市田良彦訳『速度と政治』平凡社、二〇〇一年）; Charles S. Maier（ed.）, *Changing Boundaries of the Political*, Cambridge University Press, 1987; Robert Godin, "Keeping Political Times: The Rhythms of Democracy", *International Political Review* 19（1）, 1998; James Der Derian, *On Diplomacy: A Genealogy of Western Estrangement*, Blackwell Publisher, 1987 を参照のこと。EUとの関係でより具体的な考察を試みたものとして Magnus Ekengren, *The*

Time of European Governance, Manchester University Press, 2002 がある。邦語による研究としては、永井陽之助『時間の政治学』中公叢書、一九七九年および小川有美「時間の歴史政治学――民主化論・社会運動論・労働時間論から遠近法的分析へ」『千葉大学法学論集』第一八巻第一号、二〇〇三年を参照。とりわけ民主主義に与える影響については、William E. Scheuerman, *Liberal Democracy and the Social Acceleration of Time*, The Johns Hopkins University Press, 2004; 松葉祥一「戦争・速度・民主主義」『現代思想』第三〇巻第一号、青土社、二〇〇二年が示唆に富む。規模と速度の問題を扱ったものとして川崎修『「政治的なるもの」の行方』岩波書店、二〇一〇年および、時間と空間、政治の三者の関係を民主主義の観点から考察したものとして、山崎望『来たるべきデモクラシー――暴力と排除に抗して』有信堂高文社、二〇一二年参照。

や・ら行

な　行

は　行

ま　行

た　行

さ　行

索　引

各項目後の（　）内の語を含む

あ　行

か　行

菊池理夫（きくち　まさお）第 9 章
1948 年生まれ。南山大学法学部教授（西洋政治思想史・政治理論）。主な業績：『現代のコミュニタリアニズムと「第三の道」』風行社，2004 年，『日本を甦らせる政治思想——現代コミュニタリアニズム入門』講談社，2007 年，『共通善の政治学——コミュニティをめぐる政治思想』勁草書房，2011 年，『ユートピア学の再構築のために——「リーマン・ショック」と「三・一一」を契機として』風行社，2013 年ほか。

丸山正次（まるやま　まさつぐ）第 10 章
1954 年生まれ。山梨学院大学法学部教授（政治理論）。主な業績：『環境政治理論』風行社，2006 年，*Eco-socialism as Politics: Rebuilding the Basis of Our Modern Civilisation*（共著，Springer, 2010），「環境」古賀敬太編『政治概念の歴史的展開』第 4 巻，晃洋書房，2011 年，「社会変革思想としての意識変革エコフェミニズム」『環境思想・教育研究』第 6 号，2013 年ほか。

山崎 望（やまざき　のぞむ）第 11 章
1974 年生まれ。駒澤大学法学部政治学科准教授（現代政治理論）。主な業績：『来たるべきデモクラシー——暴力と排除に抗して』有信堂，2012 年，『デモクラシーの擁護——再帰化する現代社会で』（共著）ナカニシヤ出版，2011 年，『実践する政治哲学』（共編著）ナカニシヤ出版，2011 年，「シティズンシップ」古賀敬太編『政治概念の歴史的展開』第 6 巻，晃洋書房，2013 年ほか。

執筆者紹介（執筆順）

古賀敬太（こが　けいた）第1章
1952年生まれ。大阪国際大学現代社会学部教授（政治思想史）。主な業績：『ヴァイマール自由主義の悲劇』風行社，1996年，『カール・シュミットとカトリシズム』創文社，1999年，『近代政治思想における自由の伝統』晃洋書房，2001年，『シュミット・ルネッサンス』風行社，2007年，『政治思想の源流』風行社，2010年，『政治概念の歴史的展開』（編著）第1～6巻，晃洋書房，2004～2013年ほか。

千葉　眞（ちば　しん）第2章
1949年生まれ。国際基督教大学教養学部教授（西欧政治思想史・政治理論）。主な業績：『アーレントと現代』岩波書店，1996年，『デモクラシー』岩波書店，2000年，『「未完の革命」としての平和憲法』岩波書店，2009年，*Living for Jesus and Japan: The Social and Theological Thought of Uchimura Kanzo*, co-edited, Eerdmans, 2013ほか。

的射場敬一（まといば　けいいち）第3章
1951年生まれ。国士舘大学政経学部教授（西洋政治思想史）。主な業績：『政治思想史講義』（共著）早稲田大学出版部，1998年，『政治概念のコンテクスト』（共著）早稲田大学出版部，1999年，古賀敬太編著『政治概念の歴史的展開』（共著）第1巻・第4巻・第6巻，2004年，2011年，2013年ほか。

荒木　勝（あらき　まさる）第4章
1949年生まれ。岡山大学副学長，岡山大学大学院社会文化科学研究科教授（西洋政治史・政治哲学）。主な業績：『アリストテレス政治哲学の重層性』創文社，2011年ほか。

寺島俊穂（てらじま　としお）第5章
1950年生まれ。関西大学法学部教授（政治哲学）。主な業績：『政治哲学の復権――アレントからロールズまで』ミネルヴァ書房，1998年，『市民的不服従』風行社，2004年，『ハンナ・アレントの政治理論――人間的な政治を求めて』ミネルヴァ書房，2006年，『現代政治とシティズンシップ』晃洋書房，2013年ほか。

山田竜作（やまだ　りゅうさく）第6章
1967年生まれ。創価大学学士課程教育機構准教授（政治理論）。主な業績：『大衆社会とデモクラシー――大衆・階級・市民』風行社，2004年，*Democracy and Mass Society: A Japanese Debate*, 学術出版会，2006年，『シティズンシップ論の射程』（共編）日本経済評論社，2010年，「フェミニズムとデモクラシー理論」『政治思想研究』第10号，2010年ほか。

木部尚志（きべ　たかし）第7章
1964年生まれ。国際基督教大学教養学部教授（政治理論）。主な業績：「信仰の論理と公共的理性の相克」『早稲田政治経済学雑誌』第381/382号，2011年，「共同翻訳と公共圏のポリフォニー」『年報政治学 2013-I』2013年，「政治と宗教」古賀敬太編『政治概念の歴史的展開　第5巻』晃洋書房，2013年ほか。

杉田　敦（すぎた　あつし）第8章
1959年生まれ。法政大学法学部教授（政治理論）。主な業績：『権力の系譜学』岩波書店，1998年，『権力』岩波書店，2000年，『境界線の政治学』岩波書店，2005年，『政治への想像力』岩波書店，2009年，『政治的思考』岩波新書，2013年ほか。

編者紹介

岡本仁宏（おかもと　まさひろ）序章

1955年生まれ。関西学院大学法学部教授（政治哲学・NPO／NGO論）。主な業績：『〈基礎的組織〉と政治統合——M. P. フォレットの研究』滋賀大学経済学部，1986年，「市民社会，ボランティア，政府」立木茂編著『ボランティアと市民社会』晃洋書房，1997年，「『国民』を疑う」『年報政治学2011-I』2011年，『ボランタリズム研究』（編著）1，2，大阪ボランティア協会，2011〜2013年，「世論」「パトリオティズム」「国民」「市民社会」古賀敬太編『政治概念の歴史的展開』第1〜6巻，晃洋書房，2004〜2013年。

新しい政治主体像を求めて
——市民社会・ナショナリズム・グローバリズム

2014年2月27日　初版第1刷発行

編　者　岡本仁宏
発行所　一般財団法人 法政大学出版局
〒102-0071 東京都千代田区富士見2-17-1
電話03(5214)5540／振替00160-6-95814
印刷：平文社，製本：誠製本
装幀：奥定泰之

ISBN 978-4-588-62525-1